U0895517

旅游体验设计

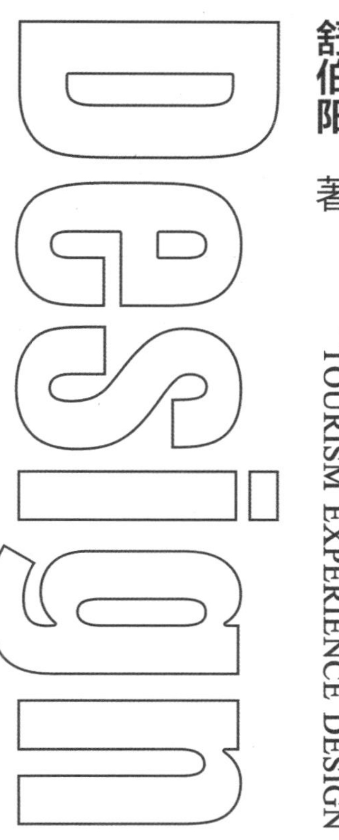

TOURISM EXPERIENCE DESIGN

世界因人而体验，人生因体验而改变！
且将心注入到体验的这一刻！

舒伯阳 著

中国旅游出版社

项目策划： 段向民
责任编辑： 张芸艳
责任印制： 孙颖慧
封面设计： 武爱听

图书在版编目（CIP）数据

旅游体验设计 / 舒伯阳著. -- 北京 : 中国旅游出版社, 2021.5

ISBN 978-7-5032-6589-1

Ⅰ. ①旅… Ⅱ. ①舒… Ⅲ. ①旅游一体验一研究 Ⅳ. ①F590

中国版本图书馆CIP数据核字(2020)第196184号

书　　名： 旅游体验设计

作　　者： 舒伯阳
出版发行： 中国旅游出版社
（北京静安东里 6 号　邮编：100028）
http://www.cttp.net.cn　E-mail:cttp@mct.gov.cn
营销中心电话：010–57377108，010–57377109
读者服务部电话：010–57377151
排　　版： 北京旅教文化传播有限公司
经　　销： 全国各地新华书店
印　　刷： 北京明恒达印务有限公司
版　　次： 2021 年 5 月第 1 版　2021 年 5 月第 1 次印刷
开　　本： 720 毫米 ×970 毫米　1/16
印　　张： 27.25
字　　数： 459 千
定　　价： 59.80 元
I S B N 978–7–5032–6589–1

序1

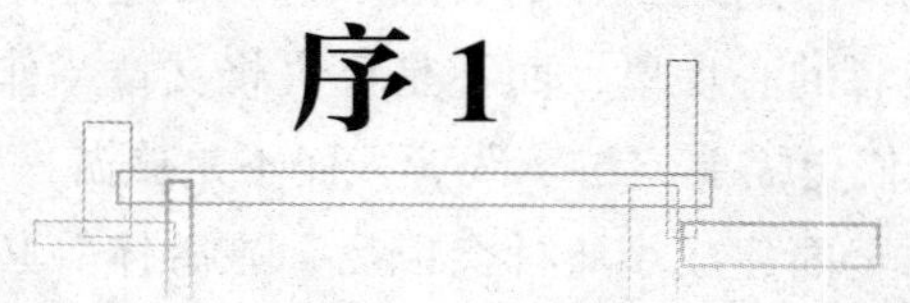

旅游体验与生活经验

体验是旅游基础理论的核心概念，越来越多的学者从符号与互动、凝视、本真与心流、拟剧与游戏等哲学、人类学、社会学等多视角对体验的内涵、外延与特征展开研究，这是一件学界乐见其成的好事。按照黑格尔所说“概念的展开即为理论”，对核心概念的探讨是科学研究的前提和理论建设的基础。如果我们能在一些核心概念和基础指标上形成共识，并在实践中遵循科学发展规律，也许会走少一些弯路，学科建设也不会长期徘徊不前。欲实现这一目标，既需要首倡者，更需要讨论互动者和实践同行者，舒伯阳教授正是这样的人。

体验可以自发形成，也可借以专业化设计，尤其是在科学理论指导下的研发设计。旅游是一门进入门槛低、进阶难度大的专业领域。因为门槛低，谁都可以说上两句，说得多了，似乎也就成了专家。可是由于缺乏科学方法，特别是理论建设的方法论和统计归纳工具，个人的经验和见识很难上升为一般规律。结果造成以个人经验推而广之，把甲地案例借鉴到乙地，到处都是所谓“找唯一，做第一”的旅游策划，但最终却走不出大而概之的俗套。因为体验设计进阶艰难，多数学者穷其一生也无缘入深山而得宝藏，只好转而求其次，试着在应用层面东奔西走，看上去热热闹闹，终是出不了深刻的思想和系统的理论。何以解之，唯坚守而已。舒伯阳教授正是这样默默耕耘的人。

体验源于生活又高于生活，理论源于实践又指导实践。旅游体验的研究者切不可一提到研究，就非得把自己关在书斋里钻故纸堆，唯恐出门沾上了人间烟火气、坏了自己的“学术”真身，其实不可也不必。旅游是一门相对年轻的学科，其成长和发展既需要从成熟学科参考借鉴，更需要从丰富多彩、生动活泼的生产生活实践中获取滋养，提炼、抽象出原始创新的理论，并将之体系化。而且最终的成果应用还要回到实践中去，真正把论文写在祖国的大地上，把话语说到旅游业者的心坎里，而不是仅仅将文章当作自己成名成家的本钱。任何时候，都是我们更需要旅游实践者，而不是旅游一线的同志需要我们。可以预见的是，中国全面建成小康社会以后，旅游体验必将进一步广化和深化，旅游业需要更多生活经验基础成长起来的科学理论指导。舒伯阳教授正是这样的人、他的《旅游体验设计》正是这样的理论。

初识伯阳教授是在二十年前的武汉，彼时，我们风华正茂，畅谈学术理想，海阔天空……而再见伯阳教授已是武汉抗击新冠疫情取得重大阶段性成果之时。

江城武汉，一座值得到访的英雄城市，而一位踏实的学者，更值得以心交往。

旅游体验需要我们携手共进，去用心设计。微斯人，吾谁与归。

是为序。

戴斌

2020 年 9 月 26 日于北京

序 2

数月前，正值煎熬于疫情肆虐的封城阶段，接到来自武汉市中南财经政法大学的好友舒伯阳教授的信息，他希望我能为其即将脱稿的作品《旅游体验设计》写一篇序言。我当即就答应了。如此“爽快”地答应，很有一点“好为人言”的职业病的成分，本当自戒。但这一次的“爽快”也确实另有因由。一者，好友之请，本就推无可推，自然也就要爽快一点；二者，最为重要的一点，我一听他道出的书名，眼睛便已一亮，精神便已一爽，情绪便已一振。当伯阳教授把书稿发来之后，一路读过，更有一时在天空俯瞰、一时在林中行走的感觉，欣悦之情，不能自已。现在看来，当时答应作序的爽快是歪打正着做对了的事情，因为我有机会先睹为快，并从中学习、领悟到很多为我所关心和努力求索而不得的道理。只是有一点尴尬：答应作序的爽快，后来演变成拖延作序的爽约；阅读书稿的愉悦体验，后来面临着如何组织思路加以表达的文字挑战。这种状态的根源也许是，面对一部很好的书稿，我生怕我的序言成为狗尾续貂之作。

阅读伯阳教授的大作，有几点是我必须点明的心理感受。

首先，这部著作的立意是有前瞻性的。就旅游体验研究尤其是理论探索而言，国内大体上已有二十年的历史，在西方国家，也大致可追溯至埃里克·科恩（Eric Cohen）等人发表于20世纪70年代的作品。这样看来，研究的历史可谓不短。但是，到目前，就笔者有限的见识而言，尚无学者将研究主题直接而系统地定位在“旅游体验设计”这个主题上，并直面旅游体验产品的打造这样的目标，而伯阳教授做到了。在他的作品中，他不仅要探索“旅游体验设计”这种创意性活动的规律，还直接呈现了创意性的作品，这使得这部作品有了顶天立地的品格。从这个角度而言，这是一部很好的、立意先进的作品。这样的立意，于我个人而言，也非常契合己意，深得可以引为同道之感：近年来，我曾在多个场合表示，希望我能以三部曲的形式推进我对旅游体验的研究，而第三部著作的名字就是《旅游体验研究：旅游世界的构造》，其中的本旨，也有旅游体验设计的意思。此外，于 2019 年在海南大学成立的“海南大学旅游体验研究与设计中心”，其目标宗旨也是要将理论研究成果体现为体验产品的设计。所以，当我阅读伯阳教授的大作时，这种兴奋感便一直伴随。我相信，只要旅游体验研究的同人有志于打造一个能为旅游产业界做出现实贡献的理论流派，那么，学界同人的共同努力，尤其是有像伯阳教授这样能够长期坚持在旅游体验理论和实践方面兼修并蓄的核心学者的引领，旅游体验知识共同体的建设，就不愁其成。仅就这一点而言，伯阳教授的这部作品便已功莫大焉。

其次，《旅游体验设计》这部作品，是一部生动的作品。伯阳教授在这部作品中，不仅倾注了他长期的理论思考、实践探索和思想凝练的努力，而且呈现了他丰富的旅游体验产品设计的实践经验。在我看来，旅游世界的魅力在于其丰富性、独特性，旅游体验则是赋予人生以这种丰富性、独特性的在场行为，对这种行为的研究，对这种行为的内驱力的研究，对如何能够为满足这种旅游者个体内在体验需要而提供产品对策的研究，构成了旅游世界理论研究和实践应对的核心命题，甚至可以成为主导整个旅游研究方向的范式性命题。面对这样一个时代大课题——正如伯阳教授将其纳入体验经济大背景之下那样，一部学术著作如何以轻松、灵动的形式直面严肃、宏大的理论话题，这本身一定是一个挑战。《旅游体验设计》在这个方向上做出了自己的努力。这种努力使得这部作品的研究成果的呈现与它所探讨的对象世界形成了某种“结构同型”的契合，这应该也是作品的一个成功之处。

最后，尽管可以言说的角度很多，尽管这部作品的理论贡献和案例呈现有很多可圈可点之处，但我还是想从另一方面展现这部作品的价值：这部作品事实上已经开启了在本体论层面的一个讨论方向，那就是，在旅游的实践界，如何践行旅游体验设计这种创意行为；在旅游的理论界，如何展开对旅游体验设计这种创意行为内在规律的研究并贡献理论成果，而避免让“旅游体验设计研究”轻易滑入“旅游体验设计实践”的泥沼，这也将是未来旅游体验设计领域理论研究将要面临的一个课题。有幸的是，伯阳教授已经用他独具只眼的学术敏感，为我们展现了他在这个领域的辛勤探索。

至于这部作品的丰富内容，还是需要读者自己走入书中，做一次独特的旅行，成就一次个体的独特阅读体验，这样才可以洞察这部作品的全貌。恕不赘言。

是为序。

2020 年 11 月 2 日

于海南大学东坡湖畔

序 3

设计（Design）是为构建有意义的秩序而付出的有意识的直觉上的努力[①]。人类通过劳动改造世界、创造文明，创造物质财富和精神财富，设计就是这样一种有目标、有计划进行技术性创作与创意的活动。

传统的工业设计、规划与建筑设计极大地丰富了人类的物质财富，使人类真正成了造物者。而当下的服务设计、体验设计则使人类成为塑造心灵场的造物主，拓展和丰富了人类社会的精神空间，人类由此而成了自己命运的主宰。

今天，源自人性深层需要的体验经济时代正乘着时尚之风呼啸而至。“体验”作为旅游的本质已为学界与业界所广泛认同，近年来关于“旅游体验”的学术研究成果如雨后春笋般涌现，相关成果可谓汗牛充栋。与此同时，旅游业界则悄然涌现出以“体验设计”为中心的新一轮服务设计与产品升级，并高擎起“体验”的大旗，以此作为吸引眼球的市场品牌主张。时代呼唤设计思维，而作为人类高级精神需求的旅游体验更需要被精心设计。面对流派众多的学术理论和自说自话、令人眼花缭乱的实践经验，业界依旧在没有清晰航向和灯塔的暗夜中摸索前行。有志于从事“旅游体验设计”的从业者一旦面临实操，总感到“胸有千卷，实无一策”的困惑，最终无从下手，只能回到经验操作的老路。

鉴于此，我于十年前开始思考关于“旅游体验设计”的理论体系框架，并将“旅游体验设计”这一全新主题作为个人研究与实践的重要使命。依托 20 余年来从事旅游规划与体验产品设计的实践观察，以及对国内外相关研究成果与成功案例的广泛涉猎，我尝试通过深度思考不断逼近“旅游体验设计”的本质。我于 2015 年着手正式动笔，其间零敲碎打，数易书稿。2020 年春，一场

① ［美］维克多 · 帕帕奈克 . 为真实世界的设计［M］. 周博，译 . 北京：中信出版社，2012.

突如其来的新冠疫情让人间一切暂停下来，因祸得福的是，封城行动使我得以放下一切干扰，潜心于本书稿的写作，夜以继日地推进，终于促成了今天《旅游体验设计》一书的完稿付梓。仰望“旅游体验设计”博大精妙的终极殿堂，尽管本书目前的思考只是迈出了粗浅探索的第一步，但我愿以此书奉献业界、抛砖引玉，求教于同行，以期共叩“旅游体验”的大门，一探“旅游体验设计”之真奥。

谨以此书献给赋予我生命如今已远去的父母，献给一路风雨同行的挚爱——静，感谢你给予我的激情与灵感，献给爱子 Henry，希望你能用心体验和感悟父亲的嘱托，坚定地走向未来……

感谢在本书的写作过程中，我的学生刘苏衡博士草拟了部分初稿，硕士张乐婷、喻春艳承担了部分案例的整理和后期文字校对，感谢你们的辛勤付出，促成了本书的早日面世。

人本主义大师罗杰斯认为，自我是一切体验的总和。体验与思维是实体与镜像的关系。因为思维可以形成有逻辑的文字，故被人所重视，但要了解一个真实的世界，你就必须深入“现象场”[①]去碰触现实体验。

人生就是一场体验的盛宴，生命就是体验的总和。今天，互联网改变了生活，旅游塑造着生活，而体验则点亮了生活。万念存乎一心，从心出发方可建构和体验真实的世界。若无用心设计，何来美好体验？即使那些令人追忆的美好体验看似不期而遇，其实本质上也是上天冥冥之中的一次精妙设计！

世界因人而体验，人生因体验而改变！且将心注入体验的这一刻！

2020 年 12 月于江城武汉

① “现象场”是罗杰斯提出的一个重要概念，是指一个人的重大体验与发生该体验的时空场景的综合。

目 录

第一部分　相关理论原理

——何谓旅游体验

一、体验经济时代

（一）体验经济的由来

20 世纪 70 年代美国著名的未来学家阿尔温·托夫勒（Alvin Toffler）就预言了“体验经济”的到来。托夫勒提出了“制造业—服务业—体验业”的产业演进过程，并推断出体验业“满足顾客的自我实现需求”，与制造业“满足生存需求”、服务业“满足发展需求”有着本质的不同。1999 年 4 月，美国学者约瑟夫·派恩（Joseph Pine）和詹姆斯·吉尔摩（James Gilmore）合著了具有划时代意义的《体验经济》一书，将人类经济社会划分为前工业社会（农业社会）、工业社会和后工业社会（服务社会）三个进化阶段（见表 1–1）。

表 1–1　人类社会经济发展阶段的特征比较

经济阶段	社会关系	主要活动	人力使用	社会单元	生活衡量标准	社会结构	技术特征
前工业社会	人与自然	农耕、渔猎、矿业	体力	家庭	物资	单一传统权威集权	简单手工工具
工业社会	人与人造环境	制造	机器操作能力	个人	商品数量	官僚型层级型	机器
后工业社会	人与人	服务	审美力创造力智力	社团	生活质量，如教育、健康、娱乐	相互影响全球化	信息、网络

资料来源：根据《体验经济》一书整理。

从社会消费视角看，社会的产品消费形态经历着如下四个阶段的演进（见表 1–2）。

表 1–2 人类社会的产品消费形态的四个阶段

消费经济阶段	对应的社会阶段	主要特征	竞争主导
产品经济	前工业社会的农业经济时代	在大工业尚未没有形成之前，处于商品供不应求的短缺期	谁控制了产品的生产（包括生产资料），谁就主导市场、统治经济
商品经济	工业经济时代	随着工业化的不断加强，商品不断丰富，以至于逐渐进入供大于求的过剩阶段	市场竞争主要关注的是产品本身优势（功能、外形、价格），谁占据了营销优势，谁就主导了市场
服务经济	商品经济时代的升级阶段	商品极大丰富，更注重商品销售过程中向顾客提供面对面的服务价值	竞争主要强调的是服务人员的能力，谁具有更好的服务优势，谁就主导了市场竞争
体验经济	服务经济时代的升级阶段	追求的是顾客个性化感受的满足，重视的是消费过程中的自我体验	谁能满足顾客的个性化独特体验，谁就占据了体验经济的制高点

资料来源：根据《体验经济》一书整理。

从这个角度上看，在体验经济时代，顾客每一次购买产品或服务的过程在本质上已不再仅仅是简单、实在的商品或服务，而是一种感觉，一种情绪上、体力上、智力上甚至精神上的过程体验。显而易见，在体验经济时代，企业也不再仅是销售商品或服务，它提供的顾客体验充满着感情的力量，企业使命是致力于追求为顾客留下难忘的愉悦记忆。

所谓体验，就是企业以服务为舞台、以商品为道具，环绕着消费者，创造出值得消费者回忆的活动。其中的商品是有形的，服务是无形的，而创造出的体验是令人难忘的。

任何品牌想要在体验经济中进行交易，其商业需求就是“呈现”产品/服务的真实体验。

——B. Joseph Pine & James H. Gilmore《体验经济》

目前，欧美发达国家正以高度发达的服务经济为基础，并借助信息化技术与互联网迅速推进甚至大规模开展体验经济。从工业到农业、旅游业、餐饮业、娱乐业（影视、主题公园）等各行业都渗透着体验经济的触角，尤其是娱乐业已成为现在世界上成长最快的经济领域之一。

被称为互联网思想家的美国学者克莱·舍基（Clay Shirky）在其《认知盈余》[①]一书中提出了一个极具启发性的命题：随着互联网在线工具促进了更多的协作，人类出现了大量的自由时间盈余，如果将全世界受教育公民的自由时间看成一个集合体，这其实是知识认知资源的一种“认知盈余”。克莱·舍基指出，人类应更加建设性地利用好自由时间（认知盈余）来从事创造性活动，而不仅仅是消费，以成就“有闲”世界。

“认知盈余”概念的提出让我们重新认识到闲暇时间对人类社会进步的重要意义，这昭示了休闲经济的美好前景，休闲旅游体验就是未来人类社会经济形态进化升级的重要方向。

随着新的社会分工，个人而非组织的力量在社会中的地位正被急剧放大，我们迎来了一个真正的以“个人为中心”的新体验经济时代。在这个时代，产品的使用价值正在慢慢被边缘化，但以“满足人内心欲望”为中心的体验价值正逐渐占据人们日常决策的核心位置。旅游是人类一种古老的活动方式，也是人类对自然与社会的一种探索体验方式，作为人们求新、求异、求奇、求美、求知的一种重要途径，旅游本身就是一种典型的体验经济。

2010年，约瑟夫·派恩在对“体验经济”深度思考并结合当今的数字化经济新趋势后，与基姆·C.科恩合作完成了《湿经济》一书。《湿经济》构建了一个虚实结合的经济框架，所谓经济的“干”和“湿”，是相对于理性和感性而言的。理性人构成了实体经济物质化的一面，也就是“干”的一面；感性人构成了虚拟经济人性化的一面，也就是“湿”的一面。水（虚拟）与干（实体）的混合，最后就形成了虚实融合的经济形态，由此可见，“湿经济”其实就是“体验经济”在加入数字经济后的升级版。

“湿经济”的结构类似《易经》中的“一生二，二生三，三生万物”。一是指湿经济。二是构成湿经济的阴阳两极，阳极是现实，用实体表示；阴极是虚

① ［美］克莱·舍基.认知盈余：自由时间的力量［M］.北京：北京联合出版有限公司，2018.

拟，用比特数字经济表示。湿经济与虚、实的关系，相当于太极和阴阳的关系。在“湿经济”中，还隐含着一个“三”，它由时间、空间、实物三个维度构成。这三个维度同现实—虚拟维度排列组合，就组成了一个 2×2×2=8 的矩阵，从而构建起 8 类独特体验的“多重世界”，如图 1–1、表 1–3、表 1–4 所示。

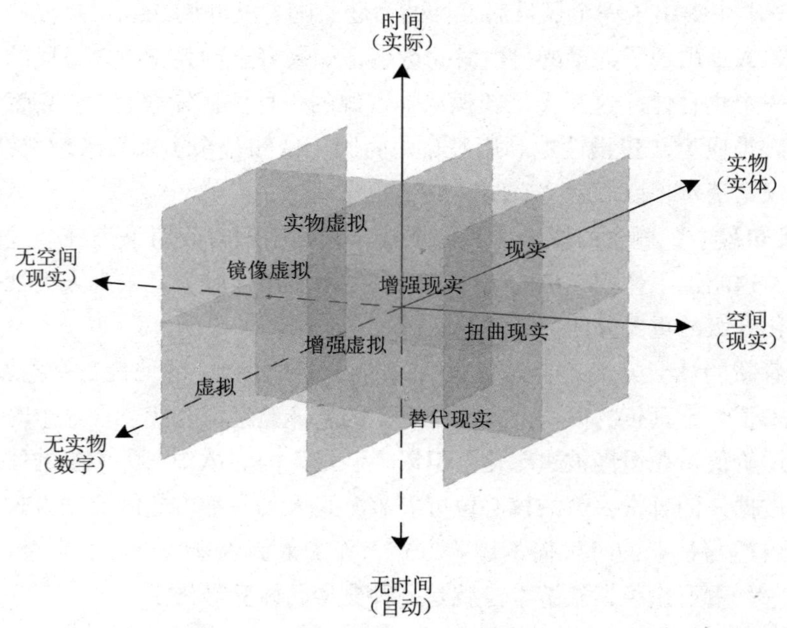

图 1–1　多重世界的八大体验领域

表 1–3　实物与空间

		时　间				
		有（实际）	无（自动）	有（实际）		
实物	有（实体化）	1– 现实世界	5– 扭曲现实		有（现实）	空间
	无（数字化）	4– 镜像虚拟	8– 虚拟世界	4– 镜像虚拟	无（虚拟）	
	有（实体化）	3– 实物虚拟	7– 增强虚拟	3– 实物虚拟	无（虚拟）	
	无（数字化）		6– 替代现实	2– 增强现实	有（现实）	

表 1-4　体验的多重世界

变量			多重世界	体验实现方式
时间	空间	实物	现实 Reality	现实体验
时间	空间	无实物	增强现实 Augmented Reality	增强现实 AR
时间	无空间	实物	实物虚拟 Physical Virtuality	虚拟现实 VR
时间	无空间	无实物	镜像虚拟 Mirrored Virtuality	虚拟现实 VR
无时间	空间	实物	扭曲现实 Warped Reality	混合现实 MR
无时间	空间	无实物	替代现实 Alternate Reality	混合现实 MR
无时间	无空间	实物	增强虚拟 Augmented Virtuality	虚拟现实 VR
无时间	无空间	无实物	虚拟 Virtuality	虚拟体验

资料来源：根据《湿经济》一书整理。

总之，体验既不可当作单纯的心理现象，也不可单纯作为客观对象，体验是心物二元的结合体，需要有一个融合主客体的分析框架来加以把握。“体验经济”是对新古典主义经济学所描述的纯物欲经济的一个拨乱反正。传统经济学把所有需求都降解为物质欲望，在实践中难免会忽略人类高级需求的经济意义及其衍生的商机。《湿经济》启示我们，人不仅有物的“干”的一面，还有心的“湿”的一面，抓住人心“湿”的一面，可以把低附加值的温饱型低等经济，发展成高附加值的追求幸福快乐的高级经济形态。

（二）体验经济的特征

体验经济的关键属性在于它不是完全自然的，也不是人为标准化的，而是针对个性化进行消费定制的升级服务，作为体验经济，其基本特征如下。

1. 非生产性

体验是一个人达到情绪、体力、精神的某一特定水平时，个人意识中产生的一种美好感觉。它本身不是一种经济产出，不可能完全量化，也难以像其他工作那样创造出可触摸的实物。

2. 短周期性

一般而言，农业经济的生产周期最长，通常以年为单位；工业经济的周期以月为单位；服务经济的周期以天为单位；而体验经济以小时为单位，有时甚至以分、秒为单位，如互联网体验，稍纵即逝。

3. 深度互动性

农业经济、工业经济是卖方经济，它们所有的经济产出都存在于顾客之外，不与顾客发生关系。而服务经济、体验经济则不然，因为任何一种体验都是某个人身心体智状态与活动过程之间互动的结果，顾客需要全程深度参与其中。

4. 不可替代性

农业经济对其经济提供物（产品）的需求关注点是“特点”，工业经济对其经济提供物（商品）的需求关注点是“特色”，服务经济对其经济提供物（服务）的需求关注点是“服务”，而体验经济对其经济提供物（体验）的需求关注点是“个人感受”，这种感受是完全个性化的。在人与人之间、体验与体验之间存在着本质的区别，体验经历与感受因人而异。

5. 个人映像性

任何一次体验都会给涉身其中的体验者打上具身化的烙印，几天、几年甚至终生。一次航海远行、一次极地探险、一次峡谷漂流、一次乘筏冲浪、一次高空蹦极、一次 SPA，所有这些体验都会让体验者对体验的回忆超越体验本身。

6. 高附加值

一杯咖啡在家里冲泡，成本不过 1 元。但在装饰鲜花、飘荡着轻柔古典音乐和悬挂名家字画的咖啡屋，这杯咖啡的价格可能会超过 30 元，但你仍觉得物有所值，这就是体验的魔力，因为它设置了一种体验的场景。截至目前，有幸进入太空旅游体验的顶级富豪不超过 5 人，为此他们每人都支付逾千万美元的天价，这就是体验经济独一无二的高附加值。

二、旅游体验本质

（一）旅游定义的解析

1. 旅游的定义

旅游现象如今已非常普遍，正像罗伯特·朗卡尔在《旅游及旅行社会学》一书中所说“自有人类就有旅行”。旅行是人类生命存在的一部分，是生命的开放与拓展，然而，旅行并不等同于旅游，任何目的都可能导致旅行，但旅游必须与追求愉悦的目的相联系，并且以拥有自由时间为条件。作为一种极其复杂的社会现象，旅游的本质表现在不同的方面与维度上，学者谢彦君认为：旅游是个人前往异地，以寻求愉悦为主要目的而度过的一种具有社会、休闲和消费属性的短暂经历。在旅游这个时空转换过程中，旅游者希望获得的是某种快感，寻求的是精神和肉体的满足。因此，旅游活动在本质上就是旅游体验（Tourist Experience），旅游体验构成了旅游的内核（谢彦君，1999，2004，2005）。由此，构建了一个认识旅游全貌的高度整合的框架（见图 1–2）。

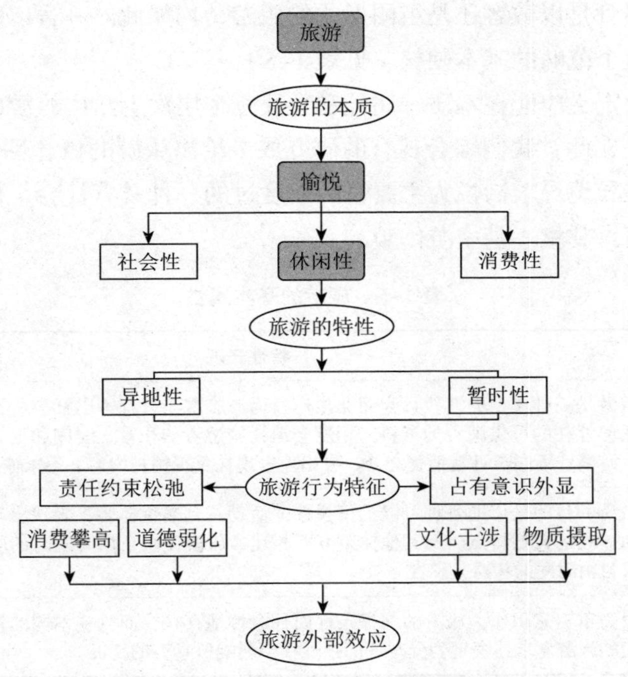

图 1–2　旅游本质的认识框架

从图 1–2 可看出，旅游本质上是一种主要以获得心理快感为目的的审美过程和自娱过程。人所能体会到的快感无非两种：生理快感与心理快感。生理快感为动物界所共有，而心理快感只在高等动物中才存在。目前主要存在三类旅游者：一类是唯美旅游者纯以审美为目的；一类是纯功利性旅游者纯以获得生理上的愉快为目的；还有一类就是上述两情况的组合，表现为既有明显的审美倾向，又不完全排斥对立的快感形式。旅游作为一种高度社会化的行为，已不可能完全受某种纯粹的生理需求所驱动。例如沉湎于口腹享受的美食家不会只钟情于食物的色香味，还会在意食物造型，讲究就餐环境，挑剔餐饮服务艺术。作为旅游者，对这些社会美的追求常常表现得比对物质所能带来的直接快感更明显。另外，旅游的异地活动方式特点，也决定了旅游者即使为了休闲到异地，最终也会自觉或不自觉地追求新环境带来的审美愉悦。

总而言之，由于愉悦是旅游的内核，因此，旅游就表现为一种个人的行为，并且是在个人的意愿、志趣支配下受个人支付能力及其他能力的影响而发生的行为，不管是以散客还是组团形式的旅游，均如此。一言以蔽之，“愉悦”构成了旅游这个范畴的基本硬核（见表 1–5）。

对旅游的定义应能在本质、属性和特征三个层次上给出旅游的规定性，基于以上分析，在此，我们综合现有的研究成果给出旅游的概念性定义[①]：旅游是个人以前往异地寻求愉悦为主要目的而度过的一种具有社会、休闲和消费属性的短暂经历，其核心是旅游体验。

表 1–5　旅游的基本属性

基本属性	特性表现
消费属性	旅游是一种典型的消费行为而非生产行为。旅游全过程不向社会和旅游者个人创造任何外在的可供消费的资料，相反会消耗旅游者的积蓄、时间和他人劳动成果。但旅游消费不同于日常消费之处，突出地表现在重视精神内容、追求愉悦体验
休闲属性	旅游的目的是借助各种可以怡情悦性的活动达到愉悦体验，表现出与一切休闲行为相一致的典型特点。与其他休闲方式相比，旅游使用自由时间时的明显特点就是要求自由时间的相对完整性
社会属性	因为审美意识作为旅游的前提条件而社会性地存在，而且在不同的社会条件下，人们的旅游需求还表现为受时代的强烈社会影响所具有的特征

资料来源：根据相关文献整理。

中国第一代互联网企业家、携程网创始人、董事局主席兼 CEO 梁建章认为，人的物质需求总会饱和，精神需求则不会，旅游就是一种精神需求；而与相对廉价的书籍、电影、游戏不同，旅游是人类“唯一昂贵的精神需求”，因此，旅游业的规模完全可能超越实体商品交易，最终成为健康之外人类最重要的产业，而人口庞大的中国市场能孕育最好的旅游产品。

① 谢彦君 . 基础旅游学［M］. 北京：中国旅游出版社，1999.

2. 旅游的特征

旅游的两个突出特征是异地性和暂时性。旅游的异地性特征是指旅游活动的发生要以行为主体的空间移动为前提。但在实践中人们对所谓“常住地”的空间区划难以给出清楚的界定。

旅游的暂时性特征是指旅游仅是发生在旅游者人生时间波谱中某一时段上的行为。旅游者按计划出游，然后按计划返回，旅游的这段时间也往往被看作是对正常生活时间的一种逸出。在确定“暂时性”的时间界限时也同样存在困难，最终导致对旅游的界定不得不采用“概念性”和“技术性”的定义形式加以替代。

旅游的以上两个特征，加上旅游在本质上对愉悦的追求，往往诱发旅游者行为表现出明显异乎寻常的倾向。正像 Malcolm Crick 所描述“旅游世界是由许多倒逆现象构成的：从工作到玩耍，从常规道德准则到道德失常，从节俭到挥霍，从约束到自由，以及从有责任感到自我放纵。对某些人而言，旅游是从现实生活枷锁中的一种挣脱；它可以不承担义务，可以随心所欲，可以不受限制。”所以，在旅游空间当中，旅游者的行为在很大程度上依从情感原则而不是理性原则[①]。在感性原则支配下，旅游者外化的行为特征表现为责任约束松弛和占有意识外显，其具体表现如下。

第一，消费攀高。现有研究证实，旅游者在旅游过程中的消费具有明显的挥霍倾向。哪怕是平素节俭的人，一旦人在旅途，就显得一反常态地慷慨大方。究其原因，有的可能是群体旅游情况下相互攀比而最后哄抬拉高消费水平[②]，有的可能是受其他旅游者消费行为示范的影响，还有可能是出于审美和愉悦的旅游目的，不愿因消费这一环节的窘迫而破坏了整个旅程的美好。

第二，道德感弱化。当一个人以“远在他乡为异客”的旅游者身份出现时，他往往会倾向于摆脱日常生活的清规戒律，所以，人性中潜在的“恶”会自觉地或不自觉地流露：衣冠楚楚的曾对卫生极为挑剔的人在旅途中却环境责任感弱化，貌似君子的人却放纵迷失在异乡的灯红酒绿之中。

第三，文化干涉。旅游者作为异乡人浑身上下散发的外来文化气质会与旅

① Ning Wang. Tourism and Modernity：A Sociological Analysis［M］. Pergamon Press，2000.

② 可以想象一下在中国文化中群体旅游在这方面的表现。除严格实行AA制，否则就可能出现这种情况。

游目的地当地文化形成反差。旅游者对当地文化的干涉表现为相互矛盾的两种情况：一种是旅游者对当地文化的古老、陈旧甚至落后表示蔑视，并极力张扬自身的文化优越感；另一种是旅游者出于好奇心理，以商业的态度对待当地文化中已经垂死的元素，如迷恋上表演性的土著原始舞蹈和习俗。这两种情况都体现出旅游者在旅游文化上的凝视态度。

第四，物质摄取。旅游者客居异地，在旅游过程中除了眼看、耳闻、鼻嗅、口感之外，还忍不住有摄取的倾向。好古者可能偷偷掀下古庙的一片瓦当，恋花者不免要“拈花惹草”，奇石癖好者不惜重金买下珊瑚石，而宠物爱好者竟以求得一只变色龙为乐。搬不动的就动手摸摸，用刀刻下“到此一游”。文明的旅游者则摄下影像回家欣赏自得其乐。凡此种种，都折射出旅游者内心深处的占有欲。

对于旅游活动来说，旅游目的地就是一个大舞台。旅游体验是旅游者在旅游全程中所获得的体验之和，兼具体验的一般性特征，具有综合性、深刻性、服务性、参与性、主观性等特点。综观国内外关于“旅游本质”的研究成果，最具影响和有代表性的观点如表 1–6 所示。

表 1–6　关于“旅游本质”的研究成果

序号	作者	年份	主要观点
1	Daniel J.Boorstin（布尔斯廷）	1964	体验“虚拟事件”
2	Dean MacCannell（麦坎耐尔）	1976	追求真实性（authenticity）
3	Nelson Graburn（格雷本）	1983	“仪式感”和“神圣性”
4	Urry John（约翰厄里）	1990	旅游凝视（“看”与“被看”）
5	谢彦君	1998	体验和愉悦
6	马耀峰	2007	“自我完善”和“自我发展”
7	张凌云	2008	非惯常环境
8	郭伟锋，郜俊利	2012	超越性
9	杨振之	2014	诗意的栖居

资料来源：根据相关文献整理。

目前国内学术共同体关于旅游的本质主要是两种声音，一部分学者认同谢彦君关于旅游体验本质的学说并已逐步形成学术共识，即“旅游的本质特征是游客暂时性地离开日常生活地而前往异地浏览与体验”。另一部分学者则认为学术界到目前为止并没有达成共识的观点，仍然在努力找寻中，也有部分学者提出了替代理论或新概念，例如张凌云“非惯常环境”的旅游现象说，以及杨振之的“诗意的栖居”说等。

旅游的本质与人的本质直接相关，是一个哲学层面的命题。而对人而言，“玩”和游戏是人的本质，这个本质贯穿人的一生，使人成了具有独立思考、独一无二的“人”这个物种，并且是推动人类不断进步和发展的源泉。玩是人类生命的神秘基因，是人永不会被磨灭的印记。这个印记的近义词还包括“审美”“艺术”“宗教”“哲学”“文化”等。它们都来自人的精神和心灵。旅游活动的本质归纳为超越性[①]，超越“自我”，寻求“自由”，如何超越？那就是我们都有源于人类天性的“玩”的基因密码。

那么，从人的本质到旅游者的本质，有什么区别吗？答案是有的。因为一个个体，他（她）在旅游中表现出的心理和行为与其在日常生活工作中有极大不同，我们才用“旅游者”这个概念专门化定义，并且旅游者和旅游活动现象是旅游学科独立的基础。因此，对旅游本质的追寻需要加上一个限定词，使其能够区分旅游者和非旅游者，或一个人的旅游及非旅游状态，笔者认为这个限定词就是“寻找差异”，即旅游者表现出来的独特性是寻找差异，因此，旅游的本质是寻找差异性的“玩”。

这个界定和谢彦君的旅游体验本质近似，但也有两点不尽相同。第一点不同是差异性不完全等同于异地性，也就是说，旅游者追求的体验本质是差异性，这个差异可能是通过短时异地带来的实际感知的“差异”，也可能是来自心灵的主动探求，是想象的产物。第二点不同是“玩”不完全等于愉悦体验。“玩”强调的是与生俱来的好奇心和后天培育的兴趣，至于玩的结果是否愉悦，无须过度关注，即我们只用指明基于兴趣和好奇产生的玩的与生俱来的属性，不必过分强调结果是愉悦或是相反。

总之，关于旅游的本质在没有更好的替代概念之前，我们姑且用“体验和

① 郭伟锋，部俊利.超越性：多维视角下的旅游本质［J］.宜宾学院学报，2012，12（11）：57-61.

愉悦”，但是我们从未放弃证明或证伪，我们将从学术理论和企业实践两方面不断求索与关注。

（二）旅游体验的本质

从本质上看，旅游个体通过与外部世界取得暂时性的联系从而改变其心理水平并调整其心理结构的过程就是旅游体验①。这种体验是旅游者内在心理活动与旅游客体所呈现的表现形态及深刻含义之间互动的结果，是借助于观赏、交往、模仿和消费等活动方式实现的一个序时过程。

目前，“旅游体验”正被纳入旅游学研究的范畴，逐渐成为旅游知识共同体所共识的“内核”“共核”或“基点”，在旅游哲学一元论的构建上被赋予了独特而重要的地位，旅游体验已然成了一个热门的显性研究领域。

首先，旅游体验是一个心理现象、情感现象和精神现象。当旅游作为一种休闲现象，是出于愉悦的目的，而且是暂时地离开了常住地而展开的对新奇的快乐的追求，这一根本点将决定旅游者的心理不同于其日常生活中的心理，这种变化是旅游的魅力，是旅游现象独立存在的理由。

其次，旅游体验的一个最显著独特的现象就是旅游符号学的问题。旅游体验这种心理、情感和精神现象，其实现过程和方法都与旅游世界中存在的、被构建的和被解读的符号有关。这不仅是因为符号是文化系统的重要表征、是社会成员沟通交流的重要工具，而且还因为符号本身构成了旅游世界的魅力源泉，是旅游者本能的“凝视”所在。

最后，作为旅游体验的原因和结果的一个方面，旅游世界中的社会关系是日益重要的值得予以研究关注的，旅游中的人际交往是充满符号寓意的互动仪式。

学者谢彦君（1999）指出，旅游体验是旅游个体通过与外部世界取得联系，从而改变其心理水平并调整其心理结构的过程，是旅游者的内在心理活动与旅游者所呈现的表面形态和深刻含义之间相互交流或相互作用后的结果，是借助于观赏、交往、模仿和消费等活动形式实现的一个时序过程。

从旅游者的视角看，旅游体验就是用自己的生命来验证旅途中的事实，感悟生活世界之外的旅游世界，留下印象。体验到的东西会使得我们真实地感受

---

① 谢彦君．旅游体验研究：走向实证科学［M］．北京：中国旅游出版社，2010.

现实，并在大脑记忆中留下深刻印象，使我们可以随时回想起曾经亲身感受过的生命历程，也因此对未来有所预感。

从传统旅游者和现代旅游者的比较（表1–7）中不难看出，旅游体验成为旅游活动和旅游产业中最本质的一环和关键所在。旅游体验的本质是感受差异，因此，旅游从业者需要不断创造新的“吸引物”来引导游客体验（见表1–8）。

表1–7　传统旅游者与现代旅游者的特征比较

传统旅游者	现代旅游者
追求阳光	寻求别样的体验
跟随大众、从众心理	自己做主、自我主导
游完就走	观赏但不损坏
只求“到此一游”	只为有趣
占有（Having）	并存（Being）
优越感	平等理解
谨慎小心	敢于冒险
在饭店餐厅就餐	外出尝试地方风味
趋同	混合

资料来源：Auliana Poon. Tourism，Technology and Competion Strategies［M］. CAB Internation，1993.

表1–8　旅游体验的三个层面

解析层面 / 灵性维度	爱欲层面	佛性层面	体验层面	旅游体验活动
兽性（动物性）	性	戒	感官刺激（悦目、悦耳等感受层面）	美食、美景、美色、娱乐
人性（本性）	婚姻	定	人性启迪（悦心层面）	修身
神性（灵性）	爱情	慧	精神升华（悦神层面）	养性

互联网＋旅游以及智慧旅游已经成为当今旅游发展的新常态，旅游已从

简单的观光旅游转变成为以体验为导向的分享经济，游客将来会成为旅游产品的开发及营销的主导力量，提升游客的体验，将是任何旅游相关企业和旅游目的地最终极的目标。不同人有不同的体验，人在追求体验的满足感时这种差异化就凸显出来，而旅游企业要做的就是对人性的洞察和把握。

生命本没有意义

人们常说我们在追寻生命的意义，我并不认为那是我们真正追寻的

我认为我们追寻的其实是活着的体验……

是体验让我们能够感觉到活着的喜悦

——周国平《我喜欢生命本来的样子》

不同年龄段的人群有属于自己的特色体验记忆，因此对旅游目的地和旅游体验方式有自身特定的指向（见表 1–9）。

表 1–9　不同年龄段的旅游体验追求

年龄段	旅游体验追求	歌词例证
“60 后” “70 后”	关注生命感悟，友情见证或回忆，珍惜时光、友谊深情，流连于现实美景和线下体验	李健《贝加尔湖畔》：“在我的怀里，在你的眼里，那里春风沉醉，那里绿草如茵，多想某一天往日又重现，我们流连忘返，在贝加尔湖畔，多少年以后，往事随云走，那纷飞的冰雪容不下那温柔，这一生一世，这时间太少，不够证明融化冰雪的深情……”
“80 后” “90 后” “00 后”	追求体验和记忆，收集伴手礼和不真实的场景，热衷去网红景点打卡	陈绮贞《旅行的意义》：“你累积了许多飞行，你用心挑选纪念品，你收集了地图上每一次的风和日丽，你拥抱热情的岛屿，你埋葬记忆的土耳其，你留恋电影里美丽的不真实的场景，却说不出旅行的意义……”

我就是想停下来，看看这个世界

旅行就是，离开自以为是的生活

串联起以前的回忆

并以开放的态度

结识日常生活之外的有趣之人

至于风景，那只是附赠品

旅行是一种学习
它给你用一双婴儿的眼睛去看世界
去看不同的社会
让你变得更宽容
让你理解不同的价值观
让你更好地懂得去爱、去珍惜
旅行，就是到一个没人认识自己的地方
去认识真正的自己

——陈宇欣

三、相关理论阐述

（一）旅游符号及互动仪式链理论

1. 旅游符号理论

瑞士语言学家费迪南德·D. 索绪尔和美国哲学家查尔斯·S. 皮尔斯被誉为现代符号学的奠基人。皮尔斯对符号的定义是能够被用来在某方面代表其他的任何物象。由此可见，凡是人类所承认的一切有意义的事物均可构成符号。索绪尔（1980）认为符号是有意义的实体。符号（Sign）由能指（图像、语言和声音）和所指（与能指相关的意义和连接）两部分组成，即形式和内容所构成的二元关系。“所指”（Signified）是符号内容，暗指“意义”，是符号所传达的思想情感。“能指”（Signifier）就是符号的表象形式，是可以感知的物质形态，包括物质、行为等，如文字图片。意义虽然通过符号载体来表征，但表达不太确定，其意义隐含在能指之中。能指和所指的联系是任意的，能指和所指构成了意指系统。

皮尔斯（1993）提出了著名的符号三角理论，他认为符号处于符号本身（Sign）、符号对象（Object）及符号解释（Interpretant）的三角关系之中，符号的意义来源于三组关系：所指（所指的对象 / 概念）、符号（用于代表事物的能指）和解释项（解释符号的东西），所指与能指之间构成表征的关系，能指和解释项之间构成意指的关系，而解释项主要受文化、社会规则的约束。他把符号分成了三类：图像符号（Icon）、指示符号（Index）和象征符号

（Symbol）。图像符号又被称为“肖像符号”。指示符号又称为“指索符号”，能指与所指之间是因果关系，指索符号主要表示符号对象的存在，如路标。象征符号的能指与所指之间没有类似性或因果相承的关系，它们的表征方式仅仅建立在任意的社会约定建构之上。符号具有隐喻功能，符号意义必须在具体的仪式语境中才能获得解读，仪式符号的意义可以通过三种方式得出：外在形式、仪式专家或常人的阐释和人类学家借由语境所做的推断。

西方学术界把符号学思想引入旅游研究领域发轫于20世纪70年代。旅游符号学派认为：旅游是文明社会的个体与自然和社会相互“沟通”的互动过程，在这个体验过程中带有鲜明的文化特征和符号意义，旅游者需要解读这种文化乃至整个符号体系，同时旅游者的行为也在重构这个体系。米德在《心灵，自我与社会》一书中提出人的心理、自我和社会都是在相互关系中产生的，他们都具有社会意义。布鲁默在深化米德研究的基础上首先提出了“符号互动论”，他强调社会是一种动态实体，经由持续的符号沟通、互动过程形成，从而建构了意义。

1976年，MacCannell率先提出旅游的符号意义，并在《旅游者：休闲阶层新论》一书中，系统地提出了旅游吸引物的结构差异、社会功能、舞台化真实、文化标志，以及旅游吸引物系统中的象征符号等观点。MacCannell把“旅游者”描述成附属于无处不在、无时不有的旅游吸引物系统之下，对旅游吸引物系统的符号意义进行“解码”，并追求早已失去的真实意义的“现代圣徒”。他说：“全世界的旅游者都在阅读着城市和风景文化，把这些都看作符号系统。”MacCannell重点提到的舞台化的本真性的问题引发了后期学者对旅游中本真性问题的热烈讨论。MacCannell非常关注旅游现象中“物”的文化内涵和“人”对意义的追求。继MacCanne之后，Culler（1981）在《旅游符号学》一文中提到“旅游者追求的是异地的不寻常和本真性，追求的是异国文化的符号”，他认为旅游者在体验过程中既制造标志和景观之间的联系，也在找寻标志和景观之间的联系；旅游者找不到真实，却从大量的复制品中找到了快乐，如明信片、埃菲尔铁塔的缩微模型、自由女神像的储蓄罐等。

人类学家Graburn（1983）认为旅游现象是社会语义的一部分，它塑造并影响着人类生活的其他方面；在对文化表征形式分析方面，他倡导用符号学以及符号人类学的方法，对符号、标志、象征、民间传说、神话、规则、诗词文记、图示石像、广告宣传、私人摄影和明信片、商业化旅游纪念品、游记与历史记录等“文化文本”进行“解构分析”，以期揭示意义结构、文化结构及其变化的过程和规律。Graburn 认为旅游是被人们赋予了特定文化内涵、用来点缀和丰富自己生活的事物。旅游反映了全人类普遍存在的游乐和消遣的需要，人们进行旅游的根源就在于人类有赋予自己的行为、活动以一定符号意义的倾向。

1990 年 Urry 的《旅游者的目光：现代社会的休闲和旅游》分析了后旅游者（Post-tourist）的特征，他认为旅游者凝视的对象都可以被看成有意义的符号。1992 年，Brown 从营销的角度思考了旅游目的地体验的符号性和旅游消费的符号性，认为旅游业营销的目标就是要用恰当的符号系统来展现各种能够象征身份和社会地位的体验。既然，旅游消费是具有象征意义的消费行为，那么，从象征的意义来看，旅游地的表征（Representation）就具有符号的意义。Palmer（1999）认为遗产旅游地象征着一个国家和民族，代表了民族身份，是一个国家的符号、仪式和风俗。有关学者认为感恩节是最能代表美国人的符号（Jenkins，1993），爱丁堡城堡是苏格兰的象征（Mc Crone et al.，1995），埃菲尔铁塔是巴黎的象征，而这些符号的关键在于它们能传达意义，能传送关于一个国家的信息。

Selwyn（1996）的《旅游者意象：旅游中的神话和神话制造》一书分析了旅游者、目的地居民和观察者这三类人，在研究旅游者时着重研究了旅游者对目的地的感知、理解和动机，并且沿用结构主义者列维·斯特劳斯的观点，认为神话是难以言传的东西。

Uzzel（1984）采用符号学 / 结构主义方法分析了 6 家“阳光假期”公司宣传册照片，挖掘了照片中的显性内容（姿势、摄影效果）和象征意义上的幻想和神话。分析得出：一瓶葡萄酒象征着对美好生活的幻想和受到压抑的缺憾，其他物和人则象征着真实、权力和唯美主义。他最后总结认为：照片是一组创造和建构幻想、意义和身份的工具，旅游广告充满着信息和神话。

Cohen（1989）、Selwyn（1993）、Dann（1993，1996）、Cooper（1994）等也采用符号学方法对旅游宣传册做了分析。Selwyn（1993）通过对大量的旅游宣传册研究，重点分析了四类图画：遗址、海滩、食物和人。他发现了几个神话主题，其中包括神秘主义、野生的和异域的自然、社会化、好客和丰盛。他认为宣传册本质上是在出售“神话”。Cooper（1994）分析发现宣传册采用了一种特殊的语言来构筑神话般的旅游体验，表达了冒险、旷野、真实和异国情调。Dann（1993）认为旅游宣传册不能只强调个地方的实际属性，还要选择和构建出能象征目的地体验的形象。Dann（1996）在《旅游语言》一书中提出旅游促销要创立自己的语言和符号学方法。Harkin（1995）和 Bednar（1999）分别对旅游纪念品、邮资明信片和旅游摄影的象征含义进行了探讨。Echtner（1999）的《符号范式：旅游研究中的启示》一文是对符号学方法在旅游营销方面应用的全面梳理。

在旅游作为一种符号消费范式蓬勃发展的背景下，文化遗产因为所蕴含的独特的文化意义和象征意义而受到越来越多旅游者的追逐。在麦肯奈尔旅游吸引物理论三要素中，除了“景观”和“标识”，“人”在文化遗产空间显得尤为重要，因为“人”既是文化遗产旅游消费的主体，也可能是被消费的客体。王宁（1999）是很早便关注旅游者间人际关系的社会学家，指出从符号互动论角度来看，旅游被赋予强烈的情感意义，据此提出了旅游主体体验本真性，即存在性真实。

社会学家 Dean MacCannell（1999）在《旅游者：休闲阶层新论》指出，旅游吸引物由旅游者、景观和标识物三个部分构成，他把旅游吸引物的符号生产过程称为景观的“神圣化”过程。他指出，景观的“神圣化”过程一般包括五个阶段，分别为：景观命名（Naming）、确定范围和提升（Framing and Elevation）、装饰（Enshrinement）、机械化再生产（Mechanical Reproduction）和社会化再生产（Social Reproduction）。MacCannell（1999）认为景观“神圣化”与旅游者作为朝圣者的“仪式化”心理是影响旅游吸引物构建以及发展的重要机制。全世界的旅游者都带着自身的阶级属性和文化与旅游符号不期而遇，并对旅游吸引物系统的符号意义进行“解码”。

王宁（1997）[①] 指出旅游吸引物具有三种属性：客观属性、社会属性和象征属性[②]。Ateljevic（2002）总结了旅游图片的四种表征形式：没有人的旅游对象物，旅游者，当地居民，旅游者和当地居民。Palmer（1999）认为遗产景观是一个国家和民族的象征，是其民族身份的代表，因此具有符号象征意义，是一个国家的符号象征。

综上所述，正如谢彦君（2005）所言：旅游世界实际上是一种时空存在，其间由各种情境要素所构成的符号世界是传达和解读旅游体验意义的一个文化

① 王宁．试论旅游吸引物的三重属性［J］．旅游学刊，1997（5）．

② Ning Wang. Tourism and Modernity：A Sociological Analysis［M］. Pergamon Press，2000.

系统，旅游世界实际上是一个充满了符号的世界。谢彦君对旅游世界和体验活动中的符号进行了全面解读（见表 1–10）。

表 1–10 旅游世界中的符号及其意义解读

		符号意义解读
旅游时间	可购买的自由	“可购买”的自由和幸福
		时间构成了私有财产
		回归的可能性：在此时获得自我解放
		旅游时间中的张力：差异的普遍存在
旅游空间	剧场化的空间	不同于日常生活空间的旅游空间：生活在别处
		主观构建的抽象旅游空间：瑰丽的梦幻
		剧场化的旅游空间：旅游剧场
		展示符号的具体旅游空间：充满符号的世界
旅游世界中的“人”	差异化符号	地位符号：旅游世界里的地位符号是自致的、临时的、短暂的，旅游消费是在创造和改变自己的地位符号，努力实现地位上的“提高”
		身份符号：旅游者、从业人员和居民通过自己的身份在旅游空间里找到各自的坐标，按照相应的行为准则行事
		角色符号：在旅游世界中，旅游从业人员分成前台与后台，旅游者既是凝视的观众又是表演者
		外表符号：服饰是外表中的不固定要素，它是能够表征每个人身份、地位、角色和行动意义的重要符号
		行为符号：行为符号包括语言符号和非语言符号，其中姿态是一种表意的非语言符号，包括了动态体语和静态体语
旅游对象物	自然类	拟象性：自然景观最为常见的是图像符号，其拟象性能为自然景物增添美丽色泽，文化由此积淀和凝练在自然景物之中
		文化性：在旅游审美活动中，自然景物由于观赏者文化传统的约定而成为特定文化理想的符号象征
	人文类	建筑景观所创造的空间是一个功能性存在的符号
		遗址遗迹的意义则主要反映在它的文化性和历史性上
		人文活动（人事记录、艺术、节日民俗等）诉说着旅游地的故事，传递着旅游景观的意义，它们是纯粹意义上的由语言符号组成的文本，尽管其他景观也总是可以看成可供阅读的“文本”

续表

		符号意义解读
旅游媒介	扩音器导游旗	标志着导游人员的身份和角色的符号，导游旗也是一个非常具有标志性的符号，是方便团队旅游者找到队伍的记号
	旅游宣传册	通过画面、文字组合建构了旅游空间的神话和梦幻般旅游体验，表述着神秘、旷野、冒险、优美、真实、异国情调、好客的居民等诸多神话
	照相摄影	旅游者的影像照片象征着旅游者自制的旅游纪念品，其意义在于能唤起起对旅途的记忆，象征到访过某地游览的凭证，反映了旅游者美的鉴赏力、兴趣点及游览时的心境等
	酒店与交通	对于酒店及特色交通工具（黄包车、小火车等）工具的选择行为象征着旅游者的一种个性化表达以及对地位、声望的追求

资料来源：根据谢彦君《旅游体验研究：走向实证科学》一书整理。

【观点借鉴】

文化表征与旅游体验

Stuart Hall 指出：人类无法直接传达抽象的意义，所以需要借助社会中已存在的象征符号体系来编撰能够承载其意义的创作物，受众是通过感知这些创作物来理解意义，这一过程就是表征。

文化遗产表征（Representation）是面向特定受众，以某种或某些适当的方式传达、传播文化遗产信息的框架体系和表现途径。遗产活化表征具体有以下模式：

· 静态博物馆模式（客观主义原真性表征）：适用于原貌保存较为完整的景观客观主义原真性，原址信息完整保存，采用露天博物馆与室内展览厅，体现出真实的物质特征及其视觉冲击，如秦始皇兵马俑的保护修复与参观。

· 原址重建、再建与再现模式（恋地主义原真性表征）：主要是源于东方人的恋地主义情结和对“再现地方”的追求。通常采用原址静态保存，以体现历史地方感，或者采用动态重建，体现重构的地方感。

· 展陈活化与舞台活化模式（建构主义原真性表征）：主要针对大部分原貌已不再的遗迹景观，依靠考古现场及其发现可移动文物的展陈，表征物具有较强选择性，所以解说系统非常重要。例如开封清明上河园的旅游演艺《东京梦华》。

·传播学视野下的文化表征创新：创新具有文化意义的符号体系，是保持旅游场景中社会互动的重要手段。意义可以是文化、规则、知识等，象征符号可以是文字符号、形象符号、行为符号、声音符号等，不同社会群体的象征符号体系通常不一致，创作物可以是景点、旅游产品等。

语言、图像和行为的多种符号创建，共同建构了文化“表征”意义。想要传达“好客”的意义的话，需要用到哪些符号？

·语言符号：将“好客”文字明示，如山东旅游的广告语“好客山东”；

·图像符号：用主客共品美食的照片表征“好客”；

·行为符号：用献哈达的行为仪式表征“好客”。

（根据吴必虎2020年演讲整理）

文化符号、旅游符号相互交织，赋予了客观存在的意义重叠。旅游表征是实际存在的旅游要素，例如目的地、交通工具、旅游产品等，“熊猫”是四川的旅游符号，“火锅”既是旅游符号又是文化符号，而“龙”“桃花源”仅仅是文化表征，不能作为旅游表征，但在经过设计处理后，文化表征与旅游表征之间存在可转化性，如自称“香格里拉”的云南迪庆被文学作品、影视作品赋予了意义，成为令人向往的旅游目的地。

目前，国内文旅产品还缺少对中华民族文化基因的传承、表达与活化，如果缺乏文化表征范式的研究框架，旅游体验可能走向无意义的悬崖。未来旅游体验需要重构文化表征范式研究框架，这主要涉及：要选择哪些意义来进行表达？要选择哪些符号来表达这些意义？要如何增加/更新符号？要如何把符号组织成创作物？要如何让创作物容易被受众理解？

2. 互动仪式链理论

互动仪式链理论（Interaction Ritual Chains）由兰德尔·柯林斯（Randall Collins）提出，该理论源起于法国社会学家杜尔凯姆（Émile Durkheim）的功能主义。欧文·戈夫曼将其扩展到了世俗日常生活的研究，提出了拟剧论，他运用诸如“剧本”“表演者”“观众”“角色”“后台”“前台”“面具”“道具”等戏剧用语就人们在日常生活中进行社会互动的过程做出了解释。

戈夫曼学生的兰德尔·柯林斯继承了戈夫曼学说更具社会心理学的特点，同时承继了杜尔凯姆取向的微观功能主义，结合交换理论、互动理论和心理分析理论得出了“互动仪式链”这一概念。

柯林斯的《互动仪式链》一书中提出了五个主要概念：仪式、互动仪式、情境、互动仪式链和情感能量。互动仪式链理论的核心可以概括为五个概念、四个要素、四个结果和两个特点（见图 1–3）。

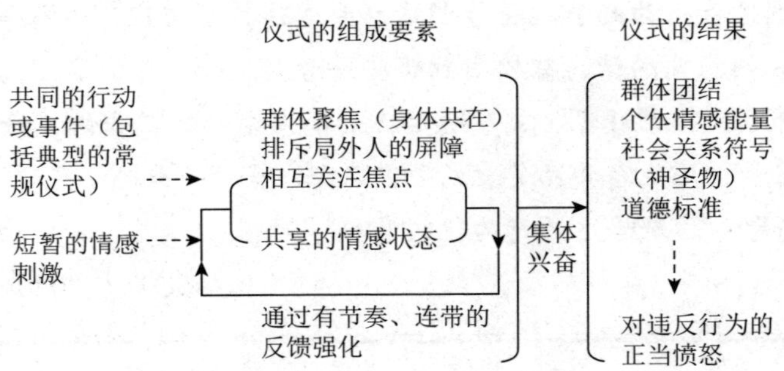

图 1–3　互动仪式的解析

资料来源：引自《互动仪式链》第 49 页，中译本第 80 页。

仪式通常情况下指的是正式的礼仪，互动仪式链当中的仪式则是相互集中、情感卷入的模式。互动仪式的核心是参与者发展出共同的关注焦点，并彼此相应感受到对方身体的微观节奏与情感的过程。时间、空间和参与者三者合一构成了情境。参与者带着已有的情感能量和已存储的象征符号，进行此情境到彼情境的切换，参与到新的互动仪式当中，从而形成一环扣一环的互动仪式链。情感能量是柯林斯互动仪式链理论中极为重要的一个概念，它是仪式带给参与者的一种特殊能量，是一种信心感、发起行动的勇气和胆量，能够让参与者感觉良好且兴奋，认为自己所做的事情重要且极具价值。

互动仪式有四种主要的组成要素或起始条件：（1）两个或两个以上的人聚集在同一场所，因此无论他们是否会特别有意识地关注对方，都能通过其身体在场而相互影响。（2）对局外人设定了界限，因此参与者知道谁在参加，而谁被排除在外。（3）人们将其注意力集中在共同的对象或活动上，并通过相互传达该关注焦点，而彼此知道了关注的焦点。（4）人们分享共同的情绪或情感体验。

互动仪式最终将实现四个结果：（1）群体团结和成员身份感。（2）个体的情感能量：一种采取行动时自信、兴高采烈、有力量、满腔热忱与主动进取的感觉。(3)代表群体的富豪：标志或其他的代表物（形象化图标、文字、姿势），使成员感到自己与集体相关。(4)道德感：维护群体中的正义感，尊重群体符号，防止受到违背者的侵害。

以情境而非个体作为出发点，这是互动仪式链理论分析框架的首要特点。互动仪式链理论首先是关于情境的理论，它是关于那些具有情感和意识的人类群体中瞬间际遇的理论，情感和意识通过以前的际遇过程而传递。在柯林斯看来，情境有其自己的动力机制，个人就是在这些情境中构建起来的。

互动仪式链将市场这一经济学概念引入了社会“互动仪式”的分析框架中，通过“情感能量”把物质和互动仪式整合到一起。情感能量和成员身份符号是互动仪式市场交换中的两种关键资源。近年来，“仪式感”成了体验中被追捧的热词，英国学者哈里森在《古代艺术与仪式》中说：“真正的仪式或原始的仪式旨在重构一种情境”。仪式感源于早期的巫术，它是一种程序性、独特性和象征性的行为，人们通过一种行为，来营造出美好、庄严的情境，以此传承过去的文化、道德价值和艺术修养等。仪式的精髓在于是否让参与者形成情感能量。活动的灵魂在于对特定时空下仪式的设计，即通过面对面的互动、联结和在场的参与、体验，让参加者产生新的情感能量，其运作要求是创造意义。

假如你不以自己的方式去揭示生存的意义，那么对你来说，生存就将依然是没有意义的——马丁·布伯

对待生命你不妨大胆一点（去体验），因为我们终将失去它——尼采

所有你乐于挥霍（体验）的时间都不能算作浪费——约翰·列侬

我活在世上，无非想要明白些道理，遇见些有趣的事，倘能如我愿，我的一生就算成功——王小波

【体验观察】

由《蒂凡尼的早餐》想到仪式感……

在电影《蒂凡尼的早餐》中，奥黛丽·赫本所扮演的女主角每当感到心绪不宁时，就会专程乘车来到蒂凡尼珠宝店门口。穿上美丽的小黑裙，一边吃着手中的面包，一边目不转睛地欣赏着蒂凡尼珠宝，随之感到心安。一顿普通的

早餐被她吃出了“仪式感”。

法国童话《小王子》里说：“‘仪式感’就是使某一天与其他日子不同，使某一时刻与其他时刻不同。”仪式，是被我们普通人经常忽略的一个词，因为每天我们被柴米油盐酱醋茶的琐碎生活所包围。仪式、仪式感对普通人来说太麻烦了，有那个精力不如多玩会儿手机。对于精疲力竭的我们来说，仪式感简直是多余的。但仪式是会让平凡日子发光的魔法，是我们对庸常生活的超越。

《绝望的主妇》里有这样一段话：很多人的生活之所以平淡无趣，其实是缺乏了仪式感。快节奏的工作、充满压力的生活，常常让我们忽视身边的美景、身边的爱人。现代人拥有的东西很多，却唯独缺失这种仪式感。即使只是每天认真准备早餐、晚餐，也是生活中的仪式感。我们可以用 98% 的经历应对生活中的琐碎，用 2% 的心来享受仪式感。毕竟，仪式感是给潦草的生活画上的一抹亮色，能让人看到生活中的美好，能让人抵抗生活的困顿和沮丧。

人生的本质本来是无意义的，对大部分人来说很多时候每一天都是极其普通的一天，可我们每个人内心里有一种强烈的需要，需要赋予这些平淡的生活一些标记和意义。

拥有仪式感是通往幸福的保障。仪式感是一种强烈的自我暗示和一种精神上的礼仪。民国才女林徽因，每次在夜间作诗前都要做足仪式。她会拿出一段珍贵的时间来尽情放松自己，或沐浴焚香，或在一盏茶、一把琴、一本线装书中享乐。那首著名的《人间四月天》，大概也是在这样的氛围中诞生的吧。《成为你想看到的改变》里说过：在时间管理上，仪式感是一条明确的分界线，将人的生活状态和工作状态划分开来，这段时间就是“神圣时间”。仪式感就是开启那扇“神圣时间”大门的一把钥匙。

德国作家洛蕾利斯在《我们为什么需要仪式》一书中写道：有仪式感的人生，才使我们切切实实有了存在感。不是为他人留下什么印象，而是自己的心在真切地感知生命，充满热忱地面对生活。在漫长而无边的黑夜里，只有善待自己，才能让生活变得精致而丰盛。仪式感让生活成为生活，而不是简单的生存。用仪式感去放大每一寸情绪，把每件事情都做成值得回味的纪念……

（节选自牧柔的《仪式感，我们真的需要吗？》）

3. 体验设计启示

旅游的“符号消费”模式启发我们：旅游地应以符号建构的理念来指导旅游景观的开发、旅游商品的制作、旅游活动的组织以及旅游宣传，从而建构起旅游者对于旅游地的梦想和期待。旅游景观符号的现代化重构是基于文化主体意义博弈的结果，能指和所指都被赋予新的内涵。将平常景观赋予符号意义，实现“景观神圣化”是一条重要途径。

落实到具体旅游体验设计中，我们需要分析：人们为什么要旅游？为什么存在不同形式的旅游，旅游者到底需要什么样的文化符号？旅游体验给游客造成什么样的文化印记和游后影响？作为旅游体验设计师，应对旅游地的文化符号表征（Representation）进行深入思考，以便发现、创造和重构（Reconstruction）出有利于旅游者“阅读”的旅游文化符号。

作为致力于旅游体验设计的从业者，应充分关注旅游过程中的情境（场景）设计，并要体会和理解参与其中的旅游者的真情实感和由此引发的情感能量；在大谈“仪式感”的今天，我们应从“互动仪式链理论”感受启迪，用好“情感能量”和“成员身份符号”这两种关键资源，以提升旅游仪式感的设计水平。

（二）旅游凝视理论

1. 理论源流

在 16 至 18 世纪，英国富有阶级的子女把到欧洲大陆修学旅行当作一个拓展视野的机会。到了 19 世纪，英国中上阶层的旅游活动骤增；旅游足迹不仅覆盖温泉镇、海边度假村，而且还远到地中海沿岸，例如在意大利、法国等，他们也带回记忆、纪念品及相片。在 20 世纪，由对特有文化事物观察的传统修学旅行转变成以更多观光、私人感受为主的浪漫式修学旅行。这些旅游景点使许多一般民众心中激发起更多向往地中海式的热情。

“游客凝视”关注的是如何在旅游中编织视觉与游客的体验，在西方宗教和象征寓言中，目视的被强调更体现出社会监管的俯察视角和透明化。“游客凝视”的概念在过去数个世纪源自社会统治及宗教。例如旅游广告宣传者常提到“视野上的享受”“抢眼的景色”“诗话般的村落”“明信片般的美景”等，说明了视觉元素对游客有重要的吸引效果。

福柯（Michel Foucault）认为，医学凝视所看见的，并非事先早已存在、永远“在那儿”等着人去观看的单纯事实，它是一门在语言上和在视觉上不断被建构的知识领域。观看是人类双眼的功能，是社会建构而成的观看或“审视方式”。英国学者 Urry 师承 Michel Foucault 的“医学凝视”观，指出如同临床医学视觉技术的发展，游客的凝视是社会建构而成的，而且自成一个完整的体系。John Urry 是最早将福柯原本用于严肃科学领域的医学凝视理论移植到旅游这种娱乐和度假行为上的学者。

2. 主要观点

厄里（Urry）指出视觉经验是观光旅游的重要方面，但他更强调“凝视主体”（Gazer）与“凝视对象”（Gazee）之间社会权力关系的操作与展演。Urry 认为每个人同时都是观看者和被观看者，看与被看的视觉经验，除了和社会建构与意识形态息息相关，也和摄影科技演进相互呼应。西方学者认为 Urry 的凝视理论从根本上改变了传统旅游理论的基础。他认为：人们花钱消费一些就某种意义上来说非必要的商品和服务（例如旅游产品和服务），是因为它们能带来愉悦的经验，有别于每天的惯常生活，其中有一部分的经验是来自凝视或观看非比寻常的异地风光或城镇景观；这种凝视的观察能力来自后天学习，所谓纯洁、无瑕的眼睛根本不存在。游客凝视也是后天习得的“观看方式”，它是动态影像和再现技术建构而成的视野（Vision）。游客凝视同医学凝视一样，是现代旅游所取得的权利，其实结合了或来自各式各样的设备技术，诸如摄影机、相机和数字影像等。

厄里认为，大多数学者都太轻视旅游业、度假、旅游的重要性了。而游客凝视理论研究“异常”，因为人类是通过差异性来建构游客凝视的，某种程度上能帮助我们更全面理解整个社会究竟怎么运作。因为旅游活动势必牵涉“偏离常轨”（Departure），人可以有限度地摆脱例行事务和日常活动，让感官投入一连串刺激活动，与平日的平凡无奇形成强烈对比。我们思索游客凝视的对象，借此去认识跟凝视对象刚好相反的社会构成元素。换句话说，想要搞清楚“正常社会”究竟是怎么一回事，取决于不同社会团体如何建构属于他们自己的游客凝视。厄里从游客凝视视角、凝视的对象、内容和行为和习惯等方面将游客凝视分成集体凝视和浪漫式凝视两种类型。总之，通过游客凝视，我们可以深入研究最典型的旅游形态，从彼此的差异来审视正常。如若没有旅游研究提示的这一切，我们迄今可能还无法看清楚正常行为的诸多方面。因此，游客凝视是从“脱离常轨”来研究人们的观看和体验的。

Urry 把“游客凝视”的形式区分为以下几种类型，如表 1-11 所示。

表 1-11　Urry 的游客凝视类型

凝视的类型	特　征
浪漫性的	孤立 持续性热衷 情景、敬畏、气味的凝视
聚合性的	共有的活动 连续的参与遭遇 相似性的凝视
观热闹的	共有的活动 连续的简短遭遇 不同符号的浏览
环境性的	聚集的结构 持续及说教的 扫描式的调查和检视
人类学的	孤立 持续性热衷 扫描式及动态的解析

浪漫性的凝视强调与被凝视物体产生孤立、隐私及个人化的关系。游客期望一个人独自地或是仅与重要的亲友一同观赏事物，例如大量人群涌进泰姬陵参观将干扰和破坏西方游客想要的个人沉思。聚合性的凝视涉及共同活动力。各类游客到同一场所参访是旅游景点热闹的必要因素，并且人如潮涌更凸显这些场所是热门的旅游景点。

旅游、环境与视觉消费三者的关系是“游客凝视”理论的重要议题。景观的本质是历史上特有的社会与文化的长期积淀，大多与休憩、娱乐、旅游及视觉的享受相关。一般民众的旅游体验重点是基于视觉美学判断的消费活动，随着现代旅游中绿色旅游、环境意识的增长，民众的旅游品位逐渐提高、选择更加多元化。大多数民众都愿意参观破坏相对较少、景观优美的场所，但这些地方往往是政府限制游客过度使用之处，旅游过度开发之地的环境往往破坏严重，原生态的美不复存在，这由此造成了对新“视觉消费”成本的提高。

【体验观察】

为什么游客喜欢游巴黎？

为什么游客喜欢去法国巴黎？他们都想看到什么？

首先，法国是名副其实的购物天堂。世界上最知名的高级时装、香水和饰品的设计师和一线品牌都在法国设有专卖店，所有潮流的展示都首先在巴黎登场。对于游客来说，即使买不起，但流连街头橱窗，隔窗凝视世界顶级奢侈品的感觉也不错。

法国人最讲究浪漫，琳琅满目的轻奢美食构成了浪漫法国文化。法国美食包括：面包、糕点、冷食、熟食、肉制品、奶酪和酒。而其中最让法国人引以为荣的是葡萄酒、奶酪和各种色香味俱全的精致小吃。法国鹅肝有“世界绿色食品之王”的美誉，由鹅肝为原料制成的小吃非常丰富，其中尤以法式香酥鹅肝卷最为著名，作为法国的传统名菜，绝对刺激你的味蕾，如果再佐以葡萄美酒，那种唇齿留香总让人回味无穷。

巴黎，在将近1000年的岁月中一直都是西方最大的城市。每年全球有4200万人造访巴黎，这也让巴黎成了世界上最多观光客造访和文化交融的国际旅游之都。你不时会看到巴黎街头情侣接吻的画面，这就是巴黎的无尽浪漫的剪影。游览卢浮宫和百年圣心教堂、乘船驶过塞纳河，看着两岸数百年来仍然屹立的古老建筑，尤其是穿行在巴黎圣母院这座伟大的建筑之中，那种历史沧桑带来的心灵震撼独一无二！

除此之外，再加上法国旅游机构编织梦想的促销宣传，更使得巴黎令人魂牵梦绕，只要听到Prais（巴黎）这个名字便会让人心驰神往，它的那些浪漫传说更会让人夜不能寐，这也许就是无数人心目真实或虚幻的那个浪漫之都——法国巴黎！

【体验观察】

景区何以成网红？

“网红”全称“网络红人”，原指在现实或者网络生活中因为某个事件或者某个行为而被网民关注从而走红的人，他们的走红皆因为自身的某种特质在网络作用下被放大，与网民的审美、审丑、娱乐、刺激、偷窥、臆想、品位以及看客等心理相契合，有意或无意间受到网络世界的追捧。如今“网红”一词已经高度泛化，被广泛应用在各类场景，形成了完整的网红经济模式。在市场的热捧和高额回报的诱惑下，借助资本的推动，万物皆可红，于是文旅行业也跟着追风。当下，在旅游行业，从“网红玻璃栈道”到“网红景区”，引来了资本市场的认同。但是，一个个翻车的“网红景区”也让人们不禁担忧，“网红景区”到底是一阵风？还是未来旅游的常规形态？是及时东风？还是只是一夜秋雨？

中国网红景区的四个发展阶段

发展迭代	产生原因及例证
1.0	改革开放初期的20世纪80年代，因为纸币印刷发行的无心插柳和政治因素，使纸币上的风景名胜成为旅游发展初期的“第一代网红景区”和全国人民蜂拥而至的“打卡胜地”。例如人民币上的桂林山水、布达拉宫、山东泰山、杭州西湖等
2.0	2000年前后，以推广目的地品牌为宗旨，地方政府和宣传部门有策略、有计划、有路径精心操作的产物。例如丽江成了一种生活方式和小资胜地的符号，贩卖都市里没有的慢节奏，咖啡、小院、音乐和大把阳光的悠闲生活。“今天你丽江了吗”一度成为年度热词
3.0	热播影视作品推波助澜，引发现象级的景区追风打卡潮。如《非诚勿扰》捧红的北海道、三亚鸟巢酒店；2013年《爸爸去哪儿》首播，一夜之间在全国掀起了“第三代网红景区”的批量生产热潮，从中卫到雪乡，从普者黑到鸡鸣岛，众多默默无闻的景区成为当年的热门旅游景区。随后的《极限挑战》《奔跑吧兄弟》《花样姐姐》《跟着贝尔去冒险》《向往的生活》等一大批热门户外真人秀综艺节目，让国内众多旅游景区着实享受了一把属于互联网时代的“流量红利”
4.0	2018年左右，当以抖音、小红书为代表的短视频社交平台和生活方式类平台崛起，“第四代网红景区”应运而生，从永兴坊摔碗酒到茶卡盐湖，从洪崖洞到长空栈道，一系列或猎奇、或唯美、或惊险、或刺激的景点和旅游项目在抖音上爆红。随之爆红的还有旅游目的地城市，以成都、重庆、西安为代表的三座城市，在抖音上风光无限，站在流量风口，成为当之无愧的“网红旅游城市”

由此可见，“网红景区／景点”是因为某些事件或某些现象而被网友关注，经过社交媒体放大，从而走红的景区或景点。从以上定义看，“网红景区”不是一个“产品”，而是一种“传播现象”或“文化现象”。景区的走红，并不完全基于景区的资源本底或精心打造的核心吸引物，更多的还是来自后天人为赋予的新闻价值、传播价值、文化价值和社会价值等。

以近年来闻名遐迩的青海茶卡盐湖为例，茶卡盐湖，别称茶卡或达布逊淖尔，是位于青海乌兰县茶卡镇的天然结晶盐湖，是柴达木盆地四大盐湖之一，也是中国唯一一家盐湖旅游4A级景区。盐湖四周雪山环绕，纯净、蓝白、倒影交织，作为盐湖类景区，去过的人一定都知道，只有在一定的角度，配合晴好无风的天气才能看到如镜面一般光滑的反光效果。更多的时候，人们则只能看到浑浊的卤水，闻到的是让人不悦的咸腥气息。通过解析茶卡盐湖在四大盐湖中脱颖而出的经典案例，我们可以提炼出网红景区的四大关键要素。

（1）高颜值。茶卡盐湖的高颜值，存在于大神的摄影作品，存在于抖音短视频，存在于达人的旅游攻略，存在于社交媒体碎片化的只言片语中。茶卡盐湖的“镜像美图”是“网红景区”的入场券，文艺、清新、岁月静好的茶卡盐湖，一经发布便能在一众平庸的旅游图片中迅速抓住用户的眼球，即使发布在朋友圈，也会获赞如潮好评。因此能够拍出“高颜值”的照片是“网红景区”成功的第一基本要素。在当今科技时代，一些并不具备高颜值的景区通过修图软件或精选角度，照样可以拍出一张能够震撼眼球的“网红照骗”。

（2）概念性。几乎所有的网红景点都擅于包装提出一些“概念性”的口号、名称或定位。如茶卡盐湖在晴朗的天气下能够将天色倒映在湖面上，恍若一面天然明镜，可与玻利维亚乌尤尼盐沼相媲美，因此被冠以“天空之镜”的美称。一句“天空之镜”在社交媒体上便勾起了网友对盐湖的无限想象。其他诸如“千与千寻”的洪崖洞、“8D 魔幻城市”的重庆、“全世界最像月球表面的地方”的土耳其卡帕多西亚……每一个“网红景点”都有一句利于传播的口号，甚至口号的意义大过景区本身，这也印证了“网红景区”并不是一个“产品”，而更类似一种“传播现象”。

（3）稀缺性。从网红秋千，到网红玻璃廊桥、网红摇摆桥，作为一种“传播现象”，一个网红旅游景区也需要做到话题的原创性和稀缺性。如果全国开花、批量复制，遍地“天空之镜”“8D 魔幻城市”，其传播的话题性就不复存在。因此文旅项目一定要避免“复制网红产品”的思维误区。换一角度，哪怕是现存的旅游资源和产品，如果能够找到其中的稀缺价值与流行文化的结合点，依然能够打造出燃爆网络的“网红产品”。例如，重庆的洪崖洞、黄山西海大峡谷、北京故宫借助短视频的助力获得了形象与故事化的“新生”。

（4）传播性。根据AIDA购买行为法则①，“吸引注意”永远是传播的第一目标。在一个景区获得关注，形成流量之前，是不能被称为“网红景点”的。

① AIDA 购买行为法则：购买行为的产生有 4 个过程，Attention（注意）—Interest（兴趣）—Desire（欲望）—Action（行动）。

在传播话题性的营造上，需要注意三方面：话题“梗”如何设置？由谁来发布话题？舆情如何引导？

“梗”的设置是为了避免自说自话、自娱自乐，需要让网友参与到关于“网红景区 / 景点”的讨论中来。由谁发声更为重要，通常当一个景区打造出一款所谓网红产品时，最佳的选项是邀请 KOL 意见领袖和达人先行体验，以不经意的个人体验方式向用户推荐。最后在产品的话题讨论上，景区可适时引导舆情的走向，做好“歪楼”和“种草”[①]的准备。

不同年龄的人，对于旅行意义的理解和追求是不同的，对年轻人来讲，每一次旅行都是一次收集，收集经历、收集话题、收集故事、收集场景，“网红景区 / 景点”游正好满足了年轻人对旅行的全部想象，获得了社交的谈资，获得了构建人设的关键内容，对于“网红景区 / 景点”旅游，他们更愿意用“打卡”或“拔草”来证明他们紧跟时代热点，“网红景点打卡游”本质上是如今互联网流行文化的旅游表达。而对“60 后”“70 后”游客而言，旅游则更多关乎生命的感悟，人生阅历的积累，友情的见证或回忆，其旅游的社交价值和需求更多在线下已经完成。

（根据张逸尘相关文章整理）

【案例分享】

摄影镜头中的各种“秀”

如今热爱摄影的人越来越多了，这些热爱摄影者最热衷的就是到国内几大摆拍胜地去“创作”了。曾有媒体专门总结摄影圈内几大知名“摆拍”胜地：桂林漓江的渔民与鱼鹰、云南东川的烟斗老人、福建杨家溪的水牛……这些场景中的渔民、农民、动物等纷纷成了“专业摆拍模特”。一批摄影者深谙这些能拍出获奖的大片、美片，于是各种摄影旅行团纷至沓来。

福建杨家溪的老牛和农村夫妇——煽情的意境。杨家溪一个平静的清晨，老

① “歪楼”在网络中主要指在各大论坛上网友评论由一个话题转移到另一个话题。“种草”为网络流行语，表示“分享推荐某一商品的优秀品质，以激发他人购买欲望”的行为，或自己根据外界信息，对某事物产生体验或拥有的欲望的过程；也表示“把一样事物分享推荐给另一个人，让另一个人喜欢这样事物”的行为。

王牵着自家老牛，再叫上老伴，一如既往地来到他们的工作场地——大榕树下。那里早已等待了一群摄影师。老王驾轻就熟地跟摄影师们交涉起来，向他们介绍大片拍摄的最佳时间和角度。静等清晨阳光照过来，老王的另外两个帮手（村民）在榕树下开始点燃烟饼，并用扇子猛扇，扇出了一片烟雾弥漫的意境。

漏光效果营造好，摄影师们开始指挥老王和他老伴走位和调度。“咔嚓咔嚓咔嚓”，几番拍摄下来，摄影师的 CF 卡已经被照片塞满，老王和妻子、村民都得到了应有的报酬，一天的合作愉快结束，明天继续上班。

拉萨八廓街的磕头藏民——虔诚亦有价。摄影者特别喜欢深入西藏，抓拍藏传佛教徒朝圣途中五体投地的镜头，追求的就是那种震撼心灵的画面感。从这些画面中你也许感受到了一种无比的虔诚，这些被拍摄者中的确有磕长头的佛教信徒，但也有许多信徒愿意收取一定的报酬，配合成为摄影师们的摆拍模特。

云南东川的烟杆老人——画面王道是沧桑。在“云南东川”这个搜索热词下，弹出来的内容除了闻名世界的红土地，就是这位年纪最大的网红老人了。

这个手持烟杆的沧桑老人如今已是整个东川最有经验的著名摆拍模特，而且还形成了一种市场认可的垄断效应。

湖南小东江的撒网渔民——撒网收获名与利。搜索“湖南小东江撒网渔民”图片，你可以找到这位渔民各个角度的撒网姿势。也许是某次拍摄中穿这件亮眼红色短袖得过国际大奖，这位渔民之后的每一次出镜都是这件红短袖了。这位渔民不仅是敬业的演员，更深谙摄影之道，懂色彩搭配、光线构图、道具摆布。在划船和撒网的同时，还不时与摄影师用对讲机来调度，显得十分老练。

在摆拍商业化后，摄影变成了工厂化生产，这些千篇一律的作品究竟能够带来何种体验，留给我们的更多是反思。

3. 体验设计启示

在旅游体验设计中，我们要多从游客的视角去思考：游客到底想看什么？

呈现在旅游者视线中的旅游景物和人物，首先要有地方特色和标志性，最好能够使游客产生积极的意义符号联想，一定要让游客有围观拍摄的冲动，让游客在围观中体会到有种心理俯瞰的优越感，拍摄的内容能够让拍摄者愿意主动分享、接受者愿意再次分享，由此引发病毒式传播的"疯传"效应！而我们就应该在与之配套服务的拍照点选址好好动一番心思。

（三）本真性理论、具身体验论与心流体验论

1. 本真性理论

本真性（Authenticity）源于希腊语 Authentes，最早意为"权威者"或"某人亲手制作"，中文常见的对应翻译有原真性、本真性和真实性。麦肯奈尔（MacCannell）首次将本真性理论引入旅游研究，他提出"舞台真实"（Staged Authenticity）的概念。早期探讨原真性理论的学者们大多持批判视角，认为旅游活动破坏了民族传统文化的原真性，为游客提供的是"虚假事件"等。但随着研究的深入，学者们对原真性与旅游动机的关系的理解逐渐由单一走向辩证和多元，对原真性在不同情境中的不同呈现提出了划分。

本真性的研究历经了四个阶段：第一阶段是 MacCannell 所提的舞台化真实性，此又被归类为客观性真实（Objective Authenticity）；第二阶段以 Cohen 等所提的社会建构性真实（Constructed Authenticity）为主；第三阶段也是 Cohen 的理论，他提出了自然生成的真实（Emergent Authenticity）；第四阶段是王宁所提出的存在性真实（Existential Authenticity）。

MacCannell 将旅游者比作朝圣者，此二者之间都是从事旅游活动，所不同的是朝圣者的朝圣之旅与宗教有关，而一般旅游者却是追求真实性（Authenticity）。旅游者之所以想追求真实性而去旅游是因为现代化所带来的组织脱序、疏离、暴力、虚假、无计划、不稳定与不真实，生活于现代社会的人的平日生活肤浅与缺乏真实性，他们想借助旅游找回失去的真实。Cohen 认同现代化社会所带来的冲击使社会失去了原来的面貌，外界社会已丧失真实性，于是个人开始回归自我、追求真实性，于是追求真实性便成了现代旅游的重要动机。Cohen 比较了旅游客体的真实与旅游者主观感知客体是否真实之间的根本区别，并从游客旅游体验行为的差异和不同归纳出五种有代表性的旅游体验类型。

客观性真实是指一个物品的原本性（Original），而此种真实性是能通过

一种固定标准与知识的事实来判断的。MacCannell 所提出的舞台化真实性即属于此，因为旅游业者透过场景的设计，使游客感觉所见与所体验的事物是真实的，即使如此，仍无法改变该事物并非真实的事实。Boorstin 认为大众旅游是一种虚假的活动（Pseudo-events），在此活动中，旅客需要遵循一套虚假的规范，但假戏真做，感受很真实，所以这属于客观真实性。

Cohen 对真实性的深化研究主要包括三部分：旅游情境形态、真实性差异、自然生成的真实性。Cohen 将旅游情境从自然性与游客的印象两大方面来解释游客对风景的体验感受。Cohen 认为风景的自然性可分为“真的”（Real）与“舞台化的”（Staged）两种，而游客对风景的印象也可分为“真的”与“舞台化的”，于是旅游情境可组合为四种形态（见表 1-12）。

表 1-12　旅游情境形态

		游客对风景的印象	
		真的（real）	舞台化的（staged）
风景的自然性	真的（real）	（1）真实的（authentic）	（3）拒绝承认真实性（舞台化的猜疑）
	舞台化的（staged）	（2）舞台化真实性（隐藏的游客空间）	（4）不自然的（显露的游客空间）

资料来源：Cohen E. Rethinking the Sociology of Tourism［J］. Annals of Tourism Research，1979：18-35.

社会建构性真实：Cohen 认为真实性是社会性建构而成，不是“被给予”的，而是“协调”的结果。Cohen 认为真实性会因人而异。个人的疏离感与追求真实性有关，如果一个人感觉越疏离，则他追求真实性的心理需求越强。例如博物馆馆长、人类学者与考古学者等专家学者所研究的真实性多是现代化之前的东西，认定也较为严格，他们感受的疏离程度远较一般社会中低阶层的人深刻，所以他们有较高追求真实性的企图心。相反地，大多数的游客为中低阶层的人，他们较少有追求真实性的动机，而且每一位游客有不同程度的疏离感和不同层次的真实性追求，因此，此种真实性是由游客以自己的角度来诠释的真实性。例如澳洲有一以澳洲古镇为主题的游乐公园，虽然此公园并非一处真实的“古镇”，但是拜访的游客却认为那是真实的。

Cohen 将时间的因素视为判断真实性的一种依据，他认为一处文化产物可能在刚开始时游客认为是非真实的，但是随着时间的推移，游客甚至专家也认为是真的，这就如同仿古董赝品，但随着时间的推移，此仿古物品可能会被后代人视为真品。Greenwood 认为所有能留存至今的文化都处在自我杜撰（Make Up）的状态。Cohen 将此称为“传统的创造”（Invention of Tradition）。自然生成的真实性这一视角为外来游客提供了创造当地新文化产物的机会。此外，文化产物随着商业化的影响也可能产生自然生成的真实性，许多文化产物因商业化而产生、随时间而演变，被赋予新的内涵，最终逐渐被视为一种真实的文化产物。

在 MacCannell 提出舞台化真实性为代表的客观性真实性与 Cohen 提出的自然生成真实性与建构性真实的概念后，王宁（1999）应用存在主义哲学于旅游活动经验，首先提出存在性真实。存在性真实指一个生命潜在的状态可能因为旅游活动而被激发出来，所以追求真实的旅游经验主要是想借旅游活动激发出此种状态，因此存在性真实与旅游地事物的真实性无关。

由以上可知，真实性的认定非常多样化，无一定论，再加上其他的观点（例如建构主义与存在主义），使得真实性处于不稳定的状态。

【体验观察】

那个质朴的丽江已渐行渐远

1997 年，丽江被联合国教科文组织批准列为“世界文化遗产”，20 多年来，那个曾经质朴、美丽、充满民族风情的古城早已渐行渐远。随着原住民的迁出，外地商人和游客的大量涌入，这里的原真风貌几乎丧失殆尽，取而代之的是喧嚣的酒吧、千篇一律的旅游纪念品商店和大刀阔斧改造古建的民宿、客栈。

此前，丽江旅游就曾被曝出过导游宰客、游客被打等事件，如今，负面消息再度传来。这一次，被曝光的是客栈刷单欺诈，利用网络虚假宣传误导消费者。当游客来到实地，失望地要给出差评之际，店家就以红包返现之类的“贿赂”加以诱惑，而如果不答应他们删除差评的要求，则会遭遇不停歇的电话骚扰。更让人无语的是，游客投诉房间里有蚊子，客栈前台人员诡辩地展现了他们的“黑色幽默”：“蚊子是我们养的宠物，熏死了要赔的，一百块钱一只……”此次，丽江之所以“又双叒”被曝光，也并不代表存在问题的只有丽江，而是因为丽江开发早、名气大，因而成了问题更显著、更集中的一个“反面典型”。

丽江问题的症结源于一切向钱看，硬把一个纯美秀丽的古朴女子改造成了妖艳的风尘拜金女。而放眼全国，诸多古城、古镇、水乡、古街，大多在拆除老旧原真建筑，再大修仿古建筑取而代之，然后再开鳞次栉比的饭馆、酒吧、客栈、商店。而且不难发现，某些所谓的“特色旅游商店”竟然还是连锁的，身处其中，你几乎想不起自己是在丽江古城、阳朔、凤凰还是大理……在这些地方旅游，绕不开的是大同小异的旅游纪念品、喧嚣的酒吧、真伪难辨的玉石、貌似很小资的民宿客栈以及四处揽客的导游。总之，急功近利、缺乏长远眼光的“丽江模式”其实是在涸泽而渔，为短期利益而使旅游胜地风情彻底丧失。

其实，那些怀着美好梦想不远千万里跋涉而来的游客内心所期待的，不仅仅是对丽江的客栈经营加以整治，而是以丽江为代表的古城、古镇洗净铅华，做出更本质的改变与回归。

（根据 2017 年 11 月 13 日《法制晚报》庞岚一文改编）

2. 具身体验论

在本真性之外，西方旅游学界对旅游体验正进行着新的思考。国内学者谢彦君对此进行了如下总结[①]。

一是非表征理论的兴起。该理论不关心表征，而是关心日常生活所具有的表演性的呈现（Presentations）、展览（Showings）和表现（Manifestations）[②]。表征理论将旅游世界中的物事、关系和人置于客观化的境地，但旅游现象是在具体的情境中发生的，人的行为具有意义属性，并随环境不断变化。因此应从人的内部、从人与环境的互动中去研究旅游，将被表征的旅游现象重新拉回事实现场。非表征理论以其对“不仅是认知的或非认知的体验和运动”的关注，为旅游体验研究指出了新的方向[③]。

① 谢彦君，樊友猛. 身体视角下的旅游体验——基于徒步游记与访谈的扎根理论分析［J］. 旅游学刊，2017（4）：129-137.

② Thrift N. The still point：Resistance, Expressive Embodiment and Dance［M］// Pile S, Keith M（Eds.）. Geographies of Resistance. London：Routledge，1997：124-151.

③ Giovanardi M, Lucarelli A, Decosta P L. Co- performing Tourism Places：The “Pink Night” Festival［J］. Annals of Tourism Research，2014（44）：102-115.

二是对旅游凝视理论的反思。视觉虽在旅游体验中具有重要作用，但也只是获取体验的一种方式，旅游这一行为恰恰解放了日常生活中被遗忘和禁锢的其他感官。因此，应通过“多样性的身体和感觉实践”而不是视觉和话语去理解旅游体验。在这种反思下，旅游体验研究从单纯的视觉凝视转向多感官及身体本身的研究。“具身化与情感”成为当前旅游研究的七大主题之一[①]。

Veijola 首先批判了旅游研究中身体的缺席，并认为旅行的动力源于将身体沉浸于环境中的欲望。随后有学者 Duffy 通过研究节事中的游客体验发现，听是神经的、心理的和文化的过程，倾听的方式对于节日空间的意义和体验的形成具有重要作用。与视觉的抽象品质相比，嗅觉提供了一个与环境之间的直接接触。如芳香可以激起对地方的记忆，有助于保持地方感，并且在建构和维持主要的社会品位的区隔上起到重要作用。Obrador Pons 通过民族志方法研究了游客在海滩日光浴和沙堡建造之中的触觉表演，并认为这是游客获得愉悦的主要来源。除了感官体验以外，躯体本体感觉和肌肉动觉体验也得到了关注。Chronis 指出，本体感觉指在物理舞台上的位置和姿势感知，运动觉是对手臂、肌肉等个人身体运动的感觉，它们与感官感觉一起构成了旅游舞台化中的身体—空间维度的基础。正是这三种感觉的结合使体验中的身体能够在旅游对象物中产生身临其境的感受，获得更真实和具象化的体验。

具身理论（Theory of Embodiment）是继隐喻、联结主义之后，以诠释性的视角来认识人类是如何获取外部世界知识以建构其内部概念系统的一个新型理论，其理论核心是关注模拟、情境性的行动和身体状态对人的心理和行为的作用（Barsalon，1999；Brasalon，2008）。具身理论最初仅仅是关于身心关系问题的哲学思辨，近年来，已经逐步被纳入实证科学范畴，成为推动实证研究走向情境化的重要理论潮流。

20 世纪 90 年代，芬兰研究者 Veijola 等（1994）最早提到旅游所具有的“具身性”特征，并且敏感地将具身理论应用到旅游体验领域，为旅游研究开辟了新方向。近年来，具身理论在旅游研究领域日受重视，旅游体验研究也越来越倾向用具身理论来解释旅游情境中旅游者的身体行为、认知体验，以及旅游者与情境要素之间的互动关系（吴俊等，2017）。不言而喻，旅游体验会

---

① Cohen E，Cohen S A. Current Sociological Theories and Issues in Tourism［J］. Annals of Tourism Research，2012，39（4）：2177–2202.

涉及对身体位置和姿势感知的本体感觉，对手臂、肌肉等身体移动感觉的运动觉，以及以眼、耳、鼻、舌、肤的感知为主导的多感官知觉，这三种感觉的共同作用使身体能够在体验旅游对象物时产生身临其境的感受，获得更真实和具象化的体验。从这一点上说，旅游体验必然是具身的，因此，具身认知也许可以成为旅游理论的一个新的支点，从而使人们对旅游现象的独特性拥有更为全面的理论认识。

具身理论把面对外部世界的一体化身心联动看作形成人的知觉的基本条件。具身理论认为，认知不能和身体与物理、社会环境间的互动方式相分离（Goldman et al.，2009）。身体的视、听、嗅、味、肤及运动觉是人们认识世界的基础，通过身体的这些活动及其与认知对象进行互动，会导致不同的身体体验，而不同的身体体验又造就了认知上的差异，形成不同的思维方式，并进而成就不同的人的特质（叶浩生，2014）。

显然，具身理论所强调的认知特点在于人是情境中的人。换言之，在场的情境体验构成了具身理论的本质内核。具身体验是人与情境的面对与回返，具身体验的对象与身体形成互动的客体，认知不仅基于身体，也依托于情境。人的认知、行为总是发生在某个具体的情境中，认知不仅受限于身体条件，也受限于情境条件，并借助于空间、感知对象等特定情境与身体的互动对认知产生影响（吴俊等，2017）。Wilson（2002）对具身认知的各种基本主张进行了整合梳理和重新审视，最终认为具身认知的基本观点包含 6 个方面，如认知是情境化的，它发生在现实世界的真实场景中；认知是有时间压力的，它依附于身心与环境的实时交互中；环境对有机体（包括身体和心灵）的认知和行为具有重要影响，它支撑并作用于整个认知过程等。

具身理论认为，体验主体的充分在场是具身体验的核心和基点。从旅游体验的角度来说，旅游体验质量的高低，往往也取决于旅游者的参与度、与情境的融合度以及身心的在场程度。按照 Ping 等（2009）的研究结论，人们更喜欢相对容易知觉和进行互动的事物。这一观点表明，作为诸多因素当中相对重要和更为综合的一个因素，距离（包括心理距离和物理距离）的远近在很多情景下决定着这种可接近性和易得性。同时，物理距离同样也是心理距离的一种隐喻，物理空间的远近对应心理上的亲疏。由此可见，身体的变量以及身体与所处的时间、空间等变量的复杂互动关系，日益成为研究人类认知形成机制的关键。

人对世界的感觉，不仅依靠视听和其他感官，而是整个身体对世界的全方位敞开。虽然越来越多的研究表明，任何一种感官不会与其他感官相分离，而是处于持续的相互联系和张力之中，但对于这个参与旅游的感知、意动的身体，对于体验中“以体去验”的属性，还缺乏更为系统的认识。这与旅游研究中偏重感官知觉，而对感受、情绪、情感和认知的具身化重视不够有关。

国内的研究具有重视人的主观体验的传统，但没有明确提出身体问题；国外的研究开始关注人的某些感官体验，但作为一个整体的、感觉的身体仍极少得到审视。

【案例分享】

武当山“三六九”体验

武当——中华文化瑰宝，东方哲学符号；武当山——著名的道教圣地，世界的养生坐标。

道家曰:“道生一,一生二,二生三,三生万物”，道创万物于“东南西北上下”六合之内，而究于九；万物负阴而抱阳，三为阴阳配合，六为阴，九为阳。

369——道文化象征，道家圣数也。武当道文化博大精深，“道法自然”回到青山绿水间领悟“问道、入道、得道”三重境界，“见素抱朴，少私寡欲，绝学无忧”抛开尘世烦恼尽享“休闲、养生、游学”之道。

武当 369——武当山深度休闲体验的标准和符号，身心灵的人间天堂。畅游山、水、城三大空间，食、住、行、游、购、娱六要素对客服务无缝对接；武当武术、打坐抄经、道茶夜话、道家斋菜等九种特色道文化体验让人流连忘返。

无论是遛自己，还是遛别人，关掉手机，回归自然，用山水洗肺，用文化养心，让灵魂回归身体，让脚步同频幸福节拍，享受生命中最本真的状态。

3 分钟忘掉自己 /6 分钟忘掉世界 /9 分钟天人合一

这一刻，把身心放下！

3. 心流体验论

心理学家米哈里·齐克森米哈里（Mihaly Csikszentmihalyi）将心流定义为

一种将个人精神力完全投注在某种活动上的感觉；心流产生时会伴随有高度的兴奋及充实感。他把人们对于心流的感受归纳为以下七个特征：

（1）完全沉浸。全神贯注于你正在做的事情当中。

（2）感到狂喜。脱离日常现实当中，感受一种喜悦的状态。

（3）内心清晰。知道接下来该做什么，并知道如何完成得更好。

（4）力所能及。自己的技能完全匹配所从事的任务。

（5）宁静安详。毫不担心自己，甚至丧失自我觉察。

（6）时光飞逝。时间在不知不觉中飞速流逝。

（7）内在动力。正如我们常说的享受过程，莫问结果一样，对一件事情的外部奖励会降低本身的内部动机。

不过，以上描述都来自人们对自己处于“心流”时感受的回忆，因为正在处于心流中的人处于一种投入而忘我，甚至丧失对自我意识、感官及时空的觉察力的状态。所以，心流更多时候存在于人们的回溯当中，太刻意去寻找心流，反而会适得其反。

Csikszentmihalyi 将各种不同的挑战感和技能水平高低组合分出了八个区，分别是：心流、控制、放松、无聊、冷漠、忧虑、焦虑和激励（见图 1–4）。

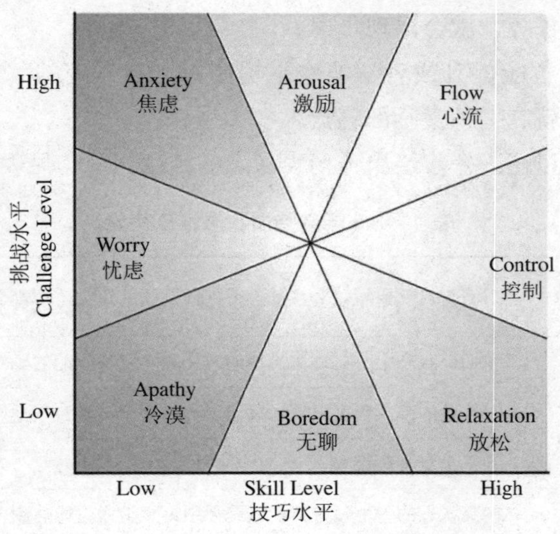

图 1–4　技能水平与挑战难度的匹配的心流状态

心流：当用户在完成交互行为时需要高技能水平，并且通过感知到高挑战，且两者达到某种平衡时就会有心流的体验产生。最生动的例子莫过于玩游戏。任何游戏一定会提供一定的难度给玩家，并常常伴有过关等设计来让玩家感知挑战。

控制：在驾车的时候，需要高的技能——驾驶，但是挑战感并不强，这时，能够感觉的就是控制感。当然，提高挑战感，例如赛车，能让某些人着迷，因为他们进入了心流状态。

放松：放松性的阅读和品美食就属于高技能和低挑战。

无聊：做家务需要有一定的技能水平，但是却不能让人感觉到挑战，所以做家务是一件很无聊的事情。

冷漠：当交互行为的技巧低而面对的挑战也低的时候，但是这样就无法产生持续上升的心流，也会出现心流体验。例如看电视，我们沉浸于其中，但事实上整个身体、心理并没有很激动地参与，而表现出了冷漠、无感情。

忧虑：在不参加太多逻辑的争论的过程中（当然不是参加辩论赛），有一定的挑战却没有要求很高的技能，表现出的就是忧虑的情绪。

焦虑：在做一些重复性的工作，如死记硬背文章的时候，由于技能水平低却完成高挑战的任务，就会出现焦虑。

激励：工作技能提升或者学习水平提高等，有一定的驾轻就熟之感，这时，工作和学习就有一种激励的感觉。

齐克森米哈里还进一步给出了畅爽状态的维度构成（见表 1–13）。

表 1–13　畅爽特质状态维度构成

含清晰的目标和立即的回馈	很清楚自己要做什么且马上得到回馈让人感觉一切都按计划发生
技能与挑战平衡	在畅爽状态中，对环境挑战的感知和对自身技能的感知是平衡的
知行合一	对体验的涉入程度很深，以至于行为完全情不自禁地发生
全神贯注	真正全身心地投入
掌控自如	畅爽状态的一个独特特征就是无须刻意努力就能达到，一切尽在掌握中
浑然忘我	与参与的项目融为一体，自己仿佛消失了

续表

时间感扭曲	在畅爽状态可能感觉时间过得很快，也可能感觉时间过得很慢，或对时间的流逝根本没有感觉，毫无知觉
自成的目标	畅爽的最终结果，感觉只是出于喜欢而进行某种体验，是非功利性的，不会期望对自己的未来有什么回报或好处

资料来源：Tenenbaum G，Fogarty G，Jackson S. The Flow Experience：A Rasch Analysis of Jackson's Flow State Scale［J］. Journal of Outcome Measurement，1999，3（3）：278-294.

4. 体验设计启示

游客对旅游体验过程中真实性的关心程度与满意度有直接影响，因此，在“真”与“假”的讨论标准上，我们要一切以游客的体验感为终极目标，从“存在的真实性”和“建构的真实性”出发。假戏真做、以假乱真，要有“今天的创造，就是明天的文化”的自信，当然，自信心的关键是给予游客的体验感要“真真切切”，包括服务者发自内心的真实的微笑！要让游客达到心流的畅爽体验状态的关键是让游客忘掉自我，投身旅游体验之中。

（四）拟剧与游戏理论

1. 社会拟剧理论

“拟剧论”又称“戏剧论”，是由美国社会学家欧文·戈夫曼（Erving Goffman）在深入研究人们在他人眼中制造形象的过程之后所提出的一项社会互动理论。戈夫曼的思想集中体现于其名著《日常生活中的自我呈现》一书中，他提出的自我展示、仪式和框架等重要概念被多个不同理论广泛吸纳。戈夫曼认为社会是一个舞台，全体社会成员在这个舞台上扮演不同的角色。他们都在社会互动中“表演”自己，塑造自己的形象并更好地达到自己的目的。戈夫曼运用了诸如“剧本”“表演者”“观众”“角色”“后台”“前台”“面具”“道具”等戏剧用语，对人们在日常生活中进行社会互动的过程做出了解释。戈夫曼认为社会互动规则的存在是社会生活秩序井然的原因之所在，社会成员则是该舞台上的表演者，他们对于如何在诸多观众（与其互动之人）面前塑造良好的社会形象分外关心。在借助拟剧论进行微观互动研究时，戈夫曼将人类的社会行动划分为角色表演和角色外互动两种。

（1）角色表演。角色表演又称“角色内互动”，戈夫曼将其定义为：特定的参与者在特定场合，以任何方式影响其他任何参与者的所有互动。通过对表演框架和表演种类的构建，戈夫曼完成了对角色表演的详尽阐述（见图 1–5）。戈夫曼认为，表演剧本是表演主体在表演期间展开并可以在其他场合从头至尾呈现或表演的预定行动模式。角色是受制于客观社会期望的个体行为模式，有鉴于此，剧本代表的是社会结构对个体行动者的客观要求。

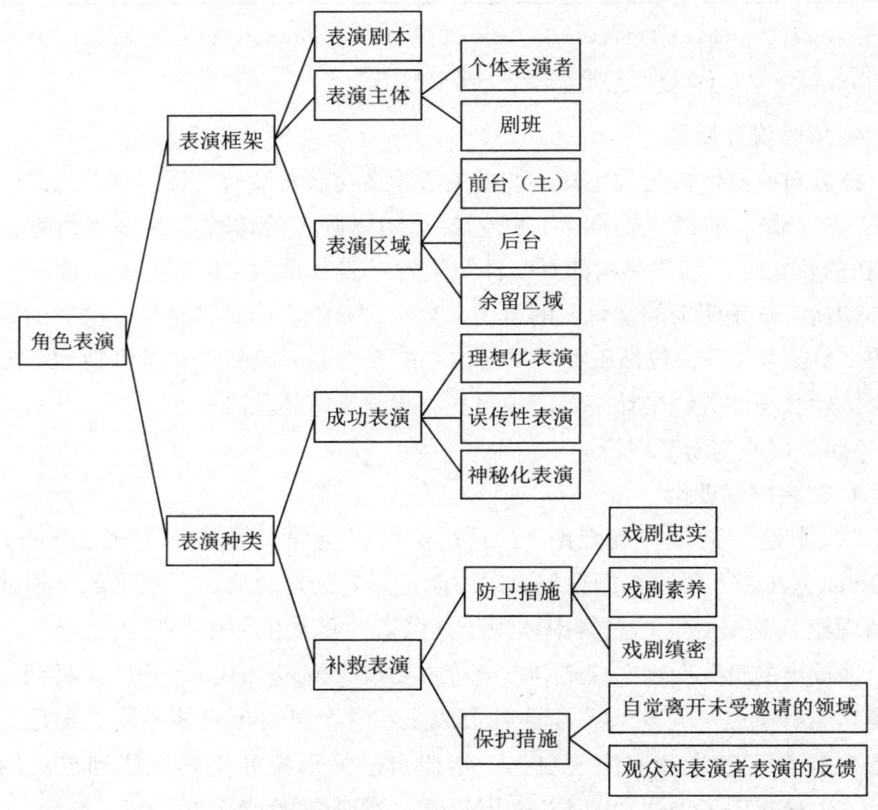

图 1–5　戈夫曼拟剧理论对“角色表演”（角色内互动）的分析

戈夫曼认为，互动是两个剧班之间的对话，两剧班之一是“更为积极主动地促进互动的剧班，或者在互动中起到更为显著的戏剧作用的剧班，或者制定两个剧班在互动对话中都要遵循的进度与方向的剧班”称为表演者，与之相对的则是观众。戈夫曼将区域分析框架分为了前台、后台和余留区域，而表演区域主要指的是前台区域。剧班进行特定表演的场所称为前台，能够控制印象形成的相关事实在此得以加强，角色内互动（表演）多半在此进行；而在后台，剧班的行为虽与表演有关，但同所要形成的印象并不一致，因而此处所展开的多为角色外互动；余留区域是指除此之外的所有区域，又称“外界”，是局外人活动的场所。

戈夫曼认为，角色内互动旨在控制自己在他人心目中的印象，从而使互动得以维持。但日常生活中也存在着诸如无意动作、不合时宜地闯入以及失利等导致表演崩溃的不稳定因素，正因为如此，戈夫曼提出了能保证表演顺利进行的防伪措施和保护措施，前者针对的是表演者，包括戏剧忠实、戏剧素养和戏剧缜密，后者分为自觉离开未受邀请的领域以及对表演者的表演给予适当反馈，针对的是观众。

（2）角色外互动。角色外互动虽与表演活动相关，但它所传达的信息同角色内活动相背离，主要在后台进行。角色外互动包含缺席对待、上演闲谈、剧班共谋和再合作行为四类（见图 1–6）。

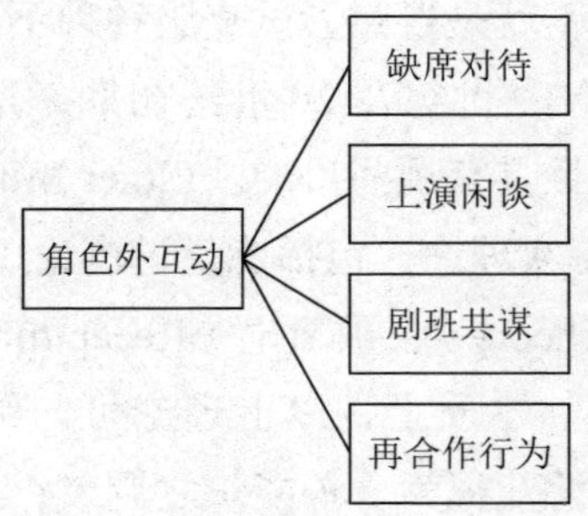

图 1–6　戈夫曼拟剧理论对“角色外互动”的分析

缺席对待分为暗中贬损和抬高，指的是剧班成员进入后台时表演者的一系列活动。上演闲谈是在观众不在场的情况下，举办成员在表演前后对有关表演问题所进行的探讨。剧班共谋是剧班成员传达表演意图之外、不为观众所察觉的信息之举，是角色外的互动。再合作行为即剧班之间的角色侵入行为，是一种临时的非正常现象，戈夫曼以此来指称角色界限并非很明显的剧班互动。

由此联想到旅游世界，旅游空间类似一个由舞台和观众席组成的旅游剧场，剧场的舞台被分成前台、后台两个部分。旅游地居民、前台从业人员等在旅游剧场台前按照剧本（服务操作流程）、借助符号化的设施和道具，演出一幕幕的舞台剧，旅游者则以好奇的目光观看，或给予掌声，或无动于衷。在旅游者“观看”客体（包括物和他人）的同时，他其实也“被他人看”，并不时地登台演出，于是旅游者会在意自我呈现，尤其是那些热衷于显示自己身份和地位的旅游者。就这样，旅游空间被剧场化了，每个人同时既是观众又是表演者，大家在旅游剧场上“同台演出”，每个行动者会以差异化符号来表现自己、凸显自我。

2. 文化游戏理论

人类第一部讲述游戏的历史书是希罗多德（Herodotus）的《历史》[①]。一般人通常以为全身心地投入游戏是“逃避现实”，即被动地撤离现实社会，但希罗多德揭示出，游戏也可以是有目的的逃脱、经过深思熟虑的主动逃离，更重要的一点在于，它是极为有益的逃生。很多游戏玩家考虑的是怎样利用玩耍的沉迷力量摆脱饥渴感：对更满意工作的饥渴、对强烈族群感的饥渴以及对更有意义的人生的饥渴。

哲学家伯纳德·苏茨（Bernard Suits）曾对“游戏”下了一个简明了且最具说服力的定义：玩游戏，就是自愿尝试克服种种不必要的障碍。

古典游戏理论源起于19世纪及20世纪初期，这些理论较偏重以哲学角度去解释游戏为何存在并且具有哪些目的。Elmer Mitchell 和 Bernard S. Mason（1948）总结了四种古典游戏理论，包括能量过剩论（Surplus Energy Theory）、休养松弛论（Relaxation Theory）、重演论（Recapitulation Theory）、本能演练论（Pre-exercise Theory）。本质上，以上理论可归纳为两大流派：一为能量过剩和休养理论，就是将游戏视为一种能量之调节；二为进化重演和本能练习论，把游戏解释为人的本能。

自20世纪以来，现代游戏理论构想的发展在很大程度上与我们在社会学和人类学领域尤其是心理学研究的不断增长的兴趣保持同步。出现了一般性和补偿性理论、心理分析理论、情感宣泄论、认知理论、能力—效果理论、刺激论等。

20世纪初期的荷兰思想家赫伊津哈（Johan Huizinga）认为，从本质上看，文化和文明是以游戏的形式出现的。那种追求远离“日常”生活的游戏是“不严肃”的活动，但事实上，它却将游戏者完全地吸引进来，使其充分地投入这项活动。这是一项脱离了物质诱惑的活动，井然有序地在自己特定的时空内进

① 《历史》一书主要讲述了公元前560—前40年间希腊与波斯的冲突和战争。

行。赫伊津哈在其经典著作《游戏的人：文化的游戏要素》中提出了“魔环”（Magic Circle）的概念。赫伊津哈认为，游戏可以构建起一个“魔环”，将参与者与外界世界暂时地隔离开。参与者在游戏过程中服从于一个暂时的社会系统，“魔环”定义的边界可以是物理性的，也可以是虚拟的。简单地说，游戏就是“魔环”中发生的一切，游戏就是创造一个令你身临其境的小世界。

参与游戏的这些社会群体，给自己罩上了一层神秘的光环，并以独特的“掩饰”方法或其他手段来强调自己与世俗世界的不同。由于游戏常常受到时间和空间的限制，因此，游戏往往被排除在生活之外，而且游戏又具有“非理性”的特点，且只以自身快乐为目的（见表 1–14）。游戏并不是简单地外在于日常生活中，相反，它是对日常生活的一种超越。由于不存在对利润或物质利益的趋从，所以游戏的目的是“单纯无邪”的。

表 1–14　游戏的特征解析

游戏特征	特征解释
自愿性或自由性	一切游戏都是一种自愿的活动，而非强制，游戏是生命个体出于“喜爱”而进行的“闲暇”活动
虚拟性与非功利性	游戏不是现实活动，而是对于现实生活的模拟扮演活动。游戏最为生动之处就体现在“乔装打扮”中，游戏中的获胜者得到的荣誉与功利性无关，但具有绝对的吸引力
时空活动的封闭性	游戏是在某一时空限制内完成，游戏有开始和结束，执行着特殊的规则，在时空特征和活动规则上存在封闭性和限定性
游戏规则的绝对性	游戏规则是绝对的，违反规则或忽视规则的游戏者会被驱逐出去
游戏形式的审美性	游戏创造了秩序，它把一种暂时的、有限的完善带给不完善的世界与混乱的生活，这就是游戏在很大程度上似乎属于美学领域的原因所在
结果不确定与高度竞争性	从某种意义上，游戏有时是对运气的测试。如果结局能够被预料到，游戏将不复存在，由此带来了游戏的高度竞争性，为得到荣誉，所有参加者都会全力以赴

资料来源：[荷]约翰·赫伊津哈．游戏的人：文化的游戏要素研究［M］．傅存良，译．北京：北京大学出版社，2014.

游戏存在现实与精神的双重价值，游戏是有趣和令人愉快的，而愉快对于种族延续来说似乎是一种明显的物种选择优势，游戏是人类文化和文明的基础

（Smith，1985）。人类社会伟大的原创性活动从来都渗透着游戏。Wassermann指出："游戏是所有创造性的主要来源。"Koestler亦指出："幽默是敏锐地利用偶发的线索，将两个原本不相干的事物做瞬间的联结；而创造力最大的特征亦是如此。"目前充满游戏化的综艺节目大行其道的现象值得关注。

游戏使我们集中精力大、乐观向上地做着一件自己热爱并享受的事情。简·麦戈尼格尔说，游戏化可以重塑人类积极的未来。现在游戏正从三个方面改变着世界：让人们的生活更平等、更充实、更愉悦；让人际交往更真实、更深入、更多元；让娱乐业有更大的发展空间，有更多的经济收益，有更具想象力的挑战。

简·麦戈尼格尔（Jane McGonigal）告诫我们：游戏的真正目的是让我们在这个无趣的世界中生存下来，因为现实世界也许是个设计得太糟糕的游戏。问题是现在的游戏都在引导我们忘掉现实，但现实又是无法逃避的，所以，更加明智的办法是用游戏中学到的经验改造世界，即"游戏化"，让我们的世界和游戏一样引人入胜！

【观点借鉴】

游戏重塑人类未来

现实已经破碎，而我们需要创造游戏来修复它。

游戏设计已经不仅仅是一门技术性的技艺，它是21世纪的思维和领导方式：玩游戏也不仅仅是为了消遣，它是21世纪携手工作、实现真正变革的生活方式。

游戏开发人员有必要学会如何去优化人类体验、组织协作社区，并将之应用到现实生活。游戏减少了我们的工作压力，大幅提高了工作满意度；游戏增强了我们身为人类最重要的能力：快乐、灵活和创造力，赋予了我们以意义非凡的方式改变世界的力量。

归根结底，我们的未来，要靠那些懂得驾驭游戏的力量和潜能，能让我们变得更快乐，也能改变现实的人去创造。等你读完这本书，就会变成一个了解优秀游戏运作过程的专家。有了这些知识，对玩什么游戏、什么时候玩，就能做出更明智的选择。更重要的是，你也可以着手开发设计自己的新游戏了。你能为自己和家人，为学校、公司和邻里，或者任何你喜欢的社群，为你钟情的事业、为整个行业或是为全新的社会运动创造出强大的现实替代品。

我们可以去玩任何我们想玩的游戏，我们可以创造任何符合我们想象的未来！

（摘引自简·麦戈尼格尔《游戏改变世界》一书）

---

3. 旅游游戏理论

旅游体验是旅游个体与外部世界取得暂时性的联系，在这个过程中旅游者获得了心理感受。这个外部世界是不同于日常生活的旅游世界。在卷帙浩繁的旅游学术文献中，较早使用“旅游世界”（Tourist World）一词的学者Cohen在1979年撰写的《旅游体验的现象学》一文中介绍旅游体验模式时提到了“旅游世界”。国内学者谢彦君（2005）则从现象学角度郑重地提出“旅游世界”这一范畴，以和“日常生活世界”相区别[①]，旅游世界是一个相对封闭并具有自己特色的现象空间，这是一个具有时空维度的特殊世界，在这个世界当中发生的旅游活动不同于日常生活中的种种行为。因此旅游者从日常生活世界跨入旅游世界之后能体验到差异，获得与往常不同的经历。旅游体验以追求愉悦为根本目的，但是实际上不一定每次旅游体验都是以愉快的形式表现出来的。有的时候旅游体验所获得的愉悦也可能通过让人感到惶惑、不安、烦恼甚至痛苦的形式或途径而达到。

Cohen（1979）提出的旅游体验五个模式中的第一个模式就是娱乐体验，追求娱乐体验的旅游者酷爱在类似于观赏戏剧、参加某种游戏等旅游活动中获得虚幻的体验，在这些娱乐活动中他们找到了很大的快感。在后现代旅游者看来，旅游本身就是“游戏”（Urry，1990）。吉罗（1988）认为：“游戏是对社会现实的模仿。”他还进一步说：“游戏的基本特征是做游戏的人自己构成自己的‘符号’，玩，即成为另一个人。”如此说来，游戏中的人是符号的载体和实体，人在实体和意义上构成一种分裂。游戏其实是给玩游戏的人提供了一个虚拟的情境，在这种情境下，主体可以成为他想要成为的那种人并且做他愿意做的事情，主体实现了自我角色的转换，他在游戏中获得了一种新的角色符号。在所有游戏中，做游戏的人给予游戏一种意义，赋予意义的过程实质就是

① “生活世界”是胡塞尔提出的术语。在舒茨那里，他把生活世界看作“包含人所牵连的种种日常事务的总和”。“生活世界”一词在很多学术文献中广为援用。

旅游者对游戏符号的解读，包括游戏中的规则、操作程序、游戏设施等符号，同时也是对处于游戏中的自我，即对自己新扮演的角色符号的解读，如果旅游者从上述符号的解读中找到了自己所认同的符号价值和意义，那么这次游戏活动就会给他带来愉悦的旅游体验。

从本质上看，旅游中的游戏其实等同于一场表演，是旅游者在模拟情境中的自我表演，在这场表演中，演员、布景、道具、演出的戏剧都是符号。我们可以看到，在世界各地的主题公园里，成人寻乐于儿童乐园，扮演着天真的儿童，放松了理性的约束，享受着游戏带给自己的感官愉悦。游戏是让旅游者获得世俗体验的重要途径。旅游者参与旅游中的游戏活动，为的是寻找他们所认可的幸福的符号和忘忧树上的“珍宝”。游戏的意义就在于让人陶醉在这种表演之中。

旅游体验中存在观赏、交往、模仿、消费、游戏这五种活动方式，这些活动方式是相互交织的，当旅游者离开常住地前往异地开始一段旅程时，他就开启了人生的一段新的体验，换言之，旅游者是怀着期望和憧憬踏入了一个不同于日常生活的世界——旅游世界。在这个世界当中，作为主体的寻求快乐体验的旅游者在非惯常的情境中，由于道德约束的放松以及借助金钱和市场力量放大的自我能力与自信，他们内心的人类游戏天性被激发起来，产生了一种“人生如梦”的错觉，尝试在旅游的情境中游戏一把人生、放松一下自我。

4. 体验设计启示

体验设计师要化身为旅游体验戏剧的编剧者，在设计的这一刻，全身心投入，将心注入，内在地激活自身的创意细胞，充满戏剧感，设计出具有独特旅游体验的剧场（场景设计），创作出符合游客心理预期（结构化）与超出游客预期、令其惊喜（反结构）的旅游体验剧本。具体来说，应做到以下三点。

（1）体验设计一定要发掘出人类内心的游戏天性——有趣。

（2）旅游体验设计的作品首先要感动自己，自己觉得有趣。

（3）好的旅游体验感受无非就是四个字：好玩，玩好！

（五）行为设计理论

1. 主要观点

积极心理学家马丁·塞利格曼（Martin E. P. Selingman）提出的 PERMA 幸福方法论提醒我们要“更加用心地对待每一刻，有意识地创造真正属于自己的幸福生活”。行为设计是斯坦福大学教授 B. J. 福格提出的前沿心理学理论，行为设计基于对人类思维习惯的研究，间接地设计干扰，影响行为和决策。面对生命中的转变、里程碑时刻和低谷事件时，人会本能地渴望关注和重视。这是设计峰值体验的关键，是建立信任、赢得尊重的重要时机。享受体验与制造体验必须深入了解行为设计，这样才能达成心愿、影响他人。

据诺贝尔经济学奖得主美国心理学家丹尼尔·卡内曼（Daniel Kahneman）研究得出的心理学“峰终定律”（Peak-end Rule）：一段经历最让人印象深刻的是它的峰值瞬间（最好和最坏的体验）和结束的瞬间，其实只要是重要的时间节点，都令人难忘。如果能为游客制造出这些节点和瞬间，那么他们就会沉醉其中。

第一，是让用户在第一次接触你时就有一个好印象。这就是为什么你在头等舱刚坐下，空姐就为你端来一杯香槟；这也是为什么夏威夷旅游的 ALOHA 欢迎语给人别样的体验。

第二，是让用户能经常获得成就感。比如微博、微信，这些社交网络为什么让人上瘾？因为你每发一条状态，就有可能收获回复和点赞，就有可能吸引新的粉丝。哪怕是一个小小的赞，也能给人带来一次愉悦的小情感波动！

美国知名行为心理学家希思兄弟研究总结令人愉快的峰值时刻大致包含 4 种情感，如表 1–15 所示。

表 1–15　峰值时刻的情感体验及其设计实现

峰值情感	解读	具体实现
欣喜感	来自大脑专注、享受的感觉，给人惊喜，制造仪式感，人们便会产生“超凡”之感	提升感官享受、增加刺激性、颠覆剧本，打破人们对体验的预期
认知感	即让人意识到自己的潜能，这种醒悟、狂喜的情绪会铭记终生	被现实绊倒、突破认知（反转结构，用仪式感刷新自我）
荣耀感	在获得认可、战胜挑战的关键时刻表现出的勇气，人们的内心会自发产生骄傲和自豪感	来自里程碑的设立，认可他人、多设里程碑、锻炼勇气
连接感	和他人联系在一起的感觉，共享美好或痛苦时刻	组建团队、一起经历痛苦，一起奋斗挣扎、实现目标，共同使命感、加深感情、宝贵时刻

资料来源：[美]奇普·希思，丹·希思．行为设计学：打造峰值体验［M］．北京：中信出版社，2018.

提升感官享受指的是将现实世界的“音量调高”，让事物从视觉、味觉、听觉上超出寻常。例如婚礼中有平时少见的绚丽鲜花、美食、音乐及舞蹈，人们会穿着眼花缭乱的服装（毕业礼服、婚礼服、道具戏服等）参加重要活动等。

所谓增加刺激性指的是添加一些有助于提升效率的压力：一场比赛、一次体育竞技、一场表演、一个截止日期或是一项公开的承诺都是如此。例如一场篮球比赛前的惴惴不安，或是站上舞台那一刻令人手心冒汗的兴奋，抑或是口头辩论时的压力。请务必提防所谓“合理性”对创意灵感的磨灭，否则，你的峰值便有被铧平的危险。

> 记忆凸显的关键就在于新鲜感。我们之所以对青春记忆犹新，是因为这是一段由无数个“第一次”构成的时间——第一次恋爱，第一份工作，第一次离开父母远行，第一次在家外过夜，第一次对自己的生活真实地拥有独立选择权。新鲜感改变了我们对于时间的感知，惊喜能够使时间延长。
>
> ——克劳迪娅·哈蒙德《错觉在或不在，时间都在》

2. 体验设计启示

在旅游者奔着愉悦、独特的旅游体验而来的今天，在我们营造的旅游世界里，设计者有责任和使命，为自己和他人设计出能够激发共同记忆的“峰值体验”，给那些原本看似普通的时刻，赋予更多的创意力量。因为我们一生中的每一天，都充满了各种稍纵即逝的片刻，而当我们回顾一生时，往往会发现，那些改变我们最多的都是一些“有意义的时刻”。当我们理解了这个道理时，就可以采取行动，主动设计我们旅途生活中的各种经验，为自己、他人，甚至我们的工作和企业品牌，创造出有情感、有力量，让人一辈子难忘的“时刻”。而这样的“行为设计”并不繁杂，关键在于用创意让这些时刻“脱颖而出”！

借鉴行为设计理论，旅游体验设计应牢牢抓住几个关键:（1）把握游程中的决定性时刻、牢记峰值定律，这样才能让旅游者记住峰值（高潮），难忘结尾。（2）强化瞬间思维，瞬间思维方式的核心是具有转变意义的关键事件一定要通过仪式来加以凸显，里程碑事件更需要大张旗鼓地纪念，而旅途中的消极低谷事件则需要通过努力加以修补填平。（3）用好第一印象，与旅游者搭建立认同感，对平淡无奇的生活说“不”！

第二部分　体验设计修炼

——体验设计大师如何创意

经济水平的不断提高、中产阶级的崛起以及“80后”“90后”等年青一代逐渐步入消费高峰期，更加注重个性、品质、体验的消费习惯，使得消费逐渐从传统零售模式下的低价、耐用性、产品功能等基础性诉求向内容和服务转移，内容上主要包含社交体验感、自身参与感以及价值的认同感等，服务上主要包含场景化消费、个性化服务、灵活化的交付等，体验消费越来越受到重视。“工作就是剧场”和“企业就是舞台”的体验设计理念正在发达国家的商业经营活动中被广泛应用。可以预见，以场景营销、新零售、文旅娱乐体验为代表的“体验经济”将成为21世纪中国经济发展的主流方向。

与以往不同的是，商品、服务对消费者来说是外在的，但是体验是内在的，存在于个人心中，是个人在身体、情绪、知识上参与的所得。体验是来自个人的心境与事件的互动，世界上没有两个人的体验是完全一样的。体验经济的灵魂或主观思想核心是主题体验设计。体验设计的深度直接影响到体验质量，而体验质量的高低也将反向指导体验设计流程的调整。以流畅体验的标准重新审视旅游设计的实现过程，体验设计不但可以重塑旅游企业发展基调，也是打通产业链、贯通企业生命周期的钥匙。体验主导旅游的时代，旅游企业需要找到能应对旅游体验特点的梦想创意并进行动态的、可持续的规划设计。以“体验设计”作为旅游产品规划设计、企业运营流程规划、营销策划的核心，能重构旅游企业、旅游产业的美好愿景。

关于设计思维（Design Thinking）有多种不同解读，但并没有形成公认的定义。“设计思维”一词最早由Bryan Lawson（1980）提出，他指出“设计是一种特殊和高度发展的思维形式，是一种设计者学习后更擅长于设计的技巧”[①]。IDEO设计公司总裁Tim Brown认为，“设计思维是以人为本的设计精神与方法，考虑人的需求、行为，也考量科技或商业的可行性”。

谢佐夫（Nathan Shedroff）在《体验设计》一书中将“体验设计”定义为：它将消费者的参与融入设计中，是企业把服务作为“舞台”，产品作为“道具”，环境作为“布景”，使消费者在商业活动过程中感受到美好的体验过程。这种以消费者体验为核心的体验设计所关注的“道具”——体验产品具有以下特征。

第一，游戏化、娱乐性。产品由三维实体到平面图像，屏幕化、图像化显示了娱乐、游戏倾向。

第二，人性化、互动参与性。在设计、生产过程中的大规模定制和使用过程中的DIY（Do It Yourself）便是这一特性的体现。

第三，情感化、纯精神性。体验是认知内化的催化剂，它起着将消费者的已有经验与新知衔接、贯通，并帮助消费者完成认识升华的作用，它引导消费者从物境到情境，再到意境，产生感悟人的三个情感体验阶段。

目前，涉旅企业管理层对旅游体验设计一方面缺乏从战略高度的重视，另一方面更匮缺落地实施的体验设计专业人才，而在培养旅游规划设计人才的传统教育体系中，对体验感悟力、设计创造力的培训课程开发更是少之又少。

本部分将重点探讨：一个合格的旅游体验设计师如何在“创造力、想象力、时尚感、同理心、童趣心”五大能力上修炼进阶。

一、创造力——创造意义

人生的真实意义来自体验不同事情，例如体验爱、参与有趣的活动，甚至体验苦难；反之，若存在是没有意义的，人就会容易产生焦虑。所以一个人要有存在的意义，就必须追求体验。在现实的旅游中，透过真实的体验，旅游者的潜在状态会受到激发，使其成为自己想要的自我，最终感悟到自己存在的意义。所谓创意，就是创造意义，但设计师不应沉迷创意本身，应将关注点聚焦于探寻消费者的心智规律（内心深处的真实想法）。

创造力，是人类特有的一种综合性能力，创造力也是未来社会生存的核心竞争力。创造力（Creativity Ingenuity）通常指产生新思想，发现和创造新事

① Bryan Lawson. How Designers Think：The Design Process Demystified［M］. S&t Titles，2005.

物的能力。创造力与一般能力的区别在于它的新颖性和独创性。其主要成分是发散思维，即无定向、无约束地由已知探索未知的思维方式。按照美国心理学家吉尔福德的看法，当发散思维表现为外部行为时，就代表了个人的创造能力。它是知识、智力、能力及优良的个性品质等复杂多因素综合优化构成的。一个人是否具有创造力，是思维飞跃的分水岭。创造力是一系列连续的复杂的高水平的心理活动。它要求人的全部体力和智力的高度聚焦，以及创造性思维的出神入化运用。

（一）左右脑思维

专家学者预测，世界即将从“信息时代”转向所谓“概念时代”，创意也将相应成为新时代中最重要的工具。我们正从信息时代走向概念时代。在信息时代，社会经济的基础是线性思维、逻辑能力以及运算能力。而在概念时代，社会经济的基础是创造型思维、共情力和把握全局的能力。每一个想要在这个新时代生存发展的人——无论是正为自己的事业而苦恼或是不满足当前生活的人，还是渴望在下一轮商战中取得领先地位的企业家和商界领袖、希望孩子能拥有美好未来的父母，或者那些情感丰富、精明、睿智、具有创造力的人，正有意识地在逐步培养自己的创造性思维 。但遗憾的是，信息时代却总是在忽视这些与创造力直接关联的独特能力，这就是设计感、故事力、交响力、共情力、娱乐感和意义感，而这正是每个创意人应潜心修炼的基本技能！

> 在人类文明的左行道前行了两三百年之后，历史发生了转弯。当前，理性的崇拜让位于感性的沉迷，即兴的灵感代替了系统的分析，种种迹象表明：右脑时代已经来临。未来需要的是更感性、更富创意的右脑人，右脑是人类拓展思维、摆脱痛苦、治愈自闭症的关键，是创造力和灵感之源，甚至还具备多元思维能力。
>
> ——丹尼尔·平克《全新思维：决胜未来的6大能力》

作为人类创造力中枢的大脑非常奇妙。通常，大脑包括1000亿个脑细胞，每个脑细胞都同其他10000个脑细胞相互联系。这些细胞组合在一起形成一个精密的网络，在这个网络里有1000万亿个连接，正是这个网络控制着我们的言语、饮食、呼吸和行动。因发现DNA双螺旋结构而获得诺贝尔奖的詹姆斯·沃森（James Watson）称大脑是“宇宙世界已知的最复杂东西”，美国电影导演伍迪·艾伦（Woody Allen）则称大脑为“我第二喜欢的器官”。

万物有阴阳，人类的大脑同样如此。大脑内有一条神经“梅森—迪克森线”将其分成左右对称的两部分，左右脑虽然分开，但却主次有别。通常，大脑左半球居于主要地位，是人之所以为“人”的关键①；而右半球只是辅助性的，居于从属地位。诺贝尔医学奖获得者罗杰斯佩里（Roger W. Sperry）被誉为“颠覆传统左脑优势论”的人，他的实验揭示：人类大脑具备两种思维模式，这两种思维模式相互独立，分属左脑和右脑，左脑理性，负责顺序推理，擅长逻辑思考、分析和文字处理；而右脑感性，负责整体推理、模式识别以及领会情绪和非语言类表达，擅长非线性思考和直觉判断，在创造力方面至关重要。右脑善于解决创造性难题的原因在于右脑擅长找出难以发现的连接关系，也就是不同思想之间的弱关联关系（见表 2–1）。

表 2–1　人类左右脑的优势比较

优势与特点	大脑模式	
	左　脑	右　脑
身体控制	左脑控制右侧身体	右脑控制左侧身体
运作顺序	左脑按先后顺序运作	右脑可同步进行
专注点	左脑专注于理解字面含义、注重类别和单一答案	右脑专注于领会情境、语境、注重关系和完形感知
分析重点	左脑善于分析细节	右脑善于综观全局
总体特点	顺序性、字面性、功能性、文本性和分析性	同步性、隐语性、审美性、语境性和综合性

资料来源：根据丹尼尔·平克《全新思维：决胜未来的 6 大能力》整理。

世界太复杂，大脑处理问题必须同时使用两种方式：左脑见“树木”，右脑见“森林”。随着信息化与互联网技术的普及，人类的信息极大丰富甚至泛滥，诸如信息储存与推理运算之类的左脑功能绝大多数将会被电脑和人工智能

① 德国神经病学家卡尔·韦尼克（Carl Wernicke）在语言理解能力上也有了类似的发现。这些发现使人们得出一个简单却令人信服的三段式推论：将人与动物区别开的是语言；语言能力处于左脑；因此，左脑是人之所以为人的关键。

取代，知识已经不再是决定性力量。

工业时代，机器取代了人类的四肢（体力）；互联网时代，机器取代了人类的神经（感觉）；人工智能时代，机器取代了人类大脑（思考）。由此可以预见，人工智能的发展将导致一部分人沦为“无用阶级”。

人类似乎很自然地倾向于以对立的方式来看待生活。如东方对西方、理性对感性以及左对右。健康、快乐、成功的生活同时取决于大脑的两个半球，但创意时代我们更应充分开发右脑思维！

（二）创意金字塔

台湾当代戏剧大师赖声川说，创新是人类最向往的一种能力，但我们却不了解它，也不知道如何才能拥有它。赖声川浓缩提炼了创意金字塔（见图2–1），在创意在运行时，我们的内在思维类似一座金字塔，金字塔上方吸取来自底层的创意营养，向上提升，经过精炼最终提炼出创意的精髓，从金字塔顶端产出创意作品。创意学习的目标就是清理金字塔内部，去除思维障碍，打通上下，让创意在金字塔内顺畅地流动。创意金字塔左右两端是“生活”和“艺术”两个场域，分别进行两种性质不同但功能连接的学习——“智能”与“方法”。它们各自连结到底层更大的神秘泉源——创新的泉源。

世界已经从过去的高理性时代演进到目前高感性和高概念的时代，在这个过程中有六种能力十分稀缺且至关重要，它们分别是：设计感、共情能力、讲故事、整合、娱乐感、意义感。设计与人有关，与艺术有关，与人文有关。当设计成为一种思考方式的时候，它就是解决问题的利器，而当设计思维上升到哲学和信念层面的时候，它就会成为一种信仰。当人找到了信仰，就会从心底迸发出一股强大的力量，支撑着你去完成使命。设计（Design）是“为构建有意义的秩序而付出的有意识的直觉上的努力；是把一种设想通过合理的规划、周密的计划、通过各种方式表达出来的过程”①。优秀的设计总是创造出一种新的解决方式，让世界变得更美好。

① 迈克尔·厄尔霍夫，蒂姆·马歇尔.设计辞典：设计术语透视［M］.武汉：华中科技大学出版社，2016.

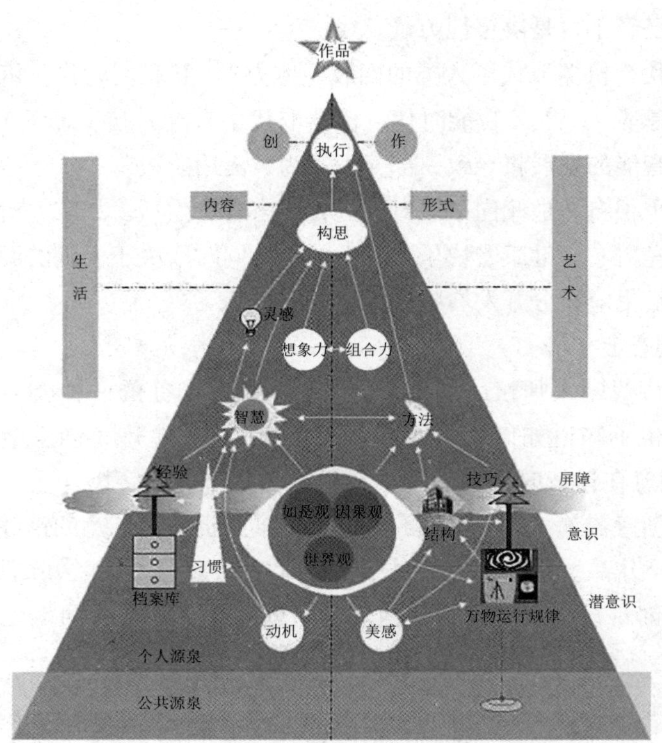

图 2-1　创意金字塔结构示意

例如体验式商业的代表——红星美凯龙在新零售模式上进行创新探索，不断植入情景化、体验化的元素，让顾客边娱乐、边赏美、边体验、边购物。这不仅迎合了中国人的购物需求，而且又大大提升了居家的文化品位，这正体现了“布展情景化，购物体验化”的精髓。

设计感是典型的右脑思维能力。正如约翰·赫斯克特（John Heskett）所说，从本质上而言，设计感是人类的一种基本天性，即人类以自然界史无前例的方式塑造和改善着自己所处的环境，以满足自身需求，使人类生活充满意义，是实用性和意义性的结合。从设计的目的来讲，设计必须能够传达某些文字所无法传达的理念或情感，符合意义性，要具备超越实用性的审美情趣（意义）。实用性近似于左脑思维，而意义性则近似于右脑思维。由于这两种思维方式的影响，如今，产品的实用性已相当普遍，而设计感——蕴含意义的实用性，已成为获得个人满足感和事业成功必备的基本能力，而体验设计师显然就是未来体验经济时代的“炼金术士”（见表 2-2）。

表 2-2　“传统”与“创意”两种思维模式的比较

传统思维	创意思维
实用性	设计感——审美竞争力 旅游体验追求的是审美愉悦，体验设计的美感就是一种难以抗拒的吸引
专业性	整体感——系统整合的交响力 就是把各个独立要素组合在一起的综合能力，它能从看似无关的领域之间发现关联，能够识别出大模式，而不是解答某个具体问题，是创造力的重要源泉
逻辑性	共鸣感——共情力 共情力是站在对方立场、凭直觉感知他人感受，设身处地为对方着想；我们是在与有情感的顾客打交道，共情不是同情，而是与他人共鸣
严肃性	娱乐感——快乐活力 娱乐活动会使旅游者紧绷的神经得以放松，从而达到娱悦身心的目的
讲论据	动人感——故事力 故事力属于高度概念化和高度感性的能力，它是通过将一件事置于一种特定情境的方式来加深我们对逻辑与事件的理解
功利性	意义感——使命动力 每个人都有探寻人生意义的欲望，当外部环境与内在意志相结合时，会激发我们的这种内在动力

但本书要郑重提醒的是，所谓的创新方法并不是问题的关键，因为设计创新在本质上不是方法操作层面的问题。《从 0 到 1：开启商业与未来的秘密》① 一书的作者之一彼得 · 蒂尔认为：“创新不是从 1 到 N，而是从 0 到 1。”也就是说创新是要创造前所未有的东西，1 到 N 是把已有的东西从 1 个做到很多，是一个量变的过程，而从 0 到 1 才是真正的质变。对于设计师来说，从 1 到 N 其实是“渐进式创新”或“微创新”；而从 0 到 1 是“颠覆式创新”，是以设计为驱动的创新。设计创新之所以能够成为创新，就是因为它突破了以往的规则和逻辑，构建了新的方向和逻辑。而所谓的创新方法会让人在意识层面上想依靠以往成功的逻辑和路径来推演出新的创新，这与创新在本质上是矛盾的。

① ［美］彼得 · 蒂尔，布莱克 · 马斯特斯. 从0到1：开启商业与未来的秘密［M］. 高玉芳，译. 北京：中信出版社，2015.

所以，设计首先是意识的问题，然后才是方法操作层面的东西。意识是人思考问题的角度和思维方式，是人对所经历的一切事物的感知与综合后的习惯性思维。意识与方法最大的不同在于，意识并不是你知道了就能够形成意识，而方法则是你知道以后基本上就可以按照步骤执行了。

创新首先需要的是在意识层面进行自我颠覆，展开批判性思维的翅膀！

（三）两类创新者

弗里德里克·尼采在《悲剧的诞生：尼采美学文选》① 一书将创新者分为两类：酒神创新者和日神艺术家。

酒神驱动力帮助人们接受自己潜意识的引领，并创造出全新的艺术形式。而日神艺术家则试图给无序的现实硬加上某种秩序。他们认为专心最重要，会仔细玩味自己的思想直到理解为止。"发散性思维"（Divergent Thinking）是酒神创新者（Dionysian Innovator）的典型特征，他们相信所有自发的顿悟。当逻辑不再起作用且工作记忆也无能为力时，他们需要这些不期而遇的思想。此时，右脑则展开内部搜寻。这种思维方式是解决远距离联想、创作新式流行歌曲所必不可少的。

与酒神创新者不同，日神艺术家（Apollonian Artist）则依靠"收敛性思维"（Convergent Thinking），这种思维模式自始至终都离不开分析和专注。对于斟酌诗句或完善交响乐谱来说，这当然是理想的方法。在这种情况下，我们不需要很多偏离了正轨的零散联想。相反，我们要把专注力放在那些必要的信息上，从而让心智充满直接关联的思想。这样，在精雕细琢之后，才能慢慢"收敛"为一个理想的答案。这是一个努力的过程，需要长时间保持专注力。当我们专注于某件事情的时候，思想活动就进入了工作记忆状态，此时，我们就能够对自己的创造性工作进行精雕细琢。

（四）跨界团队

人生重要的就是三件事，一是找到事情的本质，二是找到事物的规律，三是寻找事物之间的联系，事物之间的联系就是创新发明。人们做事的内在动机主要包括两种：出于热爱，或者是为了获得认同。当围绕一个目标，不同背景的人才走到一起，就会产生人才"跨界融合"的奇妙反应，这正是创意设计过

① ［德］弗里德里希·尼采.悲剧的诞生：尼采美学文选［M］.周国平，译.上海：上海译文出版社，2017.

程中跨界团队的优势所在。

1.“局外人”心态

这个世界充斥着局外人，只不过我们不称他们为“局外人”，而是称他们为“年轻人”。总的来说，年轻人的优势在于他们知道的不够多，还没有成为行家里手。正因为年轻人储备的知识少，他们不迷信于专业知识，头脑中的禁锢就少，这正是他们创新颇多的原因所在。局外人创新往往发生在学科的边缘。如此多的领域都是由年轻人领导潮流，比如朋克、摇滚等。

> 尽管我天资不够，但我具有任何早期创造力必不可少的一个要素：天真烂漫！
>
> 正是这个优点，让我无须考虑我对将要从事的工作到底合不合适？
>
> ——史蒂夫·马丁《天生我才》

为什么年轻人更具有创造力呢？一种可能的解释是，时间会在不知不觉中把人的灵巧、灵气磨蚀殆尽。大多数人到中年后，想象力就开始枯萎。但从生物学的大脑构成与进化的角度来看，人类的创造力并非注定会随时光的流逝而日渐衰弱（见图 2–2）。也许，年轻人天马行空的创造力正是得益于他们局外人的身份。他们涉世不深，不断吸收新知识，因此也更愿意接受全新的观点。由于在文化观念上还没有定型，或者说不太会受到传统条条框框的羁绊，因此他们更有可能成为现实的叛逆者。而一旦创造者开始自我重复，就会越来越难超越自己，最终从前的创造者已就逐渐蜕化成了局内人。

显然，局外人的创造力并不是人生的一个阶段，而是一种“心态”。如果你能不断迎接新的挑战，那么，即便你年龄已经老了，你也能够像年轻人那样去思考，从而保持创造力经久不衰。当然，培养这种积极心态并非易事，尤其当我们成长成熟以后。这需要我们去培养拓展自己的兴趣爱好，例如结束一天工作后，敲击一下空灵鼓。投身于自己并不熟悉的全新领域，我们要敢于承受遭遇尴尬的风险，尤其是置身于一群对我们所谈不知所云的人当中。拓展全新的个人认知领域，我们所要做的，就是先把专业知识放在一边。

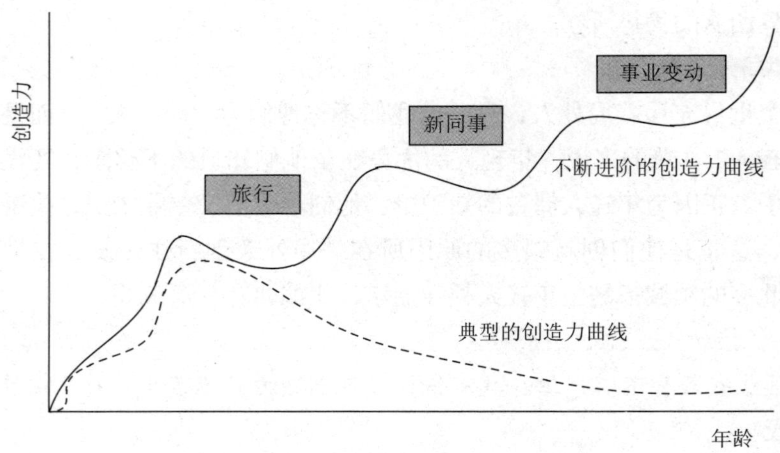

图 2-2　人生阶段与创造力曲线

培养局外人视角（年轻心态）的一个最有效同时也是最愉快的方法之一就是通过旅游离开我们的常居地一段时间。旅游之所以如此有助于激发创造力，源于人们认知方式上的独特性：我们对问题越熟知，就越会循规蹈矩地去思考问题。也就是说，当我们置身于问题的来源地时，我们的思想自然而然会受到某种约束，所能想到的关联事物也极其有限地被局限在这个时空环境之中。熟悉的思维习惯有助于我们把精力集中在容易想到的那些事情上，但同时也会阻碍人们的想象力。

以一片稻田为例，如果你站在一片稻田里，周围是绿油油的稻穗和结出的饱满谷粒，空气中散发着稻花所特有的清新的香气，你心里所想的自然而然是“水稻”的最初定义：一种植物、一种谷类以及江南的主要农作物。但你若试着从另一个不同的视角去想象这片稻田，先变换一下时空场景假设，假设你不是站在稻田里，而是站在一座繁华城市的大街上，到处都是行人和汽车。那么，这种植物就不再只是一种植物了，你逐渐发散的大脑神经网络会让你产生无穷无尽的联想。你会想到富含淀粉的白米饭、米汁和各式各样由大米制成的街头小吃；你会想到餐饮连锁品牌“大米先生”以及大米的孪生兄弟“小米”手机；你还会想到用稻米制作的“稻花香”之类的美酒、古诗词以稻花象征丰收的诗词，例如“稻花香里说丰年，听取蛙声一片”……显然，当下“稻米”这个词就成了一个连接发散思维网络的关键节点，从而让各种各样的联想不受约束地伸向更远的远方。

这就是为什么旅游如此有助于创造力的原因：当你离开久居之地，曾经被压抑的那些并不循规蹈矩的想法突然之间就会在你的内心复活，而且，远离久居之地的时间越长，效果会更明显。你开始思考各种各样的可能性，比如玉米能做狂欢节的“手榴弹”——如果一直待在农村，你是不会想到这一点的。而且，这种不受约束的认知方式在不知不觉中让你想到不计其数的全新解决方案。

一般情况下，人们很难为旧物件想出新功能，心理学家称之为“功能固化偏见”。而体验另一种文化有助于旅行者敞开胸怀，能使他更容易认识到同一事物可能会有多种含义。就拿把菜剩在盘子里来说，在中国这表示对客人的敬意，意思是主人准备的食物太丰盛了。但在西方，这样的行为却是不礼貌的，意味着食物不受欢迎，所以吃不完、被剩下。正因为存在这些文化上的差异，因此，经常旅游的人更具备创造力新视角，对模棱两可的事有着更敏锐的洞察力，他们更乐意采用多种方式解释世界。当他们置身于国外，就一下子变成了从前的局外人，会试图寻找可供选择的其他方法。这样，当他们对自己最初的答案和猜测不满意时，就会扩大“认知输入”的范围。

作为局内人，你的轻车熟路的专门技能可能会限制自己的创造性，因为不管钻研什么东西，你最终都会对它熟之又熟，你会记住所有的细节，甚至连缺点也熟视无睹。因此在进行创意性的体验设计时，你必须想方设法地忘掉你已经知道的东西。只有从外向内看时，我们才能看到更多，因为局外人视角将大大扩展我们的视野。

【案例分享】

“古典培根”——从IT到鸡尾酒的跨界杰作

唐纳德·李（Don Lee）是一家保险公司的计算机程序员，经历了个人情感挫折后，他开始借酒消愁，下班后，他频繁光顾当地一家酒吧，并渐渐对酒吧工作产生了浓厚的兴趣，甚至迷上了鸡尾酒的制作。经过6个月的观摩学习之后，唐纳德帮忙负责运营一家PDT[①]。这个酒吧的出名是因为它奇特的地下进入方式和私密性。但随后，他开始在鸡尾酒上下功夫，他想把酒吧开成那种

① 即 Please Don't Tell，“请不要告诉别人”。

纯工艺型的，所以，他提供的经典鸡尾酒比其他任何一家都要好[①]。尽管唐纳德仍在做着编程的全职工作，但他的调酒技术却声名远扬，鸡尾酒痴迷者们已经开始在PDT酒吧地下入口外排起了长队。因受困于严格的调酒传统而产生的挫败感很快就被某种创造性的顿悟所取代，有一天，唐纳德突然意识到：我可以创造出一种新酒，我可以调出我自己的鸡尾酒。

唐纳德立即开始了他的新鸡尾酒项目，他通过顾客来试验一些奇怪的新混合物。比如他曾尝试将二氧化碳注入樱桃里，这里的黑樱桃酒中的樱桃竟然会发出'嘶嘶'作响的声音；另一个实验是在酒里放一个胶状物，它在自身推进力的作用下四处游动——用唐纳德的话来说，"就像个小潜水艇一样"。他从中得到了极大的乐趣，就像是糖果店里的小孩子，不尝到最甜的那颗糖果决不罢手。所以，他继续试验，寻找新的工艺和配料，努力调制出新的鸡尾酒。对唐纳德来说，这种研究工作是把他长期以来对化学的兴趣和对调酒的爱好完美地结合在了一起。

来看一下唐纳德的第一项成功发明：培根古典。这种酒要经过一个"洗脂"的过程：将一种油腻食物（比如熟培根）跟酒混合在一起，并将这种混合体放冷。这时，颗粒状的脂肪凝固在液体表层上。然后过滤，以便不让猪油留在酒里。那些洗过脂且味道独特的混合物具有一种极性，因此它们很容易溶解在波旁威士忌里。为了追求更完美的结果，唐纳德花了好几个星期去做细小的改进。他不断调整猪油和酒两者之间的比例，最终，他做出了让顾客爱不释手的鸡尾酒。顾客评价："这确实是一种口味极佳的酒，是波旁威士忌的橡木味与早餐培根的咸味的完美结合。"

跨界诞生的"培根古典"鸡尾酒大受追捧，洗脂波旁威士忌也成了这家酒吧的招牌，《美食家》《美味》和《纽约》杂志也都给予高度评价。

（改编自《想象》一书）

---

2. 最佳团队"Q值"

美国西北大学社会学者布莱恩·乌齐（Brian Uzzi）研究发现：为百老汇工作的人是相互交织的社会网络中的一个组成部分。从《红男绿女》的词作者

① 2009年7月，在"鸡尾酒精神奖"（Cocktail Spirit Awards）的评选中，PDT被评为"全球最佳鸡尾酒酒吧"。

到《猫》的编舞者，他们之间的协作很紧密。乌齐提出了一种衡量每部歌剧中这些连接关系紧密程度的方法，他将这个衡量值称作 Q 值。从本质上说，Q 值的大小反映了一起创作这部歌剧创作者之间的“社会亲密”程度，Q 值越大，就表示他们的亲密程度越高。

数据显示：对百老汇来说，合作者之间的关系是最重要的成功要素之一。当 Q 值很低（小于 1.7）时，音乐剧失败的可能性非常大。由于合作的艺术家彼此并不熟悉，他们在共事和交流思想时会遇到很多困难。但是，如果 Q 值太高（大于 3.2），效果也不好。因为当合作的艺术家彼此之间太过熟悉，他们的思维方式就会趋于一致，这会妨碍歌剧的创新。这正是 20 世纪 20 年代百老汇陷入困境的原因。乌齐的数据显示：在这 10 年间，87% 的上演歌剧都以惨败收场，远高于历史平均水平。他认为问题就在于，这些才华横溢的艺术家习惯于只跟他们的朋友合作。

那么，创作出最成功歌剧的究竟是哪类团队呢？乌齐的数据明确地告诉我们，最成功的百老汇歌剧均由社交亲密程度“适中”的团队打造。与低 Q 值（<1.4）团队或高 Q 值（>3.2）团队相比，理想 Q 值（2.6）团队所创作的歌剧获得商业成功的可能性要高出 2.5 倍。因此，具有创造力的创意团队存在一个最佳结构和最佳团队 Q 值（2.6）。

图 2–3　创意团队协作的 Q 值与创造力

由图 2–3 可知，“熟人”与“生人”混合的创意团队才最有创造力。把有才华的人聚拢在一起并让他们自由互动，创造力就会自然而来，这也许就是创意团队的成功真谛。

> 不是任何人都能成为伟大的艺术家，但伟大的艺术家可能来自任何地方。
>
> ——柯博先生：皮克斯动画电影《料理鼠王》

3. 营造第三空间

社会学家雷·奥登伯格（Ray Oldenburg）将那种具有高度互动性和创意人才的聚集场所称为“第三空间”。他将之定义为：所有既不是家（第一空间）也不是办公室（第二空间）的任何互动环境都属于第三空间。回溯古往今来各种新思想的产生，公共区域都发挥着至关重要的作用。比如，18 世纪英格兰的咖啡馆，人们聚在那里讨论化学和激进的政治学；现代主义的巴黎左岸酒吧，则是毕加索和格特鲁德·斯坦等人频频光顾的地方。第三空间独特的优点在于：各路人才齐聚一处，一边喝着酒或咖啡，一边海阔天空交谈（见图 2–4）。

图 2–4　第三空间示意

苹果之父史蒂夫·乔布斯在 20 世纪 90 年代曾经创立了皮克斯动画工作室，初创之时设在奥克兰市德尔蒙原罐头厂，原计划建造三个独立大楼，计算机专家、动画设计师和管理人员分处不同大楼各自办公。但乔布斯却否决了这种看上去成本经济划算的布局，他提出了一个全新的规划。替代三栋独立大楼的是一个巨大的开放式办公室，这是一个贯通一体的大开间，中庭高大无比。乔布斯设计的初衷就是要把营造员工互动的最重要功能设在办公室中心区域，这样能为人们经常聚在一起聊天创造条件。皮克斯最著名的企业文化就是“以下犯上”，在创作领域，皮克斯内部完全没有“上下级”的概念。皮克斯的工作环境就好像一个“娱乐无极限”的大型游乐园，业界将其称为“前青春期的天堂”，连自助餐厅里都在提供好吃又好玩的食品，到处都是稀奇古怪的玩具和无拘无束的员工，任何一个动画师都可以提出创意供大家讨论。普通员工会很高兴地告诉老板怎样做才最好。《海底总动员》的导演安德鲁·斯坦顿也曾经说："什么中层、部门、领导，这些词我们统统没有，这就是我们的独一无二之处。"

乔布斯认为仅只是简单地建造一个高大恢宏的中庭不够，必须鼓励人们汇聚到中庭。于是，乔布斯首先把信箱移到中庭，然后，又把会议室也挪到办公区中央，接着把自助餐厅、咖啡间和礼品店也都搬到了那里。最后乔布斯决定将卫生间也设在中庭。皮克斯电影的执行制片达拉·安德森说："我刚开始还觉得这是个馊主意，因为我可不想每次上厕所都要绕那么远的路，太浪费时间。但乔布斯说'要创造人们经常碰面的机会'，最好的碰面都是偶然发生的，结果证明他是对的，很多时候，我都是一边吃饭一边跟别人讨论问题，有时，我在去厕所的路上也会与某些人不期而遇，总之，与我总是坐在工位上相比，我在中庭见到的人多了很多。中庭乍一看似乎浪费了大量的空间。但是，当人们不期而遇进行灵魂交流时，确实会收到意想不到的效果。"

在皮克斯公司，除了中庭之外，整个公司里都营造出一种蓬勃向上、融洽的互动氛围。在《玩具总动员 3》即将杀青的最后日子里，几乎所有的公共区域都成了人们交流、讨论的地方。正像乔布斯所预想的那样，许多交谈就发生在卫生间。人们还会在咖啡吧谈论电影原版带，或在 Cafe Luxo 餐厅一边吃着泰餐一边无拘无束地讨论。大家在艺术画廊碰撞创意，动画设计师坐在苏丹式躺椅里闲聊。晚上，社交互动则转移到酒吧，皮克斯办公区总共有 11 个酒吧。皮克斯还开设了向全体员工开放的皮克斯大学，开设的课程包括创意写作、戏剧即兴表演等。皮克斯大学的屋顶铭刻着一行拉丁文：Alienus Non Diutius，意即并肩作战、混在一起的设计师们"不再孤独"。

这些互动沟通似乎都是偶然发生，并无明确的目的性，而且这种频繁的邂逅还可能会导致生产率下降，但那些源源不断的奇妙创意却恰恰都是由此而碰出火花，最富有创新的团队既有熟人也有初次新加入者。麻省理工学院组织行为研究的汤姆·艾伦（Tom Allen）教授从 20 世纪 70 年代初就对几家大型公司技术人员之间的互动行为进行跟踪研究，绘制了同一办公室内任意两人之间进行沟通的可能性大小的"艾伦曲线"，这一曲线的升降幅度变化剧烈，人们与邻桌同事进行交流的可能性与坐在 50 米开外的同事相比，要高出 10 倍。他由此得出结论：工作最出色的员工，也就是那些拥有最有价值的新思想的人，都会乐于与周围同事进行频繁互动和分享。

社群化开放办公，激发联合创新

成立于2015年的优客工场以构建一流的共享办公空间为目标，为创新企业提供全产业链服务，建设基于联合社群的商业社交平台和资源配置平台。

优客工场以空间为平台，为创新企业提供全产业链服务，建设基于联合社群的商业社交平台和资源配置平台，致力于为中国创新者赋能。

优客工场的无界空间成立于2015年，倡导工作美学主义，是科技部备案的国家级众创空间，在开放办公空间里，各创业团队相互交融，因兴趣自发形成不同的社群，最终进行联合创新。

截至2018年3月，优客工场已在全球35座城市布局160个共享办公空间，总管理面积达到50万平方米。

4. 超越头脑风暴

在所有涉及创造力方法的经典文献都会谈及由美国创造学家A. F. 奥斯本于1939年首次提出的激发性思维方法——头脑风暴，意指无限制的自由联想和讨论，其目的在于产生新观念或激发创新设想。此法经各国创造学研究者的实践发展，已经衍生出一个发明技法群，如奥斯本智力激励法、默写式智力激励法、卡片式智力激励法等。奥斯本提炼出成功开展头脑风暴的最重要原则就是“不批评”“永远积极乐观”。奥斯本在其著作《你的创造力》一书中写道：“创造力就像是娇弱的花朵，称赞使其盛开，而批评往往会将其扼杀在萌芽状态。为了增加想象力，我们应该只关注新想法的数量，高质量自然会随之而来。”这其中暗含着一个基本假设：如果人们担心说错话，那么，他们就会一句话也不说了。

亚历克斯·奥斯本认为，正是因为“不批评”，所以成功的头脑风暴能让群体的创造性成果翻倍。但事实证明，头脑风暴会议想出的主意远远少于预期。头脑风暴不但没有激发出小组成员的潜能，反而会抑制潜能，削弱群体中单个人的创造力。实际上，争论和批评不但不会妨碍新想法的产生，反而会激发人们想出更多好主意。与头脑风暴相比，仅靠一己之力进行思考想出来的解决办法是前者的两倍，而且解决办法更可行、更有效。头脑风暴的糟糕表现让我们重新意识到了批评和争论的重要性，这就是真正的创意需要——超越头脑风暴！

乔布斯领导的苹果公司广泛采用了超越头脑风暴的方法，苹果公司以“火药味十足”的建设性批判会议取代头脑风暴会议，倡导对错误进行开诚布公的讨论，以最大限度地发挥群体创造力，这样才能实现“整体大于个体总和”的目标。当你觉得你所在的小组会及时把你的差错改正过来时，你就不会把心思放在“精益求精”上，于是，讨论也会更加坦率。

皮克斯公司里每一个人都懂得，走向成功的前进道路上总会遇到很多次失败。在创意《玩具总动员 2》漫长的日日夜夜里，唯一不缺的就是：充满挑刺、令人不愉快的交谈、迷失方向后的意外惊喜，还有深夜的争论。《玩具总动员 2》的导演李·昂克里奇曾说：“如果创作中你收获的是一片赞歌、有一种毫不费力的感觉，那说明你的工作有大问题。我们知道，搞砸事情被人挑刺是工作中必不可少的部分。我们的目标很简单，那就是要尽快碰到批评和麻烦，失败来得越早越好。然后，我们才能一起走上正路。”

灵感创意的产生需要机缘，因此作为一名设计师，你要有意识地制造这样的机会去捕捉创意、体会和升华灵感。在加深加厚自己知识储备积淀的同时，你不妨逐步扩大一下自己的社交圈、兴趣圈，例如与两三知己找一沙龙（第三空间）雅集，饮酒小酌、品茶；或呼朋引类与友人置身户外、游山玩水，这种跨界互动与有感而发的闲谈，往往会迸发奇思妙想。

【案例分享】

如何创意设计“住”的体验？

酒店，是旅行者途中的家，对于一些旅行者来说，他们早已厌倦了中规中矩的普通酒店，试图最大限度地减少住宿成本并希望房间能够与众不同，因此，一些由当今最具颠覆精神的建筑师精心打造的创意酒店正如一股清风，让人们顿觉眼前一亮。脑洞大开的创意酒店在未来也会越来越丰富我们的酒店选择和旅游体验。

1. 飞越丛林，飞行客房

将一架退役的波音 727 飞机搁置在哥斯达黎加的丛林是什么感觉？而你刚好就在由这架飞机客舱搭建的客房中，想象一下，跟屋前的邻居树懒和猴子一起喝酒的场景，而当夜幕降临，透过能让你感觉自己在飞翔的视角，透过飞行客房的舷窗，无边的森林拥抱着入梦。最抢手的床位是在驾驶舱的机长和副驾驶位，现在是豪华套房，一般只开放给度蜜月的新婚夫妇。

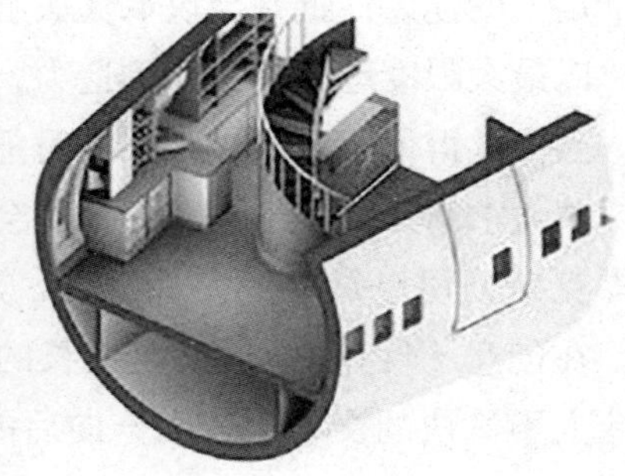

2. 冰窖冬眠，冰雪奇缘

在中国呼伦贝尔根河市的根河敖鲁古雅创办了中国第一家Ice Hotel。酒店完全由冰雪打造，内部全部设施为冰刻，床上铺设驯鹿皮。在这可体验到最真实的极寒世界，房内温度仅有零下4℃左右，但是酒店会提供保暖睡袋和保暖衣物，以保证你在睡觉时不被冻僵。在冰晶构筑的“美丽又冻人”的冬宫中，一夜冬眠，结识一段终生难忘的冰雪奇缘。

3. 返璞归真，融入自然

博茨瓦纳是非洲南部的内陆国家，纯粹的生态环境，丰富的生物种群，独特的风景，被《国家地理》杂志评为“在地球上保存最完好的原生态环境之一”。Sandibe Okavango Safari Lodge就是在这里的度假酒店。酒店共有8套独栋的套房，每个房间都配备了私人泳池。

原始的建筑表皮，来自当地的原材料，展现了建筑师非凡的设计手法，层叠的韵律，凸显了原生态的设计理念。完美的建筑是与自然完美融合的产物，壮美的奥卡万戈三角洲的绝美风光，野奢主义的独特体验，丰富多彩的自然生活，为每一位游客提供了完美的奢享。

4. 沉睡海底，涛声入梦

迪拜海底酒店建造于海上，其水下部分位于水下 10 米处，与水上的一个圆盘形状的建筑连通，而整个建筑的形状则酷似外星飞船，旅客住在水下的酒店客房可与鱼群共眠。每个沉睡海底的夜晚，半人半鱼，半梦半醒，在涛声中入梦。

5. 透过天窗看极光

芬兰追极光，当然是要挑“最冬天”的时间。11 月到次年 2 月，芬兰大雪纷飞，极光强烈，圣诞老人村也进入了一年中忙碌的时节，欢乐的氛围感染着每个人，一切都刚刚好。来自世界各地的游客们抢着住进菠萝格的玻璃屋，为的就是可以躺在床上，透过天窗仰看变幻莫测的神奇极光。

6. 星空下的泡泡屋

璀璨如明珠的星空下，在远离城市喧嚣的地方，全世界只剩下头顶的一整片璀璨星辰，住进湄江的星空泡泡屋，在独属于你的这个天地里，睡不着就数天上的星星好了。

7. 进入时间的胶囊

胶囊酒店是荷兰的一家别具一格的小型酒店，其原身来源于《菲利普斯船长》的一个救生艇，酒店高度只有4.25米，只能容纳两人入住。可以亲身体验如电影里的生活。如果你在寻找时空穿梭器，那么荷兰的这家胶囊酒店也许适合你，一觉睡醒，恍若隔世，你会以为自己穿越回了70年代。

二、想象力——编织梦想

（一）想得要像

亚里士多德说："想象是一切创造活动的源泉。"

黑格尔说："最杰出的艺术本领是想象。"

卢梭说："现实世界是有限的，而想象的世界则是无涯的。"

美国肯尼迪宇航中心："只要我们能梦想的，我们就能实现。"

想象力（Imagination）是人在已有形象的基础上，在头脑中创造出新形象的能力。想象力与画面感直接相关，亚里士多德主义者是最先发现图像—图式—想象力中介功能的哲学家。比如当你说起旅游交通工具，我马上就想象出诸如小火车、热气球、缆车、滑竿等各种各样的形象来。因此，想象一般是在掌握一定的知识面的基础上完成的。想象力是在你头脑中创造一个念头或思想画面的能力，俗话说"三分相像七分想象"，所以，想象的关键是要大胆地想、想得要像，让梦想可视化。

没有想象力的人去爬山，登山临水，如同劳役，最多是强健筋骨而已。他不能在山花径竹之外，看到比粉黛更艳的颜色，也不能在松涛石泉之外，听到比琴笛更清的声音，只能数数石级、量量路程，无法在形色之外，心领神会特殊的韵味。

如果有想象力，从隔窗一根竹竿投影在砚台上，就像见到一片潇湘的云彩，添加了砚台上深深的墨气。于是风吹过竹子像抚琴，砚台前的人也像坐在潺潺的流水边，四周的墙壁光影斑驳，也像杂乱的帆影。吟诗、读书、写文章，无一不在阵阵暗香中，灵思汩汩而来，书里读几分，书外读几分，自有山川风月陶冶性情。

想象力主要为右脑支配，随着人类大脑进化愈加形象化，想象力已经成为最高级思维。哲学方面，想象力是感性与知性间的一种中介性先天能力，在人的判断认识方面起着不容忽视的重要作用。

在创造性想象中，你运用你的想象力去创造你希望去实现的一件事物的清晰形象，接着，你继续不断地把注意力集中在这个思想或画面上，给予它以肯定性的能量，直到最后它成为客观的现实。想象力的魅力在于它可以将你带入一个虚拟世界，实现现实生活中不可能实现的梦想，让你享受快乐，享受惊奇，享受自由。

教育进展国际评估组织对全球 21 个国家的调查显示，中国孩子的计算能力排名世界第一，想象力却排名倒数第一，创造力排名倒数第五。同时，美国一个权威咨询机构调查结果表明：孩子 1 岁时，想象力、创造力高达 96%，可这种情况在 7 岁上学以后发生逆转。到 10 岁时，孩子丰富的想象力、创造力只剩下 4%。

我们通常用“美好”一词来修饰想象，似乎美好的想象就是好的想象。嫦娥奔月的神话流传了千年，浪漫、凄美，不可谓不美好。可这样美好的想象并没能帮助中国人飞上天，因为这实在是太虚无缥缈了。最后使得人类的飞天梦成为现实的，反而是生活中司空见惯的事物给予的启示。正是这些贴近生活的素材来进行创作，才让我们的想象有了源头。

例如，几乎每一个海洋馆都有海马，海马通常会直立水中，这让我们很难分清它到底是在运动还是在休息。海马的这种逍遥状态，看起来实在和疯狂的“摇滚”搭不上边。实际上，如果你能有机会长期在水族馆观察海马，你会发现海马看起来虽然老待在同一个地方，但它的整个身体一直都在颤动。因为它在游泳的时候，背鳍和胸鳍在高频率地做波状摆动（每秒钟 10 次）。如果可以把海马放大 100 倍，你会发现其实它随时随地都在“摇滚”。

又如，火是消防员的“敌人”，能否把火变成消防员的“朋友”？这也许让人觉得不可思议。这便是，在遇到森林火灾时，创新的一种神奇的灭火法就是“以火灭火”……

要注意学习孩子们与生俱来的想象力，正如鲁迅先生所说：“孩子是值得敬服的，他常可以想到星月以上的境界，想到地面以下的情形，想到花卉的用处，想到鱼虫的语言，他想飞上天空，他想潜入蚁穴……”

创造力的产生跟洞见的获得一样：不知从何而来？威廉·詹姆斯（William James）把创造过程描述为“沸腾的思想大锅”，其中的每样东西都在发出丝丝声响，并以我们难以理解的方式四处游动。现在，我们总算能够看见“巨型脑细胞网络”这口大锅的真身了，是它让我们在已有的思想之间建立新的联想。

最新的科研成果告诉我们，创意是一个涵盖众多独立的思考过程，这就是所谓的“洞见时刻”。灵感的出现并非创造过程的结束，想法只是创造过程的开始。

人们已经对浴缸里的阿基米德和苹果树下的牛顿“灵光闪现”的故事耳熟能详。当人们获得创造性突破时，往往倾向把这一时刻想象成耀眼的光芒，就像大脑中突然亮起一盏灯。想象时要在脑海浮现出画面感，这样你的“想象”就会想得越来越像你心中的那个画面。

【观点借鉴】

提高想象力的“五善”方法

第一，要善于积累渊博的知识和经验。想象是对已有知识、表象和经验进行改造、重组。因此头脑中储存的表象、经验和知识越多，就越容易产生想象。

第二，要善于把不同的表象加以重组以形成新形象。《西游记》中猪八戒这一艺术形象就是用这种组合法想象出来的。

第三，要善于把同类对象中的最具代表性的特征提炼出来，然后加以综合。

第四，要善于抓住不同事物之间的相似性。想象可以通过比喻的途径来完成，如人们常常把“爱心”比作滋润心田的雨露，从而把这个抽象的概念具体化。

第五，要善于从部分扩展到整体。想象也可以通过夸张的途径来完成。夸张的关键在于用具体的局部去推演未知的整体从而使整体具体化。如当人们只看到月牙时，他们就认为自己看到了整个月亮，这就是通过夸张来想象。

99%的人都对想象力存有一个极大的误解：认为逻辑是想象力的天敌，无拘无束才是富有想象力的标志。事实上，越宏大、越高层次的想象越是建立在确切和严密的逻辑之上。

【创造力新视角】

在创新想法（洞见）实际出现的8秒钟前，人们就能够预见某个人即将解决某个创新难题。这个具有预测性的脑信号，就是由右脑发出的、节奏舒缓的阿尔法波。尽管阿尔法波的确切功能是待解之谜，但它与放松活动（比如洗个热水澡）密切相关。

当我们内心平静时——阿尔法波在大脑中飘来荡去，我们的注意力就更可能是“向内的”，所关注的是右脑发出的一系列关联之间的关系。相反，当我们对某件事情全神贯注时，我们的注意力是“向外的”，所关注的是要解决的问题的细枝末节。在利用分析方法解决问题时，这种注意力模式非常必要，但实际上，这种模式会妨碍我们搜寻引发洞见的那些连接关系。这就很好地解释了为什么很多洞见都产生于洗热水澡之时。只有沐浴在温水里，把电子邮件里的那些事抛诸脑后，我们才能够听到大脑深处传来的轻声细语。其实，答案一直都在那里，只是我们没有去倾听。急于获得洞见的努力，实际上会障碍洞见的出现。

（二）概念合成

“概念合成”有助于灵感的产生，世界著名的创意公司都在探索“横向共享”，就是将概念想法移植到不同的领域，例如谷歌公司专门有一个名为“天马行空创想”的CSI（Crazy Search Ideas）会议。

“概念合成”与创造力究竟有何关系呢？尽管人们认为这种心智能力是理所当然的，但是，让不同的思想共存心中就是最重要的创造性工具。不管怎么说，洞见产生于表面看起来似乎毫不相关的思想重叠。

当转换概念时，将一个领域的规则转化到另一个新的领域时，洞见就会涌现出来。18 世纪，哲学家大卫·休谟（David Hume）在《人类理解研究》[①] 一书中认为，这种才能就是想象力的本质。

心智创造力就是对直觉和经验提供给我们的素材进行混合、变换、扩大或减小的能力。当我们考虑一座金山时，只不过是将金子和山两个概念简单地加在一起，且我们以前对它们就很熟悉。

休谟认为，发明行为实际上就是一种重新组合行为。在创新的历史中，无数发明家都是"混合"与"变换"的行家。约翰内斯·古腾堡（Johannes Gutenberg）根据其掌握的葡萄榨汁机知识，发明了一次可印刷多份文件的印刷机。怀特兄弟（Wright brothers）利用其自行车制造知识发明了飞机。从很大程度上来看，他们的第一个飞行器只不过是一个带着翅膀的自行车。在注意到爱狗身上沾满了带刺儿的苍耳后，瑞士发明家乔治·德·梅斯特劳（George de Mestral）发明了维克罗尼龙搭扣……无论是上面哪一项发明，突破性想法都不过是对一些旧想法进行新的混合而已。

怎样才能在"概念合成"方面做得更好呢？关键就在于你是否愿意考虑那些看似不值得考虑的信息和想法。不是专注于问题的细节，而是放飞心绪，去搜寻那些关系不太直接的相关类推，正是这样的一些类推能够帮助我们解开谜团。按照研究人员的说法，无法全神贯注反而有助于让知觉中混合的思想更加丰富。因为这些人难于对外部世界进行过滤，最终就让很多外面的信息进来了。他们并不是循规蹈矩地审视问题，而是考虑所有沾边或不沾边的类比。多伦多大学神经学家乔丹·彼得森（Jordan Peterson）说："有创造力的人对于来自外部环境的源源不断的额外信息并非不理不睬，而是保持接触。普通人通常不会再理睬已被分类为'无关'的东西。相反，具有创造力的人总是对任何新的可能性都持包容的态度。"

（三）做白日梦

Never recreate places from your memory. Dare to imagine new places !

不要仅仅根据记忆去重塑梦境。要敢于想象出全新的场景！

——节选自《盗梦空间》

在白日梦（Daydreaming）状态中，主角的内心世界大致是如下的思维方式：

① An Enquiry Concerning Human Understanding.

此时，他已经失去对外部事物的知觉。当失去对外部事物的知觉时，他的心智就开始把其内心深处所存储的场景、人物、言语、记忆和想法等，如突然涌出的喷泉一般全部翻腾出来。白日梦就是“喷泉汹涌”，此时，大脑将储存在不同地方的概念合成在一起。这样做就能发现它们之间的连接关系，就能看见平时视而不见的重叠部分。

当我们面对看似无法解决的问题而苦苦挣扎时最好找时间放松一下，“偷听”来自右脑的所有那些不太相关的关联关系。不要一杯一杯地喝咖啡，而是让自己做些白日梦。不要痴迷地总想着一个问题，你可以去洗个热水澡，出去散散步……

不同的背景颜色对想象力的影响差别巨大，当被试在红色背景条件下接受试验时，他们在需要精确性和专注于细节的能力上表现更为出色。按照这些心理学家的说法，这是因为人们不知不觉就会将红色与危险联系起来，而危险让他们更加警觉和敏感。实际上，在蓝色背景条件下，被试的创新成果数量是红色背景条件下的两倍。创造力并不是心智的固有属性，想象力漫无边际，远非我们所能想象。我们唯一要学的，就是如何“聆听”来自内心的声音。

仅仅放空心灵还不够，还在解开束缚之后，大脑仍需要寻找可以诉说的有趣内容，这就是即将进入即兴创作的阶段，那种半梦半醒的状态，可以聆听潜意识的诉说，这是产生千奇百怪联想和不同寻常想象的最具创造力的时刻。

【案例分享】

在“缘梦山居”漫游梦境

在木兰田园的森林湖畔遗世独立着一处静谧雅致的别墅，因为主人名字中有个“梦”字，故设计时取名“缘梦山居”。其建筑与环境艺术设计充分依据山林坡地地势，错落有致，精心构建了逐级上升的四层空间，并由此衍生出四类体验意境。

（1）第一层空间“花径”：从山麓停车场，穿越林间花径入口，步游道在林间蜿蜒、拾级而上，入园就让人置身林下花海，步行其间给人一路惊喜，使人产生了渐入梦境的感觉。

（2）第二层空间“水镜”：走过花径到达别墅入口，前厅户外是规整如镜面的一池春水，水面倒映蓝天，端在客厅中，透过仿佛若无的落地玻璃窗向外看去，正对的是一池春水形成的水镜，镜像与实景相重叠，水镜中云天变幻，亦真亦幻。

（3）第三层空间“梦境”：在缘梦山居的客厅与公共活动层之上是美梦生活起居空间，山间的清泉小溪从窗外潺潺流泻，松涛轻轻拂过，枕着清泉入梦的主人该是何等的惬意圆满。

（4）第四层空间“心静”：即缘梦山居的最高层——天台，这里直接连通森林之巅的一处专门清理平整的草地，户外休闲茶吧透出一种浓浓的野奢味道，每至月明星稀之时主客欢聚，把酒言欢，一览苍穹；或择一繁星满天的静夜，在森林之中“赏星悦目”，与三两知己推心置腹，来一次星空下的心灵对话。

“缘梦山居”在建设时，特意从森林高处采用动力循环系统造出了一湾宛若天然的“梦溪”水系，从主体建筑与林间缓缓流过，水系串联起上下四层空间，并由此构建起“林下花径”“水镜云天”“林栖枕泉”与“星空夜话”四层空间，由地到天拾级而上，从白天变换到黑夜，从欢愉切换至禅静，渐入佳境与梦境的四种身心体验组合。

（四）洞见本质

米尔顿·格拉泽（Milton Glaser）总结其创造力哲学：具有创造力的人只不过是在洞见和反复琢磨。所谓洞见就是化难题为想象，透视问题的本质。因此，创造力是一个非常耗费精力的“动词”，其含义就是：把某个主意装进脑子，再把它转化为实实在在的内容。每一个创意人都应该懂得“任何美好的东西，都不是轻而易举就能得到的”这个道理。因为，最开始的一瞥，我们是看不出什么东西的。只有真正地从深层次去思索，才能从中获得别样的感受，而我们可能从来都不知道自己能够体验到这种感受。

德国哲学家马丁·海德格尔（Martin Heidegge）将这一过程称为“解蔽过程”，他认为事物的本真往往被杂乱无章的现实世界所掩盖，我们迷失在各种各样的想法和感觉中。拨开迷雾的唯一方法，就是用自觉专注的利刃剥掉无关紧要的一切，让事物显露出其本来面目。

这种“解蔽”心理过程已成为创意的最重要手段，以工作记忆为溶剂，将困难的工作任务溶化为对应的想象，正是这种想象为我们提供了必不可少的联想。

工作记忆是想象的最重要工具。有时，我们需要做的只是专注和思考，最终一定会迎来重要的思想碰撞。这一进程很缓慢，但答案自会逐渐显现，就如同诗产生于修改中一样。尼采在其《人性的，太人性的》（*Human*，*All Too Human*）一书中写道：

艺术家天生就喜欢我们相信一定存在的“突然出现的启示”，这就是所谓的“灵感”就像上天赐予我们的恩典。实际上，优秀艺术家或思想家的想象会产生好的、中等的或糟糕的想法，但经过训练和磨炼，他的判断结果包括舍弃、选择和连接……所有伟大的艺术家和思想家都是伟大的劳动者，他们的不懈追求不仅在于发明创造，还包含着舍弃、筛选、改变和排序等。

实际上，持续不断地专注在某个创造性问题上确实会令人十分煎熬。亚里士多德曾说：“所有在哲学、诗歌、艺术和政治上取得了不起成就的那些人，甚至包括苏格拉底和柏拉图，都有忧郁倾向……”弥尔顿在其《沉思者》这首诗中发出了呐喊：“欢迎你，至为神圣的忧郁 / 你圣徒般的容颜过分灿烂 / 以致人类的视觉无法承受。”浪漫主义时期的诗人们将对悲伤的崇敬推向极致，并将痛苦看成创作所必不可少的一种体验。正如济慈所言：“你难道看不出一个充满痛苦的世界有多么重要？苦难能培育智慧，赋予它灵魂。”

忧伤有助于我们更专注、让我们更富有观察力、能创造新视角并坚持得更长久。不同的创造模式（灵魂的兴奋和解蔽的忧郁）之间不可避免地相互作用，这正是抑郁狂躁型抑郁症与创造力如此高度相关的原因。总之，看似矛盾的一个现象本来是创造新奇浪漫旅游体验所需要的，创造力恰恰毫无浪漫可言，它常常是由汗水、忧郁和失败所铸就的。

旅游体验设计所需要的想象就是：

既要敢于想——没有边界，天马行空；

也要善于想——聚焦意义，信马由缰。

所有关于灵感的故事都有一些共同的基本特征，科学家将它们定义为“洞见体验”。第一阶段是陷入绝境：在取得突破之前，必然存在近乎绝望的巨大障碍。第二阶段是惊艳一跃，在彻底完成自我心智突破之后，这种绝望最终引导他产生新的洞见，即灵感闪现。

【案例分享】

“马厩”变民宿

本来，牛栏、猪圈、马厩在大家的印象中是乡村牲畜聚集的污秽之地，但令人想不到的是，经设计师的创意，老旧的乡村马厩却呈现出另一番别有韵味的天地，这里不仅有充满情调的休闲酒吧、特色餐厅，还有配套齐全的民宿房间，仿佛东晋诗人陶渊明笔下的世外桃源。

这处英国乡间的小房子有着悠久的历史，建于1860年，原来是3匹马的“住所”，现在被改造一新成为度假屋。外墙的石墙得到保留，内墙全部涂上了白色，并且保留了石材的肌理感。不论门板、橱柜还是天鹅绒的沙发，椅子的边框都漆成了青蓝色，成了点缀房间的主色。卧室的床单采用灰粉色柔化了墙面粗糙的木板、石材的坚硬感。院子里有为客人准备的木柴和BBQ，花盆倒过来和一块石板结合就是一个室外的小桌。

这个17世纪的马厩在过去也用来放四轮马车，屋主把外墙漆成浪漫的粉色，一楼作为熟食店的作坊，上面的阁楼布置成法式乡村的风格房间，除了卫生间以外全部开敞的布局，为客人提供一种不同寻常的度假体验。

【体验观察】

幻想工程师——迪士尼最神奇的工作

迪士尼一个充满魔力、激发幻想的地方，为此迪士尼还专门设立了一个“幻想工程师”的职位，幻想工程师是负责设计和建造世界上所有迪士尼乐园及度假区的创新业务部门，成立于1952年12月16日，命名为WED

Enterprises，其员工被专称为“幻想工程师”。幻想工程师被誉为世界上最幸福的工作，他们的工作就是打开思路、天马行空，用不同的方法和多维的体验为每一个游客讲述令人难忘的迪士尼故事。

“幻想工程师”这一独特的创新机构，包揽了所有迪士尼主题乐园、度假区、景点、邮轮、房地产开发及世界各地区娱乐场地的从概念至建筑的全部工作。幻想工程的独特优势来自140多个不同学科的创意及技术专业人士的团队合作及协同共事。

前华特迪士尼幻想工程副主席兼创意总监马蒂·斯克拉（Marty Sklar）半个世纪以来为迪士尼奉献了超凡想象力和灵感。他刚进入公司时只有21岁，但华特·迪士尼就给了他接受幻想工程挑战的机会……华特的迪士尼幻想工程曾把众多不可思议的天才高手招至麾下。

人物一：托尼·巴克斯特（Tony Baxter），他曾为迪士尼首创了一个重力火车实用模型，然而业余时间却到迪士尼乐园里卖爆米花，为的是与游客面对面互动，获取创意灵感。重力火车立体模型成了他最生动的名片，为他赢得了给幻想工程建造巨雷山铁路，让列车在迪士尼主题公园的山中轨道上呼啸而过的重任。

人物二：哈珀·戈夫（Harper Goff），他热衷收集铁路模型。创始人华特·迪士尼在伦敦一家铁路模型玩具店首次邂逅戈夫时，就从对方眼睛里看到了业余机车迷才有的那种专注。戈夫参与了冒险乐园密林探险之旅的总体设计，迪士尼乐园的机车能够准点运行，戈夫功不可没。

人物三：崛起的新星——汤姆谢尔曼（Tome Scherman），一个痴迷儒勒·凡尔纳的年轻人。他把自己在好莱坞的公寓改造得和《海底两万里》尼摩船长的房间模一样，墙上装着舷窗，屋里安着潜望镜，还放着贝壳电话。不知底细的女房东有一天突然闯进来，被惊得目瞪口呆……谢尔曼最终加盟迪士尼幻想工程，在那里，他再现了故事中的“鹦鹉螺号”潜艇，还凭借想象建造了儒勒·凡尔纳神奇新世界。

迪士尼的幻想工程的大舞台就这样孕育出了一批又一批创意天才。

（节选自马蒂·斯克拉的《造梦者——迪士尼如何点亮神奇的创意》一书）

现在一些上了年份的大树肯定会有很多的伤疤，有的可能还有很多树洞，但若在具有想象力和美感的设计师手中，就可以变成妙不可言的树洞画。即使是一块伤疤，它也有美的权利（见图 2–5）。

图 2–6 所示的大树悬空的创意来自创意机构 ART–EFX。起初，他们在公路旁找到合适的大树之后，Daniel Siering 和 Mario Schuster 便使用塑料布缠裹树干，而后用喷漆在塑料布上喷绘出周围的景观，达到让被塑料布缠裹的树干隐形的效果，进而让大树“飘浮”在半空。

公园休息区的座椅再寻常不过，但在设计师的手中，它可以变换出另一种有趣的模样（见图 2–7）。

图 2–5　树洞画

图 2–6　“漂浮”在半空的大树

图 2–7　公园休息区座椅个性化设计

这就是想象的魅力。加上了想象的翅膀，平淡的事件也会变得丰富有趣，人类具有想象的力量，是巨大的财富，运用想象力，能让人体验到不一样的人生。

想象力需要锻炼，即“视觉化”。朗达·拜恩在《秘密》一书是提出：“视觉化是几个世纪以来所有伟大的导师和人物，以及现世所有伟大导师一直在教导的方法，它之所以会这么有效力，是因为你在心中创造了一个看见‘已经拥有想要事物’的画面，于是你就会产生‘现在就已经拥有它’的思想和感觉，就是强烈专注在画面上的思想，会引发同样强烈的感受。”

三、时尚感——引发疯传

（一）时尚与人性

“时尚”（Fashion）一词意指当时的风尚、一时的习尚。所谓时尚，是时与尚的结合体，所谓“时”乃时下，即在一个时间段内；“尚”则有崇尚、高尚、高品位、领先之意。“时尚”这一媒体热词已成为当今世界潮流的代言词。人们对时尚的理解各不相同，有人认为时尚即是简单、朴素；有人认为时尚就是奢华与标新立异。时尚在这个时代已不只是为了修饰，而是已演化成了一种追求真善美的意识。时尚的英文翻译有多种：Fad——时尚，一时流行狂热，一时的爱好；Mode——方式、模式、时尚；Style——风格、文体、风度、类型、字体，时尚就是前沿、先锋、革命，潮流就是风气、推崇、拥戴；Vogue——时尚、时髦、流行、风行；Fashion——样式、方式、流行、风尚、时样；Trend——趋势、倾向。

时尚潮流是一个时期的流行风气与社会环境，时尚引领潮流，是流行文化的表现。时尚的事物可以渗透生活各个角落，例如时尚发型、时尚人物、时尚生活、潮流品牌、潮流服饰等。一个时期内社会环境崇尚的流行文化，特点是年轻、个性、多变及公众认同和仿效。

时尚就是在特定时段内率先由少数人尝试，并为后来社会大众所崇尚和仿效的生活样式。时尚就是短时间里一些人所崇尚的生活。时尚不能简单地与流行相提并论，时尚可以流行，但范围是有限的，如果广为流行，最终会失去时尚的感觉，这也许是时尚的悖论。追求时尚是一门“艺术”。模仿、从众只是“初级阶段”，至臻境界应该是从时尚潮流中萃取出其本质和真义，来丰富自己的审美与品位，打造专属自己的美丽“模板”。追求时尚不在于被动的追随而在于理智而熟练的驾驭时尚。时尚只属于少数先知先觉者，唯有如此，才能驾驭时尚，引领潮流！

像歌王迈克尔·杰克逊、流行音乐之王鲍勃·迪伦、球王乔丹、“老虎”伍兹、盲人歌王波切利等都是流行文化的代表，在全世界都大受欢迎。2012年火爆的“江南 Style”成了“韩国名片”，就连时任联合国秘书长潘基文都与“鸟叔”共跳骑马舞，这正是流行时尚的力量！

提高时尚，大多数人会联想到法国巴黎、时装周、奢侈品或者韩流、日流，乃至国内的小鲜肉、小花旦……然而，难道只有这些才是时尚吗？德国社会学家 G. 齐美尔（Georg Simmel）揭示，时尚消费是“示同”和“示异”的结合。所谓“示同”就是借消费来表现与自己所认同的某个社会阶层的一致性；所谓“示异”，就是借消费显示与其他社会阶层的差异性。根据马斯洛的需求层次理论[①]，对时尚的追求就是属于自我实现，作为一种社会心理现象，人们对时尚的追求也一直是驱动商业价值创新的重要消费元素。时尚消费是大众消费中最具生命力、最有情感因素参与的消费形式。时尚深刻地影响着我们的社会、经济和生活，了解时尚就是了解当下的人性！

（二）国潮新时尚

在中国，时尚往往会与“崇洋”关联，但近年来，国内消费领域掀起了一股与国际范并驾齐驱的强劲国潮风：前有麦当劳推出的“故宫桶”，成为新晋网红；《国家宝藏》《诗词大会》《上新了·故宫》等弘扬传统文化的节目，引

① 马斯洛理论把需求分成生理需求（Physiological Needs）、安全需求（Safety Needs）、爱和归属感（Love and Belonging）、尊重（Esteem）和自我实现（Self-actualization）五类。

领“新综艺风潮”……后有把大白兔奶糖的香涂在手上，把六神花露水的味揉进酒里；还有泸州老窖香水、青岛啤酒外套、老干妈卫衣、马应龙唇膏……一股“守得住经典、当得了网红”的国潮风吸引了众多目光，传统品牌和潮流文化之间产生了奇妙的“化学反应”，不得不说，“国潮风”在短短两年间迅速成为潮流新标杆，成为一种新时尚。

何谓国潮风？“国潮”并不是某个特定阶段的产物，而是传统中国文化与现代潮流碰撞的必然结果，以品牌为媒介，以文化为语言，不局限于某一行业、某一形式；忠于原创，拥有自己的文化态度和匠艺淬炼，从而吸引消费者对传统文化的关注。

20世纪70—90年代，百雀羚、回力鞋等国货凭借可靠的质量和低廉的价格，曾经受到国人的喜爱。如今，这些原以为已经“消失”的国民品牌正以全新方式回归，2000年后，百雀羚借着打文化牌重回市场热销榜，2010年“国民回力球鞋”在上海世博会精彩亮相，如今不少“90后”“00后”脚上一双双新回力鞋时尚感爆棚。无纸化生活的今天，当文具遇上国粹，一支笔的嬗变颠覆了人们的想象。晨光文具与京剧“联姻”，将生旦净末丑的扮相绘于文具之上，瞬间火爆市场，因文创的融入，晨光把小文具做成了年营收80余亿元的大生意。

它们已经不仅仅是“国货”，它们更是年青一代对中国文化自信的体现，正是各方力量汇聚推动的从“旧”到“新”回归的“国潮”崛起。“国潮”的背后是供给的创新，一系列为满足年轻人对品质、文化、个性等需求的创新，正推动国货不断焕发新的神采。

万物皆可跨界混搭，联名“国货”爆款，2018年，泸州老窖推出同名品牌香水；周黑鸭 × 玛丽黛佳推出鸭脖味口红；六神 ×RIO 定制花露水味鸡尾酒；大白兔奶糖 × 美加净联名款奶糖味润唇膏；云南白药 × 北山制包所首推“包治百病”、冷酸灵 × 小龙坎打造“火锅牙膏”；还有国潮奇趣限定的旺旺民族罐、自然堂京剧面膜……一波又一波的国潮跨界好物，充满奇思妙想，让我们叹为观止的同时，彰显出国民老字号强大的包容度、创造力。

近两年，在青年人群中突然流行起“拜锦鲤”的风潮，“锦鲤青年”的公众号也异常火爆，“锦鲤青年”服装、流行歌“锦鲤抄”与锦鲤相关的题材红遍大江南北……其实，所谓“锦鲤青年”就是那些自己从小到顺风顺水，“人生开挂”，似乎从未努力，却每每心想事成。

锦鲤原是我国传统文化中的风水鱼，传说中那些逆流搏击、不断奋斗、百折不挠“跳龙门”的鲤鱼才是真正的锦鲤。青年人拜“锦鲤”是因为他们很清楚不劳而获是“天方夜谭”，很清楚美好的生活需要用勤劳的双手开垦，但是奋斗的道路却又往往十分艰难令人畏惧。青年人普遍浮躁的心态，于是有意打造了这样的精神慰藉。国潮，已然成为一种弥散在青年社会群体意识中的一股潮流。

近十年来Cosplay[①]成为一种娱乐新体验的风潮，往往形成了汉服与Cosplay扎堆的现象，例如每至3—4月樱花盛开季节，穿着汉服或打扮成日本卡通人物的美女齐聚樱花树下，在春天与樱花争艳。身着汉服、隐居山水间、调制传统美食的李子柒则被公认是中国软文化的最佳形象代言人。2019年8月，李子柒获得超级红人节“最具人气博主奖”“年度最具商业价值红人奖”，一时风头无两。

旅拍，从字面来看，旅拍是旅行摄影的缩写，实际上包含了婚纱摄影、风景拍摄等多种拍摄形式。旅拍打出的“想去哪拍，就去哪拍”的广告词抓住了消费者的敏感点，那就是消费者内心深处对崇拜人物的角色扮演需要，渴望结合旅游经历来制造一种值得永久回忆的梦境。随着旅拍时尚的兴起，旅拍市场近年来出现了快速增长，根据《2019中国人像摄影行业发展报告》显示，2018年旅拍行业总产值为220亿元，市场增幅超过了30%，占人像摄影行业总收入的6.1%。2019年飞猪旅拍商品成交额增速超310%。根据环球旅讯调研，旅拍的消费者普遍为“90后”，其中女性用户占7成以上，拍摄内容以婚纱摄影和个人写真为主。但多家头部旅拍企业虽然挂上了××旅拍的名头，却大多出现“没有旅，只有拍”。

（三）时尚与体验

由于时尚是通过物质消费来实现个人某种价值的一种标签。城市居民参与业余休闲活动、消费类时尚活动，如玩网络游戏、去游乐场狂欢、泡吧、去美容院护肤等的参与频率要远远高于具有文化内涵的活动，如看画展、参加博物馆、听音乐会等。国人对时尚的了解和认知更多的是来自大众媒体的商业宣

① Cosplay是英文Costume Play的简写。指利用服装、饰品、道具以及化妆来扮演动漫作品、游戏中以及古代人物的角色。玩Cosplay的人则一般被称为Cosplayer（也称Coser）。Cosplay比较狭义的解释是模仿、装扮虚拟世界的角色，也被称为角色扮演。由此，在网络上衍生出了新的含义，往往被用来形容“假扮某类人的人”。

传，同时也来自个人化的需要，于是旅游就成了当今的一种生活时尚。德国社会学家G.齐美尔说“越是容易激动的年代，时尚的变化越迅速”，如今的中国正处于社会经济高速发展的“激动年代”，人们对时尚的追求也可谓“日新月易”。事实上，时尚正像旋风一样席卷中国，不仅快速消费品、卖车卖方的金融服务，甚至连严肃的新闻节目等都不同程度地打上了时尚牌，上海的怀旧时尚孕育出“新天地”，杭州的休闲时尚导致旅游民宿价格飙升，长沙的娱乐时尚造就了传媒娱乐之城品牌的形成，超级文和友主题餐饮令全国粉丝蜂拥而至；成都则充满着悠闲的时尚，一首《成都》带来的茶馆火爆，玉林路上小酒馆人潮如织……生活方式的时尚、城市的时尚，时尚元素已经渗透到消费和生活的各个领域，中国已悄然进入了“时尚消费”的休闲时代。

体验经济时代，人们不再满足于简单的商品消费，因为商品、服务对消费者来说是外在的，但是体验是内在的，存在于个人心中，是个人身心全方位的参与。时尚就是当下的人性，要了解时尚，唯有置身时尚、融入流行！

旅游作为人们追求更高层次满足时才会选择的产品，本身就具有时尚的属性，当周围同事、朋友还只能待在家附近时，你去到3小时车程的郊外露营就是一种户外的时尚；当别人还在追随旅行社“××几日游”时，你已经开始自主安排行程，选择体验“最值得去的十大城市”“最具有创意的十家民宿”……就是一种自由自在的时尚。不同年代赋予了时尚不同的定义，但是有一个基本的判断标准就是：时尚的旅游往往是领风气之先，超前地应用了新理念、新科技、新方式的旅游，带来的更高层次的审美和别样的愉悦体验（见表2–3）。

表2–3　时尚的12类体验方式及其旅游应用

时尚潮流	体验目的	旅游应用
吧（咖啡、酒、茶）	青年休闲与社交空间	小猫咖啡、喜茶、酒吧、茶道、香道
文创书店	营造小资文艺空间，从卖书到卖文化，再到卖文艺情怀的商业模式创新	茑屋书店、诚品书店、猫的天空之城（简称猫空）、言几又书店、时见鹿书店等
民宿	源自日本（Minshuku），主人参与接待的个性化、返璞归真住宿体验	1.0版大理丽江民宿、2.0版浙江民宿（莫干山、安吉）、3.0版城市与乡村民宿（厦门、新县）

续表

时尚潮流	体验目的	旅游应用
户外露营	贴近大自然、户外露天住宿的体验	星空露营、帐篷露营（帐篷客、泡泡屋）
文创手作	通过有文化情怀、有设计感、具备独特创意的实用性手工制品培养匠心	陶艺、瓷器、木工手作、琉璃工坊
Cosplay	利用服装、饰品、道具及化装来扮演游戏、动漫等及古代人物角色	二次元角色 Cosplay、仙幻 Cosplay、樱花 Cosplay、国潮风汉服 Cosplay 等
直播	个性化人格展示及产品销售	民宿主直播销售、民宿顾客直播入住等
休闲运动	禅修、徒步、瑜伽、骑行、登山、高尔夫、驯马	驴友大会、青海湖徒步大会、观澜湖高尔夫、马术俱乐部
体育赛事	陆上：马拉松、登山赛、自行车赛 水上：龙舟赛、赛艇、桨板、皮划艇	汉马（武汉东湖马拉松）、上马（上海马拉松）、黄河口（东营）马拉松
自驾	短途自驾、长途自驾越野	浪漫湘西线、风情草原线、彩云之南线、西藏探险自驾线、阿拉善英雄会
狂欢节（嘉年华）	在特定的文化场景中释放自我	啤酒节、泼水节、火把节、西瓜节、丰收节
极限运动	置身水陆空环境，挑战个人体能极限与意志力	溯溪、定向越野、飞拉达、冰雪运动、滑翔伞、热气球、冲浪、蹦极

【案例分享】

希岸酒店，设计最宠你的酒店体验

希岸酒店（Xana Hotelle）隶属于航母级的铂涛集团（Plateno Hotels Group），是中国走在时尚体验前沿、最具互联网话题性及高收益的女性主题时尚轻奢精品酒店。

1. 以女性视角洞察市场需求

希岸酒店之所以选择从女性视角进行切入，是因为在其品牌创始人陆斯云看来，要为酒店业设立一个全新的高标准，就必须摒弃固有的平庸眼光，用新女性品位来置换男权视角，这正与法语中“她”（elle）所意指不谋而合：四个字母分别代表的是 E-Elegant（优雅自信）、L-Liverty（独立）、L-Love（爱自己）、E-Enjoy（享受自我）。英文 Hotel 是酒店之意，加上法文的“她”（elle），“Hotelle”就是二者有机融合、创造性生成了女性酒店的品牌含义。取自西方文化中富涵文学意蕴的“Xanadu”一词，意指一个记忆永远不会被遗忘的神奇地方，一个为自己搭建的宫殿。寓意满足热爱生活的人们心中的期许，用优雅、精致、舒适感染入住的每位客人，让人们在Xana Hotelle的体贴呵护中享受小小的幸福感。

希岸酒店的客群定位于当今时代的新女性，她们有着相似的特征——外貌年轻、内心成熟、装扮时尚、谈吐优雅、独具品位、注重细节，对富有质感和价值感的事物情有独钟，并且渴望受到关注、得到呵护甚至获得一些些宠爱——这些不仅仅来自异性，更是独立女性在生活方式上的更高追求。因此，无论是商务出行还是私人度假，能够扮演全能“管家”、提供独特的体验与贴心照料的希岸酒店便成为这些女性不二的选择。

2. 品牌主张：“享受小幸感”

希岸酒店，主张女性“享受小幸感”。对于“小幸感”一词，希岸酒店用其独特的服务理念进行了充分的解释：开完一天的会，给自己奖励一份甜点，是小幸感；舟车劳顿之后洗一个暖暖的热水澡，是小幸感；换上棉睡裙，躺在柔软的床上被包围起来，是小幸感；能够在一个私密的空间独自思考享受“My Time”，是小幸感；出差在外还不忘美甲换个心情，也是小幸感……对此，希岸酒店用无数的细节打造一个贴心、细腻、呵护女性的专属空间，让她们出门在外，却未曾远离幸福，尽情享受自我，感受到令自己惊喜的小确幸。“粉绿的马卡龙色系特色轻奢设计风格”“女性的综合私人空间”“细腻”“注重细节的呵护”……这都是希岸酒店区别于传统酒店体验的独特标签。

3. 品牌体验的梯度设计

希岸按照精准市场定位将其酒店产品分成三个梯度：Xana Deluxe—Xana Hotelle——Xana Lite，每个梯度的酒店体验，都有独特的品牌诠释。

Xana Deluxe，一家会员制名媛私属式酒店。Xana Deluxe为高端名媛用户打造一个有尊属感和仪式感的酒店空间。原汁原味香奈儿公寓的优雅设计，引进传统的一对一英式管家服务，会员制下，更保证让顾客自由无拘束地享受私属时光不受打扰。又或者与好友享受一次纯正的英式下午茶，一次至臻的SPA。让你时刻保持精致优雅，拥有美丽与幸福感。

Xana Hotelle，时尚轻奢跨界精品酒店。无论你是什么角色，拥有什么生活，你不能改变生活，却能够选择生活的态度，一种善待自己的态度。希岸为追求精致生活态度的商旅人士提供一家充满经典优雅与时尚摩登轻奢风的空间，联手众多跨界品牌，通过一次SPA、一次护理、一杯花茶、一个自我的空间、让客人时刻保持精致、优雅，拥有轻奢希岸酒店时尚生活方式与幸福感。

Xana Lite，一家拥有时尚轻奢设计感客房的轻中端酒店。年轻，并不阻挡你活得时尚、优雅。希岸轻雅，让年轻的你也能享受时尚轻奢的生活。在“轻优雅”的理念下，希岸轻雅将垂直切割希岸有价值感的体验，更专注地打造时尚、优雅、轻奢格调客房，以及联合N大品牌打造的以客房为场景的希岸特色跨界体验，用设计及住宿体验让在轻文化下的年轻人更享受自我的时光。

在希岸酒店，宠爱已经成为一种文化。凭借“最宠你的酒店”的精准定位，希岸酒店认为，每个人都应有属于自己的宠爱，这才能提供一个有他烙印的情感归属。

（四）引发疯传

为什么有些事件和行为关联的传播内容（故事、新闻信息、产品、思想、短信和视频）能够成为流行时尚？是什么因素使得传播内容具备感染力？通过人们的口碑相传和社会影响去扩散我们的体验活动设计，使其引领流行，这是值得每一个设计者深思的问题。

国外学者[①]通过对消费流行时尚的研究发现：能够快速流行事物的背后通常都有六个共同原则在起作用，并形成了它们被广泛传播的深层次原因。这六个共同原则的英文缩写是STEPPS，具体如下。

1. 原则一：社交货币（Social Currency）

由于大部分人比较看重自我形象，因此与个人形象直接相关的事物就会成为大家彼此评价对方的重要议题，这就是社交货币。例如人们通过炫耀自己参加的某项个性化旅游项目来展示自己的富有、时尚。因此，我们需要洞悉人们的内心深处，需要调整游戏规则，去迎合人们向身边朋友炫耀身份的需要，构建出他们渴望的形象。

---

① ［美］乔纳·伯杰.疯传——让你的产品、思想、行为像病毒一样入侵［M］.刘生敏，译.北京：电子工业出版社，2019.

2. 原则二：诱因（Triggers）

怎样才能提醒公众立马想到我们的产品呢？用刺激物瞬间激发人们的记忆，让他们联想到相关内容，这就是激发诱因。只要人们谈论的事情能够触及朋友的内心，那么这些朋友就会快速回想起相关的产品和现象，并且积极地谈论。因此，我们应设计出一种在特定环境下能够激活顾客内心联想的产品与思想线索（诱因），激活人们在第一时间联想起我们的产品，从而引发连锁传播。

3. 原则三：情绪（Emotion）

当人们关注某件事情时，就会向朋友分享。所以我们怎样设计出让人们注意的信息和思想，就成了问题的关键。具有感染力的内容经常能够激发人们的情绪，并被大家谈论传播，所以必须通过先调动人们的正面积极情绪，然后激发人们分享的欲望。

4. 原则四：公共性（Public）

"有样学样"的老话很能反映人们从众跟风的心理，所以我们需要设计一些具备公共示范性的产品和原创思想，使我们的行动具有渗透力和影响力，让人们消费体验之后能够回味，以此激活人们愉快的记忆与联想。

5. 原则五：实用价值（Practical Value）

人与人之间存在互相帮助的同理心，只要我们的产品能够为人们节省时间、费用或者是提升愉悦感，消费者就会大力宣传这一产品或理念。要让我们的优势能够得以凸显，我们就应深入了解顾客的消费需求，尽可能向顾客提供更有性价比、愉悦感的旅游体验服务项目。

6. 原则六：故事（Stories）

人们在分享信息的过程中会转换成自己的口吻讲述其中的故事，用故事包装事实是一种强大的力量，更是一门古老的艺术，故事比事实本身更具有传播力，最终打开听众的心灵之门传播我们的产品与思想。

归纳起来，这六个感染力原则就是产品或思想需要包含构建一种社交货币、容易被激活、能够激发情绪、有公共性和实用价值，并融入故事中。

寻找时尚的线索就在当今的流行之中，如网易云音乐、QQ 音乐、抖音、快手、爱奇艺、西瓜视频、头条、电影大片，这些最吸引人眼球的往往就是现象级的时尚事件。

【体验观察】

《哈利·波特》现象

2017 年，《哈利·波特》已经诞生二十余年[①]，即使是经历了 2008 金融危机、智能通信颠覆式发展的二十年，哈利·波特现象仍然堪称绝无仅有的商业奇迹，系列图书累计销售量超过 3 亿册，电影票房收入预计超过 100 亿美元，作者罗琳跻身 10 亿美元超级富豪系列……截至 2016 年，哈利·波特系列衍生出了很多商品，如魔杖、帽子等玩具装备，已经创造了 73 亿美元的惊人销售额，随着新哈利·波特电子游戏、主题公园等的开发，由此衍生的价值将超过千亿美元。今天，每年仍然有数以千万计的游客前往伦敦的“九又四分之三”站台找寻《哈利·波特》的场景，以及形成了一股经久不息的时尚旋风。

《哈利·波特》这部魔幻小说作品之所以能够火爆全球的原因，是剧中角色几乎集中人类最渴望的应试高智商、语言天赋（蛇佬腔）、沟通天赋（心灵互通），以及超现实的魔法、飞行等能力，同时还有魔杖、复活石、隐形斗篷等法力无边的强大角色装备，活点地图、复活石、双向魔法镜、飞天扫帚更是让人眼花缭乱、羡慕不已，俘获了全球无数儿童和成年人的想象力和心灵。带来的不只是对作品本身的消费，还产生了火爆的体验经济效应和巨大的商业价值，以致被经济学家称作“哈利·波特现象”。这正是时尚与体验经济结合的魅力。在世人的脑海已经形成一个认知定式，那就是《哈利·波特》是一种时尚消费，不懂《哈利·波特》就是落伍，因此追捧《哈利·波特》的体验的哈迷们一波又一波。

---

① 第一本《哈利·波特与魔法石》的英国原版在 1997 年 7 月由 Bloomsbury 出版。

人们从满足对各种现实生活情境的体验，开始追求一些虚幻梦化的虚构情境体验。哈利·波特的热潮并不止于书籍、电影和商品，环球影城建立了三个独立游乐园，分别位于美国的佛罗里达和好莱坞及日本。其中，日本哈利·波特游乐园的成人门票为109.38美元，11岁及以下儿童的门票为73.47美元。美国哈利·波特游乐园的成人票价为274.99美元，儿童票价为264.99美元。根据拥有环球影城的美国公司康卡斯特公司发布的报告，其2018年上半年，主题公园收入已跃升至26亿美元，与上年同期相比增长了8.6%。规模惊人的《哈利·波特》超级粉丝还带动了英国伦敦以外的互动之旅，该次活动将带领参观者观看拍摄《哈利·波特》八部电影的大部分场景和工作室之旅。旅行团的成人门票价格为55美元，儿童门票价为45美元，而完整的工作室之旅套餐包括门票、纪念品和数字指南，费用约为13美元。然而，如果你想买一个稍微奢侈的纪念品，那就需要花95美元，或者花51美元购买一件Gryffindor长袍。据悉，在2016年，利维斯顿工作室之旅活动收入创下了1.706亿美元，这使其自2012年开业以来的总收入达到了4.357亿美元。

2017年《神奇宝贝Go》的制造商宣布启动了《哈利·波特》增强现实游戏的制作，并将于2021年发布，它将彻底把巫师世界变为现实体验。

四、同理心——移情换位

同理心（Empathy），又称换位思考、共情，是指站在对方立场设身处地、换位思考的一种方式。在体验设计中就是设计者要能够充分体会他人的情绪和想法、理解他人的体验感受和需求，并站在他人的角度思考和处理设计细节。主要体现在情绪沉浸、换位思考、倾听能力以及感受细节等方面。

（一）换位思考

体验的本质是一种个体与世界上人、事、物的联系，是活在当下的标志，是进入情境中的具身化的感受。人只有在体验中才会感悟生命的最高境界——智慧生命。生活是美好的，而生活的哲学只有靠体验才能感受得到。文化学者蒋勋[①]曾说，旅行最大的意义不是向外观察，而是向内反省。移情在某种程度上就是向内反省，我们称之为旅游反思或旅游者反思。

我70年代在欧洲读书，那时候我写关于文艺复兴的艺术史，老师问我："你有没有去过意大利？"我说："还没有。"老师说："你没有在米开朗琪罗的雕像前热泪盈眶，你怎么敢写他？"

后来我在意大利跑了一个月。身上就是一个背包、两件衬衫。我也曾经睡火车站，那时候坎城的火车站是一片年轻人睡在里面。他们问我："你怎么没带报纸？要铺报纸的。"他们就分给我。早上五点，警察带了一大桶的咖啡，当，当，当，敲着桶子，叫醒大家，请大家喝完咖啡离开，火车站要营运了。

不要问该准备什么？先问你爱什么？

欧洲流行青年出走的文化。我在意大利佛罗伦萨认识一位14岁的苏格兰小孩，她打扫厕所一个学期存的钱，就到欧洲来旅行。花完了，一点也不害怕，就去街上吹苏格兰风笛，再继续下一段的旅行。

我那时候感触很深，不同的文化，年轻人可以如此不同。他们将来长大以后，担当作为也绝对不一样。

我们宋朝诗人柳永说："今宵酒醒何处？"中国文化里面本来有这个东西。可是这个文化老了，失去了走出去的勇敢，年轻人的生命力没有了，生命力消失了。

我希望"壮游"，带动的是年轻人走出去，打出一片天。如果今天不能打出一片天，将来一辈子也不会有出息[②]。

从上面这段话，我们可以感受到旅游在未来会越来越回归最初的意义，即我们通过旅游这种体验活动，让自己能够身临其境"移情"，能够反思内省，能够观照，最终找到自己与风景、自己与他人、自己内心的真实的感受。这种

---

① 蒋勋，台湾知名画家、诗人与作家。生于古都西安，成长于台湾。台北中国文化大学史学系、艺术研究所毕业。现任联合文学杂志社社长。

② 引自蒋勋的《西洋美术史》。

观照、这种内省，在过去数十年的中国旅游业快速发展过程中，在一定程度上曾被忽略，但我们相信，在中华文化逐渐回归复兴的今天，它正在重新焕发新的生命力，我们会越来越体会到它的珍贵，珍视它，就是移情的核心。

“佛系”一词近年来刷爆朋友圈，跟“油腻中年”形成强烈对比。“一花一世界，一叶一菩提”，“佛系”其实代表一种宁静致远的生活态度，以及注重内心思考和探索真理的过程。

今天“佛系”概念已越来越多地渗透到日常生活层面，而旅行似乎天然就是“佛系”的最佳拍档。

今天人们的旅游不再是追求以前走马观花拍照打卡的过场，开始更关注在旅途中拥抱新奇趣、触碰文化、感悟生命，这样的“佛系旅行”才是正道！

【案例分享】

下面，我们以一位刚刚在泰国经历了一场“佛系之旅”的文艺男青年为例，看看具有换位思考的自由行旅游者的旅游与传统观光旅游的不同。

1. 信息资讯获取

对游客而言，信息资讯供给非常重要，行前—行中—行后三个阶段都需要即时丰富的信息。UGC① 为用户提供线上线下一体化购买，完成“决策—交易—分享”的闭环。以马蜂窝、猫途鹰为代表的 UGC 网站，提供即时化 + 社群化 + 专属化信息供给。以 Google Map、百度导航为代表的卫星导航软件，不仅提供了境外交通指引，还可实时显示周边信息，提供更多旅行决策参考。

民宿成为旅游资讯汇聚的据点，提供人性化关怀服务，在民宿前台还可获

① UGC，互联网术语，全称为 User Generated Content，也就是用户生成内容，即用户原创内容。

取周边所有“吃喝玩乐”旅行信息，民宿俨然成为一个线下的资讯供给站。

2. 服务模式供给

消费品供给：无差别本地化消费，明码实价的商业关系。无论是清迈周末市场还是街边的 7–11 便利店和小吃店，自由行游客享受的是与当地居民无差别本地化消费，并未因外来者的角色身份而在消费品供给上区别对待。

住宿供给：非标准、人情味、社交空间，在地文化的窗口。素可泰 MG Guesthouse 提供的是非标准化、具有人情味、社交空间的住宿服务，不仅提供了舒适的住宿体验，也提供了与当地居民文化交流的机会。由单一的住宿功能供给转型为具有在地特性的文化消费。

景区产品供给：低门槛票价——共享性和公益性；低碳交通——鼓励步行；低抗拒边界——低围墙。泰国艺术局和联合国教科文组织对素可泰国家遗址公园进行了修缮。遗址公园不谋求门票收益，门票价格较低，可反复出入公园，当地人免费。充分体现了世界文化遗产的普惠性和公益性，公园内突出纯粹感，更多的商业空间和消费机会留给外围居民区。

旅游服务设施："保姆式设施供给"让位于"游客行为自我约束"。素可泰国家遗址公园内的标识系统、休闲、环卫等旅游服务设施以刚性需求为出发点，不盲目设施大量的服务设施造成视觉干扰，鼓励游客将垃圾带离景区，在环保的同时减少了景区运营成本，有别于国内景区密集的设施供给。

旅游活动服务："模块化讲解"让位于"G.O 服务"。旅游活动和知识讲解也由传统导游的"模块化讲解"让位于"G.O 服务"，如在清迈、大城等景区的活动讲解，全程的讲解不仅是知识的单向传输，更是朋友式的相伴服务，他们多才多艺，教你体验各项活动，甚至与你共进早餐，是你的朋友也是玩伴。

公共服务设施：对接城市功能的公共服务。泰国的诸多城市在标识系统、多国语言、标准化设施等公共设施方面真正去体现"主客共享"，兼顾不同使用人群。

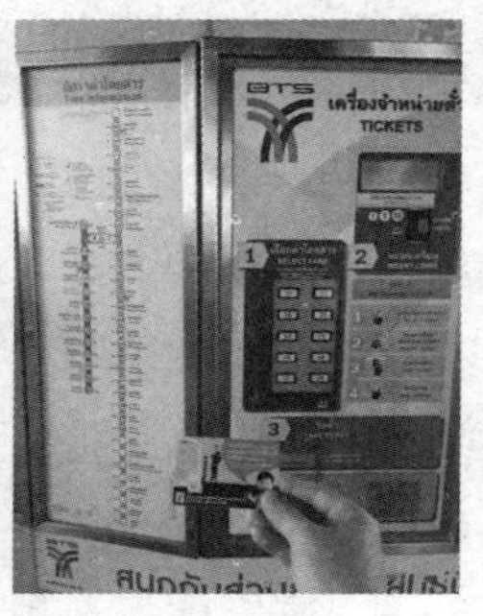

（案例改编自来也股份，部分图片来自马蜂窝）

（二）感同身受

"以人为中心的设计"是体验设计思维的核心，倡导的就是同理心——感同身受。

同情心和同理心只有一字之差，但意思却又天壤之别。同理心（Empathy）是指站在他人角度看待和理解事物，真切体会到他人的情感和感受，在精神和情感上与对方产生共鸣，并做出符合对方期望的回应的能力。同理心就是在同样的时间、地点、事件，能够把当事人换成自己，设身处地去感受、去体谅他人。同理心在不同场合、不同对象的运用时，又叫共感、同感、移情。它是指正确了解他人的感受和情绪，进而做到相互理解、关怀和情感上的融洽。下面的漫画《同理心的温柔力量》[①] 给出了生动的比喻。

当具有同理心的你遇到朋友正处于低潮期的时候……

你会下意识地想到：这位朋友头顶着一朵乌云在淋雨，身处于黑暗中，心里一直想的是：“我被击垮了！”

你感同身受地告诉他：“我知道这种感觉，但你要知道你并不孤单。”并试着分散注意力“那～要不先吃块三明治？或许你会好一些。”

当我向你倾诉难过的事时，我宁可你对我说“我现在不知道我能说些什么，但我很高兴你愿意跟我说。”

1. 同理心修炼

同理心修炼的第一步是对人的关注。以积极友善的心态去倾听，带着主动意识去观察，带着好奇心去思考：游客是谁？他在表达什么？他的感觉如何？

① LDP 课程之即兴戏剧“同理心的力量”剧本。

他是怎么想的？对他来说最重要的是什么？这些都是需要我们用同理心去探索的问题。唐代医学家药王孙思邈在《大医精诚》里说对病人要“皆如至亲之想”“见彼苦恼，若己有之”。也就是说：对待正在承受痛苦的病人要像对待自己亲人、就像病发生在自己身上一样，这就是对感同身受的最好诠释。同理心无技巧可言，就是要以积极友善的心态、投入关注和好奇心。

同理心修炼的第二步是放下自我。如果不放下自我，其实是“听不到”对方的，或者只是有选择地听；虽然也在想，但很容易带入自我的观点。不把自己的鞋子先脱下来，就没办法穿上他人的鞋子。由于每个人的家庭、成长经历、性格、喜好等不同，我们很容易在他人讲述时联想到自己的经历和体验，然后主观产生一些判断或者疑问，从而会出现打断对方叙述的不妥行为。在实践中，先要注意营造一个不被干扰的环境，停止手中可能分散自己注意力的事，来个深呼吸，清空脑海中存留的杂念和前一刻的情绪，让意识平静下来。

同理心修炼的第三步是倾听、观察和感知，真正进入对方的内心。积极倾听是有效理解的前提，倾听不仅仅是听而已，还要用语言和非语言来回应对方，传递给对方“你很想听他讲”的感觉，鼓励他继续说下去。在倾听时给予对方充分尊重、情感关注和回应，要心耳并用，用耳朵听内容，用心去感受对方。倾听是一门艺术，按照层次从低到高可分为听而不闻、敷衍了事、有选择地听、专注地听、带有同理心地倾听。体验设计师可以在每次对话结束后自我评估一下，看自己的倾听处于哪个层次？除了听之外，还要用眼睛观察，检验倾听效果如何。可以自问：我跟他产生了共鸣吗？我是否激发了他的灵感？沟通过程是否流畅？是否发现了一些值得深入思考的点？观察首先需要的是专注，除了观察人还要注意周围环境，捕捉每一个可能帮助你理解对方的细节。例如从一个人听的歌曲类型，可以粗略判断他的个人风格偏好以及当下心境。要用眼睛去观察正在发生的事，并推测人的动机和感觉，甚至用直觉去感知。例如看到一位老人在帐篷营地外徘徊，感觉他似乎有兴趣想看看，过了几分钟，这位老人还在外面，估计他可能还没有找到合适的人咨询，此刻一定很着急，想要专业人士帮助。其次是要站在对方视角去观察。在建造迪士尼乐园时，为了更好地从儿童视角来进行规划设计，设计师半蹲在地上，以儿童同样高度的视线来观测，目的就是能够从儿童的眼里看世界，而不是按照自己的主观想象去做设计。

同理心修炼的第四步是理解对方感觉和真实需求，并能够准确描述出来。同一个描述感觉的词汇，不同的人在同一个情景或者同一个人在不同的情景下表达的意思也会有差别。比如在滑草项目处排队的一位游客说“我很紧张”，他“紧张”的感觉里是含有“害怕”的意思，这里可能有两种情况：一是他可能是第一次滑草，因为不熟悉操作而紧张；还有一种可能就是对本景区的这个滑草项目的难度系数和设施保障有点担心。此外，还需要学会区分“想法”和“感觉”的不同，例如游客说“我觉得这次挑战凶多吉少”，其实这个“觉得”是想法而不是感觉。再如，“做完这件事，我觉得我该回家了”，这并不是说当事人真有“回家”这种感觉，而可能是想家、疲倦了等。有一个区分二者的技巧就是，描述感觉的词语通常都可以用“我很……”的句式来改写。比识别感觉更重要的是找到背后的原因，如果能说出为什么对方会有这种感觉，基本上距离找到对方的真实需求已经不远了。

想要做到感同身受，先要从训练对自我感觉的敏锐度做起。捕捉自己的情绪状态，收听自己的感觉频道，觉察自我在紧张、痛苦、无助、焦虑、舒适等心理状态下的反应。假如你正在与一位悲伤哭泣的朋友交流，你的脸部肌肉会自动反映或模仿对方表情，这被称为“脸部模仿”，这是生理同步的表现。此外，还可以用身体来制造一些感觉，例如收紧或放松某个部位，去体会这种感觉，体会这些来自身体的信号。在东方文化传统中，通常强调事实而忽视感觉，比如经常爱说:“别感情用事”或“哭有什么用”，而要提升同理心就是要把以前忽视的感觉找回来，去感受它，而不是压抑它。

此外，还要注意识别特殊形式表达背后所隐含的感觉。试着引导对方讲出他内心深处的想法，你这时才懂得对方眼里的世界和你惯常自认为的世界是多么不同。比如我们要关注沟通中的一种特殊表达方式——停顿不语，当一个人讲着讲着忽然沉默了，这个时候就要尝试去解读这意味着什么：是悲伤？还是愤怒？抑或是尴尬？

同理心修炼的第五步是做出符合对方期望的回应。回应可以是口头上的、行为上的或者解决方案等。口头上做出同心理回应的一个秘诀是根据对对方感觉的辨识，加入情感，重复对方话语中的信息，将他的感受说出来。在设计思维实践中，最终目的就是解决某一个群体的问题，使他们的需求得到满足。这个解决方案可以是产品、服务、流程等。可以想象一下当人的需求被满足了之后，会是什么样的反应，他会非常开心、微笑，可能握着你的手表示感谢，不住地点头等，要随时关注这些反馈。

同理心修炼的最高境界是对方未说你已知，对方未提需求你已帮他想到，也就是能够提前满足对方潜在的真实需求。比如旅游中的一个场景，刚刚结束了一天游玩，在返程的大巴上，导游仍在兴致勃勃地讲解。忽然一位游客问："导游你不口渴吗？"导游马上意识到可能是游客口渴了，一边说"不渴，谢谢"，同时立马起身为游客递上一瓶最解渴的苏打水。

【体验观察】

游客到底想问什么？

在迪士尼乐园，如果一个游客问一个工作人员"三点钟的花车巡游几点钟开始"，工作人员该怎么回答？

这明显是个傻问题，游客自己都说三点钟了，还问几点开始？如果工作人员回答"三点钟开始"，或者是"现在是2：55，还有5分钟开始"，这都是无意义的回答。因为你的回答已经在提醒对方，他刚刚问了一个很蠢的问题。

那该怎么回答呢？你这个时候就得要判断，他真正想问的到底是什么意图？是巡游队伍到达特定地点的时间？或者哪里是最佳的观赏位置？

什么才是真正善意的同理心？不是我们已经做得很好了，而是要时刻判断对方的真实意图，然后帮他做得更好。

什么是好的消费体验？不是经营方已经尽到了责任，而是顾客在和经营方打交道时是不是留下了美好的体验。

虽然我们并不主张过度地以用户为中心，但不可否认的是从用户的视角来看问题的确是可以帮助设计师发现很多产品创新的机会点，对于用户的体验感受，设计师必须予以重视，尤其是要重视后面的设计原型测试中用户的意见反馈。

2. 同理心地图

在体验产品设计中，如果能面向人们潜在的未被满足的需求进行创新设计，则具有更深远的意义。训练同理心最常用的一个工具叫作同理心地图[①]，

① 它最早由美国商业设计顾问公司 XPlane 提出。

如图 2-8 所示。这个工具背后的深层含义是用户的想法和感知，他们所说的话、做的行为以及受环境影响所产生的其他信息。

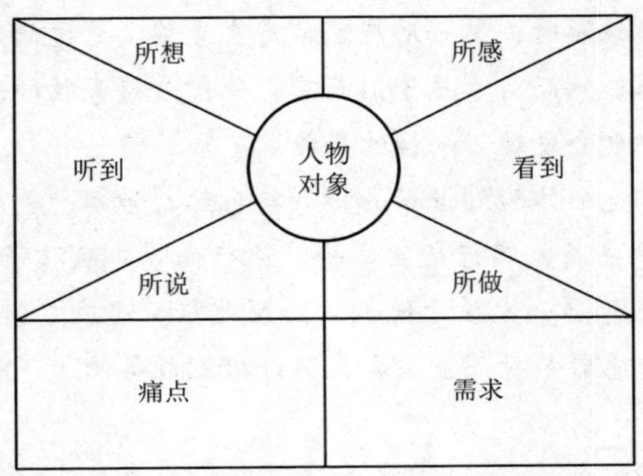

图 2-8　同理心地图

在这幅图里，中心的圆圈代表我们要关注的人物对象；围绕人物对象的四周，左边是记录“他听到了什么”；右边记录“他看到了什么”，包括人的行为、环境等；下边是记录“他对此有哪些回应，说了或做了什么”；上边是记录“他的想法和感觉如何”。在最下方左边是记录“他感到痛苦、挫败的是什么”；最下方右边是记录“他的期望、需要是什么”。

同理心地图可以呈现一个十分完美且简洁的用户画像，展示出很有价值的设计洞察力：它可以快速将用户的需要进行可视化；它作为收集用户信息的起点，可以将用户体验精细化，获得更多的原型和测试；不仅可以快速创建，如果基于实际数据，还可以快速进行迭代和修正完善。

罗曼 · 柯兹纳里奇（Roman Krznaric）在《同理心》[①]一书中指出：“同理心，是改变社会与他人的最强大、最有用的力量。因为唯有看穿问题的表面，真正探触到对方内心深处的痛苦和需求，才能给予对方符合其期望的支持。不只是解决了问题，更是带领大家朝着更美好的目标前进。”当我们以旅游者的体验视角来感受、以对方的感受去设计体验产品时，那么无疑会从内心深处感动对方。

① ［英］罗曼 · 克兹纳里奇 . 同理心：高同理心人士的六个习惯［M］. 北京：中信出版社，2018.

【案例分享】

从孩子视觉出发，发现不一样的世界

当大人们想起旅游时，第一反应通常是去查询没见过的风景、没吃过的食物和有意思的酒店。然而对于孩子们而言，他们看待事物的方式角度往往和大人不同，在旅行中也会发现不一样的事物。

为了让孩子们充分体验到世界的神奇与自然的妙趣，美国加州旅游局打造了业内第一个基于身高差实行交互体验的旅行向导。从孩子自身的体验出发，用他们的无限想象开启一次属于他们的加州之旅。这次 Campaign 中，我们第一次将手机加速传感器与身高差结合，通过检测设备的上下移动，自动完成了不同内容的切换。

大人模式的加州世界，运用陀螺仪感应模拟全景画布的沉浸体验，结合翔实的语音向导介绍，迅速加深对于不同景点的了解。当大人们俯身时，将会和孩子一起解锁儿童模式，进入童话加州，让孩子的想象力成为一家人的共同向导。

在这里，高山化为沉睡的巨兽，亲切的画外音娓娓道来关于它们的奇幻故事，左右移动画面时，会有更多惊喜角色跃然而出。千奇百怪的动物，天马行空的故事，让人忍不住想探索下一个景点的童话世界。

项目一经上线，获得了良好的反响和认可。利用身高差和大人们俯身的动作，巧妙地让大人和孩子们一起进入童话世界。不仅孩子立即被童话加州吸引，越来越多的大人也都被唤起了童真的想象力，一同参与到加州的探索当中。

在享受乐趣的同时，更多人开始关注加州、了解加州、爱上加州，加州也成为很多人选择亲子游的下一个目的地。

（节选自 Havas Group China）

五、童趣心——化身玩童

所谓成熟，就是找回孩童玩耍时的认真。

——尼采《善恶彼岸》

（一）回归童心

童心，意指孩子般的心灵，儿童般的心情，直率、纯真，不带有杂质。

而对于成年人来说，“童心”无疑是个稀缺物，因为在现实生活世界里，人人都一本正经、成熟世故，曾经的那个无忧无虑的孩子早已成熟得无影无踪。我们渴望的这个“童心未泯”的孩子其实是经历成长轮回后重新发现自我童心的那个“成熟的孩子”，犹如尼采在《善恶彼岸》所歌颂中的:“你曾经年轻，现在，你更年轻！”你“曾经的年轻”是你儿时的年轻，而你“现在的年轻”是你对自己的时间和初心的唤醒。

当体验设计师身上带着这种可爱的童心去看世界，你目光所及皆童话，而你所创造的体验世界亦充满童话！正如辛弃疾词话“我看青山多妩媚，料青山看我应如是”。

无数的先哲都在他们的内心深处表达了对“远离世俗，忘却苟且营营”的向往，带着童心欣赏万物，需要的只是天真。如今，在经过体验设计的旅游世界中，你完全可以找回这份童趣和天真，正如世界主题公园的经典标杆——迪士尼乐园的广告语“让奇妙飞翔”“无限开心，随时发生”！

旅游是人类个体为满足好奇心到异地进行的短期体验活动。通过点的启动、线的移动、面的观览，达成立体感受，适应点、线、面、体的过程。对于旅游开发者和景区运营者来说，旅游产业的本质是好奇，并非简单吃、喝、玩、乐、游、购、娱的服务产业。可以说，没有好奇心就没有旅游。发展旅游，就要唤起人们的好奇心。动物移动为生存，人类移动为学习。要成为设计思考者（Design Thinker），首先就要具备儿童般的好奇心。也许我们听了不知多少次诸如“存在即合理”这样的话语，环顾四周，所有事物的产生都是有原因的，看似也挺合理，于是就很容易陷入“司空见惯”“习以为常”甚至“视而不见”的状态中，从此再不会充满好奇地用全新眼光去审视和思考周围环境。加之现在生活节奏快，我们更是难以用一种平和的心态去仔细观察身边的每一件事物。事实上，世界范围内所有有影响力的大师，比如乔布斯、凯文·凯利等都有一个共性：无论多大年龄，好奇心始终不减。

童话的世界还应该是有趣的，但在旅游业快速发展的今天，放眼看去，好看的景区千篇一律，能够有趣体验的景区却是万里挑一，少之又少。所谓“有趣”就是指能引起人的好奇心或喜爱，可以带给人愉快、开心、高兴等积极情绪，或是富于变化的生动感觉。

当代著名学者周国平的散文《童心》认为：童心就是心灵单纯，对世界怀着儿童般的兴致。童心对于人生的重要意义在于，有了童心，人就会产生好奇心，从而发现平常所未见，丢掉偏见和私欲，从熟视无睹中去思考，最终收获智慧。有了童心，人就会“心中藏着永不枯竭的爱的源泉”，幸福地、心态年轻地走完人生旅程。

“正视和承受人生的苦难，同时心灵依然单纯。”对生活充满热爱和信心，对人生始终充满希望和憧憬。即使遭遇到不幸和挫折，也不气馁，仿佛生活中永远都是“美丽的风景”，总能产生新鲜和美好的感受。在旅游体验设计的过程中，设计者怀着一颗发现美好、创造有趣的童心，通过流程的再造使梦想创意展现童趣（童心＋趣味），唤醒体验者内心深处的童心，正如一句歌词所唱的“只要人人都献出一份爱，世界将变成美好人间”。

【案例分享】

马蜂窝以童心探索未知

中国领先的旅行玩乐平台——旅游独角兽企业马蜂窝旅游网从2010年正式运营，在旅游UGC内容领域累积了大量的用户，广受中国年青一代追捧，被誉为中国的旅行圣经。马蜂窝是旅游社交网站，是数据驱动平台，也是新型旅游电商，提供全球6万个旅游目的地的交通、酒店、景点、餐饮、购物、当地玩乐等信息内容和产品预订服务。

与Google的最高机密部门Google X类似，马蜂窝的“未知旅行实验室”承担的主要职责是“不断寻找未知”，体现了马蜂窝“Don’t fear the unknown”的精神。为进一步聚拢用户和增加用户黏性，马蜂窝旅游网积极探索利用以游戏化方式，与用户进行深度体验互动。“未知旅行实验室”于2016年9月7日推出了主题为“用一场未知的旅行，检验一段未知的感情”的“未知旅行”产品，该境外双人自由行产品的价格竟只有1314元，且限额27位。其新奇之处在于，出发时间未知、旅行地点未知、体验项目未知，但你只需选择一名旅伴，并鼓起勇气一同接受这场未知的挑战！

马蜂窝“未知旅行实验室”认为，旅行是检验感情的重要标准，探索“你是否能找到与你一同冒险的人”，以及“你们的感情将在这场新奇旅行中经受怎样的检验”，是这次活动的主要目的。线下广告的主角是 11 款“可预订”的境外游目的地新奇体验：去伏尔加国开坦克、去监狱酒店住一晚、和 NASA 宇航员共进午餐、开米格 29 战机……在目前来看，马蜂窝显然会把“未知”的故事讲下去。他们宣布未来在每个月的 27 日，都将给消费者提供一款“未知旅行”产品——而这些营销事件背后，同样是“内容入口”对于整个在线旅游交易模式的改变。正因为有趣又有几分神秘，激起了一大波年轻人的好奇，引爆了朋友圈。

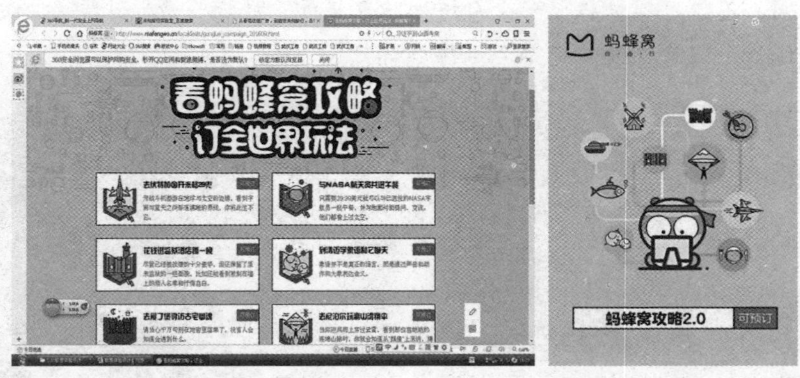

（注：截图中的蚂蜂窝现已更名为马蜂窝。）

紧接着的 10 月，“未知旅行实验室”又发起“Tripmon Go！”，让正在途中的旅行者满世界寻找他们释放的精灵球。“旅行标签”“造梦机器”，一些精悍有趣的小实验时不时出现在朋友圈，让人们冷不丁记起它来。截至 2017 年年底，充满童心的马蜂窝“未知旅行实验室”已前后发起 9 季“未知旅行”系列实验，极大地激发了年青一代的童心和参与度，活动最高曾获得超过 1.2 亿的关注与转发。

（二）重拾童趣

童趣的意义在于返老还童、远离世俗，回归趣味，体验生命的美好。

与纯真的童心相比，现实世界混乱而虚伪。童心帮助我们勇敢地迈出真实自我的关键一步。随着时间的推移，童心体验还将赋予我们感悟生命之外的增进团队合作的能力。

【案例分享】

那些童话般的酒店设计

位于广州长隆欢乐世界附近的亲子公寓，有多种不同的主题风格，每种风格都会让孩子尖叫。粉嫩嫩的公主房，专门为小女孩打造的城堡，住在里面做一个公主梦，简直太美好不过……地中海风格又是另一种清新感，海洋色背景、又圆又大洁白的床，不用去海边就能感受到海洋气息扑面而来。森林主题风格的房间有三张床，可住6人，设计者别出心裁地搭建起一个小树屋形状的睡眠空间，不仅可以让孩子安全舒适地睡在里面，还能当成一个游乐场，右侧的滑梯能让小宝宝在睡梦中都会乐得咯咯笑。

三亚依依鸭鸭亲子海景度假公寓——屋里所有的布置都是从孩子角度出发，进了房间就像进了儿童乐园一般，充满了欢乐。公寓所在的小区位于三亚湾，下楼出门就是海，玩耍真的超级方便。房间为孩子准备的配套也非常齐全：韩国帕克伦爬行垫、yuyu婴儿推车、美国intex儿童/成人泳圈、德国hape沙滩玩具、小白熊恒温水壶、舒氏烘干消毒锅、折叠澡盆、儿童马桶、浴袍、304不锈钢厨具、婴儿专用驱蚊液等。家有小宝宝的住在这儿，简直太省心了！

台湾花莲迪亚曼特谷仓乐园主题风——台湾是一个很适合亲子游的地方，这家民宿更是亲子游住宿的绝佳选择，格局为楼中楼，屋内有大阳台，可住5人，设计的童趣感十足。屋内有旋梯、吊桥、溜滑梯，简直就是把游乐园搬到家里来了，孩子想不喜欢都难。天妮丝名床+天然乳胶床+羽绒被枕，让人在童话般的梦中度过舒适的夜晚。

台湾垦丁岩手特色民宿有着十分独特的外观造型，岩石窟的抢眼设计相当的显眼易找。同时，这里也是观望大海的最佳位置；若是选择面海房型，还可随时欣赏船帆石的美丽景色，就像是被大海拥抱般的，即使入夜后，依然伴随着美妙的海潮之声。屋内设计有种童话中溶洞里的感觉一般。民宿对面就是垦丁景点之一的船帆石，站在阳台上就能看到，什么时候想看，过马路就是了，船帆石附近有好多小螃蟹，坐在海边吹吹海风，看看海浪，可谓面朝大海，春暖花开。

蝶梦山丘位于南京浦口的水墨大埝景区内。每年3月到10月，这里会有各种各样的蝴蝶在这里翩跹飞舞，一片梦幻，美得一发不可收拾。民宿的每一间房都让人惊艳，每间各对应不同的自然景观，或黑石，或松林，或流水，抑或是一只翩跹的蝴蝶。

除了房间内五星级品质的设施外，蝶梦山丘还有咖啡吧、绘本馆及蝴蝶餐厅，供孩子玩的娱乐设施也非常多。手绘一个蝴蝶面具，亲子一起烤一个蝴蝶饼干，或者在脸上描一个蝴蝶涂鸦……这里除了满足大人们远离喧嚣的梦想，也为孩子们营造了梦幻的乐园。

人本主义心理学家马斯洛的人的需要层次理论启示我们，旅游释放了自我实现的需要，包括真善美的执着、活跃、个人风格、正义、单纯、乐观诙谐、自我满足和有意义的创造。

骄阳七月落幕的ChinaJoy[①] 又一次见证了属于中国的“二次元狂欢”。已

① 中国国际数码互动娱乐展览会（简称：ChinaJoy）是全球数码互动娱乐领域具有影响力的盛会，每年7月下旬在上海举办。

召开 17 届的 ChinaJoy，如今依然葆有活力，甚至吸引了众多电竞爱好者不惜从外地奔赴上海。从游戏电竞展览会到泛娱乐盛典，ChinaJoy 的升级成为二次元文化不断壮大的一个侧面，而大规模异地玩家的汇聚，则折射着“二次元旅游”在中国旅行者间的市场潜力。

全球旅游消费指南马蜂窝旅行网在满足多元文化和各类新兴市场人群方面做得非常出色。网站发布的“二次元旅游攻略”，盘点了十大最受中国游客喜爱的二次元主题的旅游景点和目的地，它们从火爆的动画、影视、文学作品中衍生而出，如今已在全球形成成熟的品牌文化和产业链。

2017 年 3 月，马蜂窝发布的《“浪一代”:“90 后”旅行方式研究报告》的大数据显示，42% 的“90 后”愿意为追动画、影视剧取景地而开启一场旅行。报告指出，旅行对于“90 后”来说已越发常态化，越来越多的“90 后”将旅行视为生活中稀松平常的一部分，因而“90 后”在旅行动机上也显得更加任性。

日本作为二次元旅游鼻祖，同时也是资源最为丰富的目的地，仍在不断挖掘自身的旅游魅力。因为“价值植入”，日常生活空间也能成为二次元文化追随者心目中的“圣地”，为了追寻喜爱的二次元作品，他们非常乐意踏上旅途。如主打怀旧的镰仓高校前车站和牛津大学“霍格沃茨食堂”。镰仓高校前站及湘南海岸是东京周边最受欢迎的景点之一，作为动漫热剧《灌篮高手》现实的取景地，满载着“80 后”“90 后”的青春回忆。樱木花道与晴子第一次打招呼的“命运路口”，陵南高中的原型“镰仓高等学校”以及流川枫常常飞驰而过的“湘南海岸”，生动勾勒出青春回忆中熟悉的场景（见图 2–9）。

《哈利·波特》系列中的霍格沃茨食堂的原型是牛津大学基督教堂学院的学生食堂（见图 2–10）。几乎每一部《哈利·波特》电影开场，都是在牛津大学基督教会学院的大厅举行开学典礼仪式，然后愉快地用餐。当然，电影中的宴会厅是通过电脑特效把学院大厅放大了许多倍，现实中的学院大厅并没有如此宽敞。

图 2-9　日本镰仓高校前车站

图 2-10　牛津大学基督教堂学院学生食堂

【观点借鉴】

到哪里寻找童趣的灵感源泉?

1.《奇葩说》：一档由马东工作室打造的中国首档脱口达人秀节目。节目旨在寻找华人华语世界中，观点独特、口才出众的“最会说话的人”。仅靠蔡康永、高晓松、马东以及 18 位“奇葩”辩手的三寸不烂之舌，便吸引了大批“80 后”“90 后”拥趸。该节目自 2014 年 11 月底上线以后，总点击量已经过亿，微博话题阅读量也突破 10 亿大关。节目组会通过百度知道、知乎、新浪微问数据后台，在民生、人文、情感、生活、商业、创业等领域，选取网友关注最多的问题，发动网友参与调查投票。网友参与最多的题目，最终成为节目选题。充满童趣的“奇葩”并不孤独，他们让广大观众产生共鸣，引发积极的人生思考……极大地打开了观众的脑洞，极具创意启发性!

2.《吐槽大会》：由腾讯视频和上海笑果文化传媒联合出品的脱口秀节目，于 2017 年 1 月开播。节目延续了“美式喜剧”的独特风格，每期邀请一位具有争议的知名人士，当众接受自带毒舌、百无禁忌的“吐槽团”不留情面的炮轰。节目本质上是一场以喜剧脱口秀为主的大型喜剧演出，邀嘉宾轮流互相调侃，传达“吐槽是门手艺，笑对需要勇气”的理念。而节目中“优雅的吐槽”，名为吐槽实为一种别致的交流方式，对于生活压力巨大的现代人，更不失为一种独特的解压方法。在传统脱口秀的基础上进行创新，透过“吐槽”方式传递特殊的减压方式以及正确的价值观，深受观众喜爱，话题包袱不断，妙语连珠。

3.《超级变变变》:(欽ちゃんの仮装大賞)是日本电视台(NTV)制作出品的综艺真人秀节目，为变装创意作品的现场竞赛节目。于1979年12月31日开播，每年举办一至三届，截至2019年2月，已播出96集。是一项以参赛、评分的方式进行的全民创意节目，要求参赛队员充分发挥的自己想象力，利用简单辅助工具或手段，用自己的肢体变成各种各样的东西，在三分钟内表演一个富有创意而幽默的小节目。这台节目全过程，从主持人到礼宾小姐，从参赛选手到评委，都可以通过各种动作或者肢体形态让你笑掉大牙，节目充满智慧创意、主题可爱和团队合作精神，带给大家脑洞大开的惊喜和欢乐无限。

4. 中国经典动画:《山海经》系列之《哪吒·魔童降世》《姜子牙》；孙悟空系列之《大闹天宫》《大圣归来》。

5. 欧美经典动画:《疯狂动物城》《玩具总动员》《怪物史莱克》《飞屋环游记》《狮子王》《冰河时代》《功夫熊猫》《海底总动员》《冰雪奇缘》《怪兽电力公司》《驯龙高手》《钢铁侠》《蜘蛛侠》《超能陆战队》《神偷奶爸》《里约大冒险》《疯狂原始人》《超人》《头脑特工队》《虫虫危机》《科学怪狗》《超级大坏蛋》《别惹蚂蚁》。

6. 日本经典动漫:《你的名字》《灌篮高手》《风之谷》《萤火之森》《天空之城》《千与千寻》。

第三部分　体验设计 TPPV 模式

——如何设计旅游体验

你经历过的最难忘的旅游瞬间是什么？你预期将来的旅游会经历哪些重要时刻？有些旅游瞬间给你留下了美好的回忆，有些体验时刻瞬间让你充满荣耀，有些瞬间给你带来了影响一生的启示。游客就是在某种程度上被这些体验瞬间所定义的，它能告诉你到底想成为一个什么样的人，你到底想要什么。也许人生的意义就在于这些体验瞬间。而我们需要更递进一层，那就是，旅游体验是可以被设计的！

本书“旅游体验设计”所指向客体主要包括：（1）在时空上涵盖个人前往异地，以寻求愉悦为主要目的而度过的一段具有社会、休闲和消费属性的短暂经历的全过程。（2）在内容上涉及旅游体验主体（旅游者）与旅游场景中其他主体[①]之间的所有互动行为（线上或线下）。（3）在载体对象上包括旅游体验主体（旅游者）在旅游场景中所接触的实体物品（现场）和虚拟物品（线上）。

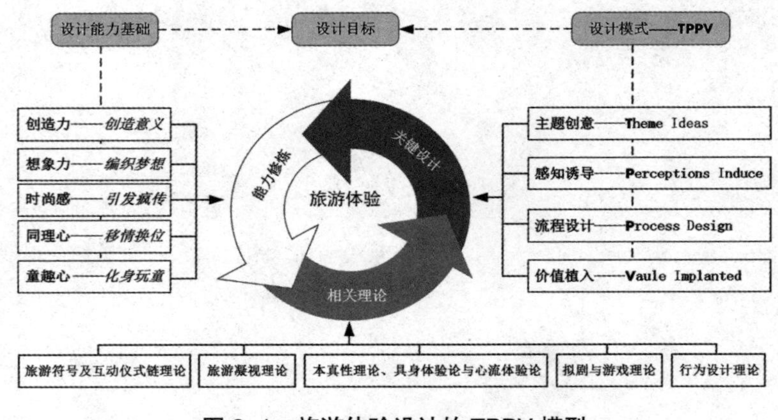

图 3–1　旅游体验设计的 TPPV 模型

① 包括旅游地东道主（政府、企业、居民）以及处于同一体验场景中的其他旅游者。

旅游体验设计作为一项具有挑战性的新兴设计领域需要创新与创意。一个具有感动力的旅游体验要做到从旅游者体验感受出发，全身心、全方位创造。如图 3–1 所示，笔者全面总结了国内外众多大师的设计心得，凝练形成了旅游体验设计的 TPPV 模式（T——主题创意、P——感知诱导、P——流程设计、V——价值植入），层层递进并可复制。

一、主题创意（Theme Ideas）

（一）主题线索

刘勰《文心雕龙 · 神思篇》提到立意是“驭文之首术，谋篇之大端”，由此可见，主题立意的重要性。所谓创意，其核心就是创造意义，而意义的浓缩就是主题，所以主题一旦出错将导致项目难以立足。目前，众多旅游项目难以生存的原因就在于主题创意出了偏差。

依据列斐伏尔“空间三元论”，旅游空间的价值在于其物理意义上可感知的物质性，一旦物质化的“物理空间”和权力、资本、技术结合，旅游场景就进入到了“空间再现”阶段，就开始对旅游者产生强烈的现实吸引力。因此，旅游场景空间建构和表征成为体验设计中的一个重大议题。当旅游者涉身于此空间中，开始通过个人感官对旅游空间进行感知和体验，旅游者就开始对空间进行分析性的解构，而后建构出个人的体验空间。米德在《心灵、自我与社会》一书中提出人的心理、自我、社会都是在相互关系中产生的，三者都具有社会意义。布鲁默则在深化米德研究的基础上提出了“符号互动论”，他强调社会是一种动态实体，经由持续的符号沟通、互动过程形成，从而建构了意义。因此，旅游体验设计的第一步是构建一个对旅游者能够感受到“意义”的体验主题。

所谓主题体验设计，即在一个时间、一个地点和所构思的一种思想观念状态，从一个诱人的故事开始，重复出现该题目或在该题目上构建各种变化，使之成为一种独特的风格，而根据消费者的兴趣、态度、爱好、情绪、知识和教育，通过营销沟通，把产品作为“道具”、服务作为“舞台”、场景作为“布景”，使顾客在商业活动过程中感觉美好体验，甚至当过程结束时，体验价值仍长时间留在顾客脑海中，即创造一段美好的回忆、值得纪念的经历。

主题是旅游体验的灵魂，明确的主题有利于游客辨识景区形象，有利于景区开发者集中配置资源做足体验。设计体验主题线索的目的是营造体验氛围，激发游客的身份认同与共鸣、提升其精神价值，传递一种正能量，因此，体验设计的主题线索既要先声夺人，更要贯穿始终。借鉴国内旅游规划设计先行者——景域集团奇创旅游规划设计的理念和操作流程，其旅游体验主题设计的步骤可归纳如下。

1. 第一步：全盘考虑，选准主题

景区主题的打造，必须紧扣特色、体验、情怀这三个特点。只有紧紧围绕此三点展开，才能真正做到量身订制，而不是盲目拷贝或复制其他景区的 IP。设计师需要在主题策划上做好四步顶层设计，即与地域文脉、客群需求等相匹配；认知度决定潜在的旅游吸引度；可延展性决定旅游产品开发难易程度；传播性是未来形成品牌性项目的基础，否则，再好的体验构想也很难真正落地（见图 3-2）。

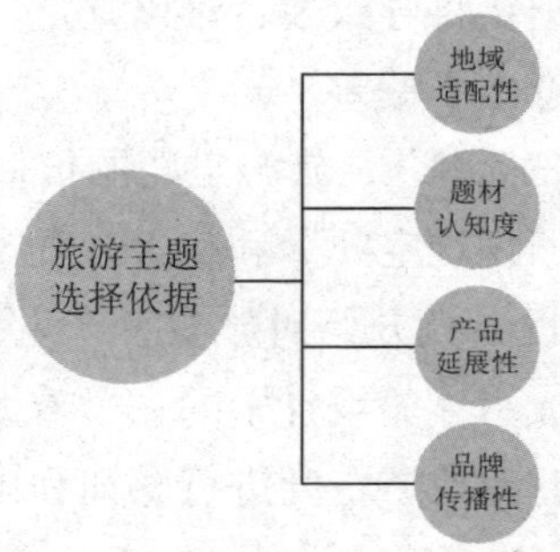

图 3-2　旅游主题选择依据

景区主题需要有对生活和人生价值观的诠释，这正是景区的灵魂。山野型旅游项目一般以观光为主题，然后再加上登山、探险、生态等副主题；文物类景区的主题仅有文物内容是不够的，还需要演绎子主题、选择素材来表现主题等，这些子主题彼此之间要有内在逻辑关系，这样才能更好地支撑大主题。

有时候，直接从景区名称入手就是一种较为简单的切入口。借助“说文解字”分析景区名称的深意，通过历史考证，挖掘景区名称背后的人文故事，然后进行提炼加工，使之转化为内涵丰富且可延展的旅游体验主题。

【案例分享】

玫瑰人生

木兰玫瑰园始创于 2013 年，开园之初曾在武汉市黄陂区木兰生态旅游区中以玫瑰赏花游为特色，在武汉城市圈独树一帜。但由于缺少得力的运营管理团队，加之后期持续投资不足，近年来景区设施渐趋陈旧，景区吸引力在下降，目前每年客源徘徊于15万人次上下，园区综合总收入难以突破500万元的瓶颈，收支勉强平衡，无力再进行大的投入。若综合财务成本和园区运营成本，每年约亏损700余万元。在武汉城市圈休闲游如此火爆，木兰生态旅游区21家A级景区年吸引游客近2000万人次的市场背景下，地处木兰生态旅游区核心区位、占地3000亩、山环水绕的木兰玫瑰园不温不火的现状，令人扼腕叹息！

前期介入的运营管理团队提出了开发赏花游、亲子游、帐篷露营、房车营地、研学游、民宿、户外拓展等产品思路，但这些产品设计的最大问题是没有充分利用景区已有的玫瑰种植现状，看似大而全的产品系列，其实没有为景区找到一个清晰的体验主题定位。

集智圈点设计机构经过对景区的全面诊断，提出紧紧抓住“玫瑰”主题，并采用独具创意的体验设计强化该主题，拟引入强执行力运营团队，通过3年的努力，实现以下经营目标。

1. 品牌目标

（1）打造针对女性旅游者的玫瑰旅游主题品牌，构建起“武汉城市圈女性专属旅游第一景区”的旅游目的地平台。

（2）在原“木兰玫瑰园”基础上推出新品牌“木兰瑰谷”。

2. 主题设计

闺蜜天堂，玫瑰人生

玫力瑰谷

玫瑰，美而不贵！

3. 运营目标

（1）主题产品体验化：观（世界经典24种玫瑰）、游（玫瑰花海游、婚纱摄影）、食（创意鲜花美食“玫瑰花吃”系列鲜花饼、玫瑰花宴、树下花吧、玫力小醉酒馆）、住（玫瑰梦民宿、花雨星空帐篷、玫瑰泡泡屋）、购（“想花就花”兑换钱庄、玫瑰主题文创、玫瑰精油美容护肤品）、研学（玫瑰科普研学）、工业游（玫瑰精油工场）、康养（玫瑰芳香疗法）、女性社团组织（女企业家论坛、玫力闺蜜会、淑媛社、公主团、萝莉帮）……

（2）顾客群体全龄化：涵盖女性从儿童、少女到淑女、女神各个年龄段，对应设计不同的体验产品……

（3）主题营销活动化：将“三八节”定为“玫瑰女神节”，设计“小淑女成长节”“玫瑰采摘节”“月下花语相亲会”等主题节庆……

（4）运营管理标准化：开发针对女士的特色入园欢迎仪式，采用小野丽莎经典歌曲《玫瑰人生》作为主题歌，以蕴含玫瑰花语的服务语体系，以男士为主的员工队伍（时刻准备为女神服务……），以“玫瑰文化”为主题的园区设施改造及装饰细化设计、玫瑰主题的系列文创品开发……

2. 第二步：主题需要“美名”承载

名正才能言顺，景区的名字并不仅仅是一个简单的称呼，它还传递着品位和情怀，如何起一个好的名字呢?

第一，名字必须合法可用，有些景区创业之初取的名字，经过几年的市场运作，知名度打开了，却发现名字早就被别人抢注了，欲哭无泪。

第二，要易读易记。景区起名要简洁、易读写、易理解。尽量不要用多音字、生僻字。简洁、明快、容易记忆的名字，利于传播，例如针对儿童目标市场的景区取名“童心谷”。

第三，线性关联。起名不能是天马行空胡乱编造，应该和所在地区、民俗风格、经营理念有一定的关联性，消费者看到名字就大致知道是什么类型的景区，同时从名字可以看出企业要表达的情怀、文化、理念等。

第四，景区的名字要有可延伸性。景区起名时，应该对未来有一个大概的战略规划，名字要在大战略的框架下进行创意，为未来的发展预留接口。只有用理性的头脑和长久的情怀做出来的旅游景区，才是长久的、有灵魂的，也将是大浪淘沙后的精品（见表 3–1）。

表 3–1　命名具有主题创意的旅游目的地

名称	景区定位	主题广告
欢乐谷	中国自主创新主题公园连锁品牌，打造创想超越时空，欢乐洒满征途的“繁华都市开心地”（5A 级景区）	与所爱尽享欢乐时光
乐满地	时尚、动感与欢乐的主题乐园与度假世界	五彩满天，欢乐满地

续表

名称	景区定位	主题广告
千岛湖	原名新安江水库，580平方公里，千岛星罗棋布，以湖泊度假为特色的5A级景区	心泊诗画，千岛绿洲
裸心谷	浙江莫干山的野奢型民宿集群，以“裸心（把心放下）”为主题的系列体验（裸睡、裸味、裸婚……）	心向自然，返璞归真 这一刻，把心打开
南浔古镇	位于浙江湖州市，一个富有江南韵味的古镇	游遍江南，千载南浔
杭州宋城	位于杭州，中国两宋文化活态遗产主题公园（5A级景区）	给我一天，还你千年
武当山	道教圣地和太极发源地，被称为“亘古无双胜境，天下第一仙山”	精彩独“道”，天下太极出武当 武当山，一个人人称道的地方
鹿回头	海南三亚的文化地标，鹿回头的爱情传奇故事发生地	回头一眸成永恒，牵你的手去鹿回头
发现王国	汇聚世界八大主题的高科技游乐园	东方勇者，探索乐土 发现快乐，你的王国
凤凰古城	湖南省湘西土苗风情小镇	小城故事多，最忆是凤凰
嬉戏谷	位于常州的全球首座“动漫艺术、游戏文化”主题乐园	人生来点嬉戏，一起穿越奇幻
襄天下牡丹园	千年古城襄阳市的特色牡丹园，包括国色天香苑、牡丹舆乐园（汽车露营地）等	古城奇葩，国色天香
分界洲岛	位于海南省陵水县，是中国首家海岛型国家5A级景区	人生由此分界 动可上天入海，静可放空发呆
长江百里洲	湖北省枝江市长江中游荆江段首段，是万里长江第一大江心洲，环江堤防长74公里，故得名百里洲	风吹芦苇荡，心动百里洲 花开百里，绿漫心间（长江之心）
东湖家	中国最大城中湖——世界级东湖之滨的24座多主题、野奢风格民宿院落	世界东湖，欢迎回家 东湖一梦，家外之家
半山隐庐	位于四川什邡市，由半山公社修建的高端别墅群，突出野奢格调和生活情趣，被称为“成都裸心谷”	半真半梦，神仙隐庐
浮云牧场	四川阿坝州理县的一个高半山野奢民宿酒店，同时依托高山牧场的种养殖开发特色旅游体验	神马浮云，心灵牧场

景区命名应是一件极有仪式感的事，一个景区被赋予一个具有情感的名字，就如一个刚出生的婴儿被父母轻声念出早已熟记于心的名字，景区发展的生命历程由此开启。名字被念出的那一刻，大家心中的细线便被系上，景区与游客不再是万千世界中毫无关系的主体。

中国颐和园被誉为“皇家园林博物馆”，是世界园林的瑰宝，是迄今为止中国古代建设水平最高的古典园林之一。它以昆明湖、万寿山为基址，以杭州西湖为蓝本，汲取江南园林的设计手法。在整个主题设计过程中，乾隆皇帝的内心精神世界通过景点命名一一投射到山水园林之中，展现出一代帝王追慕圣贤、追求天下一统、太平盛世的宏大人生理想。

颐和园的昆明湖景区名称源自汉武帝在长安城开凿昆明池操练水军的典故。乾隆皇帝借用此典故，将西湖改名为昆明湖，并也曾在昆明湖中操练水师，以标榜自己如同汉武帝一样，是治理国家、开疆拓土的一代明君。

位于廓如亭北面堤岸边的铜牛为镇水之物。为阐述建造铜牛的用意，乾隆皇帝特意撰写了一篇四言铭文《金牛铭》，用篆书铸在铜牛背上。以铜牛镇水源于大禹治水的典故。乾隆皇帝在此也表明了自己效法大禹治水，并期盼河道永固、江河永不泛滥之吉祥寓意。

东堤最北端的建筑文昌阁，建在高约 10 米的方形城关之上，是颐和园 6 座城关中最大的一座，阁内供奉铜铸文昌帝君坐像。文昌阁与万寿山西侧的宿云檐城的关帝庙相对，文东武西，寓意大清江山文武辅佐，永保太平。

界湖桥南边是豳风桥，此桥曾名为桑苎桥，光绪年间重建后，因忌讳其发音如“丧主”，故改名“豳风桥”。“豳风”二字出自《诗经》中的《豳风七月》，这首诗是描写西周时期豳地百姓耕田采桑的场景。

玉带桥南是镜桥。镜桥是借用唐代大诗人李白“两水夹明镜，双桥落彩虹”诗句意境而得名。镜桥南面是练桥，练桥一名出自南朝诗人谢眺望的诗句“余霞散成绮，澄江静如练”。

柳桥是西堤六桥中最南面的一座，名称出自唐代大诗人杜甫的诗句“柳桥晴有絮”。因西堤上遍植柳树，此桥掩映在柳浪之中，故名。

景明楼位于练桥和柳桥之间，由主楼和两座配楼组成。景明楼名称出自宋代文学家范仲淹的名篇《岳阳楼记》“至若春和景明，波澜不惊，上下天光，一碧万顷”之句，而建筑形式是按照元代画家赵子昂的名作《荷亭纳凉图》中意境而造的。

文昌阁西北的“知春亭”名字源自宋代大文豪苏东坡的诗“春江水暖鸭先知”中的意境……

一座园林，一步一景，步步精心，用心如此之精深、主题寓意如此之妙，估计也只有皇家才能聚天下之才做到，今天的到访游客置身其中，这种独特的身心体验，夫复何求？

【案例分享】

黄河旅游新品牌——“中华龙”的诞生

近年来，山西全力塑造黄河旅游新品牌。游客从熟悉的惯常环境来到陌生的非惯常环境，对旅游目的地文化最为直接的感知便是地名。在旅游目的地竞争不断加剧的今天，旅游景区命名日益成为提高自身知名度和提升竞争力的关键。

作为伏羲传说的依托地，一方面，正是黄河乾坤湾的独特景观形成了伏羲传说；另一方面，伏羲传说对乾坤湾景观的想象性叙事，又进一步提升了乾坤湾的知名度和美誉度。

截至目前，已经入选黄河蛇曲国家地质公园名录的有陕西延川黄河蛇曲国家地质和山西永和黄河蛇曲国家地质，但在大多数时候，无论是官方文本还是民间称谓，更常用的名称是陕西延川乾坤湾和山西永和乾坤湾。虽然，陕西延川乾坤湾与山西永和乾坤湾都发育于秦晋（晋陕）大峡谷的黄河沿线，但山西永和乾坤湾却是英雄湾、永和关湾、郭家山湾、河浍里湾、白家山湾、仙人湾和于家咀湾的统称。

随着延川乾坤湾知名度的不断攀升，一河之隔的山西省永和县不甘落后，地方政府和社会各界都在积极为流经该县的68公里黄河寻求最合理的解释，提出永和县境内的黄河形似腾飞的中华龙，永和县是中华龙之源。自北向南形成的英雄湾、永和关湾、郭家山湾、河浍里湾、白家山湾、仙人湾和于家咀湾好比一个草书的“和”字，与永和县县名中的“和”字一脉相承。2011年2月，中国地理学会给航拍的永和乾坤湾取名“中华龙”，通过与其他实物上的“龙”形象比对后发现其弯曲走向如出一辙，为此，中国地理学会建议在永和县建设“中华龙之源”旅游区。2013年5月，中国摄影家协会航拍的永和乾坤湾以“黄河龙”之名刊登在《求是》杂志封底上，引起了巨大反响，进一步催生了“乾坤湾”与“中华龙”的联想与诠释。

在一系列关于乾坤湾的描述中，“伏羲文化”叙事赋予乾坤湾景区以“龙”“始祖”“画卦”等符号意义。正是媒体联动的传播效应，乾坤湾壮观（黄河）、震撼（河湾）、神圣（伏羲/女娲）等体验特色得以进一步强化。上述符号意义的持续传播，不仅建构和强化了当地人的文化认同感，也完成了向目标群体的传播过程。如今，乾坤湾的核心地名与村民过去对其的称谓已经有了较大的转型，如伏义河村现在被称为伏羲村。

（改编自“塑造黄河旅游新品牌，景区命名有大学问”）

3. 第三步：赋予主题 IP 化、故事感

有故事的景区 IP 才有独特性，才有灵魂。首先，独特的主题 IP 可以通过对地域文化的在地式深入发掘，提炼元素形成文化图腾，如常州恐龙园的恐龙；也可以植入外部文化或创意元素，无中生有，策划包装，创新打造，如华强方特的熊大和熊二。其次，要围绕主题演绎故事，通过历史故事再现、时代故事创新、生活故事融合等来全新阐释，形成主题的架构情节。例如花木兰从军、杜甫很忙、大闹天宫、妖怪来袭都是围绕主题架构的创新故事情节。最后，传递具有普适性的情感和价值观，进而上升成为景区价值烙印，传播影响力会大大增强。好莱坞电影 IP 的普世价值观推广颇费功力，它主要总结反映了美国民众的价值观念和心理诉求的十大故事主题，包括房内怪物、组队寻宝、愿望成真、天降横祸、成长之路、终身伴侣、侦探解密、屌丝逆袭、挑战制度和超级英雄，这些大都成为美国主题公园的 IP，并得到了全世界认可。美国的阿凡达乐园就利用了电影中环保与超级英雄的故事，在主题公园中新建了一个名叫“Mo'ara 山谷”的地方，游客的身份是随着 Alpha 半人马远征公司（Alpha Centauri Expeditions，ACE）前去潘多拉星球的旅行者，ACE 开始将人类运输到潘多拉星球，学习当地的生态、动植物知识，修复前人造成的破坏，并体验魔幻的故事场景设计与服务。中国 IP 故事也需要把握消费者群体分层和内心诉求，在创造故事的同时对于普适性价值和文化进行深度发掘。

体验的主题化与IP化

主题就是中心思想，没有主题的旅游体验是一盘散沙，难以形成整体印象，但只有独特的主题方可创造出自己的IP。

IP要具体化、可以被体验和进行商业延展才有价值，否则只是一个标签而已。

在现实的旅游中，无IP但能提供独特体验的项目依然可以成功。

对于旅游IP的认识，巅峰智业认为存在以下三个误区。

一是神化。表现为对IP推崇备至，似乎有IP就通行天下，费尽心思、不计成本也要塑造IP，反而忽略了旅游体验的本原和核心。迪士尼是世界公认旅游IP做得最好的企业，但即便是迪士尼，同一IP也会有不同的结果，东京迪士尼在全世界迪士尼公园盈利能力最强，而香港迪士尼则连续7年亏损。因此，IP只是旅游发展的路径之一，无须神化。

二是泛化。表现为凡事必言IP，有点什么历史文化都称之为IP，IP似乎成为旅游发展各环节的良药，殊不知很多旅游热点的成功并非靠IP。张家界、九寨沟作为中国著名景区，历经多年发展，其成功没有依靠IP；古北水镇，三年收入7亿元，其成就靠的是运营能力和前期导流。所以IP不可绝对化，不应泛化。

三是粗浅化。对IP理解只是皮毛，没有搞清其内涵及本质。IP的本意是知识财产，本质是心智创造。地方文化与名人传说只是“面粉”，必须经过加工，变成具有知识产权特性，做成了“面包”或“蛋糕”才能称之为IP。例如花木兰是中国家喻户晓的历史人物，替父从军的故事千古流传，花木兰正宗故里在河南虞城，虞城却没有打好花木兰这张名人牌。而湖北黄陂并非正宗故里，却借势木兰文化起源地，以“花木兰”为魂，建设木兰文化博物馆，开发了“木兰八景”为代表的系列景区，每年吸引游客逾千万人次，声名远播。而让花木兰走向世界的却是大洋彼岸的美国好莱坞，将花木兰拍摄成卡通电影，开发衍生商品，真人版花木兰电影也已上映。所以说，花木兰在河南虞城只是“面粉”，黄陂经过加工成了“面包”，而好莱坞则将其做成了“黑天鹅蛋糕”。所以IP不是一个简单的概念，而是一个需要发掘、包装和打造的综合性体系，需要持续用心运营。

（二）符号体系

文化符号，是指具有某种特殊内涵或者特殊意义的标示，是承载着文化的特定含义且能被这种文化的共享者们理解的词汇、仪容、图画、服饰、景观、建筑、环境或者物体等，甚至是某种特殊的气味。文化符号具有很强的抽象性，内涵丰富。文化符号是一个地域、一个民族乃至一个国家的抽象体现，是文化内涵的重要载体和表征。

符号的功能就是把人与文化联结起来，所以符号形式就是织成符号之网的不同丝线，是人类关系与经验的交织之网。在很大程度上，现代社会的旅游都是对于文化符号的建构和消费，游客通过对各类设计的文化符号的感知和体验，得出自己的印象和旅游感受。但符号容易被取代和复制，文化旅游项目中最容易滥用的就是符号，因此就出现了仿古小镇千城一面、人造古街彼此雷同的乱象。

因此，旅游产品开发者如何设计出让游客印象深刻、乐于接受的文化符号就显得十分重要。重点在于围绕一个鲜明的主题来设计景区的符号内容与呈现形式，使之成为覆盖旅游者游览全程的符号体系，最终强化主题体验。

文物象征着一种情怀，代表了一段时光，它具有一种魔力，总会勾起人们对那段历史故事的想象。文化符号与文物存在紧密关联。近年来，我国各个省份也流行起文化符号评选活动。以陕西为例，2007年，历时一个月，6000余名读者参与，十余位文化名家把关，近6万票，选出了陕西十大文化符号：兵马俑、大雁塔、黄帝陵、西安城墙、革命圣地延安、秦腔、碑林、秦岭、半坡遗址、羊肉泡馍。其余十大入围文化符号分别为：丝路起点、佟掌柜、长安、大唐芙蓉园、华清池、西安高新区、华山、阎良飞机城、壶口瀑布、杨凌农科城。

文化符号是一个地方乃至一个民族、一个国家经过长时间洗礼之后沉淀下来的客观物质或主观精神的精华，是整个地区的一种软实力，是重要的战略资本。文化符号代表这一旅游目的地留给世人的印象，也必将直接影响该地的旅游品牌建设和旅游形象设计，进而影响旅游吸引力以及旅游者的体验。

文字是人类社会沟通中最主要的符号，妙用谐音，双关两意，这就是常见的“谐音梗”，例如中国老话中的小葱拌豆腐——一清（青）二白、外甥打灯笼——照旧（舅）等，全是妙用谐音。流行的“脑筋急转弯”，其诀窍就是用好谐音梗，例如问：什么水果最土气？回答：杨梅，因为“扬眉（杨梅）吐（土）气”；问：什么水果容易走丢？回答：榴梿，因为“流连（榴梿）忘返”；问：什么水果命大？桃子，因为“死里逃（桃）生”。

正因为口语化传播、十分接地气，“谐音梗”别有一番幽默趣味在其中，而且还可以引发无限创意，让人脑洞大开。中国汉字是象形字，玩的就是想象力。在旅游体验主题设计中，要善于借用中国汉字符号的魅力，通过谐音、趣解汉字、望文生“意”，阐发景区名称背后的深刻含义，不断强化体验的主题意义联想。

【观点借鉴】

妙用谐音梗

在生活中，我们常会运用“谐音”讨口彩！不小心打碎了碗要说“碎碎（岁岁）平安”，过年吃鱼，也称“年年有鱼（余）”，新人结婚，一定要有“早（枣）生贵（桂）子”，甚至孩子第一次上学都要带“葱＋菱角＋梨子”大礼包，讨个“聪明伶俐”的好彩头。这还不算夸张，要是赶上家里有孩子参加高考的，那“谐音梗”更是要发挥到极致，一家人的服装都要安排明白妥当。比如，妈妈要穿旗袍寓意“旗开得胜”，爸爸要穿马褂寓意“马到成功”。当然“谐音梗”还能经常带来“网络语”的热潮。若仔细考究这些“谐音网络语”的内涵，你会发现关键是要善于嫁接耳熟能详的成语，再加上“塑料普通话”和大脑灵光一闪。“谐音梗”虽然会把我们熟悉的用语陌生化，但是能增加趣味性，少了严肃、多了俏皮。比如，夸张搞怪的表情包加上精准的文字，即便是火冒三丈也能跟唐僧（唐三藏）扯上关系……

不仅如此，还有许多店家也机智地把“谐音梗”融入自己的店名当中，苏州三山岛有群艺术家打造的民宿就取名“艺宿家”。2019年携程宣布旗下民宿品牌全新升级，由“有家民宿”正式更名为“有家美宿”。一家旅游文创机构开发的小鸡和小牛玩具，分别取名“印钞鸡（机）”“现金牛（流）”，契合了大家内心期盼钱财源源不断的渴望……

日常熟悉的用词加上自己的创造，就可以变成趣味无限的“谐音梗”。很少有人了解“谐音双关”其实是一种传统修辞手法，许多文学名家都喜欢在创作中巧借“谐音”表达深意，例如古典名著《红楼梦》中贾家四姐妹取名为元春、迎春、探春、惜春，实际上是谐音“原应叹息”，叹息她们的青春短暂和人生悲剧。中国传统对联里也常见“谐音”，苏轼曾在游西湖时看见锡壶不慎落入湖中，大文豪因此突发灵感写下千古绝对！上联：游西湖，提锡壶，锡壶掉西湖，惜乎锡湖。此千古绝对一直无人能答，直到 1986 年的一次征联活动才有人对出下联：擎酒碗，过九碗，酒碗失九碗，久惋酒碗。

在 Logo 这一重要符号载体的设计上，字体的应用非常重要。目前，小写缩写渐成为一种潮流，facebook、twitter、airbnb、intel、amazon 这些公司都用的是小写字母。原因是“小写字母非传统，接地气、人格化，让目标群体感觉更加亲和、友好、可爱”。一般人也觉得还是小写好，毕竟大写字母“干干巴巴、太刚硬，一点都不圆润”。

【案例分享】

文创衍生品：大英博物馆的文化符号开发

看展品，听讲座，买文创衍生品……最近几年，逛博物馆逐渐成了一种新的生活方式。成立于 1753 年的大英博物馆是世界上历史悠久、规模宏伟的综合博物馆之一，长期以来成了英国的国家文化符号和重要的旅游吸引物。大英博物馆在服务体验、文创品开发等方面一直走在世界博物馆的前列。

自 2001 年年底起，大英博物馆向观众免费开放。取代门票收入的是博物馆自身经营和衍生品的收入，这项收入逐步成了大英博物馆的主要收入来源。走进大英博物馆内可以发现，纪念品商店一般会设在大门的显眼位置。大英博物馆中，类似的商店、书店散布各处，货品丰富，可满足沿不同线路参观的观众的购买需要。

这些文创产品以大英博物馆最著名藏品为主线，制作各式价位、档次的纪念品。从复制品、精品、收藏品，到老少咸宜的日用文具、配饰、钥匙圈、食

品，可让游客带回与家人分享。

大英博物馆股份有限公司属于非营利机构，主要负责文物复制品或纪念商品的批发及零售、出版、制造及授权业务等。基于博物馆的典藏品，通过授权方式与许多制造厂商合作，制造出复制品或纪念艺术品，从珠宝到日历、杯垫到颜料。其中出版业务由出版商负责，现已发展为世界上最大的博物馆出版商（British Museum Press），出版各类自然或历史书籍。大英博物馆文化产品开发有两种模式：一种是由 9 名全球采办组成的部门负责设计或寻求代工设计生产；另一种是直接从固定厂家进货。其中大部分商品是采取直接购入的方式，也有些产品是博物馆委托世界著名设计师设计，再由厂家生产，最后进入大英博物馆销售，同时开辟了网络商店进行全球销售。

因大英博物馆收藏世界各地不同文化的藏品，因此文创产品也令人眼花缭乱，因此大英博物馆会筛选文化认同度高的或是具有异国风情特点的一些重点文物、明星藏品进行一条龙式的系统开发，让游客在做选择时增加不同品种、风格的收集欲望，提高购买数量。比如在大英博物馆官网商店中搜索“罗塞塔石碑”关键字，可以看到 60 多种的衍生产品。其中除了较传统的资料书、复制品摆件，还包括各种服装、文具、首饰、杯子以及充电宝、U 盘、镇纸、镜头布、巧克力、布偶玩具等。

在此不妨深入分析一下“罗塞塔石碑”这一文化符号衍生品。首先还是要给它们分分类，这里简单从产品属性、图样纹饰运用和颜色选择三个方面分别对这 69 件罗塞塔石碑产品进行分类讨论。

大英博物馆文化符号——罗塞塔石碑的文创开发

符号应用	文创产品开发
符号的产品属性[①]	硬周边产品（Core Hobby）：没有实用价值、纯观赏性罗塞塔石碑高仿复制品。价钱相对较高，通常只有超级粉丝才会购买。这样的产品不太合适被称作文创产品，只能叫作衍生品
	软周边产品（Light Hobby）：借用符号形象生产的具有实用性的商品，如文具、服装、家庭生活用品。价格相对便宜，购买人群广泛。产品图案具有装饰性，成为文创产品的主体

① 借用 ACG 界“周边”的概念。

续表

符号应用	文创产品开发
符号的图样纹饰运用	整体运用：将产品制作成石碑样子或者印有石碑的完整图案。像其中的拼图、书立、镇纸、明信片、镜头布、鼠标垫、茶巾、墙饰和首饰盒这9种文创产品就属此类
	部分截取：将罗塞塔石碑表面纹饰局部运用到产品上，化内容为装饰图案。例如印着罗塞塔石碑文字图案的扑克牌、杯垫、背包、笔等
	组合运用：将罗塞塔石碑整体形状与截取部分图案重新组合。一些产品制作成罗塞塔石碑形状后，受体积所限不能将石碑上所有文字包含其中。于是截取部分文字配入石碑形状文创产品中，像钥匙链、衣服、手机触屏笔、巧克力等属于此类
符号的颜色选择	产品底色选择：以黑色、白色、石碑原色（灰）为主，还有一些产品是金属材质的，所以产品颜色为银色或不锈钢色，少数的以红色作为底色
	石碑文字颜色：以白色、灰白色和黑色为主，一些金属材质和木质的产品则是将文字刻印上去的，因此是材质本身的金属色或棕色
	底色与文字组合：根据每件产品的不同类型和图案，对罗塞塔石碑图案底色和文字颜色进行搭配组合，形成了多种的颜色组合，有些产品还拥有多种颜色和款式

伦敦这个既有国际化特征又具有鲜明个性化特征的城市，伦敦塔桥、大笨钟、红色巴士、国旗等符号标志自然成为产品设计的重要元素，大英博物馆和V&A都推出了伦敦系列，凸显出旅游纪念品设计的地域性与纪念性的特征。从博物馆本身的特色中寻找主题灵感。例如大英博物馆的伦敦变色雨伞，就是以博物馆的主体建筑特征为设计灵感来源，将建筑结构应用于雨伞面料的图案设计。

由此可见，大英博物馆衍生品的开发虽然追求创新，但注意保持对文物、艺术品严谨、审慎的态度，不会过于卖弄和天马行空。从“符号直译”的表皮式到“功能转换”的骨架式，再到“意境诠释”的整合式，通过知名设计者的品牌效应，上承经典、下接地气。

独特的文创产品，不仅能够提升景区的品牌形象，而且在某种程度上也能扩大景区的传播范围。随着电影、动漫等IP的不断火爆，跨界合作也是当前文创产业发展过程中出现的一大趋势。作为休闲娱乐的重要方式，旅游业一定要把握其核心原：差异化＋趣味性，才能进一步用好文化符号的影响力。

（改编自《欧洲时报》“大英博物馆文创探秘”）

【案例分享】

主题乐园入口主题设计

外观和主题被认为与效果、感觉和氛围的创建有关。主题乐园在视觉效果的呈现方面至关重要，而主大街的风格更是重中之重。因为这是主题乐园中游客第一个经过的区域，在这里留下的印象将奠定一整天的情绪基调。那么，在主大街的外观主题设计中应该考虑哪些因素？

（1）标志性入口 / 大门。主大街和整个乐园的游客体验从入口处开始。从情感上讲，它有助于将游客从乐园外的现实环境带入乐园体验的梦幻主题环境之中。通过体验设计，入口大门可以一目了然表达主题乐园所承载的故事，奠定了游客未来所能够体验的园内场景期望。

（2）产生兴奋。无论是华丽的、梦幻的还是具有历史性的，入口区和主大街的设计都应该能够唤起游客的兴奋感。

（3）建立品质。这是游客第一个体验到的主题区，其品质尤其重要。材料和工艺将传达出游客在乐园里所期望的建造品质，因此应该仔细考虑材料的选择和细节，负面的第一印象会破坏随后的游客体验。

（4）创建宏大视角。经过入口，一个看向园区的深长视角，可以给游客留下深刻印象，但需要有一个可参照的标志物或焦点，以便在深长的视野内和即将展开的乐园体验中吸引游客。也可以通过非线性的街道布局来限制游客视线穿透，这样会更有趣，并且会让游客在主大街上驻足停留时感到惊奇。另一个重要节点位于主大街的尽头，这里是游客第一次真正领略乐园的巡游体验中心区，设计时要在游客面前创造一个令人惊叹的景色。一些乐园以标志性建筑或纪念性山峰为主要焦点，而另一些则展示能够激动人心的主题游乐设备。

体验的范畴与主题区息息相关，主街应具有较高的娱乐性，以吸引游客注意力，奠定一天的节日气氛，让他们忘记外面的世界。一个成功的开始将提升整个乐园一天内游客的沉浸感，这是提高游客满意度的关键。在主街体验设计中应考虑以下几点：

（1）建立主题和故事情节。设计的目标不是简单地把游客的身体带入乐园，而是从心理上和情感上将他们带入主题场景之中。主题乐园是一个建立在有趣的故事体验之上的幻想世界，主题是一切体验的开始。主题作为现实世界和旅游世界之间引导转换的桥梁，应挖掘深厚的地方文脉，更好地营造多层次梦幻感。主题化品质和沉浸感对于创建游客游园所期待的主题非常重要。感官体验被视为是增加娱乐价值的方式，包括刺激性的音乐、互动道具、灯光、音响效果和愉快的氛围，这些都有助于带来更多的身心体验。颜色、标志和其他细节也很重要，要巧妙引用乐园主题和人物，这有助于使乐园感觉像一个微缩世界。

（2）巡游主题背景。通过在主大街设置一部分巡游线路，高峰时可从设备乘骑项目分流一部分游客，从而减少热门游乐项目的等待时间。精心设计的巡游对游客来说非常具有娱乐性，利用主大街作为巡游场地，还可增加零售产品在游客面前的曝光率。巡游设在主大街区中便于有效运营，在乐园营业结束之时，主大街的巡游可以成为引导游客走向出口的有效工具。

（3）街头表演。娱乐大众并吸引其注意力，在乐园里为游客设定有趣且享受的氛围。街头表演可以在注入娱乐体验的同时却不妨碍游客流动。杂技演员、魔术师、小丑和各类音乐家的各类表演能让游客进入乐园的每时每刻被这些表演吸引，最终增加游客满意度。

成功的主题乐园从一条成功的主大街开始，这条街需要上述功能、外观、体验三个方面的结合。独具匠心地将优秀的体验式设计、强大的外观和卓越的功能结合在一起，是创造理想游客体验的关键部分，能够帮助游客创造与朋友和家人美好的回忆，而这也是一个深受喜爱和运营成功的乐园的关键。

（节选自 RVRJA 设计公司合伙人和设计总监 Bruce McMillen 的创意设计）

（三）感人故事

对今天的体验经济而言，工作就是戏剧。为了让我们所设计的体验引人注目，抓住并保持游客的注意力，体验设计就必须有一个戏剧性的结构，它会吸引人进入体验、投入其中，并得出感悟。我们生活在一个需要高度合作的信息时代，“说”比以往任何时候更能决定一切。而为了让我们“说”的内容深入人心，让听者产生情绪波动，进而消除戒备和抵触心理，所以有效的沟通和说服他人的工具就是“讲”故事。故事模型的进化如表 3–2 所示。

表 3–2 故事模型的进化

故事模型	具体操作要点	示例
1.0 版	自负：以自我为中心向外传播，盲目自信地夸夸其谈会从情感上疏远听众	35 年来，我们一直…… 我们在行业中排名第一
	权威：过分迷信数字和强调强大事实，越突显自己的专家角色，越容易忽视与听众的情感联系	罗列详细性能，口吐专业术语，却最终无任何回应
	虚伪：过度迎合听众，一切以听众为中心，最终丧失自我特色	年游客量突破 400 万人次的景区宣称自己很低碳环保
	吹嘘：高高在上、炫耀自我、忽悠听众，但听众的好奇心会一探故事背后的究竟，发现真相	我们是国内洞穴景区前三名，历史上李白曾经游过……
	诡计：过分玩弄幽默感，追求低级趣味	这里是戴安娜王妃车祸现场，当时……
2.0 版	确立故事核心价值观：从普世价值中选取真实性、英雄主义、自我意识的价值观	讲引发共鸣的真话、让听众扮演英雄、鼓励听众自我觉醒
	设计故事的核心元素：品牌英雄（将听众看作故事中的英雄，赋予其历险的权利）、品牌导师（品牌的人格化角色，启示人生智慧）、品牌礼物（故事中有与众不同的神奇宝藏）、故事寓意（外化或隐含，以人物、情节形式呈现）、品牌福祉（不仅实现自我，还要治愈和改善世界）	1.《哈利·波特和魔法石》开篇字幕“替英雄写一封信” 2. 导师原型有：先驱、首领、守护者、反叛者、魔法师等 3. 品牌礼物有：一对一行动（卖一张门票捐 1 元）、无形的（快乐）、有形的（实物手环）……
	生成一个有趣的故事：情节有趣、采用怪异“奇葩”吸引听众注意、借用熟悉信息拉近听众亲近感、用反规范方式引发更多共鸣	针对起源性、象征性、纪实性三类故事，选择塑造好“熟人”“骗子”“奇葩”三种角色

续表

故事模型	具体操作要点	示例
2.0 版	真实践行讲述的故事：不是空洞地大讲感人故事，要在企业的产品设计和实际经营中体现故事的精髓与价值观	修炼自我，做个有心人，故事要先感动自己，说到做到，才能真正感动听众

资料来源：根据海尔的《故事力》、乔纳·萨克斯的《故事模型 2.0》、凯文·艾伦的《故事思维：如何解读人心，说出动人故事》整理而成。

故事在沟通传播中的魔力被称为“故事力”，主要来自以下几点。

（1）故事是一切事物存在的根本：因为故事是真实世界的写照，是对人生的感悟和思考，是对过去的记录，也是对未来的启示；没有历史的国家，注定是一种失落和悲哀，没有故事的企业，注定是失败的企业。

（2）故事内容更容易被人们记忆：因为故事可以将抽象枯燥的道理形象化，从而给人留下深刻印象，故事所具有的趣味吸引力是其他任何陈述都难以比拟的。

（3）故事可以满足人的精神需求：人是情感动物，都喜欢表达或聆听。故事所包含的内容和某些人性化字眼，会唤起人们对过往美好的回忆，从而满足人们的精神需求——得到慰藉、获得灵感、寄托情感。

（4）故事传达人们对人生的渴望：人生由无数个故事组成，故事构成了我们真实的人生，还有一些故事，即使是虚构的，也反映出人们内心的愿望，传达出对另一种人生和美好生活的渴望，激励我们不断进取。

（5）好的故事往往具有蝴蝶效应：一个让人津津乐道的故事一旦产生，人们就会相互传颂，进而像长了翅膀一样被迅速广为传播，产生出不可估量的“蝴蝶效应”。

任何体验产品最终都会在消费者心目中浓缩为品牌符号，每个品牌都应该有自己的故事，故事记载着品牌的成长，是品牌经得起考验的见证，没有故事的品牌和没有故事的人一样，注定是一场悲哀。品牌能够完整诠释自己的理念，能感动人、让人与品牌产生情感共鸣。因为故事容易记忆、容易传播；故事贴近人性，更可以给予产品情感和生命力；个人思考空间，容易唤醒人内心的情绪，所以故事是树立体验品牌的最有力工具。

体验，就是品牌精神和消费者情感融合的过程，让旅游者体验置身于品牌故事中的经历和感悟，能够有效地刺激旅游者喜爱并重复消费。没有故事力的旅游体验就没有感染力。旅游者透过具有感染力的体验会形成感动力，故事力与感动力的结合可以为景区创造出更具生命力的消费力。

故事具有三要素：一是令人信服的世界观，二是栩栩如生的人物，三是引人入胜的情节。这本来是电影故事创作的三个基本要点，如今这已成为主题公园设计者要传达给游客的三个核心内容。

每一个旅游景区和品牌都应该是一个吸引人愿意体验下去的故事，而故事还要随着时间不断演进。用讲故事的方式可提高游客参与度，从而提升旅游品牌的知名度与可信度，一个成功的主题故事为旅游景区品牌快速成长提供了极大的想象空间，故事口碑比理性叙述更能打动消费者。品牌名称是一个故事，品牌起源也是一个故事，品牌的发展更是由无数个故事所组成的，消费者透过这些故事，不但可以加深对品牌的了解，同时也会对品牌产生情感，让品牌名称根植心中。

例如云南风景名胜区石林，是由奇石、溶洞、湖泊、瀑布组成的一处秀美地质奇观，享有“天下第一奇观”“地球天然迷宫”“喀斯特地貌博物馆”等盛誉，但人们最神往、不远千里寻找的只是其中的一座石“峰”，这座石峰形似一位穿着民族服装的美丽姑娘，这位“姑娘”身上投射着一个歌颂美丽、坚贞的传奇爱情故事，这个故事源于彝族撒尼人叙事长诗《阿诗玛》，但凡去过石林的游客向人说起这段旅行经历时，很少说“我去了天下第一奇观或是喀斯特地貌博物馆”，大多数人会说“我去了阿诗玛的故乡”。阿诗玛的故事千百年来历经民间口头传唱、影视传播，其艺术魅力随时间的推移而历久弥新。每年有大量游客为这个故事纷至沓来，随着口碑传播的不断扩大，云南石林景区的经济效益不断放大。

如世界著名品牌吉百利，曾创立了一个主题公园“吉百利世界”，其中有博物馆、餐厅、一部分的巧克力包装车间等，消费者还可以利用吉百利的“故事仓库”，全面了解巧克力和可可粉的由来以及吉百利公司发展史，同时能品尝各种各样的巧克力，甚至还可以亲手制作一款专属的巧克力，这些感官体验让该主题公园每年都有数十万游客前来体验游玩。

【案例分享】

“琥珀眼泪”赋予巧克力爱的奇迹

圣诞节来临，一家成立了三年的巧克力公司，因为同行业间的激烈竞争，面临倒闭的危机。在这样的节日里，公司总裁使出浑身解数，决心做最后一搏。

那一天，大街上人来人往，情侣们手牵着手，享受着节日的气氛。这家巧克力公司将包装精美的巧克力拿到大街上推销。半小时过后，600 多盒巧克力被抢购一空。一个小时后，订购电话就打爆了公司总部，那一天，公司总共收到了 500 多笔订单。这样的结果，连总裁自己都没有料想到。

原来，奥秘就在巧克力的名字和赋予这个名字的神奇故事。

这款源自比利时的巧克力取名为“琥珀眼泪”，据说在数千年前，一位饱含真爱的女神将一滴幸福的眼泪滴在刚刚流出来的热松脂上。千年的风吹日晒，将这颗淡黄色的外壳包裹着的无色液体，最终打造成了一颗眼泪状的坠子，并被一位探勘家捡到送给了他的孙女。

几年后，爱情降临在孙女的身上，他们共同的梦想是，等有钱了就开一家巧克力店。不过，正当两人高兴地规划着未来时，女孩却突然不辞而别。

两年后，他们共同认识的一个朋友，将一笔巨款交到男孩手里，说是女孩因患绝症，已经去世，临终前，她卖掉了那颗价值连城的坠子，希望成全他们共同的梦想，即便她知道自己永远看不到巧克力店开张的那一天。男孩寻遍天下，想找到那个买走琥珀坠子的人，却始终未能如愿。经过了一段颓废、失落的日子后，男孩决心开一家巧克力店，并将精心制作的巧克力取名为“琥珀眼泪”，以纪念他们永不磨灭的爱情。

听说这家巧克力店沾了那颗坠子的魔力，所有在这家店里买过巧克力且被店老板祝福过的人，都将获得美好的爱情。店老板三年前把巧克力店转让后，新老板重新装修了门面，也更换了店名。令人遗憾的是，从新老板接手这家店开始，生意每况愈下，直到今天面临破产。所以，新的店老板又将店名改回“琥珀的眼泪”，希望在巧克力店关门之前，将最好的祝福送给所有找到爱情和正在寻找爱情的人。

巧克力盒子上醒目地印着“琥珀的眼泪，爱情的奇遇，就在今天！”当人们好奇地围拢过去后，推销员动情地将这个故事讲给大家听，当时在场的所有人，听完故事后都为之动容，并立即抢购“琥珀眼泪”。从众心理促使更多人围拢过来，当他们听完故事，并不过问巧克力的口感与卡路里含量，只是被这样的故事感动，并梦想真爱降临在自己身上。故事赋予了商品魅力。一个令人感动的故事，让销量提升了百倍。

【体验观察】

让景观自己讲故事

加深感受体验的方法就是将故事融入景观中。迪士尼乐园中动物王国有个引领人们游览景园的“weenies”景点，游人们可穿过规划中的设计区域进入景区。

他们讲述的故事并非纯文学性的，而是将故事植入大多数景观中。比如当你走在迪士尼动物王国的一条小径上时，你会注意到在做成泥土样式的混凝土路面上的两串动物脚印。一串是小兔子的，一串是巨型猫科动物的。最后，脚印在一棵树下消失了。如果你再仔细观察的话，会发现那个肉食动物已抓住了那只兔子，在不远处的树洞里储存它的美食。

孩子们往往先看懂其中的故事并告诉给他们的父母。那些故事并不能让初次造访的游客注意到，故事会吸引游客继续游下去，迪士尼就是希望人们一次又一次重游，并且每次都能发现新的东西。

为带给游客另一层面的游览兴趣，景观设计中展示了许多虚拟的历史故事。动物王国中一个非洲小镇的设计，融入了一个沉到地面下的古城垣赝品。

在东京迪士尼海洋馆，某一地段的海堤感觉好像是在不同年代修建完成的，因为历史上的材料和技术工艺在不断变化着，丰富的变换效果让它看起来不会单调。

游客看到的每个小布景后面都有一个很长的故事。在幻想工程师开始设计一个主题公园或者一个主要景点前，他们会设定一系列要素。时间和地点的选择非常的重要，是将来的还是过去的？是真实的还是想象的？所有事件都要与故事联系在一起，不管是一株植物还是一个垃圾桶。故事角色的性格在主题园设计中举足轻重，如何为每个角色创建场景，同时让游人们也能够置身其中是一个成功故事的开始。

在湖北省紧邻武汉市长江之南的鄂州市，有一个水域面积达 1.27 万公顷的梁子湖，是全国十大名湖之一，也是湖北省第二大淡水湖，生态环境绝佳。但自 20 世纪 90 年代开发旅游业以来，一直不温不火，除了传统的湖光山色观光、鱼虾螃蟹湖鲜品尝、乡村旅游采摘，始终没有找到一个清晰的销售卖点的体验主题。通过对历史文化的考证，梁子湖原名“娘子湖”，因一位渔家姑娘的传奇故事而得名，而且很久以来，在岛上矶头都立有一处娘子携子痴情望夫归的雕像。经过深入论证，设计团队慎重建议：正式确立娘子传奇的故事主线，回避“梁子”①一词的消极负面联想，将梁子湖恢复原名“娘子湖”。围绕娘子爱情故事进行相关体验项目设计。例如在游客乘船登岛的体验互动环节中，男游客采用京剧拖腔打招呼“娘子～我来了～”；娘子扮相的服务人员回应“娘子在此有礼了～”，并启用新的主题广告：邂逅娘子，浪漫到家！

二、感知诱导（Perceptions Induce）

（一）五觉设计

实验心理学家特瑞特（Treichler）②曾做过两个著名的心理实验。实验一，是关于人类获取信息的来源。他通过大量的实验证实：人类获取的信息 83%

① “梁子”在民间俗语中有“麻烦”与“纠纷”之意，如“结下梁子”就意味着惹下麻烦。

② D G Treichler. Are you missing the boat in training aids? ［J］. Film and Audio-Visual Communication，1967，48（1）：14-16，28-30，48.

来自视觉，11%来自听觉。实验二，是关于知识保持即记忆持久性的实验。结果证实：人们一般通过阅读所得内容可记住10%，而通过交流所得内容可记住70%。所以旅游体验设计中要努力创造互动，以便使游客在体验中产生深刻的回忆。

另外，化学的（味觉、嗅觉）、物理的（触觉、听觉）和光学的（视觉）感觉之间可能会产生相互作用，即对一种感官的刺激会触发另一种感觉，这在心理学上被称为“联觉”现象。联觉（Synesthesia）又称通感，是一种感官刺激或认知途径会自发且非主动的引起另一种感知或认识。据统计，全世界每2000人中只有一人具有联觉能力，他们可以“看到声音”，或者可以“感觉”到色彩，或者“嗅”出形状。最常见的联觉是“色—听”联觉，即对色彩的感觉能引起相应的听觉，现代的“彩色音乐”就是这一原理的运用。

中国春秋时代，著名琴师俞伯牙精通音律、琴艺高超，毕生追求出神入化的琴艺。于是，伯牙的导师就带他乘船来到东海蓬莱岛，让他欣赏大自然美景，倾听大海波涛声。俞伯牙举目眺望，只见波浪汹涌，浪花激溅；海鸟翻飞，鸣声入耳；山林树木，郁郁葱葱，如入仙境一般。一种奇妙的感觉油然而生，耳边仿佛响起了大自然那和谐动听的天籁之音。他情不自禁地取琴弹奏，音随意转，把大自然的美妙融进了琴声，伯牙终于体验到一种前所未有的境界……学成归来的伯牙某夜乘船泛舟江上，面对清风明月，他思绪万千，于是又弹起琴来，琴声悠扬，渐入佳境。忽听岸上有人叫绝，伯牙闻声走出船来，只见一个樵夫站在岸边，伯牙心知此人应是知音，于是邀这位名叫钟子期的樵夫登舟，兴趣盎然地为他演奏。当伯牙弹起赞美高山的琴声时，樵夫便感叹道：“真雄伟啊！就像高耸入云的泰山！”而当伯牙弹奏起表现奔腾澎湃波涛的琴声时，樵夫又赞叹：“真美妙啊！宽广浩荡好像滚滚江水流淌！”伯牙兴奋激动地说：“知音！你真是我的知音啊！”《吕氏春秋》将这个故事记录下来，这就是今天“高山流水觅知音”的来历。伯牙鼓琴以声类形，而钟子期赏琴以形类声，这里便是“通感”的典型。联觉的人都有一个共同点，那就是具有混合视听（视觉与听觉）的能力。揭示这一现象的“超联结理论”将会为自闭症的研究、心理治疗也打开一扇大门，若应用于旅游业，将为虚拟现实技术开辟一个新领域。

在旅游体验设计中如何正确地为顾客营造独特感觉体验？在设计构想前，

设计师应该从游客的体验进行换位、深度思考以下三个问题：

（1）游客会如何体验我们的旅游产品？一个完整的旅游体验要尽可能地为游客提供“视觉、听觉、嗅觉、味觉、触觉”五方面的整体体验，如何留下强烈的感受？游客接触每一种感觉都会引发内心不同的感受和情绪。

（2）旅游产品满足了游客的何种内心需求？例如，餐饮提供给消费者的不仅仅是果腹和味觉，背后还可能隐含着对地方餐饮文化、人际互动仪式以及猎奇的需要。

（3）游客的消费场景，画面感是怎样的？这项旅游体验的当时场景是怎样的？游客感受细节的描述，当时的画面感、仪式感、震撼感是种怎样的？如果是为了体现文化，餐厅在场景营造上就要突出文化主题，富有当地特色，展现一种独一无二的画面感，即使游客离开后也念念不忘。细节也许惊艳不了岁月，却可以温暖时光。

1. 视觉体验设计——画面感

视觉设计对一个旅游景区至关重要，它关注的是景观，满足的是游客的观赏、审美、好奇的需求，对应的是“观光旅游”，俗称有“看头”。

“看”要有视觉焦点，旅游目的地要有天然或人造的标志性景观吸引物，例如天下第一的黄山、“天下第一水”九寨沟，令人叹为观止的鸟巢国家体育场等。

“看”还要有画面感，一方面要发现壮观的自然美，例如麻城龟峰山漫山遍野的杜鹃花海，更是以“人间四月天，麻城看杜鹃”叫响全国。另一方面还要努力人为放大美的事物，形成美的场景，例如将紫色薰衣草和马鞭草连片种植成紫霞漫天的浪漫花海。

“看”还要向夜晚延伸，打造夜色美，上演实景演艺秀，点燃激情，留住游客。近年来众多旅游目的地城市推出的夜色经济就是最好的例证，如重庆的洪崖洞、西安大唐芙蓉园的“大唐夜宴”。

【观点借鉴】

中国园林造园艺术的视觉美

中国古典园林艺术是人类文明的重要遗产，是举世公认的世界园林艺术之奇观，其造园手法被西方国家所推崇和模仿。中国造园艺术充满“虽由人作，宛自天开”的审美旨趣，以追求天人合一境界为最高目标。其文化内蕴是中国五千年文化史和华夏民族内在精神品格的生动写照，依然是我们今天旅游体验设计（尤其是视觉景观设计）需要传承的精髓……

园林造景犹如撰文画画，有法而无定式。同一景色画家可用不同笔法表现之，摄影师可从不同角度拍摄之，同一园林也可用不同构思设计。江南庭园千变万化，各有其妙，故园林造景有独特的立意，正如《文心雕龙》所言“立意是驭文之首术，谋篇之大端……”，故立意决定了园林造景品位之高下。每个庭园造景时，不可忽视动观和静观的景色，通常狭小的庭园应以静观为主、动观为辅。遵循“小中见大”的原理，创造出“有限中见无限”的美景，更重视障景、框景、借景等手法的应用。在相对较大的园林中，应以动观为主、静观为辅，更应注重空间的分割，通过对景、夹景、添景等各种形式，造成或开朗、或收敛、或幽深、或明畅的空间，使景色更为丰富。在现代的园林造景中，研究植物高低、色彩、质感等配置，组成优美的焦点景观，将会是更为重要的课题。

中国造园艺术手法

设计手法	设计要点	经典案例
对景	就是在布局的安排中，观赏景物的视线或风景线引申到的终点，要有一定的景物作为观赏对象	苏州怡园的藕香榭向北望，隔池是假山林丛，山上一个亭，即“小沧浪”点缀其间，形成以自然为主的景观
分景	将景观分为若干区，使其各具特色，发挥对比、变化的作用，称为分景	颐和园的长廊将一片风景隔成两个，一边是广大湖山，一边是亭台楼阁
障景	一步一景，移步换景。采用布局层次和构筑木石遮障、分隔景物，使人不能一览无余。将美景收于其后，达到欲扬先抑的景观效果	奥运村南北四个大门的障景分别用彩陶文化、青铜文化、漆文化、玉文化的叠水影壁
框景	空间景物不尽可观，利用门、窗、树、洞等抱合而成的景框，有选择地摄取空间美景，使外部景观通过特定视线廊道进入内空间，达到内外景致相互交融，使人产生绘画般赏心悦目的艺术效果	杜甫诗句“窗含西岭千秋雪，门泊东吴万里船”是框景效应的最佳写照
漏景	从框景发展而来，框景景观更全观，漏景则若隐若现，更含蓄雅致	苏州园林廊墙上镶嵌着不同形状的漏窗，走在廊道上透过漏窗观看园中的风景

续表

设计手法	设计要点	经典案例
借景	指的是造园者有意识地将园外风景引入到园内来，并与园内景象相叠加，看上去好像是园内景观的一部分但又不在园内，所“借”之景与园内景观相辅相成，构成一种错觉美	如颐和园昆明湖远借西山、玉泉山，拙政园远借北寺塔等

国内知名的海外定制旅游专业机构“无二之旅”所推出的捷克、奥地利、瑞士三国 16 日旅游，专门为游客设计了一场在捷克首都布拉格老城图书馆的体验，布拉格市立图书馆内最吸引人的是进门的图书塔，这是一个很有趣的艺术装置，据说是数千本书搭起来的，圆形的柱体中间掏空，从外面看装置非常不起眼，但把脑袋伸进去便发现大有乾坤，利用镜子反射的原理，上下各布置一面镜子，于是从里面往上往下看就形成了一种无限循环的感觉，拍出震撼而又神奇的照片来（见图 3–3），宛若遨游在图书的海洋中！

图 3–3　捷克布拉格老城图书馆内的图书塔与游客奇妙拍摄体验

【体验观察】

残花飘零，巧用亦美景

空忙每误踏青时，今剩残红一两枝。
满腹芳菲吟不得，奈何只作落花诗。

人生是座丰茂而热烈的城，关着一围蔷薇般绽放的记忆，人生是一场不能回头的梦，梦里梦外，繁花落满地。其实人生就是一朵花开的时间，就是那些时常追忆的光影转换。

五月的一天，狂风肆虐，暴雨倾盆。一夜过来，景区花径上无数春花被无情打落，枝上花儿盛开，地上花瓣四落，一地残红，却别有韵味，这其实是难得一见的美景，会唤起游人内心怜香惜玉之感。在一些景区，风雨过后，四处飘落的花瓣，被有心的经营者特意原样保留，成为园区别有体验韵味的一道风景。

这不由让人联想到词人李清照的那首著名的词“昨夜雨疏风骤，浓睡不消残酒。试问卷帘人，却道海棠依旧。知否，知否？应是绿肥红瘦。”

只要你用心去发现美，并以热爱生活的心去创造设计，无处不是美景。

世界上最美的风景，不过是最初不为人知的心动！

【案例分享】

三潭印月——天才苏轼的绝妙设计

北宋大文豪苏轼曾主政杭州，他在主持疏浚西湖之后，为了直观显示湖泥再度淤积的情况，特在堤外湖水的三个最深处设立了三座瓶形石塔以示标记。苏轼作为一位才情绝世的大学士，在修建石塔时增添了趣味化的设计，特将石塔腹中凿空，球面体上排列着五个等距离圆洞，若在月明之夜，圆洞口糊上薄纸，塔中点燃烛光，圆洞形倒映湖面，呈现许多恍若月光的灯影，营造出十分迷人的西湖夜景，故得名“三潭印月”。

最具有仪式感的活动是，每逢中秋之夜皓月当空之时，便命仆人乘船到达三个塔，并在每个塔内点上蜡烛，洞口蒙上薄纸，烛光外透，呈现出“天上月一轮，湖中影成三”的意境。而每个石塔有五个洞，而三个石塔总共可映印出十五个月和影，加上还有天上一个，倒影一个，最后一个则是游人的心中月。如此一来，便形成了“湖中有深潭，明月印水渊，石塔来相照，一十八月圆”的奇异景致。

正因为十八个月亮这一奇景只有在月朗天青的中秋之夜才能观赏到，故令人充满期待。中秋月明之夜，泛舟西湖上，领略“烟笼寒水月笼纱”的美景成了游人最惬意的一大乐事。那一刻，灯光从塔中透出，宛如一轮轮明月，倒影在湖中。皓月当空时，湖面上塔影、云影、月影交融一体，月光、灯光和湖光交相辉映，月影、塔影、云影相互映衬，宛若一幅“一湖金水欲溶秋”的山水写意画，让人沉醉流连。此时的空中月、水中月、塔中月与赏月人的心中月相辉映，令人神思遥飞，一向为天下游客所心仪。这独具匠心与体验设计感的“三潭印月”由此声名远播，被誉为千年西湖的“第一绝景”。

【案例分享】

旅游景区视觉的类电影设计

打开朋友圈或微博，大家经常会看到朋友们第一时间分享的旅游照，互联网时代，照片已经成为游客重要的视觉传播方式，并直接影响着景区的口碑。当游客遇到强烈视觉冲击力的景点或者景观时，兴奋点大大增加，对该空间的视觉体验需求也大大加强，从而延长了在景区停留的时间。

拍照场地的设计会创造出游客不同的视觉感和体验感，设计应提高拍照情景地的异质性，从而在大环境中突出该空间，创造能吸引游客驻足的景物或者兴趣点和拍照的欲望。在实际游览过程中，旅游拍照体验场地设计还应该全面考虑游客在游览过程中与场地空间可能产生的心理互动关系。

景观空间的营造是拍照体验空间场地设计的基础。一般来说，景观空间由底界面、竖界面、顶界面三个部分共同构成，其中底界面是指游客接触最为密切的一种界面，有承载人们活动、划分空间领域和强化视觉效果等作用，如硬质界面、软质界面、水面等；竖界面构成十分丰富，也是拍照体验的核心点，包括构筑物、设施、植物等；顶界面的构成分成两种形式，一种为室内，如建筑围合顶面，一种为室外，如蓝天，顶界面具有不确定性。不同类型的景区，拍照体验空间的设计也不同，如三亚南海观音的景观空间由水面、观音、蓝天共同构成。对于较大体量的标志性吸引物，如北京的天安门、黄山的迎客松、桂林的漓江、西藏的布达拉宫等空间，应注重周边场景与核心吸引物的组合关系，形成核心吸引点与周围场景相得益彰的拍照体验；对于自身极具特色的景观节点，如特色景观、艺术作品等，则可以凸显核心吸引物创新性的景观表现，形成独具特色的拍摄效果。

旅游拍照体验空间场地的舒适性是满足游客不同层次需求的基本保障。首先需要考虑景点与游客视线的关系，这种关系取决于视线距离和物体高度之比（D/H），一般来说 D/H 大体在 1∶3 之间，游客视线设计取垂直视角 18°，水平视角 36°。作为普通观光时，这个角度是视觉开始涣散的界线，这种距离会使游客去注意到与周边物体的关系。当视角为 45° 时，注意力会相对集中，这时候游客容易观察到周边景物的细部。当视角为 30° 时候，游客容易看到景物立面的细部。当视角为 14° 时，游客倾向将景物看成突出于整体背景中的轮廓线。如桂林漓江，由于山高水阔，所以拍照体验设计时也导向距离相对开阔的位置，以便能拍出山水的磅礴气势。

其次需要考虑游客心理及行为，游客拍照体验行为具有个体性与公共性的双重特性。场地的空间尺度由游客的人际距离决定，美国心理学家霍尔提出的“人际距离”根据人际关系的密切程度、行为特征可划分为：亲密距离、个人距离、社交距离、公共距离。因此，拍照体验空间场地设计一般考虑以

45~120 厘米为宜，并结合景区资源等级再确定拍照体验空间大小的合理性。如黄山专门为游客建设了百处摄影点，不仅设置了专门的拍照体验景观平台，还进行了旅游基础设施的完善和环境整治，从而保证了场地空间安全性和心理舒适性。

国内旅游规划设计的领先者——奇创旅游规划公司，在 2014 年提出了“电影视觉化的景区设计观”，其基本观点如下图所示：

奇创认为可借助电影叙事的启发，将旅游景区的空间设计理解成为一种“空间蒙太奇”。蒙太奇的本意为电影创作过程中的剪辑组合，借助“空间蒙太奇”理念，在景区体验空间设计中通过时间和空间的变换，为游客的体验进行调整和重构。由此提出了景区规划设计的三个转变：从空间结构转变为叙事结构；从现实时间转向体验时间；从场地设计转向场景设计。

顺序 并叙 倒叙			暂停 场面 压缩 省略
情节化 戏剧冲突 感染力 氛围营造			场景设计图

并且在景区设计实践中，奇创围绕围绕游客的拍照点选址与设计提出：要运用爆品思维，考虑拍照点及可能形成营销力强的吸引。

融合在旅游产品设计全过程的营销卖点设计

主题　吸引物　节点　场景　小品　接触点　……

N个拍照点（九图营销论）　**1~2 个营销爆点**

在具体的规划实施上，奇创总结出“时间设计、主题设计、故事线设计、情绪节奏设计、游线设计、分镜头设计、卡口设计、拍照指数设计”八种设计手法，例如拍照指数设计（Camera index design）：景观空间可以由底界面、竖界面、顶界面三个部分共同构成，不同类型的景区，景区空间构成不同，拍照体验空间的设计也不同，如北京天安门，由广场（底界面）、天安门城楼（竖界面）、蓝天（顶界面）共同构成，天安门城楼里面则由硬质建筑体围合而成。再如三亚南海观音是由水面、观音、蓝天共同构成。

整个场地设计时需要从游客视线、景物与游客的距离、拍照焦距等因素出发，综合判断能够满足拍照体验的基本条件。最终实现让游客“能拍照，拍好照”！

（根据奇创旅游规划公司相关专题研究整理）

【观点借鉴】

色彩的伪相

最初，你是因为那片闪烁在你眼前的灰色和白色而不能自持，因为你把灰色和白色的组合当作了智慧与圣洁。那灰色与白色实在像一面招摇的旗帜，居然引诱你走到了绝境：你失去了身之所在，你忘记了心之所往。

这一路，仿佛在艰难地攀爬一处峭壁，而一旦你侥幸登顶，你一定会失去退路的；一旦你不得不再继续前行，前面一定是一处漫长的夹缝；而如果你要耿直地通过，夹缝的侧壁立刻会长出芒刺来，修理你那可怜的倔强。

于是你发现，你在沉浸于世俗社会的同时，告别了无欲的天堂。苹果，毒蛇，天堂，炼狱，朱颜，银发，红袖，白裙……它们纠缠到了一起，使你开始区别不出真实的色彩和存在，而又似乎感受到被一种混合体所包裹。

而在你的前面，在那缝隙当中偶尔透露的星星点点的白光的周围，真的是蓝天吗？还有那为你所看不到却能够想象的，在那蓝天底下，真会有被大雨冲刷过的青青草原吗？你能坚持爬到那片纯洁的青草丛中，去亲吻泥土的褐色以及它所散发的温馨吗？

其实，当你蛇行在幽暗的崖隙之间，你是再也无法辨别色彩的真相了。你唯一的希望，就是企求在瞬间幻化为青鸟，能腾飞而去，直入虚无的天空。

（引自谢彦君《枯叶集》第 168 页）

2. 听觉体验设计——声临其景

我国古代就有诸多诗篇与文化典籍体现了声景，例如《诗经》中就有很多有关声景的诗篇，《谷风》一诗中，“习习谷风，以阴以雨”；还有直接以动物的声音命名的诗篇，如《鹿鸣》《燕燕》《鹤鸣》等。中国古典园林也具有十分独特的声景，在“天人合一”的哲学思想下，古人运用乐曲、诗画等元素，将声音自然地融入园林景观中，并最终形成“物我同一”“情境交融”的意境。中国古典园林具有独特的创造声环境的理念、原则和方法，营造了大量以声美著称的景观，如杭州西湖十景中的“南屏晚钟”“柳浪闻莺”“曲院风荷”，还有苏州拙政园的留听阁、听雨轩、松风亭。这些至今都令人流连忘返，浮想联翩。

芬兰地理学家 Granoe 最早用“Soundscape”一词来描写以听者为中心的声环境，认为 Soundscape 泛指一个地区内声音的总体情况。加拿大音乐学家 Schafer 在国际上开创了声景生态学（Acoustic Ecology）研究领域，强调声景是“the music of the word”。Schafer 提出声景景观的概念是一个广义的、音乐主导、环境保护指向的概念。在 *Handbook for Acoustic Ecology* 和国际标准化组织（ISO）的定义中，声景是“个体或社会所感知和理解的声环境”。与声景设计相关的理论主要包括：①环境心理学理论。环境心理学的研究是人的心理和行为与环境之间的互动关系。声音是环境中的声音，特定环境中的声音会影响听者对声环境的感知和体验。②旅游体验理论。旅游体验是多感官的联合，旅游者借助眼、耳、口、鼻等器官与外部世界进行交流和互动，获得体验感受。③景观生态学理论。景观生态学是地理学和生态学的交叉学科，用生态学的原理与系统的方法，研究景观的空间结构、景观动力学、景观异质性原理。

（1）声景观的要素与特征。秦佑国[①] 定义了声景观的三个组成要素：声

① 秦佑国 . 声景学的范畴［J］. 建筑学报，2005（1）：45–46.

音、听者和环境（见图 3–4）。

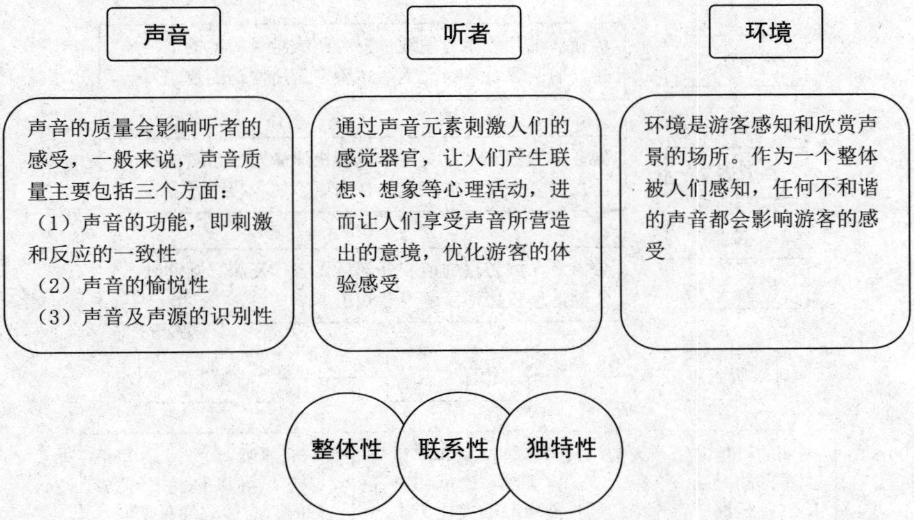

声音	听者	环境
声音的质量会影响听者的感受，一般来说，声音质量主要包括三个方面： （1）声音的功能，即刺激和反应的一致性 （2）声音的愉悦性 （3）声音及声源的识别性	通过声音元素刺激人们的感觉器官，让人们产生联想、想象等心理活动，进而让人们享受声音所营造出的意境，优化游客的体验感受	环境是游客感知和欣赏声景的场所。作为一个整体被人们感知，任何不和谐的声音都会影响游客的感受

整体性　联系性　独特性

图 3–4　声景观的组成

（2）声景的体验层次。美学家李泽厚将审美感受分为三个层次：悦耳悦目—悦心悦意—悦志悦神。悦耳悦目是审美的基本层次；悦心悦意是审美的更高层次，美感的愉悦可以通过耳目直达内心；悦志悦神是审美的最高境界。基于李泽厚的审美三层次理论，可将旅游者的声景体验也分为三个层面（见图 3–5）。

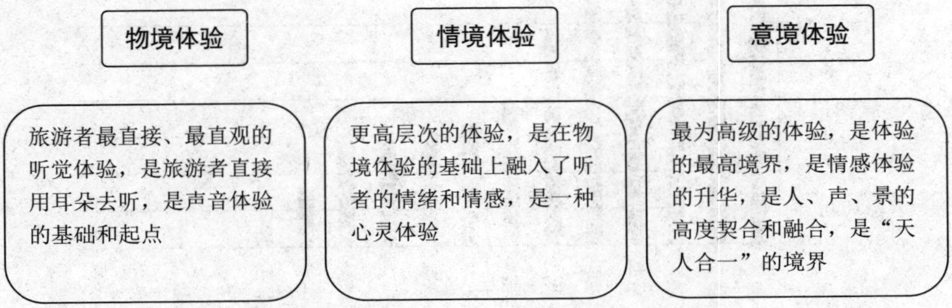

物境体验	情境体验	意境体验
旅游者最直接、最直观的听觉体验，是旅游者直接用耳朵去听，是声音体验的基础和起点	更高层次的体验，是在物境体验的基础上融入了听者的情绪和情感，是一种心灵体验	最为高级的体验，是体验的最高境界，是情感体验的升华，是人、声、景的高度契合和融合，是“天人合一”的境界

图 3–5　声景体验层次

（3）声景体验的实现路径，如图 3-6 所示。

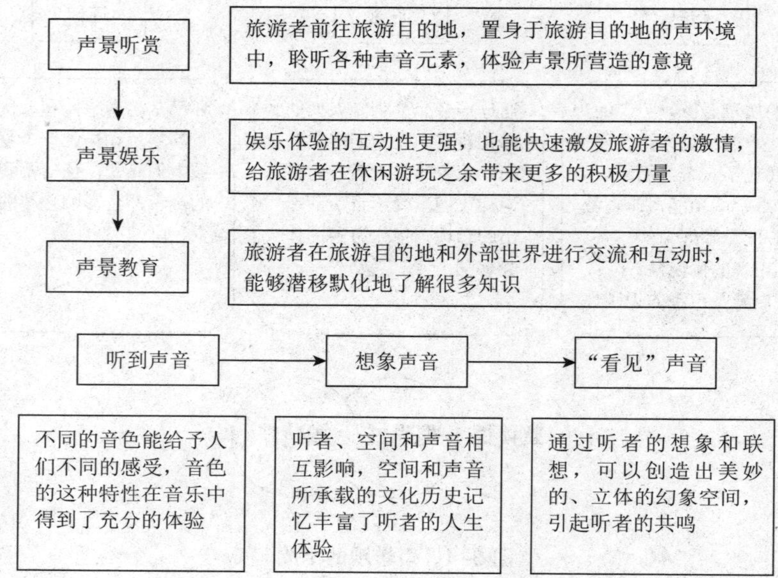

图 3-6　声景体验实现路径

（4）游客对声景体验的期望，如图 3-7、图 3-8 所示。

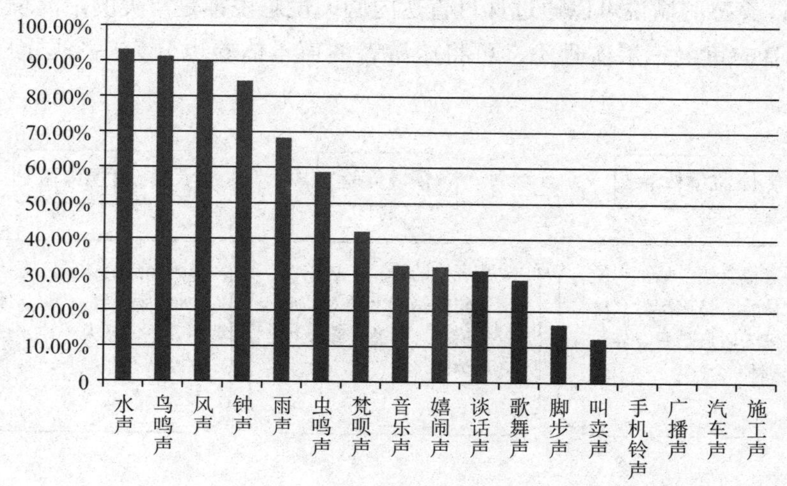

图 3-7　游客喜欢听到的声音元素

100%
90%
80%
70%
60%
50%
40%
30%
20%
10%
0
水声
鸟鸣声
风声
钟声
雨声
虫鸣声
梵呗声
音乐声
嬉闹声
谈话声
歌舞声
脚步声
叫卖声
手机铃声
广播声
汽车声
施工声

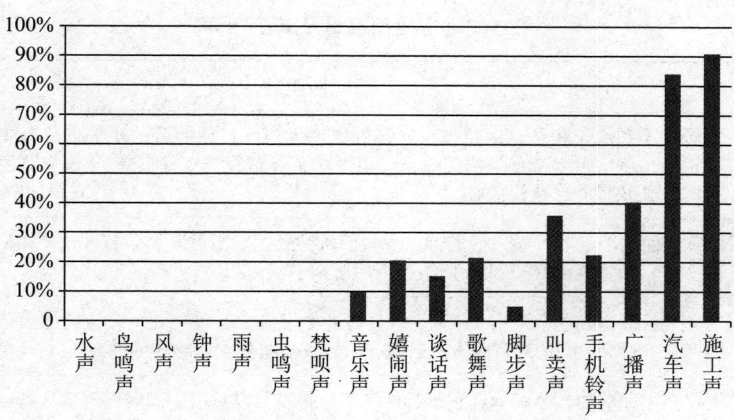

图 3-8　游客讨厌听到的声音元素

（5）声景设计方法。声景的营造强调的是听者、环境和声音三者和谐统一，打造体验空间是实现声音体验的路径。声景的营造方法一般包括正设计、零设计和负设计三种设计方法（见图 3-9）。

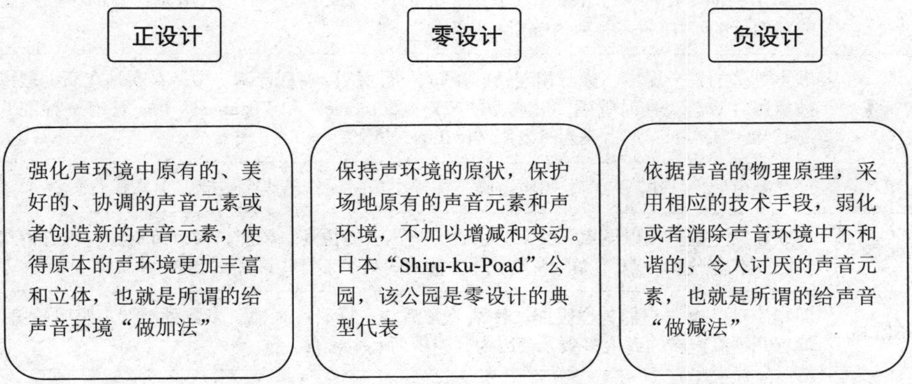

正设计
零设计
负设计
强化声环境中原有的、美好的、协调的声音元素或者创造新的声音元素，使得原本的声环境更加丰富和立体，也就是所谓的给声音环境“做加法”
保持声环境的原状，保护场地原有的声音元素和声环境，不加以增减和变动。日本“Shiru-ku-Poad”公园，该公园是零设计的典型代表
依据声音的物理原理，采用相应的技术手段，弱化或者消除声音环境中不和谐的、令人讨厌的声音元素，也就是所谓的给声音“做减法”

图 3-9　声景设计方法

目前在各地开发赏花游的过程中，开始引入鸟鸣声，以营造真实的鸟语花香的生态化体验氛围，以下是可供旅游体验设计参考的主要观赏鸟的鸣叫声（见表 3-3）。

表 3–3　主要观赏鸟及其鸣叫声

鸟名	鸣叫声
布谷鸟	体形大小和鸽子相仿，但较细长，飞行急速无声。芒种前后，几乎昼夜都能听到它那洪亮的叫声，叫声特点是四声一度：类似“布谷布谷，布谷布谷”“快快割麦！快快割麦！”“快快播谷！快快播谷！”
鹦鹉	以其美丽的羽毛、善学人语的特点为人们所钟爱。它们可以学会各种技艺如衔小旗、接食，“鹦鹉学舌”的趣事为人们茶余饭后增添了谈资和笑料
百灵鸟	“鸟中歌手”是对其歌声的最高赞誉。百灵不仅能学其他鸟儿声音，还能模仿一些动物的声音。百灵洪亮的声音可直达云霄，很远就能听到它们婉转的歌声
夜莺	主要在夜间歌唱，显著地区别于其他鸟类，雄夜莺以擅唱的歌喉而著称，音域之宽连人类歌唱家也羡慕不已。夜莺鸣叫声高亢明亮、婉转动听，近来科学家还发现，夜莺在城市里或近城区叫声更加响亮，这是为了盖过市区的噪声
画眉	公认的叫声好听，它的声音婉转动听，声线洪亮，还能模仿其他鸟的叫声，甚至还会学习人类话语，模仿猫咪声音和狗吠。因画眉叫声类似“如意如意”，故画眉又寓意吉祥如意
金丝雀	羽毛清爽洁净，修长的身躯配上略高的双腿，十分匀称。雄鸟声音连续不断、悠扬动听、高昂优美，雌鸟则鸣声单调，幼鸟还可模仿百灵鸟和画眉鸟鸣声。“罗娜种”的鸣声为紧密的“JiJi——JiJi——”“Ju……Ju……”“Jie、Ju……”；“山东种”的鸣叫声为响亮曲折的“JiJi……”和“JiaJia……”
黄雀	歌声更多的是金属声、颤音相混杂的旋律，同时缀以喘息音调。雄鸟喜欢站在高处缓慢鼓翼或在炫耀飞翔时鸣唱。最典型的叫声是“toolee”和“tsuu–ee”声，还有一种纯的“tet”或“tet–tet”声；飞翔时发出“twillit”的颤音
翠鸟	翠鸟颜色鲜艳、小巧玲珑、叫声清脆，捕捉小鱼时动作迅速、敏捷，十分惹人喜爱
黄鹂	喜欢在树上栖息，以昆虫、浆果为主食，鸣声洪亮悦耳、清脆，富有节奏感。古有诗句“独怜幽草涧边生，上有黄鹂深树鸣”，黄鹂的叫声带有些许忧伤之感
绣眼鸟	即相思鸟，也称它们为白眼圈。性情非常活跃，群居性很强。多数种类低声叽叽喳喳，但有几种高声转鸣，大多数人会因为其叫声而心生喜欢
云雀	和麻雀非常相似，雄性云雀和雌性云雀相貌难以分辨。云雀拥有一项其他鸟儿很难做到的技能，就是在飞行中歌唱，一边飞行一边歌唱，云雀歌声还十分嘹亮动听，具有较高的辨识度
柳莺	是我国数量最多的小型鸟类之一，体型比麻雀还要小。性情活跃，喜欢在树枝间嬉玩，鸣叫时常拉长声音，伴随着清脆的歌声，给人一种非常愉悦的感受。喜欢清晨出现，柳莺的鸣唱是柔细清脆的“吱吱”声从头上传来，树林中柳莺的歌声已成为公园的主背景音乐

（6）声景设计经典案例。

扬州个园风音洞

在墙上开十多个的洞，当风吹过时，就能像笛子等吹奏乐器一样发出声响。让文人雅士浮想联翩。此处使用了借声的手法，给人寒风凛冽的视觉联想。

苏州听枫馆

以风声为主要声景来源，设计师把院子围合后，再植上若干的枫树，令风不仅只有风吹过的声音，还有吹过枫叶清脆的声音，再搭配上围合院子的声音反射，声景的层次就十分丰富了。听枫馆使用了补声和掩盖两种手法：围合院子令风更容易传播，数棵枫树的声音便能产生枫树林的效果，这便是补声；用叶声和围合墙壁掩盖住外面车水马龙，降低噪声，即掩盖。

传统日式园林

日式园林讲究小而精、幽静，他们还把声景用具与禅意联系在一起，形成了一套完整的体系。让园林与声景相辅相成。日本园林常用的声景器具是惊鹿与水琴窟。兼具借、反衬手法的器具，用清脆又带回音的声音令人联想到禅意，为借；时不时的一声打破园中寂静，此乃反衬。

国外旅游中的一个重要项目就是参观大教堂，最著名的有巴黎圣母院、西班牙圣家族大教堂和德国科隆大教堂等，如果运气好的话，游客会正好赶上教堂鸣钟的时刻，这个时刻会给人留下极为深刻的印象。以捷克首都布加勒斯特的泰恩教堂为例，首先，教堂的天文钟就很有来头，它分上下两层，上层一年转一周，下层一天转一周，每到整点都会出现骷髅拉钟、圣徒现身、雄鸡鸣叫等各种报时。每天中午12点整，十二尊耶稣门徒会从钟旁依次现身，六个向左转，六个向右转，随着雄鸡的高声啼叫，窗子关闭，洪亮的报时钟声响起。这个复杂而又奇妙的自鸣钟，是15世纪中叶由一位工匠用简单的手工工具精心建造，自鸣钟至今走时准确，成了吸引世界各地游客前来观赏的一件珍品。而且据说为了确保此钟的绝世，建造此钟的工匠还被刺瞎了双眼。这一个传说残忍而血腥，钟声背后的故事让世人在对它啧啧称奇的同时，又不免对创造绝世之美流露出唏嘘与无奈。

【案例分享】

马蜂窝打造“电梯声音实验”

2019年7月，马蜂窝旅游网启动了一项新奇的听觉体验实验，对北京金融街写字楼的一座电梯进行创意化改造，并放上一部可爱的电话。

拿起电话，可以听到来自全世界的声音：冰岛坚冰融化的流水声、欧洲古老教堂的钟声、内蒙古广袤草原的风声、大溪地冲刷沙滩的海浪声……

这场关于声音的实验，是马蜂窝耗时3个月，邀请全中国的50位旅行者，从世界各地收集而成的。被精选出的上百组声音，随机播放给接电话的人，让忙碌于工作与生活的上班族，在乘电梯的闲暇片刻享受远方大自然的慰藉。

（节选自搜狐 New Media Lab）

【体验观察】

令人心动的迎宾欢迎语

呀诺达雨林文化旅游区位于海南省保亭黎族苗族自治县，是海南岛五大热带雨林精品的浓缩，堪称中国钻石级雨林景区。景区以展现原生态的热带雨林景观为核心，融汇生肖文化、雨林图腾、民俗风情于一体。

在每一位游客抵达景区之初，穿着绚丽热带风情服装的景区工作人员都会热情地微笑迎上来，大声喊出“呀~诺~达”，同时做出“非常6加1”的手势。尽管初到此处的外地游客一时并不明白“呀~诺~达”的含义，但还是被这独特的热情欢迎语给感染到。后经导游讲解才明白，原来“呀诺达”本是象声词，在海南黎族方言中表示“一、二、三”。模仿著名度假胜地夏威夷采用当地土著语言“Aloha”作为旅游欢迎语的做法，“呀诺达”也成了首个三亚景区欢迎语。同时景区还赋予它新的内涵，“呀”表示创新，“诺”表示承诺，“达”表示践行，同时“呀诺达”又被意为欢迎、你好，表示友好和祝福。

于是乎，外地游客很快就爱上了这独特的欢迎语，大家随时随地“呀诺达”起来……景区一看这情形，马上又升级开发了新的服务用语，而且还将其用到一处新开发景点的命名上，这就是“哇哎噜”观海平台。“哇哎噜”在黎族方言中就是“我爱你”之意，现在“哇哎噜”又成了最受青年人喜爱的流行语。

3. 嗅觉体验设计——专属嗅觉

嗅觉是一种需要由两套感觉系统参与的知觉，即嗅神经系统和鼻三叉神经系统，嗅觉和味觉整合和互相作用。嗅觉是一种远感，是通过长距离感受化学刺激的感觉。相比之下，味觉是一种近感。

对于同一种气味物质的嗅觉敏感度，不同人具有很大的区别，有的人甚至缺乏一般人所具有的嗅觉能力，通常称之为嗅盲。就是同一个人，嗅觉敏锐度在不同情况下也有很大的变化。如某些疾病，感冒、鼻炎都可以降低嗅觉的敏感度。环境中的温度、湿嗅觉柱度和气压等的明显变化，也都对嗅觉的敏感度有很大的影响。与其他感官相比，嗅觉在记忆中扮演着尤为重要的角色。因为鼻子中的香味接受组织与大脑负责管理记忆和情感的部分直接联系。美好的嗅觉体验可以给人带来愉悦的心情，嗅觉记忆是更加持久和触动人心的记忆。

嗅觉不像其他感觉那么容易分类，在说明嗅觉时，还是用产生气味的东西来命名，如玫瑰花香、肉香、腐臭等（见图 3–10）。在几种不同的气味混合同时作用于嗅觉感受器时，可以产生不同情况，一种是产生新气味，一种是代替或掩蔽另一种气味，也可能产生气味中和，完全不引起嗅觉。

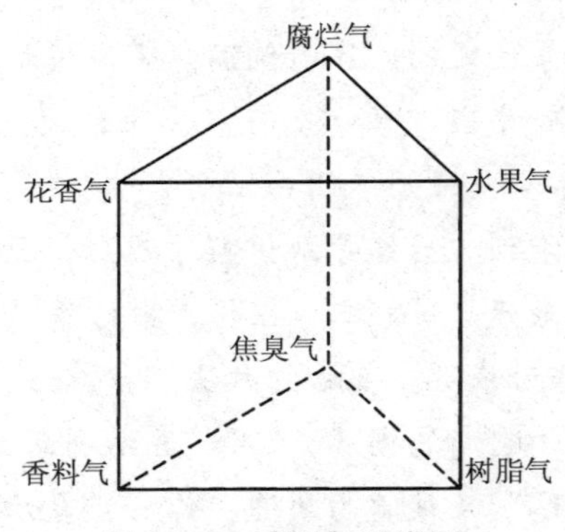

图 3–10　嗅觉气味类型

总之在体验设计中，嗅觉是较为难以控制的，但总体上来看，人们的嗅觉乐于接受花的芳香，因为它能够使人产生美好的联想。目前，在旅游体验设计中可把赏花与闻香、观鸟与鸟语相结合，共同构建鸟语花香、花香四溢之极致体验。

香味的类型大致可分为花香型、东方型、自然型三种香味，再依其不同香味可再分为 8 个种类。主要观赏花卉的花语及香型如表 3–4 所示。

（1）Chypre 自然果香：桃、洋梨等水果的香味中加上青苔香。除神秘感之外，另有雅致的香甜，适合成熟女性使用。

（2）自然野兽花香：青苔的香味中带有花香及动物性麝香所组合而成的香味。拥有个性及性感的高贵格调的香味。

（3）自然清新香：以青苔的香味为基础调再加上佛手柑等柑橘类及西洋梨

等香味而成。具有清爽、温柔、稳重的香味。为自然古典的格调，故男性也可使用。

（4）自然花香：花香与自然香微妙调和而成，在稳重中带有香甜，融合了成熟与华丽，使用范围相当广泛。

（5）自然绿草香：以浓厚青苔香为基础，再加上青草、树木的香所调和而成。青苔与草香营造出成熟清爽的气息。

（6）Floral：花香清新，温柔清凉、不太甜的香味。主要使用铃兰、风信子、柑橘花等，再加上佛手柑的场合也很多。

（7）花香酒精：花香与酒精加合成香料而成。在花香系列中是最有深度且最受欢迎。由于具有成熟的印象，故适合于穿严谨服装时使用。

（8）花香绿草香：花香中掺杂绿草的香味。一般称为绿草系列，具有温柔的都市风情。

表 3–4　主要观赏花卉的花语及香型

花卉	花语	花之香味
菊花	清净高洁、吉祥长寿、悼念追思	清新淡雅，清香中带有一丝冷香，沁人心脾，闻之若一条芳香飘逸的丝带袅袅而起，萦绕周身，饱满而不浓烈，清幽而不陌然
百合花	纯洁和永远幸福，因其“百年好合”的美好寓意，故成为表达爱情永远幸福的最好使者	馨香馥郁，近闻芬芳扑鼻，远闻丝丝沁甜，置于室内，清甜的香气便会钻进房间的角角落落，给人们的生活带来甜蜜
梅花	凌霜斗雪、迎春开放，象征着高洁、坚强、傲骨，民间常把它当作传春报喜的吉祥象征	香味别具神韵、清逸幽雅，被历代文人墨客称为暗香，让人难以捕捉却又时时沁人肺腑、催人欲醉。探梅时节，徜徉在花丛之中，犹如浸身香海，通体蕴香
桃花	爱情的俘虏、大展宏图以及桃李满天下	水蜜桃香气扑鼻，甜美多汁，然而能结果实的桃花在香味上却较为低调，清雅淡香，并不浓郁
茉莉	忠贞、尊敬、清纯。一般作为友谊之花，它代表尊敬与友好，成为一种热情好客的象征	茉莉花性寒、味香淡，芬芳可使人心情舒畅，理气解郁。古人称茉莉花为“人间第一香”，香型独特，是植物源性天然香料，至今尚无人工合成香料可完全替代
栀子花	永恒的爱与约定。栀子花从冬天开始孕育花苞，直到夏天才绽放，给人感觉是等待爱的开始	浓郁芳香，似奶油香气，但不甜腻，栀子花香常让人想起栀子花开的校园毕业季，香气袅袅婷婷，若即若离，带有些许伤感

续表

花卉	花语	花之香味
稻花	稻花寓意着孕育、丰产和成熟	朴质内敛，悄悄蓄积并传递淡淡的香味；稻花香又极富穿透力，弥漫在大片扬穗的稻田，汇聚成甜糯、透着成熟和丰收气息的馨香
薰衣草	等待爱情、心心相印、浪漫。薰衣草颜色大都是紫色，极具浪漫色彩，同时紫色给人的感觉是神秘和忧郁，所以它的花语也被赋予了忧郁的色彩	淡淡清香，忧郁但并不幽怨，具有缓解神经、怡情养性、促进睡眠的神奇功效。薰衣草干花香气可持续数年。置身花田会不知不觉地被它特殊的香气所吸引，故薰衣草有“香草之后”之称。当年薰衣草许愿瓶风靡一时，主题曲《花香》更是一代人的青春记忆
杏花	娇羞、疑惑、少女的爱慕。杏花春天开放，从艳红花苞到绽放后粉白花瓣，如少女饱含娇羞与纯情	初闻有一点淡淡的香，味道很清新，杏花在刚开放时，颜色很艳丽，味道不是特别浓郁，而到了后期颜色变淡以后，香味就会变得更加沁人心脾
薄荷	薄荷花语有两种。表现在爱情上，花语是希望你能够再次爱上我，我愿和你白头偕老；表现在品德上，它的花语是有德之人	薄荷香气清凉宜人，沁人心脾，独具芬芳，犹如夏天森林中的小溪，犹如空谷中清脆悦耳的铃音，犹如冰镇后的西瓜，令人神清气爽、清爽从每个毛孔渗进肌肤
兰花	高洁、高雅、美好、贤德、淡泊。代表着女子气质如兰、蕙质兰心，男子温文尔雅、淡泊名利，且象征着深厚的手足情和爱国情怀，代表着高雅的品质	清雅、纯正、袭远、持久，号称“香祖”“王者之香”。兰香一不定时，二不定量，三不定向，像“幽灵”一样飘忽不定，故称“幽香”，“兰香不可近闻”，妙在若有若无，似近忽远之间。据报道，许多花香都可以合成，兰香却难以仿效
玫瑰	红玫瑰：我爱你、热恋；粉玫瑰：初恋、暧昧；白玫瑰：纯洁；黄玫瑰：为爱道歉、高贵；蓝色玫瑰：奇迹	玫瑰香味是清雅迷荡的甜香，空灵而柔雅的绽放着柔美的气息，还有爱情的香气。用玫瑰花提炼出的香精比黄金还贵
荷花	清白、高尚而谦虚，高风亮节，代表坚贞、纯洁、无邪、清正的品质。低调中显出高雅，荷花是花中品德高尚之花	是一种淡淡的清香，需要靠近才能闻到，这种很奇妙的香味，初闻可能不习惯，但习惯以后会觉得格外馨香，香远益清，可远观而不可亵玩焉
桂花	崇高、吉祥、收获、永伴佳人。桂枝寓意为“出类拔萃之人物”及“仕途”	香味十分浓郁，像奶油、像蜂蜜，让人闻了就想尝，香飘十里，走进桂花树，香味便扑面而来，沁人心脾，芳香中带有一丝甜意，久闻不厌，让人魂牵梦萦

续表

花卉	花语	花之香味
梨花	纯真的爱、分离。梨花凝脂欲滴，妩媚多姿，是柔的化身，但“梨”与“离”同音，故有离别之意	虽有洁白柔美的外表，惹人心怜，但其气味方面却颇具争议，梨花气味并不浓烈，需靠近细闻，有人觉得梨花淡雅清幽，但有人却觉得略腥臭，不愿靠近
月季	花语寓意丰富，其中较常用的有“幸福、光荣”以及“等待有希望的希望”	①大马士革古典香味是一种浓烈的令人感觉芳醇的甜香；②茶香是最为常见的一种主流月季香型；③水果香具有苹果、杏、甜橙等多种不同水果香味或混合香味；④辛辣香像丁香一般辛辣，既强烈又温暖；⑤药香型有点类似茴香的味道
蔷薇	爱情和爱的思念，男女间相互赠送时代表着美好的初恋	甜香馥郁的花香，凑近会闻到芬芳味四散弥漫，全身被花香环绕。常被用于甜食、制成香料，北欧制作香肠时会用到
山茶	谦让高洁、理想的爱、谨慎小心和可爱美丽	有的香味比较浓烈，而有的淡雅。例如烈香，又叫千里香、香妃，香味浓郁；香太阳香味类似苹果香。很多品种的香味都类似茶花香，故因此得名
牡丹	幸福圆满、富贵吉祥、高洁端庄、雍容华贵，被拥戴为百花之王	不同颜色的牡丹香气各有不同，大部分牡丹有香气，红、白色牡丹清香，紫色牡丹浓香，粉色牡丹幽香，部分牡丹还有一股淡淡的草药香气
杜鹃	杜鹃花的花语是永远属于你、爱的快乐。杜鹃花表达爱情能显得清新脱俗给人惊喜感，两情相悦的爱才能快乐	多数室内培育的杜鹃花没有香味，但生长在大自然中的野杜鹃，也被称为“映山红”，却具有一丝丝酸酸甜甜的香味，像新鲜的小青柑散发出的香味
芍药	依依惜别，难舍难分。古时男女交往，以芍药相赠，表达结情之约或惜别之情，故又称“将离草”	芍药香味淡雅，有缕缕药香，不张扬、不跋扈，静静地等待着人们细品
水仙	吉祥、团聚、尊敬，也有思念、向往爱情之意。在春节时开放也象征一种团圆与相聚之意，十分美好	香味非常浓郁，有一点点像茉莉，远处闻还有点甜香，接近时闻稍微有点刺鼻。每当水仙花香气四溢时，令人赏心悦目怡情，但花香会令人头晕
紫罗兰	永恒的爱与美、永远忠诚和夏之清凉。爱情寓意源于希腊神话，因其花期在四五月，故有清凉之意	香气芬芳，香味甘而甜，如甘草，花香逼人，起初虽属野生植物，但园丁特别喜欢把它种在窗台下，主要是希望借由紫罗兰，把芬芳的香气带进屋子里

续表

花卉	花语	花之香味
含笑	花语是高洁美丽、含蓄矜持。在开花时也是似笑不语的状态，端庄矜持	因其花香浓郁易散发，古有“含笑偷不得”一说。有浓浓的果香，像香蕉、苹果，抑或是菠萝，含笑的香味由多种香气混杂而成
油菜花	油菜花花语是加油鼓励。春天时开放，一片金黄，给人带来鼓舞	花香浓郁，天然的油菜花粉是甜的，当油菜花开时金黄一片，空气中弥漫的气味如同刚刚折断的柳枝一般清新

【体验观察】

五月槐花香

最难忘怀的还是五月的槐花香。每年五月，当白花花的槐花铺满青山，那无孔不入的甘甜的清香，飘满了山里的世界。坐落在半山腰的小村，被密密实实的槐树一层一层包裹着，有了仙境般的感觉。一朵朵洁白的晶莹剔透的薄如蝉翼的花朵被绛紫色的花萼缀成一串串，像一只只轻巧的蝴蝶，随风摇曳，翩翩起舞。槐花也是我所见过的花中，最慷慨、最大方抑或是最奢侈的花了。每到花开时节，仿佛满世界都被它塞得满满的，真是树有多大，花丛就有多大，山有多高，花丛就有多高。最特别的还是槐花的香，除了那独特的甜甜腻腻的清香味道外，用山里人的话讲，槐花的香气是打绺儿的，就是当你走在路上还未看到槐花的时候，便会有一波一波幽幽的香气，丝丝缕缕地透过你的鼻腔，再慢慢沁入心脾。这时的你不由自主地被槐花的香气深深陶醉。深深地吸一口槐花那沁人心脾的香，满心都生发出一种温馨又甜蜜的快意。

（摘自散文“又是五月槐花香”）

花开初夏，五月飘香，漫山槐花激情绽放，于是，国内一批具有丰富槐花种植优势，且具有先知先觉开发意识的地区纷纷办起了槐花旅游节，例如山东淄博618槐花节、山东东营黄河三角洲湿地槐花节、西安长安区虎峪槐花节、黄石铁山区铁山槐花节、徐州马陵山槐花节……吸引了无数的游客闻香而至、纷至沓来。这些景区也在致力于将自己打造成最有“味道”的特色景区。

国际知名品牌伊丽莎白雅顿为推出 pretty 香水，决定采用体验营销展示香水之魅力。选择在百货商圈主体 50 层办公大楼用电梯电视媒体上播放 30 秒广告，并在暗处加装固定喷香器，每一位乘坐电梯的上班族每天都能闻几分钟的香水味，记忆深刻。国外很多时尚杂志总隐隐约约从广告夹页散发出一股清香，其实这夹页就是各种名牌香水的“秘密武器”，广告制作商们利用经过特殊处理的香味纸张，使读者在不知不觉中将特定香味与品牌建立联想。

【案例分享】

HiU 海南航空专属香型嗅觉体验

经过长时间飞行，客舱内气压不断变化，空气干燥，使人疲乏，此时如果有大自然的清香幽幽飘来，是否会令旅客愉悦一些？海航为提升旅客的客舱体验，于 2017 年 9 月起在国际、国内部分航线以及自营头等舱休息室推出清新宜人的“云端·品香”香氛产品。海南航空旨在为旅客提供一个更加舒适的乘机旅行环境，通过营造芬芳清新的环境，以独特的“味道”彰显独特的魅力，让旅客记住海南航空的专属香味。

此次，海航联合澳洲知名精油香氛专业公司 Air Aroma 研发了海航定制香型香氛系列产品，并结合自身品牌形象将此香氛系列产品命名为“HiU”。据了解，海航本次一共推出四种香氛产品，其中两种为机上使用的水溶剂喷雾精油，另外两种为贵宾室使用的精油及其配套的扩香设备。除了专门用来消除机上烤餐异味的不带香味的精油外，其余产品均使用清新自然的番石榴、黄瓜香型作为海航专属的气味。

这种清爽的气味体现了东方人儒雅、内敛的性格特征，能为旅客创造一个舒适惬意的旅行环境，并且避免了传统的花香给人嗅觉上造成的审美疲劳。同时此香氛具有清新净化机上空气的作用，在美好嗅觉体验的同时给旅客一个健康的公共机舱环境。

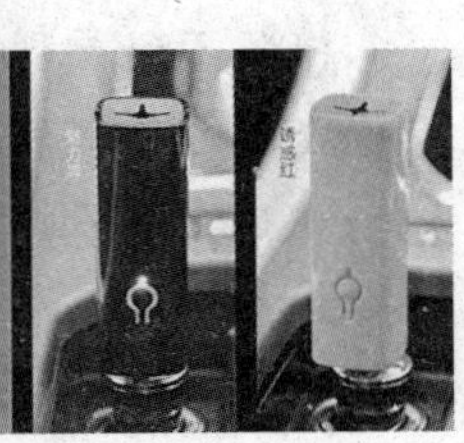

海航选用的香氛产品是精心挑选的适合在航空器内使用的水溶剂精油产品，有良好的去除异味并长时间持香的效果。海航推出此产品意在让“呼吸的愉悦”成为公司品牌的一个新的呈现点，通过对旅客“嗅觉”体验的极致追求，发掘和展现东方之美。

· 香氛喷雾（HiU 香型）：海航专属香氛喷雾，为机上营造清新的环境，为旅客提供愉悦的嗅觉体验。

· 香氛挂牌（HiU 香型）：海航专属香氛挂牌，悬挂在机上洗手间内，改善洗手间内环境，持续保持优质嗅觉感受。

· 香氛机器（HiU 香型）：自动释放香气的香氛机器产品，内装 HiU 香型香珠盒。

其实，旅途中嗅觉能给予我们意想不到的无意识记忆。经常旅行的朋友也许每次落地欧洲和美国时，都能隐约觉察到两地候机楼的味道不同。包括有时候美国很多车里的芳香剂也能让你潜意识知道这是在美国。或许哪天不知道本身飞的是哪儿，但落地时鼻子一闻就知道是美国还是欧洲。

海航此次量身打造的专属香型避免了传统花香带来的“嗅觉”疲劳，香气更加清爽沁透，层次更丰富，旅客们在不同的服务节点都能感受到海航始终如一的嗅觉体验。不经意间闻到自己的熟悉香氛，正是海航带给旅客更贴心的呼吸感受。打造海南航空独特的空地一体的嗅觉环境，旅客可追随海南航空专属香味的脚步，贯穿于地面至空中，开启完美嗅觉体验之旅。

（根据相关文献整理）

【案例分享】

令人沉醉的芳香园林

宁静芬芳入梦来，微风许你满园香，水晶帘动微风起，满架蔷薇一院香。

植物不仅呈现了景观视觉美，同时也带来独特的嗅觉享受。芳香植物是具有香气和可供提取芳香油的栽培植物和野生植物的总称。芳香植物给人心旷神怡的感觉，具有药用价值，且具有深刻的花语寓意，近年来越来越多地进入我们的生活。芳香植物功能主要体现在以下方面。

（1）美化环境：芳香植物挥发的芳香醇、苯甲醇、香茅醇等成分不仅具有杀菌、消毒、抗氧化的作用，还可以杀死或抑制大量有害微生物。如紫茉莉可以抑制结核菌、痢疾杆菌等。

（2）美容或食用：目前市场上常见护肤品中，绝大部分是以芳香植物为原料的，如迷迭香可以祛除皱纹，增强皮肤弹性。此外，芳香植物也是制作食材的优良佐料。如以玫瑰花瓣为原料制成玫瑰鲜花饼，以牡丹花瓣做成月饼等。

（3）驱虫或引虫：芳香植物所散发的气味，能够有效地驱除蚊虫。如碰碰香、驱蚊草、孔雀草、侧柏等植物，具有较好的驱蚊效果。还有些芳香植物花瓣散发出来的香气，能够吸引蝴蝶、蜜蜂等昆虫进行采蜜、授粉。

（4）康养保健：近年来兴起的园艺疗法（Horticultural Therapy）源于英国，核心是利用园艺来治疗。广义的园艺疗法包括芳香疗法、色彩疗法、景观疗法、植物五行疗法、森林浴、光疗、氧疗和声疗等，可适用于不同年龄、背景、能力的人及各种身体状况和心理状况的人。园艺疗法利用植物栽植与园艺操作活动从社会、教育、心理以及身体感受等方面，可以有效地调整和更新人的精气神。芳香植物不仅能改善人的生理、心理机制，而且能增强人的免疫力，同时还能消除人的疲劳感，提高人的记忆力。古人用百里香、薰衣草和荆芥等做成的香枕，对治疗失眠、抑郁有很好的功效，菊花可以缓解人的牙痛和头疼。

芳香植物在旅游体验设计上的应用可划分以下类型。

（1）专类园：以芳香植物为主体，山石、水体、建筑等园林小品为辅的园林要素搭配，既将人们的视觉和嗅觉感官有机地融合在一起，又丰富了植物的景观层次。该类植物的选取准则为花艳、果香、枝美、叶奇等，同时注重乔、灌、草的有机结合，层次分明。例如，法国普罗斯旺的薰衣草庄园、中国洛阳王城公园的牡丹园。

（2）夜花园：“夜花园”为旅游目的地生活添加别样情趣。夜花园以其宁静致远、香气宜人同时富有情调的审美取向广为大众所追捧。在夜花园里生长的植物应当是仅在夜间开放的芳香植物，如昙花、夜来香、待宵草以及在夜晚清晰可见的花朵种类如栀子花、白丁花等，一些明亮度大、可见性强并且驱虫效果明显的白色系和黄色系花朵是夜花园的首选。夜晚光线不足时植物的芳香可以给人提供嗅觉享受。该类场所宜选用花香清甜、花朵大，且具有驱蚊杀虫功效的黄色或白色花系。例如白玉兰、含笑、栀子、晚香玉、玉簪等。

（3）芳香绿地保健：芳香植物不仅可以丰富景观绿地，还能够净化空气、杀菌，提高人的免疫力。如樟树的香气可以缓解人体疼痛和风湿病；松柏的香气可以防治结核病等。该类植物主要应用于植物园、综合性公园、专类园、森林公园、疗养院等机构，如樟树、松柏等。芳香植物可以服务于一些特殊的康养旅游人群。如为盲人建造的芳香专类园，不仅可以让盲人通过自己的触觉、嗅觉沉醉于花香的世界，还可以使他们认知植物、预防疾病。例如，上海辰山植物园、英国特朗科威尔花园。

（4）造园艺术与意境之美：我国的古典园林追求自然式的配置。在造景艺术的发展历程中，芳香植物具有较高的观赏价值，并逐步形成了具有鲜明特点的意境主题。例如，杭州西湖的曲院风荷、苏州留园的闻木樨香轩、北京密云的紫海香堤芳香园。

（5）室内栽培：室内的密闭性利于香味的保持，宜选用耐阴性好、香气清香、浓度适中的植物。将其应用于接待大厅、办公室、客房、康养等场所，既增添了室内美景，又有益人们身心健康。例如，柠檬、柑橘、米兰、茉莉、菊花。

（6）生态观光园：芳香植物为主题打造的观光园，往往可以成为旅游目的地的特色名片。缤纷的花朵随风摇曳，浓郁的花香沁人心扉，充分调动人们的视觉和嗅觉作用，实现了观光与保健的完美结合。例如，浙江湖州千亩生态玫瑰园。

（根据相关文献整理）

4. 触觉体验设计——温度质感

弗雷德里克·萨克斯（Frederic Sax）在《科学》一书中写道:“触摸是第一个点燃，但又是最后一个着火的感觉。”通过触摸，人们获得的感觉不仅仅只有冷、热、痛和压力等，而是这些刺激信号传递到大脑后，通过联想、记忆所引起的一连串的心理感觉，它比语言和情感交流要强烈得多，触感刺激越多，用户体验越真实。

芬兰神经学家 Matti Bergstrom 指出，人类指尖神经末梢密度非常大，其敏感度与眼睛类似。如果年轻时不使用手指，人类就有可能变成“指盲”，手指神经就会退化，最终使大脑受损，并影响人体的成长。更糟糕的是，盲人只是看不到物体，而指盲却是不能感受到物体内在的意义和价值。

触觉学领域是目前发展最快的心理学领域之一，但也是用户体验中研究较少的领域之一。相关研究表明，身体姿势能够塑造人的思维。与信心相关的姿势（如推开某人）要远远大于与怀疑相关的姿势（如双手抱胸）对思维的影响。

随着人类日常交互对象从键盘、鼠标转变为手机、汽车娱乐系统及其他物品，许多有形的实体正从我们周围消失，取而代之的是以数字形式呈现。在数字世界，许多新功能得到优化，而在现实世界却无法实现，比如地图、日历、笔记本、笔、音乐播放器、计算器和指南针等。随着实体形式的消失，与真实物体交互才能获得的感受与体验也在从我们身边逐渐消失。

我们周围的环境、我们的行为以及我们所接触的事物，有助于我们更强烈和更有意义地感知所处的场景。Paul Dourish 在 *Where the Action Is* 一书中写道:“对于人类来说，意义的来源并不是抽象的、理想化的实体的集合，而是能够在现实世界中找到的。世界充满了意义，它的意义在于能够向我们展示自己的行为方式。只有通过这些行为以及世界赋予我们行为的可能性，我们才能在物质和社会表现形式中找到这个世界，而这是有意义的。”

身体感觉行为可以在任务之间构建更强的联系，这可能是为什么身临其境的旅游业快速发展的原因，尽管虚拟现实能够带我们神游万里，但真实游览于山水之间感觉会更好。动觉交流就是将身体语言作为交流方式，它包括谈话中所有的身体动作，它传达了很多有关个人性格和情绪等的信息。触觉属于非常重要的动觉交流。第一次抱孩子，拥抱一个许久未见的朋友，感受手机在口袋中振动，这些感觉非常真实。触觉体验能够传达更真实有用的信息：提示对错、提示发生与否、吸引注意力等（见表3–5）。

表 3–5 触觉的分类

触觉类型	释义及分类	应用实例
生理触觉	也称直接触觉，是微机械刺激及皮肤浅层感受器官而引起的，包括压感、冷暖感、粗滑感、干湿感和软硬感五种	木材相对温和、粗糙，视觉上呈黄色
心理触觉	也称间接触觉，不是直接作用于人的身体与物体之间，而是视觉和触觉共同作用。感知的同时还有注意、记忆、情感及思维活动参与	金属触觉光滑冰冷，视觉上呈灰色

为了构建一个能为我们传达恰当信息的触觉体验，需要理解人类是如何诠释触觉模式的。

触觉是物理隐喻，物理隐喻本质上是一个人如何解读一个物理交互的语义。这些隐喻是通过反复学习获得的，它们通常是听觉隐喻的镜像。物理振动本身会发出声音，我们的大脑试图通过比较我们的经验来理解这些模式。

为了通过触觉体验来建立物理隐喻，我们可以利用锐度和强度的相互作用向用户传达信息。锐度意指刺激的刚度或硬度。冲动越强，用户越能清晰地感受到它。刺激越弱，刺激之间的差异就越细微，用户就越难察觉其模式。提高锐度，以传达重要的语义反馈，例如操作时正确地打开旋钮，喷出一股冷气。降低锐度，以传达轻微反馈，获得连续的体验，例如在开卡丁车时脚踩油门踏板时的感觉。旅游设计中的触觉体验如表3–6所示。

表 3–6 旅游设计中的触觉体验

触觉体验	释义及分类应用
主动体验	是人们根据自己的意愿主动地、有目的地对景观进行体验，这种体验方式也称为自主性体验或积极性体验
	1. 足部触觉体验：行走在景观中，人们会在地面铺装材料交界处稍作逗留，用脚主动踩踏和滑动感受不同材料的变化。足部的触觉行为主要包括踩踏、滑动、用脚尖触碰等方式，踩踏是人们正常行走的方式，滑动和用脚尖触碰是人们对地面安全性的试探行为。在滨水景观设计中，通过水和石材的软硬对比，塑造了流水台阶、穿越式喷泉、触碰式喷泉三种足部亲水形式。近年来，景区中的鹅卵石小径，为游客提供了一种一边游览、一边足底按摩的享受

续表

触觉体验	释义及分类应用
主动体验	2. 手部触觉体验：人们通过手指触碰可探索未知的世界，手指触摸也强化了景观环境的真实感。手部在景观中的触觉行为主要包括用指尖触碰物体表面，用拇指和食指紧握物体，用拇指、食指和中指紧握物体，用手指和手掌靠拢使大部分手的内表面与物体接触，整个手掌内表面与物体接触，手掌平伸并伴随着手部与表面之间的滑动或相对位移六种形式。在广场上，构筑表面静静流溢的水面、广场尽头人工的溪流和低矮的喷泉，每每能引起行人触摸的欲望
	3. 身体触觉体验：伴随着姿势变化，身体与景观的接触面发生变化，从而引起不同的触觉体验。身体触觉体验包括静坐、倚靠、躺卧、趴抱等姿势。静坐的设施包括座椅、踏步、花池和挡土墙等；倚靠支持物包括亭廊、建筑实体、座椅靠背、树木等，躺卧是人体最舒适、最放松的姿势，支持物主要是草坪、斜坡和可供躺卧的设施等；趴抱主要发生在人们与球形或光滑的景观物接触时，是人与硬质景观亲密的接触
被动体验	是人们受外在不可抗条件的限制对景观进行的体验，这种体验方式也称为接受性体验或消极性体验。外在环境条件包括光照、温度、风速和湿度，在适宜的环境中，参与活动的人群往往较多，更愿意逗留

【案例分享】

有硬度感和震动感的矿山体验游

黄石国家矿山公园是中国第一家国家矿山公园，所依托的大冶铁矿矿冶历史悠久，自孙权在此练兵铸剑、大兴炉冶以来，迄今已有将近1800年的历史。这里见证了汉冶萍钢，也见证了近代工业开采气势恢宏的场面，而1958年伟人毛泽东的亲临视察更是将大冶铁矿推向了现代工业发展的新高度……

在4A级景区提升中，设计团队重点提出了以毛主席这一强大IP为主线、以体验为导向的设计思路。创意了一批具有有硬度和触觉的矿山体验游产品和衍生文创品：

（1）仿照毛主席视察矿山雕塑中手握铁矿石的形象，开发“铁矿山石复制品”，让游客人手一块有质感的仿铁矿石（文创品），在主席塑像前合影；建一标志性垂直观景台，与毛主席塑像同高度，让游客能够实地体验伟人的高度与视角与普通人有何不同。

（2）利用矿山丰富的铁矿原材料，打造一批具有矿山特色的铁质系列文创品，例如铁拐李的铁拐杖，握着沉甸甸，走路稳当当！

（3）鉴于目前矿山采矿生产与旅游经营同步的现状，由于每天15：00矿井深处低当量爆破，其引起的震感类似三级地震，由此开发矿山特色住宿体验项目——“住下来，到黄石震一震”。结合矿山爆破这一线索创意设计炸药库主题酒吧、性感炸弹主题酒店（其实没有任何真实的爆炸物）。

（4）铁匠铺打铁体验：让游客在挥汗如雨中感受“钢铁是怎样炼成的”，临走还可带上一件自己亲手打造的铁艺。

（5）补铁补血系列食品：由于植物与矿物共生原因，铁矿山周边槐花十分繁茂，开发槐花系列食品（酱、蜜），推出补铁强身健体餐饮。

（6）景区特色交通：矿山车作为矿山公园的主要交通工具，往来于各景点之间……通过以上系列设计与深度开发，最终将铁矿要变成旅游体验与消费的金矿！

【体验观察】

撸猫引发的体验经济

近年来，撸猫似乎成了一种行为时尚，Christopher Hitchens 曾说：“狗的主人会发现，若你为狗提供食品、水、住处和关爱，它们会把你看成天主；然而猫的主人会发现，若你为猫提供食品、水、住处和关爱，它们会以为本身就是天主。”没错，猫咪就是如此傲娇又个性的小生灵，越撸越爽，这是喵星人利用了自己的“婴儿图式”触发了人类的怜幼之心[①]，因为猫的五官长相与人类幼年时期的相似度非常高，甚至在人工智能应用初期，谷歌工程师在对猫脸图片识别系统测试时，发现人脸与猫脸的相似度达到了80%。就因为猫脸长得和小孩儿脸相似度极高，这在很大程度上刺激了人大脑中的多巴胺分泌，导致人类在毫无意识的情况下对猫产生了极强烈的保护欲（女性尤为突出）！显然，有小胖体的猫受欢迎程度更高，肉嘟嘟撸着爽、手感棒！撸猫一族追求的就是那种有柔软度、温度、有情感互动的手感触觉上的“爽”！

① 奥地利人种学家康德拉·洛伦兹把它称作“怜幼触发特质”，也就是说，那些外表特种与人类婴儿约相似的动物，会让我们不受控制地释放出荷尔蒙，忍不住想去照顾它们。

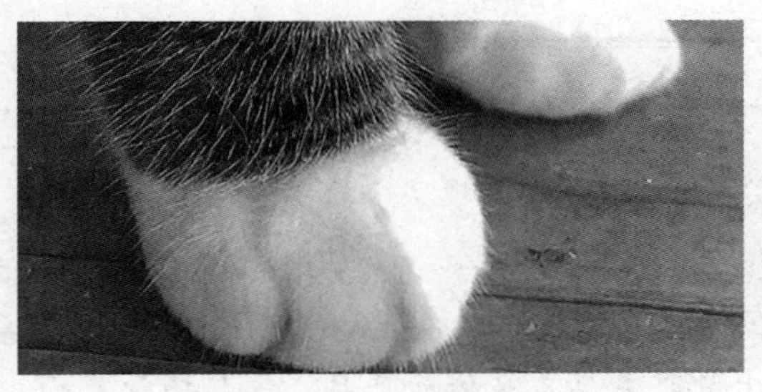

猫的“婴儿图式”

回家能摸一摸、抱一抱本身的猫，真是一件超治愈的事情。于是各种猫咪主题咖啡馆和餐厅应运而生，而且很快都成了超治愈系网红店。全民吸猫的时代正在到来，近年来“猫咪经济”在国内迅速发展。2019年星巴克咖啡连锁专门以猫爪为原型开发了一款猫爪杯，首发第一天就有人通宵排队，甚至为抢购大打出手……猫爪杯简直成了引发夺宝战的“圣杯”。

优雅又美丽、灵动又文艺、亲和又傲娇，猫咪是艺术家、设计师群体等的喜爱动物形象，关键是受众群体广泛，还没有任何代言费。因此众多互联网公司和游戏企业最爱选择喵星人来作为设计主题和传播载体。从故宫到小咖啡馆，从故宫猫到猫爪杯，为迎合年轻消费者，猫IP成为品牌传播、衍生品开发、场景消费的最佳代言。故宫猫、观复猫、大英博物馆的贝斯特猫神，都通过文创衍生品开发走上了“猫生巅峰”；猫主题咖啡馆、休闲吧、民宿，无不吸引着大批爱猫人士前去打卡……猫的体验经济时代已悄悄来临。

（改编自搜狐“产业观察”）

【体验观察】

虚拟现实中什么才是真实的体验?

MR（混合现实）、VR（虚拟现实）和AR（增强现实）可能是我们的未来，这些技术更强调人类行为、心理学和人体工程学原理，是一种进步，它们给予我们的体验是真实的，而不仅仅是在屏幕上观察。它们不会将你从真实（或虚拟）环境隔离出来，让你坐在椅子上紧盯着屏幕来体验产品。你与场景互动，沉浸其中，并时刻感受到其中的乐趣。所有这些技术，都是为了让你有所体验。不管它们是否真实，你都会把它们当成你的体验经历。

另一个好处就是它们可以移动你的身体，比如用虚拟屏幕取代真实屏幕，它们可以让你在任何地方从事你的工作，即使是在运动中。不管你是用虚拟画笔进行3D会话，还是移动俄罗斯方块，你都是在使用手指、手腕和身体动作，最终技术适应你。为了创造出多感官体验，最好可以开发一些触觉、听觉甚至嗅觉方面的设计。

目前，在虚拟现实中的人机互动操作方式主要有：(1）经典的原始控制器。它们给你一种存在感，就像拿着一只鼠标一样。它是一个实在的物体，有一个控制交互点。它是由两只手控制的两个控制器，你的手和十指仍未被完全使用。(2）触感手套。它能够让你感受到VR中的物体，传感器将触感转换成震动，从而使你能够感知苹果的形状或体验到下雨的感受，甚至能感受到虚拟弓箭的发射。

很显然，这些感受与真实还是有所不同。但是作为虚拟现实，我们不禁要问：什么才是真实的触感体验？是真实触摸到由真实有形的材料？还是由神经元传递到大脑中的真实感受？愚弄大脑，甚至不用双手就足够了吗？我们的感觉仅仅是大脑还是整个身体？

为了让用户体验到真实感，未来的虚拟现实技术需要将触感手套和实体材料相结合。作为攀岩者的你，穿戴好有近百个触感点的攀岩背心、鞋和手套，你的头盔中呈现的是一座角度近60°的花岗岩壁（酋长崖），令人头晕目眩。当你手脚并用地每爬上一步，背心、手套和鞋都在随时触动你，5分钟后，你就已经脚下发麻、手指酸疼，前方凸出的一块大石头你似乎已难以触及，吹过岩石上的山风在耳边拂过，你更有一种摇摇欲坠的惊恐感，不禁头顶开始冒汗……正是因为触觉的加入，才使你体验到了一种身临其境的真实感。所有这些带有视觉、触觉、听觉甚至嗅觉的设计，才能带来更多的感官体验，让虚拟更加真实。

【观点借鉴】

风的感觉

中国传统经典《黄帝内经》是一部关于天人感应、人体运行奥秘的奇书，数千年来关于此书的解读可谓汗牛充栋，直到今天为止，后人对其的理解也仍然难解其珍奥。

《黄帝内经》提到“天有八风，经有五风”，我们千万不能小看风对人身心体验的影响。八风就是从东、南、西、北以及它们的夹角（东南、西南、西北、东北）八个方向吹来的风。五风是指在人体经络中游走的五种风。从不同方向吹来的风，给人的能量和体验感都不一样。《黄帝内经》中的“灵枢”中专门详细地论述了“八风”，给每种风都起了一个形象且大有深意的名字。风从南方来，名曰“大弱风”；风从西南方来，名曰“谋风”；风从西方来，名曰“刚风”；风从西北方来，称“折风”；风从北方来称“大刚风”；风从东北方来称“凶风”；风从东方来称“婴儿风”，开始有生机了，给人的感觉是温暖的、鼓舞的、生发的；风从东南方来称“弱风”。每种风的名字都包含了中华民族先祖赋予它的深刻含义，从名字一看就知道每种风的性质。

西风给人的感觉是凛冽、肃杀。1935 年，红军长征渡湘江的时候，力量损失了大半，从 8 万人锐减为 3 万多人。此时毛泽东写了一首《忆秦娥·娄山关》“西风烈，长空雁叫霜晨月。霜晨月，马蹄声碎，喇叭声咽。雄关漫道真如铁，而今迈步从头越。从头越，苍山如海，残阳如血。”深秋和初冬时节，毛主席那么豪情万丈的伟人在遭受重大挫折后，都感觉到了革命处于低谷、西风惨烈的沉重压力。

当外气的变化影响到人身体内五脏气机的变化时，就会触发人体的内风。《岳阳楼记》中，作者看到春天美好的景象时“至若春和景明”，“登斯楼也，洋洋洒洒，把酒临风”，心情特别好。“若夫淫雨霏霏，连月不开”，或者“阴风怒号，浊浪排空”的时候，“登斯楼也，则有去国怀乡，忧谗畏讥，满目萧然，感极而悲者矣”，天气的变化居然让作者的心情整个都变了。

根据中医五行观，人体有制热、制冷两套系统。制热系统对应的是肝和心，而制冷系统对应的是肺和肾。所以到夏天，你感觉特别热的时候，肾水就会开始“工作”，然后人体会出微汗，接着人的心情也就不那么焦躁了。

《水浒传》写道：“赤日炎炎似火烧，野田禾稻半枯焦。农夫心内如汤煮，公子王孙把扇摇。”如果一个人心里有事，又遇到赤日炎炎，他肯定会全身都焦躁。但文中的公子王孙们却不关心赤日炎炎这事儿，他只管把蒲扇轻摇，一点也不觉得热，故民间流传“心静自然凉”的老话。

（改编自梁冬、徐文兵的《黄帝内经·异法方宜论》）

上述风与人体的感受给予旅游体验设计的启示是：婴儿富有生机的身体是很柔弱、有弹性的，没有生机的躯体才会刚直发硬，所以，旅游体验不能“壁立千仞，无欲则刚”，恰恰要柔软、敏感地去感受、感悟。

在炎热的夏季，我们在迎接VIP游客的仪式上可以尝试采用服务员手持扇子降温的这种温馨服务方式，例如对男士就上鹅毛扇或大蒲扇，对女士就提供纱织或丝绸的小团扇，这样一来，一定会给客人留下一种别样的降温体验感！

5. 味觉体验设计——舌尖记忆

味觉是指食物在人的口腔内对味觉器官化学感受系统的刺激并产生的一种感觉。最基本的味觉有甜、酸、苦、咸四种，再加上辣味，这就是所谓的五味杂陈。我们平常尝到的各种味道，基本都是这四种味觉混合的结果。舌面不同部位对这四种基本味觉刺激的感受性是不同的，舌尖对甜、舌边前部对咸、舌边后部对酸、舌根对苦最敏感。辣味刺激的部位在舌根部的表皮，产生一种灼痛的感觉，严格讲辣味属于触觉。鲜味则是一种非常可口的味道，由L–谷氨酸所诱发。在以上四种基本味觉中，人对咸味的感觉最快，对苦味的感觉最慢，但就人对味觉的敏感性来讲，苦味比其他味觉都敏感，更容易被觉察。

每个人都有属于自己的味觉记忆，例如难忘的儿时味觉。每个地方都有自己的独特味道标记的相应物产，所以就有“地理产品”一说。不同地区的特色风味最终形成了东西南北的“味觉地图”，对食物美味的欲望是人类旅行的原始动因之一，“尝遍天下美味”是“吃货”的舌尖梦想。

【案例分享】

食呓——梦境般的美食体验

本来“呓语”代表梦话，但如果把“美食”与“呓语”嫁接在一起，就诞生了“食呓”这一奇妙组合，谐音就是“食艺”，吃的艺术，这不得让人产生了“梦境般美食体验”的联想。这是一家你一看名字就会被吸引的餐厅，呓——梦话，食呓——梦境般的美食体验，好有意境的名字，令人对这种美食体验充满期待！

食呓餐厅装修风格雅致，设计中巧妙地运用了方和圆的元素，营造出一种“你在桥上看风景，看风景的人在楼上看你”的空间交错感。请再看看人家的出品：

·桂花圣女果。金黄桂花点缀、鲜艳夺目的红色圣女果，被端上时在云雾缭绕中渐露出庐山真面目，你绝对会为赏心悦目的出场式尖叫。酸酸甜甜带着丝丝桂花香的圣女果味道十分清爽、开胃！

·棒棒黑鸡爪。真够吸睛的，居然用鱼缸做食物容器的底座，鱼缸里的鱼还在自由欢快地游动，去了骨的鸡爪麻辣爽脆，十分开胃！

·浮云松子鱼。花糖包裹的松子鱼端上来就是一团浮云，服务员把热的酸甜汁淋到棉花糖上，棉花糖瞬间被溶化，真的一切都是浮云，只有松子鱼是真的，松子鱼外脆里嫩，酸甜可口，色香味俱全的一道菜！

·乌金流沙包。在黑炭似的面皮上面撒了一层金粉，还画上了图案，惊艳得让人眼前一亮，在张开嘴的那一刻，你动了恻隐之心，突然觉得吃得好土豪！

……

当观看完裸眼3D小电影——小厨神冰激凌秀后，一个同款冰激凌真实地呈现在你面前时，当一粒压缩面膜一样的丸子淋入液体，瞬间膨胀，变成一块湿纸巾的时候，你会发现在这里吃饭已不再是单纯为了满足口腹之欲，吃饭变得如此有品位、有情趣！

（摘自“鲜城广州”）

【案例分享】

耐人寻味的盘锦美食

盘锦市位于辽宁省西南部，辽河油田总部所在地，地区经济水平高、人民生活富足。盘锦市还是辽河三角洲的中心地带，辽河出海口，由于海水与淡水交汇，物产极为丰富。在盘锦美食中，以下几道由于其独特的体验耐人寻味，让人一旦品尝，就念念不忘。

（1）百吃不厌的蛋是雁蛋：大雁的蛋极少见，当然如今是人工饲养的大雁，雁蛋的独特口感令人回味，但关键是大雁的寓意：鸿鹄之志、展翅高飞。

（2）饺子吃出5A级景区的味道：在盘锦有一种天下绝无仅有的饺子，这就是碱蓬草馅儿的饺子，碱蓬草是一年生藜科植物，营养丰富。盘锦最著名的5A级景区——红海滩之所以这样红就是因为海滩上长满了这种从海滩盐碱滩涂吸取养分的神奇碱蓬草在秋冬变色所致。这种碱蓬草馅儿的饺子，吃在嘴里有一种海藻的感觉，再细细品味，总觉得有一种红海滩5A级景区的味道。

（3）不爱牛头爱凤尾：凤尾鱼学名“凤鲚”，属名贵的经济鱼类，因其尾部分叉形状像凤凰的尾巴，短呈红色，尖细窄长，犹如凤尾，故称。凤尾鱼是一种洄游性小型鱼类，平时多栖息于外海，每年春末夏初由海入江，正是这种洄游特性，故凤尾鱼兼具了海鱼与河鲜的双重之鲜美。

（4）百川归海极品鲜：指的是在河海之间洄游的刀鱼，又称刀鲚，与河豚、鲥鱼并称为中国三大河鲜之一。美食界认为，清明前的刀鱼最为“腴而不腻、鲜美称绝”。此时段，刀鱼鱼刺最为细软，过了清明则会变硬。所以“明前”和“明后”，刀鱼价钱是天壤之别。古人的诗无疑把刀鱼推上了江鲜之尊的地位，后人争相尝刀鱼之鲜、追刀鱼之嫩，更是把刀鱼之美捧上了天。

（5）最有文化数文蛤：盘锦文蛤个大、壳的花纹鲜明。文蛤不仅肉质鲜美、营养丰富，而且具有很高的食疗药用价值。边品文蛤、边谈文化，估计三天三夜说不完。

（作者根据个人体验经历整理）

【案例分享】

临沂美食的N种吃法

山东临沂物产丰富，主食为面食，其特产美食中，因吃法要配上特定的动作，故被称为临沂美食几大怪，让人回味至今。

（1）煎饼卷着吃：煎饼是临沂著名的传统小吃，因其面劲道好、韧性十足，沂蒙山区百姓家常常以此为主食，并创造了用煎饼卷着各种食材一起嚼的独特吃法，而且卷的手法熟练程度是检验正宗临沂人的重要标志，常年咀嚼煎饼的山东人，腮帮子咬肌十分发达，通常都长着一张方方正正的山东“国字脸”。

（2）桃子掰着吃：临沂本地出产一种红心黄肉的黄金桃，这种桃子很脆，可以直接用手掰成两半，掏去桃核，再吃，味道甜美，你会感到王母娘娘园中的蟠桃也不过如此！

（3）蔬菜蘸着吃：临沂人特别喜欢调制各种蘸酱，大葱、蔬菜直接蘸酱吃，这种生鲜的吃法，估计就是最国风的蔬菜沙拉。

（4）牌子捧着吃：牌子即烧饼，形似古代官员上朝的笏板，在临沂当地也称“朝牌”。吃的时候，长长的“朝牌”烧饼要捧在手中，从上往下吃，这吃法倒是有点像上朝的感觉呢。

当美味与动作仪式相结合，简单的味觉体验就从“吃头”变成了“说头”“玩头”，最后就成了一种让人难以割舍的“念头”。舌尖相遇美好，记忆已成永恒！

（作者根据个人体验经历整理）

当我们与外界接触时，经常会使用五种器官来感受事物，像是买衣服时，可能会先用手摸一下衣服质料；走进新开张的面包店，会先试吃面包的口感；买皮鞋时，会先用鼻子闻一下皮革好坏；视觉、听觉、触觉、味觉、嗅觉这五个最常使用的感觉，简称“五感”。

将五感体验延伸到品牌营销中，就是“五感营销”，它是由美国著名营销大师马汀·林斯壮首先创立的。其实最佳的体验，应该要全数囊括五感，才算完整。星巴克借助“五感体验”获得了巨大成功：在星巴克店内会播放十分柔和的音乐（听觉），除了好咖啡（味觉），店内随时都能闻到浓郁咖啡香（嗅觉，为了保持咖啡香的纯正，星巴克拒绝了提供烧烤类食品，虽然能给门店带来更多利润），也能品尝可口的蛋糕甜点（味觉），再加上店内十分雅致且窗明几净（视觉），这一切都为顾客打造了除了家庭和办公室之外最舒适的“第三空间”（见图 3-11）。

图 3-11　第三空间

使用“五感营销”技巧重点是你必须让顾客“感觉”到你的产品，你要让他陶醉在你的产品之中，你要让他触摸产品，找找试穿的感觉，你要让他站在特定的角度来欣赏产品，以激起他强烈的购买欲望。因此在塑造品牌时，要尽可能将顾客模糊的幻想变得具体化，尽量使自己的语言具体化、图像化，让你的语言有色彩、有声音、有画面，具体、实在、恰当地满足客户的视、听、触、味、嗅这五种感受。

在人类的五类基本感觉之上，是认知的唤醒，由此而形成感知，并与当时的场景相联系，并在情感和心灵层面感应，由此体验到一种氛围和情调（见图 3-12）。

近年来，VR、AR、MR 为代表的模糊现实技术正在异军崛起，其在旅游业的应用值得体验设计师深度关注，也许会带来旅游体验设计的一场技术革命。

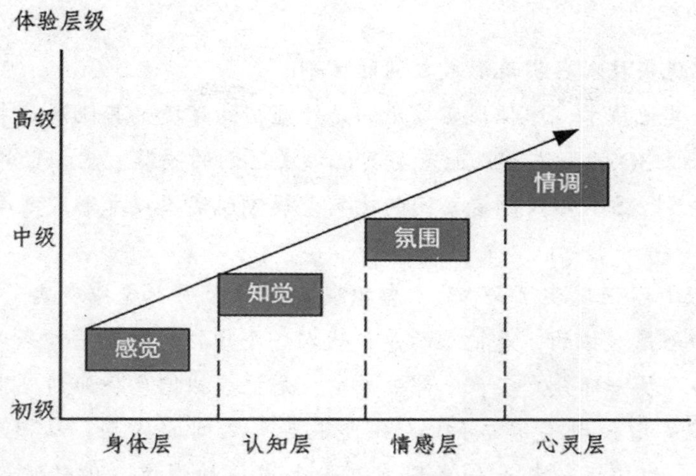

图 3-12　感觉体验的递进层级

【体验观察】

模糊现实技术的旅游应用

模糊现实技术是指虚拟现实（VR）、增强现实（AR）、混合现实（MR）和全息投影（FHD）等一系列模糊现实化的光影成像以及人机互动技术的统称。模糊现实技术相关概念于1935年提出，随着计算机存储、运算技术的突破，2015年迎来了发展元年。根据高盛的相关市场预测：到2025年，全球VR、AR市场将达到800亿美元的市场规模，若加上全息投影等其他技术，将形成千亿美元级别的新兴产业。

1. 模糊现实技术的主要表现形式

VR是纯虚拟数字画面，包括AR、AV、全息投影在内的成像技术是虚拟数字画面＋裸眼现实，MR是数字化现实＋虚拟数字画面。VR是AR的子集，AR是MR的子集。

未来包括AR、VR、MR等技术的模糊现实技术将在现有游戏、影视等先驱行业的带动下，逐步向旅游、工业制造、博物馆展览、社交、医疗、教育、零售等传统行业进行延伸。

旅游有望成为诸多应用产业中的龙头之一。旅游作为模糊现实技术应用的重点领域之一，具有较高的投资价值，未来随着技术的不断完善，将迎来发展爆发期。

2. 模糊现实技术各实现形式之间的区别

不同于其他技术，虚拟现实展示的是纯虚拟的环境，其他则是半虚拟；全息投影和裸眼3D的无设备性也是与其他形式区别的关键。虚拟世界与现实世界互动的程度、方式以及两者之间的比例是模糊现实各技术形式之间的核心区别。

（1）AR（增强现实）与VR（虚拟现实）之区别。虚拟现实（VR）中的场景和人物全是虚拟的，是把人的意识代入一个虚拟的世界。增强现实（AR）中的场景和人物一部分真实、一部分虚拟，是把虚拟信息叠加到现实世界中。

（2）AR（增强现实）与MR（混合现实）之间的区别。从概念上来说，MR与AR更为接近，都是一半现实、一半虚拟的影像，但传统AR技术运用棱镜光学原理折射现实影像，视角不如VR视角大，清晰度也会受到影响。MR技术结合了VR与AR的优势，能够更好地将AR技术体现出来。

3. 模糊现实技术与旅游产业融合

从技术成熟度、应用范围、产品价格和旅游体验四个维度，通过模糊现实主要的六种技术表现形式的对比分析，认为虚拟现实、增强现实和全息投影三个技术技术成熟度高、应用范围广、旅游体验好、产品价格能接受，是旅游产业主要依托的模糊现实技术形式。而混合现实一旦突破技术瓶颈，将来也是旅游产业依托的主要技术形式。

通过海、陆、空全栖VR高清拍摄，加以后期沉浸、交互特效技术处理，让体验者从前所未有的视角感受景区绝美风景！另外，结合景区历史人文，通过VR虚拟场景重构，也可实现角色带入，重现历史，时光追溯……

都江堰、张家界、稻城亚丁等VR超级景区逐渐由设想变成现实。

（1）AR智慧导览。通过扫描识别菜单文字，转化为可识别的景区图片，更便于用户了解背后故事。如日本姬路旅游景点运用AR增强技术进行数字导览，圆明园的建筑虚拟重现。

（2）传统景区AR娱乐互动（整体）。加拿大魁北克一个“幻光森林”旅游项目推出后，游客从原来的6000人猛涨到72000人，近年，这个数据又翻了一番，该森林也成为热门的夏季旅游目的地。45分钟的森林步道就成为一个移步式的天然剧院，AR制造的虚拟动物，向移动中的人们袭来，一幅幅惊喜和尖叫的画面由此展开……

（3）传统景区虚拟娱乐互动（整体）。台湾垦丁国立海洋生物博物馆采用环绕影音、互动App、虚拟实景海洋剧以及虚拟现实等技术，解决了景区生物展示过程中物种偏少、空间局促等多种难题，成为传统景区模糊现实科技利用的代表景区之一。

① VR虚拟情景剧展示　② 环幕电影展示手段　③ AR虚实结合展示手法　④ APP互动娱乐

（4）传统景区AR娱乐互动（局部）。游客手机下载大连老虎滩公园App，将相机镜头指向入门票卡和馆内的壁画，就能感受虎鲸、帝企鹅、北极熊等极地动物围绕你周围，仿佛穿越到极地世界。

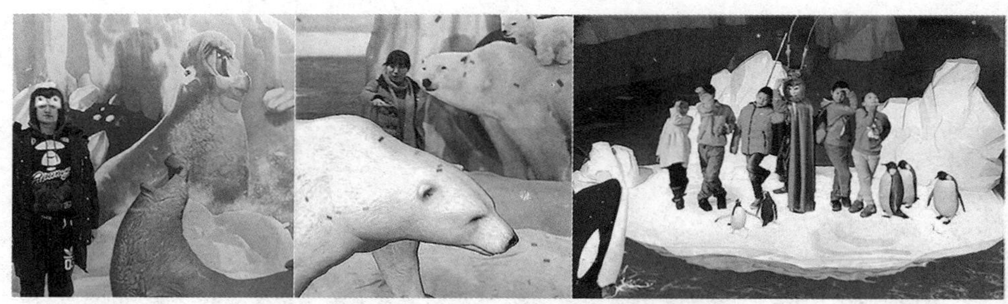

（5）旅游产品创新——VR主题乐园。目前，利用VR技术进行主题公园建设的尝试较多，比较知名的有迪士尼宝藏湾、华侨城欢乐谷、宋城VR剧场等。通过沉浸式虚拟体验，将游客带到现实世界外的另一个世界。

迪士尼VR丛林体验　第八感VR主题乐园　三星VR过山车

（6）旅游营销创新——旅游产品VR预体验。如家酒店、艺龙旅行、世界邮轮网等多家公司与机构纷纷推出旅游产品（客房、自驾、购物、邮轮）线上VR预体验服务，实现线上营销体验与线下消费的融合。

（节选自奇创规划“模糊现实技术与应用”专题研究）

（二）场景营造

待在空间，数着时间，看着人间……

场景的本质是对时间和空间的占有。拥有场景就拥有消费者的时间和空间。从“场景”的视角来探寻如何塑造有品质感的用户“体验”，为创造颠覆性产品寻找新的可能。

通过受众的语音阅读来构筑头脑画面感，能让读者记忆深刻的是语言解析后的场景而非文字，置身场景，才会感觉真实。体验塑造也在于营造画面感、场景感，顾客的购买场景、使用场景、存放场景和维护场景等，场景越清晰，体验越有穿透力。

1. 体验场景属性

目前，“客户永远都是对的”已经成为广受企业认同的理念，UCD[①]设计也在阐述同一个道理：设计师要根据用户的需求进行设计。但是在“以用

① UCD：User Centered Design，即以用户为中心的设计。

户为中心”的设计理念深入人心的同时，却带给设计师诸多困惑。首先，如果设计师都完全遵从“以用户为中心的设计”理念，就会出现“面对相同用户，不同企业的设计师设计出的方案是否应该是一样的”的窘境。设计师的人生阅历不同，他只能按照自己的方式理解用户，即便现在的设计思维非常强调“同理心”——即站在用户的视角去理解用户，设计师也无法摆脱自己原有知识体系对用户理解的影响。想让用户描绘出未来的方向是困难的。但如果你拿几个概念设计方案让用户选，用户就会比较明确地说出他喜欢哪个、不喜欢哪个以及为什么。但用户需求只是创新驱动引擎的一部分，面对用户时一定要意识到用户是动态成长的，并且可能成长得非常迅速。因此，我们反对“唯用户论”，并尝试用“场景体验设计思维”来构建体验经济时代的创新模式。

乔布斯说过，“用户并不知道自己想要什么，除非你把东西摆到他们面前”。乔布斯从来不去过多考虑用户想要什么，他只是每天早上站在镜子前面反复问自己想要什么。汽车大王老亨利·福特说，“在没见过汽车的时代，如果你问顾客想要什么，他们一定回答说想要匹快马”。因此，对于前期用户研究不必花费过多时间，要关注重点。建议更多采用“设计原型”来测试用户的喜好和设计方向，此时用户可能会告诉你更真实、更有价值的信息。而且，用户的期待往往高于他说的，只有超出用户期待、带给用户惊喜，用户才会认同你的设计。通常，用户体验场景属性涉及如下方面（见表 3–7）。

表 3–7　体验场景属性的描述与分析

场景属性	描述与分析	示例
场景时间	时间不是仅仅写清楚具体几点，而是说那个时间段对于用户来说意味着什么	黄山之巅看日出的凌晨 4 点半
场景地点	场景所发生的地点对于用户意味着什么？一些大学食堂，对于学生不仅是吃饭的地方，也是社交场所	年轻人热衷的深夜食堂，晚上大家聊得很开心
场景情境	情境是场景的子集，它是基于场景中的活动来进行描述的，一个场景可以包含多种情境，情境是从人的活动维度、结合真实环境的时间地点来描述场景的	海滨跑步可分为跑前预热、跑后恢复和跑步行进中等多个活动情境

续表

场景属性	描述与分析		示例
场景角色	参与角色	指在场景中不同的体验者所扮演的角色，不同的角色所关注的利益点是不一样的	星空下的篝火晚会，角色可能是组织者，也可能是参与游戏的人
	角色愿望	当前场景下角色体验的动机，包括短期愿望、长期愿望	在篝火晚会后最后飘过一阵清凉的水雾
	角色不满	即各类角色针对当前场景的不满和感受痛点	星空下的篝火晚会蚊虫怎么这么多
	角色能力	角色与问题相关的知识、个人能力如何	年轻人喜欢夜晚狂欢，但对老年人来说熬夜可能就是大障碍
	其他角色	场景中包括用户自己以及其他的同时出现在场景中的人（利益相关者）	参加今夜篝火晚会的新朋友真多
场景行为	行为目的	观察用户行为时关键是要分析用户行为背后的目的，目的有显性和隐性之分	在酒吧墙缝、暖气缝里会经常发现烟头……原来是抽烟者觉得好玩，于是启发设计墙上烟灰缸
	行为顺序	用户按照何种顺序完成体验？行为顺序背后隐含着用户意识中对体验理解的模型及其最关心、最容易忽视的利益点	篝火晚会先文艺表演，再一起歌舞嗨、喝啤酒、放烟花，再搭帐篷、观星星等
	行为频率	就是单位时间内的行为次数，单位时间的定义是要根据问题场景来确定，不一定非要用 5 分钟、半小时等固定的时间段来计算频率	要研究自驾旅游者进入景区高峰时段流量，要用不同路段高峰开始到高峰结束的时间跨度来计算
	行为的相关知识 / 技术能力	行为所反映出用户拥有的知识 / 技术能力	篝火晚会主持方的文艺表演水平很高，参加者歌舞狂欢很放得开，但帐篷扎营水平偏弱，费时不少
	行为趋势	在特定的场景下，人的行为有怎样的趋势	随着微信运动中增加了计步的游戏，很多人会不时拿出手机关注自己今天走了多少步

资料来源：根据谢彦君相关论文整理。

2012年，约瑟夫·派恩和吉姆·科恩在《湿经济》[①]一书中列出了我们可能会遇到的八种体验场景，具体如下：

（1）基于现实的四种体验场景。

①现实：展示最丰富的体验（由时间、空间、实物三个维度组合而成）。

②增强现实：强化我们对周围世界的体验（由时间、空间、无实物三个维度组合而成）。

③替代现实：创造真实世界影像的替代品（由无时间、空间、无实物三个维度组合而成）。

④扭曲现实：与时间游戏（由无时间、空间、实物三个维度组合而成）。

（2）基于虚拟的四种体验场景。

①虚拟：打造最有想象力的体验（由无时间、无空间、无实物三个维度组合而成）。

②增强虚拟：将物质带入虚拟（由无时间、无空间、实物三个维度组合而成）。

③实物虚拟：在实物中实例化虚拟（由时间、无空间、实物三个维度组合而成）。

④镜像虚拟：吸纳现实世界进入虚拟（由时间、无空间、无实物三个维度组合而成）。

一方面，我们可以在体验中将虚拟加入现实，使物化的世界变得更富有人性；另一方面，我们也可以在体验中借助将现实结合入虚拟，使人性更好地在物质世界中得以实现。

以上体验场景切换所贯穿的思想颇有点像大乘佛教中的“色不异空”[②]。佛经云：“色不异空，空不异色，色即是空，空即是色。”“色”代表物质的现象，指具备形体之物，有点像现代物理学中发现的“上帝粒子”。“空”并非虚空或不存在，而是指“没有实体性”“没有自主性”。不异，可以解释作“不离”。“色不异空”大意是说一切物质现象与空无的状态没有区别。对于湿经济而言，现实中的“色”与虚拟的“空”，都不能绝对化。事实上，不能简单地认为只有实的场景存在体验，如景区中的旅游体验；其实，在虚的场景中

① ［美］约瑟夫·派恩，吉姆·科恩．湿经济［M］．北京：机械工业出版社，2012.

② 见于玄奘译《大般若经》及《般若波罗蜜多心经》等处。

也可以深度体验，如影视文学产品。同样，也不能单纯认为体验只能用“体”来验，有时体验也可以用“心”来验，例如我们常说“虚拟可能比真实更加真实”，说的就是体验具有超越经验现实的意义。总之，体验经济无论在实体经济还是虚拟经济中同样可以存在。这就用体验之“湿”统摄了心物二元世界。这有助于破除人们受经济人理性影响并进而将物质与情感对立起来的倾向，由此，体验设计可以开辟出经济发展与人性结合、前所未有的另一番新天地。

2. 场景体验设计

场景体验设计思维是以“场景体验设计”为驱动，以“在场意义”建构为核心目标的设计思维模式，其分为一个核心、两个循环、三式原则和四个阶段。

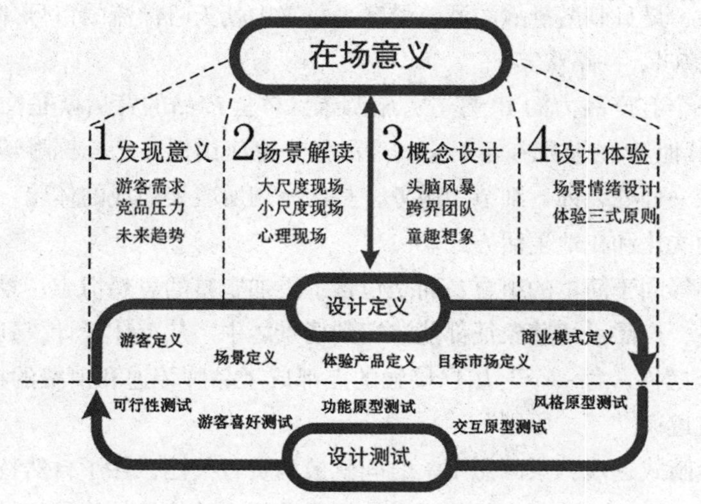

图 3–13　场景体验设计的框架

由图 3–13 可知，“在场意义”是整个场景设计思维的核心目标，同时也提醒我们要时刻牢记设计的宗旨与初心。体验设计实际上是在为体验产品创造一个能够存在的理由——意义。

“在场意义”也许会给人感觉有些抽象，所以需要通过“设计定义”和“设计测试”的循环迭代来将其逐渐清晰化，并最终具体化。这种循环迭代贯穿于设计流程的“发现意义”“场景解读”“概念设计”“设计体验”四个阶段，最终串联成一个整体。

游客在游览过程中会产生多种情绪，情绪的好坏直接反映体验质量。因此，理想的景区应重视对游客情绪的引导，通过丰富的项目设置、完善的服务体系来避免游客产生不良情绪，同时通过组织兴奋点，形成富有节奏感的情绪变化规律，观光在于“景”，休闲在于“境”，具体可通过以下三点来实现。

（1）一个具有情怀的故事：打造一个可持续的情怀故事，就像给景区打造一个易传播的灵魂，这样就在体验中让游客的身心有一个如愿以偿的归宿或者与众不同的体验。

（2）一个有传播力的广告语：景区还得有一个与之呼应的差异化的唯一性的对外传播口号。口号切忌大而全、多而杂，要小而美、精而细。例如湖北境内排名第一、最具刺激挑战的漂流景区——兴山朝天吼漂流的口号“爽就朝天吼”“一路惊叫、一路欢笑”。

（3）一个有产品力的 IP 打造：旅游景区体验产品的背后就是文化。旅游景区 IP 与其他 IP 的差别在于，它的产品是一座座山川，一栋栋雕塑，一间间房间庭院，一处处装饰、细节、服务，是这一切所凝聚而成的体验，是融合后产生的一种文化和在地生活方式。

场景不等同于简单的组合，而是包含了更加丰富的思想情志，景区品牌的定位、服务、产品、情感象征都能浓缩到场景之中。从整体设计，到每一处角落、每一个摆件，每一个与用户接触的点都成了品牌传递和消费的点。因此，场景设计应遵循“三式原则”。

（1）吸睛式远观：景区想第一时间就被消费者关注，除了自然特色外，景区大门、游客中心、特色小品外观设计也很重要。独特的外观最容易在众多景区中一眼打动游客。另外，从一开始就需要确立主题和整体风格定位来进行设计，将主线贯穿到底。

（2）沉浸式深入内部：游客最好的体验便是沉浸其中，与整个环境融为一体。服务流程细节上的独特与新颖，会营造出一种独特的场景感，使游客在踏入景区的那一刻，整个人的感觉就不由自主地被牵引，身心融入其中。切记永远不要苛求满足所有人的“胃口”，我们设计的体验只要能锁定目标客户，让他们真心喜欢、成为忠诚客户就足矣。

（3）趣味式场景互动：设计出来的体验产品是否有趣味？能否让游客长留并有拍照的冲动？这都是检验设计是否成功的最直接指标。游客在景区有发朋友圈和微博冲动的可拍照点应不少于20处，只有拍照点够多，大家停留时间才够长，体验感才会深刻。

很多时候，人们喜欢的不是产品本身，而是产品所处的场景，以及场景中自己浸润的情感。支撑场景的核心要素的分别是：体验，将大范围、多维度重塑和改造场景；链接，让场景能够形成一种多元的碎片化；社群，能够形成社群感、亚文化形成内容能力的可复制，造成传播和用户卷入感；数据，是场景的底层引擎。

旅游者的体验均是在相应的场景下开展的，旅游者也是借助场景来了解产品的，在不一样的场景下，对产品或服务体验后的感触与回忆也是不一样的，一样是茶叶，在盛产茶叶的某旅游景区购买与在街边商贩购买所享受到的待遇是不一样的。因此，想打造良好的客户体验，第一步便需以客户为重心，组成一个整体的商业场景，与周边环境形成协调性、空间生产与再造。第二步是构建场景—人群—社群—亚文化—内容—流量的生态圈。尤其是要突出场景的真实性、细节，做好用户体验的入口，以此连接人与场景。

景与境

在休闲旅游时代，造景的最高原则应是“虽为人作，宛若天开”。其最高境界理应是“境”，而非“景”。因为我们住惯了都市，看惯了高楼林立，过多地沉溺于市井繁华，心里向往的是天人合一的自然世界，那不只是一种环境，而是一种生境，更是一种心境，规划落地以后，应是一种自然而然的情境，而非一种刻意仿造的场景。

“境”由心造，相由心生，境随心转，从景到境，就有了情感的注入。古时的所谓“八景”实为“八境”，倡导者多为有文化审美和闲情逸致之人，他们不止于观景，而是在特定的环境、心境下描画一种情境，生发一种境界，是一种自然与人文叠加、生境与心境融合的物象、景象、气象和意象，一年不同的季节、一天不同的时段、不同的人都会有不同的感知和领悟。景与境，景是小的，是自然的，是具象的，无论你在与不在，它都在那儿；境是大的，是人文的，是抽象的，因为自然再大，大不过人的心胸，正所谓精骛八极、心游万仞。但是，毕竟境离不开景，境以景为核，是谓触景生情、寓情于景、情景交融，然后情随境变、心随境转、意境融彻。

（节选自马牧青的《旅思马记》）

3. 场景构建方法

构建场景方法论是“产品即场景”“分享即获取”“跨界即连接”“流行即流量”，具体方法与实现路径如下。

（1）景观软装改造场景体验。如果想要一条永葆场景活力、吸引人气的黄金法则，那就是：为人的需求而量身定做，认真感知顾客的情绪，并做出相应的反应，在人需要时，会给他安慰、逗他笑，并陪他玩。

无论是何种设计或营销手段，都是对顾客情绪所做出的积极应对。有吸引力的东西能够让人感觉愉悦，从而激发人更多的购买欲望。景观软装是一个能够对人的情绪做出反应的灵活对策，通过自身的功效性、震撼性、时效性和营销性来创造卖点和传播，实现把消费者引进来的同时把购物中心的品牌和形象推广出去。

要想让别人知道某个新想法或吸引人进入某个场所，就必须用令人信服的方式讲述一个有意义的主题，例如持续办主题艺术展就是一个非常有效的办法。打造艺术博物馆式的空间是购物中心吸引人气的重要策略，将艺术品拉近与普通人的距离，强化了购物中心的综合属性，成为城市的一个景点而并非单纯的购物场所。

例如侨福芳草地，雄踞北京中央商务区，结合购物中心、顶级写字楼及精品酒店群。这座“金字塔”造型的建筑被很多出租车司机称为玻璃坡屋顶，而这个坡屋顶之所以在高楼林立的北京三环内特别突出，能够成为绿色新思维的地标性建筑，是因为它的“美术馆”功能。

让游客对某个场景感兴趣的第二个方法就是变换百看不厌的节日装饰。在一些重大节日比如圣诞、元旦、春节，几乎年年都是圣诞树、雪橇、麋鹿、福字、红灯笼等，虽然在细节上不断推陈出新，但是这个主题人们总是百看不厌。例如长沙叮叮 Mall 创意体验中心，引用集装箱主题设计，打破千篇一律的商建立面、陈列空间，巧妙地将重工视觉、艺术元素、多元文化复合混搭，表达出鲜明的潮流商业定位（见图 3–14）。

图 3-14　节目装饰创意设计

（2）无缝体验提升场景好感。对于个人的社会、经济行为，场景体验的重要性在研究领域和实践领域都有很多人加以证明，我们了解到澳洲、欧美以及日本等发达国家和地区，线下购物环境已经比较成熟，用户在进入、体验、支付等方面简洁高效，体验良好。受网络购物平台不断兴起的影响，中国线下零售业面临着致命性的挑战，从传统的百货商店，到大型连锁超市，2017 年无数的连锁便利店如雨后春笋般出现在了目所能及的区域内，相较于我国传统的零售店，这类便利店一个显著的特点是日式等模式的体验升级。

以日本 7-11 便利店为例，在日本 7-11 便利店，凡登录 7-11 的 Wi-Fi 用户，都会赠送 AKB48 的手机壁纸（iPhone/Android/PC 版），每天都不同。另外诸如国外苹果专卖店等，在整个办理业务过程也非常重视私密性与用户体验，从引导到选购再到支付无缝对接，整个流程一气呵成，没有各个环节脱离带来的不顺畅感。国内的线下购物场所也正在进行这方面的变革优化。例如顺风嘿客店，用户在店内扫描二维扫码即可完成下单；微信上品折扣用微信扫码即可完成支付，直接提取商品；但从更广的层面看，相比发达国家的这些营业场所，国内的线下场所运营较为粗放，在 O2O 的运营中，更多热衷于线上的研发投入，而对线下场景体验关注不够，主要体现为：

①生硬推荐。在店铺门口采用强行派送传单等方式引流。

②现场杂乱，指引不清晰。很多线下购物场所人多手杂，店员常围成一群，对用户视而不见，这一现象常见于餐厅。

③布局复杂。有些购物场所犹如迷宫，绕来绕去的。

④支付困难。购物支付，常常需要排长队，有些情况下往往因此放弃购买。

很显然，与体验经济发达的欧美国家相比，国内场景体验式购物还有很大差距。这种差距体现在形式上，更体现在对体验内涵的认知上。我们往往将线下的体验归结于硬件的改造上，而对情感的强化认知不足。总结起来，有以下几个方面的体验特征值得注意。

①情感化：用户为线下的沟通与体验产生真实的情感消费。

②互动性：互动是线下商业生存的核心。线上的信息快速流动让人的体验碎片化，而线下真实的互动让人感受完整。深刻来自人与人之间的互动，更加强了情感与印象，这是线上的商品销售所达不到的。

③便捷化：线下场所的店铺，不仅可以带来看得见、摸得着的体验，更要有随时可以拿得走的方便。

④平台化：一个良好体验的购物环境，往往是一个社区化的生活服务平台。销售的不再只是产品功能，更是情感与生活方式。

【案例分享】

时间的错觉，在猫的天空之城

2009年7月4日，一家名叫“猫的天空之城”（简称猫空）的文艺书店诞生在江南古城苏州的平江路上，店面不大，只有四张桌子，还有猫咪流连其间，给读者带来一份温暖，那份对原创插画的执着和热爱，渐渐感染了大家。一家书店，温暖一座城市。时至今日，猫空已经发展为布局全国20余个城市的连锁书店。

猫空是一个书店，更是一个明信片主题店，只销售自己设计的产品，主要经营原创明信片、手绘地图，特定的书籍杂志和一些小杂物，猫空已出版了将近1000种明信片，大多是关于苏州的。猫空自称：“我们经营的东西，都是我们内心喜欢的、深爱着的东西，小到一张卡片、一个本子，大到一个包包、一本书籍，都有着我们对生活的理解和感悟。”比如猫空卖很小众的杂志，比如《氧气生活》《明日风尚》等。

“猫的天空之城”不像书店却在售书，不像邮局却在寄信寄明信片，不像咖啡馆却在卖咖啡……它是一个时尚，一个混搭。它最著名的卖点就是有一面命名为“寄给未来”的明信片墙，这可是猫空的专利。你可以将寄给自己或亲友的贺卡、情书……放在自己选定的日期格内，到那一天，猫空会帮你寄出去。这面墙，也是全国唯一，是猫空的镇店之宝。

每个人的心中都有座“天空之城”，有些人只能在每次抬头仰望苍穹时看见厚厚的云层投映出它的影子，更多的人已经不记得自己上一次抬头看天是在什么时节。“猫的天空之城”却是少有的第三种情况，得以具象化的梦想。这，便是概念书店“猫的天空之城”创立的初衷。

在猫的天空之城，你会产生今日与明日的梦境穿梭的错觉，那一刻，你忘记了时间……

为什么炎热的夏天我们本可以坐在清凉的沙发上喝椰汁饮料，却总还要热切向往去海滩椰子树下热浪阵阵的酒吧？答案就是场景体验。在四面通透的椰廊酒吧，看着海景，吹着带着热带气息的海风，手捧着刚砍下的椰子，痛饮椰浆，这是一种真实场景体验和全身心感受！

有些场景在脑海中印象深刻、久久难忘的原因并不是因为画面美，而是那一刻的欢快的溪流叮叮咚咚的流水声音、欢快嬉戏的猫咪“喵喵”的嗲声，所谓动感最终产生了动人感。在旅游的场景中，火车具有强烈的意向和指向，它让人会自然联想到旅行和远方，因此火车“呜”的汽笛声总是让那些心在远方的人向往！快起来的时代，需要慢下来的情怀。在动车飞驰的年代，旅游者更向往绿皮火车的感觉，因此在一些旅游目的地，开始开发专门的绿皮火车旅游专列。

【观点借鉴】

何谓沉浸式旅游体验

沉浸式旅游体验即通过全景式的视、触、听、嗅觉交互体验，使游客有一种“身临其境”的感觉。互联网技术的崛起，高科技的应用，将使人类进入“时空穿梭”和“虚拟世界”时代，旅游产业也将迎来体验化的新时代。

沉浸式旅游体验要素设计

旅游要素	沉浸式体验设计
食	全息餐桌：利用 3D 投影映射技术（PMT）和动作捕捉技术（MCT），把餐桌变成一场有趣表演秀的“舞台”。桌面除了干净的盘子、杯子和一些餐具外，空无一物，这一切都是依靠上方的投影仪。投影的“大厨”在顾客面前的餐桌上做出一盘虚拟的大餐 全息餐厅：利用 360° 全息投影技术让游客身临其境地坐在沙漠、雪山、海底用餐，还有鸟语花香、风声海浪做伴。用餐的时候，各类鱼群甩着尾巴在四周游动、海水的波纹在餐桌上随意流泻，在水波荡漾中仿佛置身深海的蓝色梦境
住	VR 酒店：通过 VR 投影技术，将房间投影成任意一种主题场景，用户可通过智能手机应用控制投影，同时将房间元素与投影同步，如让游客感觉到房间的灯光变蓝、床随着波浪荡漾等交互体验，使游客沉浸在自己打造的虚拟现实（VR）与增强现实（AR）中
行	5D 模拟交通工具：VR 过山车、滑翔
游	全息投影 + 数字展厅：将展览品通过三维、五维数字化扫描，并通过全息投影展现，游客可全方位、360° 对展品进行观赏，并获得空前的科技感体验，可极大提升游客兴趣值。同时数字化展品可通过动作捕捉技术将其活化，例如活化原始生物、古代场景等，这都将带给游客极强的感官体验 AR 技术 + 导览：AR 应用 App，将虚拟的形象与实景叠加，游客只需跟随手机中的虚拟形象前行，同时通过 GPS 技术实景定位，显示游客所在位置，将导览与趣味互动完美结合，提升游客旅游体验
购	将 3D 全息技术与广告结合，使产品的视觉效果更加震撼、顾客不需要附加设备，就可以观看立体的装饰设计，同时极大提高了对产品的好感与新鲜感
娱	使用激光投影、超大全息幕，结合创意及后期制作，打造超炫的全息 Plus Show，带给观众震撼生动的灯光交互体验

沉浸式体验的经典案例

体验类型	沉浸式体验设计	示例图片
虚拟景区游览体验	英国旅游局打造了一系列 360° 沉浸式体验旅游项目——“非凡英国”，以便让海外游客足不出户就能进入英国最受喜爱的景点。倾听安妮 · 海瑟薇小屋内的老爷钟钟声，悠闲漫步于杜德尔门海滩，或是欣赏罗斯林教堂合唱……诸如此类种种美好，不仅是来到英国后能感受的体验，海外游客甚至在到达前就可以提前享受了。这些沉浸式体验不仅能让潜在游客在来英国之前领略英国最非凡的旅游景点，还能激发更多人前往英国旅游	

续表

体验类型	沉浸式体验设计	示例图片
互动式观展	位于中央美术馆的“teamLab 未来游乐园”中名为“涂鸦自然”的沉浸互动项目现场，只要你将手掌按在墙壁上，片刻后，一团鲜花便会在你的指尖骤然盛放。黑暗中，“鲸鱼”从你脚下游过，“蝴蝶”闻声飞舞，自然中的一切都仿佛与参观者心有灵犀。这个沉浸式展览共分为“涂鸦自然”“彩绘动物”“彩绘城镇”“小人儿所居住的桌子”“串联吧！积木小镇”“天才跳房子”“远古神灵故事”“光球管弦乐团”八个部分。观众的一举一动都是“teamLab 未来游乐园”必不可少的一环。入场时，观众可以领取专用画纸，为自己喜欢的图案上色，这些图案经过扫描后，就会以投影的形式成为展览影像中的一部分，每当观众用手触碰，影像就会相应地变化。观众可在“涂鸦自然”中见证“动物”繁衍生息	  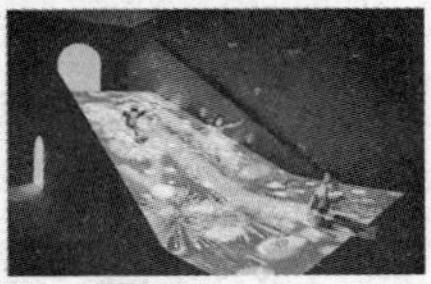
沉浸式演艺	高科技与旅游演艺融合，推动了沉浸式体验旅游演艺创新。沉浸式旅游演艺把观众带入活动之中，不仅是视觉、听觉体验，更是一种全新的情境体验式旅游，全面拓展了传统演艺，让观众在演艺全程都能感受全新体验	
沉浸式热门 IP 体验	2017 年“潘多拉：阿凡达世界”主题乐园在美国奥兰多迪士尼正式开园。在“潘多拉星球”，有漂浮的山，发光的雨林，甚至还可以“坐”在女精灵的背上飞跃峡谷。在主题公园中，游客的身份是随着 Alpha 半人马远征公司（ACE）前去潘多拉星球的旅行者。旅行中，游客可以使用电影中的“化身技术”来驾驶斑瑟兽在空中翱翔；也可以驾一叶扁舟观赏潘多拉星球夜晚荧光闪闪的植物和神圣的 Shaman of Songs	 

全球著名的沉浸式体验景区

景区名称	示例图片
1. 法国狂人国主题乐园。占地 667.6 亩，共包括 6 个大型演出、2 个大型夜间秀、数十个其他演出和娱乐活动、4 个艺术和手工艺品村。乐园每年只开放 7 个月，却能吸引 240 万游客。关键在于其具有独特体验的演艺节目：（1）维京海盗，在特效制成的大雨中，展示在 22 米高的塔楼下爆发战争。（2）幽灵鸟舞会：幽灵鸟舞会又称“幻影鸟之舞”，表演时长 33 分钟，可容 3000 名观众，游客可以体验猛禽从头上飞过战栗的感受。	

续表

景区名称	示例图片
(3)神矛之谜：在短短的30分钟时间内，游客可以欣赏到城堡乾坤大挪移的精彩表演，踏上中世纪冒险之旅。(4)黎塞留的火枪手：在75米×90米的场地内，进行剑术对决、弗拉明戈舞会、马术表演等。(5)圆桌骑士：圆桌骑士于2013年开放，在这里可以和Puydu Fou一起走入亚瑟王传奇的幻想天地	  
2. 迪士尼星球大战。2015年8月15日迪士尼在加利福尼亚州和奥兰多的迪士尼好莱坞影城修建《星球大战》主题区。两块《星球大战》乐园均占地14英亩（约合5.6万平方米），将修建两个标志性景点，并提供千年隼飞船之旅，还能让游客亲身“体验”第一教团和反抗军之间的太空之战。这种沉浸式体验让游客以最真实的感受“迷失”在特别的环境中	

（改编自“阿优文旅”资料）

【体验观察】

正在兴起的全景沉浸式夜游

赤日炎炎似火烧，相比较白天旅游，夏天“夜游”体验感会更好。暑期是一年中的旅游高峰，然而，持续高温挡住了游客和市民的脚步。于是景区纷纷开启“夜游模式”，每当夜幕降临，游客摩肩接踵而至，一些景区夜游客流量甚至超过了白天。

据研究，游客消费在晚上比白天要相对冲动。从心理学上讲，进入夜晚，人们的情感会比白天更加丰富，景区夜游产品更容易引发游客的消费欲望，景区通常的夜游策略如下。

1. 传统策略一：实景演艺秀

大家耳熟能详的实景演艺秀，通常是利用著名导演做IP，利用声、光、电技术加上演员现场演绎，共同打造一场声势浩大、吸引力强的实景演艺秀。经典案例有印象系列——《印象·刘三姐》、宋城系列——《宋城千古情》等。

2. 传统策略二：光影秀/灯光秀

光影秀/灯光秀主要是利用声、光、电技术来讲故事，重点突出夜间视觉效果，既具有大众吸引力，且成本相对较低。近年比较成功的有红色革命根据地延安的《梦回延安》，利用宝塔山的山体和宝塔展现声光电的场景，演绎红色革命故事，另外还有《巅峰震撼》《神奇山水》等。从目前的效果看，这台夜景演艺留住了30%左右的客流在延安过夜，当地酒店入住率提高了30%~50%，直接带动了夜游经济的发展，把传统的一日游变成了两日游。据了解，灯光秀一般适合有200万人次以上年游客量的景区。

3. 传统策略三：灯光节/光影艺术节

投资在百万元级以内，适合年客流在几十万人次左右的小型景区。主要是通过灯光手法塑造光影氛围，给游客制造浪漫灯光之旅，基本上是通过LED灯带打造一些光影花海、光影雕塑等。适合于游客量季节性较明显的小景区，缺点是同质化，容易被复制。

根据研究，结合国际上的一些跟夜游、光影、内容、新媒体等项目特色，一些先锋企业正在研发“沉浸+体验+内容”的唯美夜景，能充分满足游客对视觉和艺术的欣赏，同时也更多地满足了年轻人“拍+秀”的需求。所以，这种沉浸式的“体验+视觉唯美”是值得关注的方向。

全景沉浸式夜游主要是把灯光结合场景，加上交互，最后形成跟自然、跟项目结合的夜游形式，比如和建筑做交互、跟森林做交互、跟场景做交互、跟手机做交互等，可以跟很多载体做夜游交互，真正让每个人都能参与到夜游当中，充分满足未来夜游消费者对夜游的需求，其主要特点如下。

（1）去大型演艺秀——微演艺：就是景区不做大型演艺秀项目，以全景展开方式，以点带面，将夜游节点分布至项目整体之中，分散布局，去中心化，不再是突出一个爆点或一个秀，而是处处是景，景景相连，游客分散于景区之中深度体验，随便一玩就是几小时。这样既可以丰富夜游，也会将人流分流避免排长队。

（2）模块化产品——差异化：模块化产品，做差异化区域设置。以灯光引流、交互体验、夜游亮点、二消变现、原创夜游IP等不同需求的模块化夜游场景及产品等，根据不同项目需求及当地文化属性，进行快速落地及持续迭代。

（3）交互体验夜游——沉浸式：以导演思维策划全景夜游，每个夜游节点都让游客参与交互、体验、社交、游戏等，注重游客的切身感受、全沉浸式体验，形成网红打卡地，重新定义创新夜游方式。让夜游变成沉浸式，而不是传统的观光点。

①案例 1：奇幻光影森林。该项目 2019 年落地于北京世园会，是一个以声光电技术 + 交互 + 新媒体内容，结合中国的山海经文化主题内容打造的一个夜游项目。首先，针对国内外游客的需求，选择了中国奇幻巨著《山海经》作为文化内容。再利用虚拟化奇幻影像技术，融合多元化互动方式，将数字影像与真实环境融合在一起，游客一边游览欣赏炫目的光影内容，一边与影像或灯光进行趣味互动，从而感受到好看、好玩的不一样的夜游体验。该项目在 2019 年中秋节晚上，5 小时游客量达到了 15000 人次，并得到了北京电视台、中央电视台、国际电视台等多家媒体报道。

②案例 2:《冰雪幻境》。夜游很多时候会受季节气候的影响，所以需要开发一些室内夜游 IP，目的都是延长游客游玩时间。如《冰雪幻境》创新夜游就是把冰雪做成一个泛娱乐化，让冰雪场馆不再是传统的培训和表演功能，更多地把全景沉浸式娱乐理念引入室内。

利用全景沉浸式夜游思路，通过传统灯光 + 交互 + 夜游 + 二消变现 + 微演艺的组合，丰富了景区业态，让游客进入景区后有更多体验内容和惊喜。

（三）游戏代入

源于长期以来主流社会对游戏“玩物丧志”的偏见，我们一直被告知“玩”是与工作对立的，但心理学家布莱恩·萨顿史密斯（Brian Sutton-Smith）则强调：“玩的对立面不是工作，而是抑郁。”游戏激励我们主动挑战障碍，帮助我们更好地发挥个人强项，甚至能够激发与抚慰我们的心灵。哲学家 Bernard Suits 认为：玩游戏，就是自愿尝试克服种种不必要的障碍。游戏设立了各种规则和目标来让任务变得更有挑战性，而人们为此乐此不疲。用游戏化思维设计产品就是满足参与者的“欲望”的最巧妙的方式。

1. 游戏的特征

游戏塑造体验的方式在本质上有其独特之处，所有游戏都有以下四个特征。

（1）目标。指的是玩家努力达成的具体结果。追求实现目标的喜悦感会有效吸引玩家注意力，不断激励他们的参与度。目标为玩家提供了“目标感”和游戏的乐趣。分析这些设定的目标就会发现，人们喜欢并且痴迷游戏就是因为目标满足了他们的需求和“欲望”，或是荣耀，或是尊重，或是参与，或是胜利的喜悦等。

（2）规则。为参与者如何实现目标做出具体限制。规则可以释放参与者的创造力，培养玩家的策略性思维，它推动了参与者去探索未知的可能空间。

（3）反馈系统。随时提示玩家距离实现目标还有多远。它通过点数、级别、得分、进度条等形式来反映。实时反馈是一种承诺，它提示了目标绝对是可以达到的，它给了人们继续玩下去的动力。一款精心设计的游戏有清晰的晋级机制，让你能通过不断达到目标而获得“荣耀”，感受到现实中难以实现的人生意义。比如登山活动可以设计成“五峰连登，终极登顶”，这样就超出了一般活动的意义，整个体验活动能明显增加客户的成就感，为成功者颁发“好汉”奖牌，让参与者更有归属感。

（4）自愿参与。所有玩游戏的人都了解并愿意接受目标、规则和反馈。参与和离去的自由，是为了保证玩家把游戏中设计的挑战视为安全且愉快的活动。游戏中的互动就是为了让游戏者拥有参与感。旅游体验最大的特点就是人与人之间面对面的沟通，在活动中设计互动游戏，让队员参与进来，体现出旅游中最纯粹的互动交流。

2. 理解游戏化

“游戏化”就是基于用户体验而衍生出的一个革命性理念。查德·巴特尔（Richard Bartle）率先提出“游戏化”这一概念，其原意是“将游戏设计手段运用于非游戏领域，把不是游戏的东西或工作变成游戏，从而将枯燥的事情变得像游戏一样具有吸引力”。它通过把游戏中对人欲望不断强化并带来效益的机理引入产品或者营销中，将平凡的体验变得不平凡，进而牢牢俘获用户内心。游戏化的精髓绝不单单是提供了一种参与机制和激励机制，它告诉我们，我们完全可以驾驭人类爱玩的天性，并利用这种天性做有意义的事情。

目前体验经济时代，各大商业机构把“游戏化”标榜为“最新的经营理念”。对于“游戏化”这一复杂概念，我们可以做出如下界定：游戏化是指在非游戏情境中使用游戏元素和游戏设计技术，为体验活动赋予互动的趣味。这个概念涉及下面三个概念。

（1）游戏元素：游戏是一种全方位的综合体验，其有机组成部分称为游戏元素。以象棋为例，其中的游戏元素包括棋子本身，棋子通过跳跃捕获对方的棋子，以及棋子走到棋盘最后一排就变身为“王”的规则。游戏元素有一些具体的对象（不同的棋子），以及是对象之间的关系（棋子的跳跃），还有嵌入规则的抽象概念（当“王”的规则）。

玩象棋时，不能随心所欲落棋，你必须遵循一定的游戏规则，因此，改造游戏规则就成了游戏化的重点。作为一个游戏系统的设计者，你可以适当地调整游戏元素，使之更引人入胜或更适应特定的商业目标。

（2）设计技术：包含类似关卡、游戏规则、积分系统之类。但设计者必须明白：游戏奖励点数对游客到底意味着什么、我们的游戏有趣吗？因为，有些游戏参与者可能会发现，他们耗尽力气获得了一个较高的点数，或者将自己的名字保持在排行榜前列，虽然能在一段时间内保持兴奋，但是长期下来，永无止境的点数积累会让参与者产生疲劳感，最终放弃游戏。还有一种情况就是：尽管玩家带着很高的期望参与，但当看到自己距离排行榜顶部遥遥无期时，就会消极放弃。优化的游戏设计技术可使整个游戏化更富有乐趣，更容易上瘾，也更具挑战性，它可以让用户保持良好的情感共鸣。

（3）现实意义：游戏化会涉及现实的商业目的和社会目的。游戏玩家攻打虚拟城堡，其实是在旅游场景中真实体验，他们并不是在简单打怪，而是在以获取游戏成就的方式改善自己的心态感受，他们的动机是为了更深入地介入旅游世界收获愉悦，最终为现实生活充电。因此，我们在游戏化中面临的问题是如何将这些非游戏情境的现实意义整合进体验过程，使体验既具有游戏感，更具有现实意义。

3. 游戏的设计

游戏化的关键是将游戏元素应用到非游戏的活动之中，而所谓“旅游 + 游戏化”就是通过对兴奋点的营造，把单一的旅游活动转变成连续有兴奋点感受的游戏体验。目前，在具体实践中，旅游的游戏化设计方法包括角色、等级、目标、任务、奖励等（见表 3–8）。

表 3–8　游戏类型及旅游应用

游戏类型	体验设计要点	旅游应用
动作类	包括射击类和格斗类，通常将玩家分为多个两个或多个阵营相互作战，配备专用装备，强调动作协调性与反应性，按照积分规则，击败对手获胜	实景 CS 丛林野战；借助可穿戴设备和室内场景，进行虚拟格斗
冒险类	包括图文类和动作类，创意多源自电影、网络等场景，强调故事线索的发掘，集中于探索未知、解决谜题等情节化和探索性的互动，考验玩家观察力和分析能力	三国杀、×× 主题桌游结合场景布置“寻宝大冒险”、密室逃脱体验
模拟类	包括策略模拟和角色扮演两类，模拟一种生活或竞争场景，玩家扮演写实或虚构世界中的角色活动，并挑战完成一项具体目标任务	开心农场、模拟地产大富豪
休闲类	指游戏关卡短、可以随时随地进行、每次游玩需要的时间少的游戏	例如将《愤怒的小鸟》变成现场版游戏体验
社交类	目的是通过游戏场景内特定主题的活动，增加参加者的团队协作、社交沟通，最终增进彼此的友谊和共同价值观教育	相亲游戏、易货交换游戏
体育类	将传统体育运动休闲化，并注入游戏元素进行适当改编，使之更具休闲性和娱乐消遣性	卡丁车、场地越野、攀岩、飞镖、沙狐球、沙滩排球、水上拔河等
文娱类	依靠音乐节奏或歌舞制定游戏规则，并依靠音乐节奏进行游玩；有时结合文娱才艺比赛进行	音乐狂欢、草地音乐节

游戏元素则可以根据具体需求来分解，例如在户外活动中，环节、地点、历史背景甚至是参与人自身都可以是游戏元素。体验设计人员要充分打开思路，可从以下几方面考虑。

（1）为游戏设立明确可及目标。游戏目标必须是明确并且可及的，可以考虑把一个大目标分解成几个小目标来完成。例如要设计一个“超级交换”的亲子旅游产品，即让孩子靠自己的能力（语言表述、交流能力、物品估值判断能力等）和陌生人交换手里的物品，最终目标是交换 5 次，并且最终的物品估值要大于你手里最初的物品。

对于很多小朋友这是一件极其困难的事情，甚至于不敢迈出第一步。因而在产品设计的时候，可以将大目标拆分，当达到第一次交换时，就可以在“交换日志”上得到一个“通关笑脸”，当达到第二次时就可以获得“神秘礼物”等，这样孩子们的参与性就会明显提高。

那么，如何确定大目标是不是要拆分？如何建立循序渐进的目标？如何让活动的每一个环节更加合理？这需要设计人员站在参与者的角度思考：玩家为什么玩这款游戏？玩家一般在玩到多久时会感到无聊或者兴奋？要通过各种途径了解参与者的需求，了解参与者的可承受阈值。根据阈值来建立明确、可及的目标。在景区场景中对“目标”的布置上，可通过户外绳索技术，连接多个景点和活动体验点，构建起一个完整探寻“目标”的体验过程。

（2）为游戏打造“有意义”的规则。若无规则，大家就会为了达到目标而“不择手段”，最终让大家失去玩下去的乐趣，在设计旅游体验产品之初要认真研发一套缜密且“有意义”的游戏规则。

那么，如何理解“有意义”呢？一方面是让参与者觉得“有意义”。旅游体验活动的参与者都带着希望“大家一起玩”的想法而来的。“有意义”就是让每个参与者能够感受到价值和乐趣。另一方面是让最终结果“有意义”。将游戏获胜的结果与游客身份、地位、个人智力、能力、魅力等象征意义进行关联。例如宣传语肯定不是“赚 ×× 钱”，而是“参加后你将获得更健康的身体、更嗨的体验、真诚的友谊”等。

（3）建立及时、积极的游戏反馈机制。游戏让人入迷的原因之一就是“惊喜”，它总是以意想不到的方式随机发生，这就是一种反馈系统。反馈系统的建立，关键是会让参与者能感觉到自己通过努力就可以达到目标，让参与者真实地感受到“控制欲”。

例如在设计以上所提到的“超级交换”亲子旅游产品，每一次交换成功的“通关笑脸”“神秘礼物”，这些都会给小朋友带来积极、愉悦的反馈，这些靠自己努力而获得成果会激发孩子们继续交换下去。

目前，通过物联技术在旅游上的应用，可以在景区布置积分点、留影点等，最终构建自身的游戏积分奖励系统等。

（4）让参与者感觉到有价值和幸福感。价值对于不同的人有不同的含义和标准，有的人玩游戏是因为可以获得现实中难以达到的“荣耀”，那么，“成就”对于他们就是价值；有的人玩游戏是为了打发现实无聊，那么，“有趣”对于他们就是价值；而对于爱好交际者，“结识新朋友”就是他们的价值……

而幸福感是人的一种主观心理感受，积极心理学之父马丁·赛里格曼说，幸福的五要素是积极情绪、专注、积极的人际关系、意义和成就。旅游体验设计中是完全可以让参与者充分体会到这五种感受的。

【观点借鉴】

关于“有趣”这件事

生活中你一定遇到过十分有趣的人，他们有着很多奇思妙想，会做一些令人意想不到的事，讲一些能轻松化解尴尬的幽默风趣的话，跟他们在一起总是觉得好玩、充满生命力。

人们常说“好看的皮囊千篇一律，有趣的灵魂万里挑一”，可是到底何为“有趣”呢？

关于“有趣”这件事，很多人会不自觉陷入一个误区当中，以为见多识广、阅历丰富、对任何话题都能侃侃而谈的人才是有趣的，其实并非如此。例如很多极具内涵的艺术作品并非都是围绕罕见的素材创作的，它们描绘的大多也是一草一木、平常之物，只不过艺术家擅长从这些日常画面捕捉到独特且具有灵性的东西，最终成就了一个传世作品。

人也是如此。每个人其实都有有趣的一面，只不过有时候我们太在乎外界对我们的看法，羞于表达，就擅自把自己归类到无趣的那一类。

要说这世界上最有趣的人，我想大概就是孩子了吧。经常在网上看见一些小学生写作业时“脑回路清奇”的段子，比如把“蝴蝶停在花朵上”改为拟人句，有学生写的是“蝴蝶一屁股坐在花朵上”，这样的想象力怕是成年人所没有的吧。

小孩子的世界为什么会那么有趣呢？因为他们总是能毫无顾虑地表达内心的真实感受。而一个人不管是否经历过光鲜亮丽的事情，只要像孩子那样诚实不做作，专注且极具自我意识，都会成为别人眼中“有趣”的人。

（节选自韩左左的“关于‘有趣’这件事”一文）

【案例分享】

丽思卡尔顿用故事创造服务戏剧感

爸爸妈妈带着一个七八岁的儿子外出度假，假期结束回到家中，小男孩却发现自己最喜欢的一只玩具名叫乔西的长颈鹿不见了，然后又哭又闹，不肯睡觉，爸爸妈妈找遍了屋子也找不到，没办法就只好对小男孩编故事说：乔西去度假啦。

第二天早上醒来，他们接到度假时住的丽思卡尔顿酒店打来的电话，打电话的人说，在他们住过的客房找到一只玩具长颈鹿，猜想是他们的。小男孩的父母一听非常高兴，立马说：太感谢了！昨天晚上还跟孩子说长颈鹿去度假了呢，你们帮忙寄过来就好，谢谢。

但当这一家人几天后收到这个快递时，非常意外和惊喜！

箱子里除了玩具长颈鹿乔西外，还有厚厚的一沓照片。全是乔西在丽思卡尔顿酒店度假的照片，有乔西躺在那个美容床上，旁边有两个人在帮她按摩；有乔西在沙滩晒太阳的照片；有乔西在美容，脸上还贴着两个黄瓜片的照片。总之，照片全是乔西在丽思卡尔顿酒店里每一个角落度假的样子。小男孩看到这些照片，开心极了，而他的父母看到这些照片，都快感动到眼泪都流出来了！

而当你看到这些照片的时候，你也会想象得到，酒店里面的工作人员拿着长颈鹿这个玩偶到处跑，费尽心思地给乔西拍度假照片的情景，还写了一封信。这样专心用故事创意服务戏剧感的丽思卡尔顿酒店，这种巅峰体验能不让人感动得一塌糊涂吗？

（改编自《行为设计学：打造峰值体验》一书）

【案例分享】

以游戏方式开启“龙虎山之谜”

旅游不应该是单纯的游览观光，而可以像游戏一样深度参与、有趣刺激。2019 年全新的景区游戏类探险书《龙虎山密码》上市，探索将旅游带入好玩有趣的“游戏化”时代。

《龙虎山密码》由江西龙虎山景区组织专家团队历时四年创作，由中国出版集团出版上市，集小说、游戏、心理测试、景区介绍和导览等多种元素及功能于一体，似乎是一本“不可定类”的书。该书以小说形式写成，是一本具有游戏体验感的景区游玩之书。它将以往冗长单一、枯燥直白的景区介绍和攻略碎片化、游戏化、故事化、趣味化，使读者在阅读本书时犹如阅读一本探秘小说，又如在玩一场历险夺宝游戏……

《龙虎山密码》是一本不按页码顺序，需要“跳着”阅读的书。所有情节发展、故事走向都由读者决定。读者需根据其不同的选择，“跳着”阅读不同的页数，决定其游览龙虎山的不同线路，这展现了读者不同的性格和智慧。而在全书最后，根据读者的不同选择，结合所寻找到的宝物，进行了相应的结果解析，其实解开的“龙虎山之谜”也是读者自我之谜。

循着《龙虎山密码》提示，作为读者的你刚刚抵达龙虎山，准备在这里好好玩上两天，但你在龙虎山宾馆里却做了一个奇怪的梦。在一条河边，你变成了古越族干越部落首领的儿子，肩负使命，要通过燃烧自己完成祭祀。突然，祭坛的火被点着，在熊熊烈火中，你听到大祭司叮嘱：“你一定会回来的，不要忘了使命……干越人的希望就在你身上了……”随后，一首低沉的歌谣响起，火势越来越大，你被淹没在火海中，你被吓醒了！

你从梦中惊醒，发现自己还在龙虎山宾馆的房间内，床头不知道什么时候多了一封信。

信中的语言非常恭敬，内容大意说你是古干越人的后代，你此次来龙虎山是一次早就注定的旅行，因为你刚才做的梦是一个真实发生的事件，你只有在龙虎山找到九件宝贝，其中有玄思琴、龙首壶、双蛇佩等，才能穿越回到古代，解开你的身世和干越国的秘密，重振干越国，同时这九件宝贝的组合会预示你未来的命运和人生走向，对你至关重要。与此同时，敌国的后人也来到了龙虎山，他们的目的是夺走那九件宝贝，阻止你回到古代的穿越计划，所以，你必须赶在敌人之前，找到九件宝贝。你以为这是一个恶作剧，但接下来的一幕幕事情的发展却出乎了你的意料……

以一个探险寻宝故事串联龙虎山所有景点元素，并在关键情节和景点处设置游戏问题，由读者决定故事走向，直至完成探险，寻找到宝藏，将单纯的旅游观光变成一次主动参与的探险之旅。这种全新的阅读形式、深度的现实参与、自我定制的游览线路，《龙虎山密码》开启了一个全新的“游戏化”旅游体验方式。

（节选自央广网）

【案例分享】

皇帝和你玩新年

近年来，故宫一改平日里的高冷人设，在推出各种新文创产品之余，还玩起了讲段子。这场名叫“朕的心意”的快闪活动，在2018年2月2日到3月4日期间，撑起了三里屯的十周年庆典。海报上闪耀的几个大字，“朕偷溜出宫，和你玩新年”。玩味儿十足，也明确了本次活动的调性。这样可爱的皇帝你见过吗？由于是故宫第一次以线下体验店的形式面向大家，红墙黄瓦的宫廷风快闪店在一片现代建筑的包围下相当惹眼。

看到“朕实在不知怎么疼你”的水杯，好像在被暖男“四爷”悄悄关心着。“妃常暖”姜茶、“亭亭御栗”各种名字超特别的宫廷美食，浓浓的穿越感扑面而来！

最值得一提的当数网红曲奇——海错识物曲奇，这款曲奇的包装创意灵感源自故宫典籍《海错图》，配合鱼的颜色用纯天然植物配料做成五色曲奇。将传统典籍活化，把吃与学完美融合在一起，又能吃、又能学知识！

本次活动的负责人表示，大家非常热情，开店两天，就已经开始补货了！“大部分产品很快就被一抢而空，我们5号已经紧急补货了！”确实有不少人是来买年货的。

“正赶上过年，这些精心打造的中式糕点礼盒，大家看到了都十分喜欢。”

融合了故宫IP和时尚中心三里屯的双方资源，策划本次快闪活动的团队的用心设计，让大家玩出了一场全民穿越大狂欢！这再次刷新了人们对于故宫年轻潮流化的品牌认知，对于潮流商圈三里屯来说，也是借助传统文化提升自身品牌形象的尝试。简言之，平民百姓也能边逛街、边购物去了解历史，爱上历史！

三里屯总经理表示：“随着‘80后’‘90后’消费主力的崛起，消费观念和需求都发生了巨大变革，这种与文化IP的跨界合作，对推动商业地产运营升级和转型也是一种很好的尝试。”

在这种把时尚和传统文化秀到极致的活动中，连最一身正气的故宫都开始不甘寂寞，按捺不住自己了，赶着当下最新潮、最好玩儿的方式开快闪店了。一边普及年轻人对传统文化的认知，一边为故宫走出“紫禁城”做了一次完美转型。

三、流程设计（Process Design）

（一）设计仪式感

在当今感性消费时代，通过流程设计连吃饭都可以变成一件有仪式感的活动体验。流程设计需要仪式感，但仪式感不仅仅是一种形式，而是一种对过去的告别和给未来赋予一个新的意义。法国作家安东尼·德·圣埃克苏佩里的《小王子》一书中曾提到“仪式感就是使某一天与其他日子不同，使某一时刻与其他时刻不同。”仪式感对于生活的意义就在于用庄重认真的态度去对待生活，发现生活的乐趣。仪式可以加深我们对一件事情的体会和感受，仪式感对于提升旅游者的体验质量有着积极作用。一个没有集体仪式的旅游节日，称不上真正的旅游节日。如何营造出独特的体验仪式感，关键是要牢牢把握以下四点。

1. 审美化

首先是提升设计者自己的个人审美品位，然后是致力追求平凡生活的审美化。日常生活审美化这一命题是由英国学者迈克·费瑟斯通（M. Feather Stong）最早提出的，指的是审美活动超出所谓纯艺术、文学的范围，渗透到大众的日常生活中的一种文化现象。应用到旅游体验设计中，就是要以审美眼光来把握细节，通过注入情调和美感，将日常生活转化为别样的旅游生活。

例如，近年来大唐芙蓉园成了古城西安的一处超人气景区，每天上演的《大唐夜宴》实景演出更是受欢迎的品牌节目，为此，大唐芙蓉园专门设计了一场盛装迎宾入园仪式。

每天傍晚时分，在芙蓉园御苑门外，里三层、外三层围满了准备入园看《大唐夜宴》实景演出的购票游客。就在大家焦急等待的时刻，忽然鼓乐齐鸣，大步走出的皇宫司仪官高声宣布：皇上驾到！伴随着悠扬的宫廷鼓乐，盛装的“唐明皇”“杨贵妃”携一众唐宫俪人、文武百官、武士及番邦使臣，从御苑门内浩浩荡荡缓缓而出、翩然起舞。华丽的大唐服饰精美绝伦，从未见过的庞大仪阵让人惊艳。鼓乐戛然而止的一刻，这位气度不凡的“唐明皇”开始用抑扬顿挫的官方语调，声情并茂地宣读了一段诚邀天下游客入园同乐、共度难忘今宵的精彩欢迎词。这场声势浩大、气势恢宏的大唐迎宾仪式，彰显出与民同乐、礼迎四海宾朋的盛唐风范。其情之诚挚、表演之逼真，不禁让游客连连叫绝！这种梦回大唐的仪式，令每一位到访的游客都感到耳目一新，久久难以忘怀（见图 3–15）。

图 3–15　芙蓉国迎宾仪式

【设计分享】

小罐茶塑造生活仪式感

谈及喝茶，中国自古便有功夫茶泡法，茶道对茶器的使用极为讲究。而在快节奏运转的当今社会，传统茶具往往会在时间、工序上给我们造成困扰。如何在实用性与审美感之间平衡？2018 年面世的小罐茶 2.0 行政套，成为小罐茶茶具中很惊艳的一款。

行政套分香槟金和曜石黑两款，内含 1 个壶和 4 个口杯，无论是商务办公还是会客招待，总能找到它的闪光点。

1. 讲究的工艺

· 个性化瓷器和标准化的金属大面积、多部件拼接，传统与现代、实用与时尚无缝对接；

· 融合西装条纹和罗马柱元素的竖条纹杯身设计，加大了制作过程中上釉的难度，铸就了小罐茶行政套的独特时尚感。

2. 细节的完美

· 水坝式防漏水设计和70° 杯盖防滑设计，防止倒水时漏水或杯盖滑落的尴尬场面；

· 懂水性的“鹰式壶嘴”，真正实现出水汹涌澎湃、收水干净利落；

· 110毫升容量设计，避免茶水放凉，又能防止频繁加水打断聊天节奏，水量适中；

· 杯底嵌入塑料垫圈，防滑消音，消除刺耳杂音，享受安静的品茶时光；

· 杯碟相配，是传统茶具和西方现代茶具的巧妙融合，以独具仪式感的表现形式，打造独一无二的优雅体验。

生活需要仪式感，爱茶人心里，喝茶同样需要仪式感。一个恰当的时间，一杯好茶，配上讲究的茶具，多种场合自由切换。

闲时，与茶对话，了悟茶之真味；忙时，国事家事，品读茶的智慧。

---

2. 情怀化

从词义上解析，情怀一词可理解为：第一，古汉语动宾词语的倒装词。情怀即“怀情”。即“怀有真情”之意。第二，偏正词组。情怀 即“情之怀”。其中“怀”指“心胸”“胸怀”，因此是指“具有真情的胸怀”之意。总之，“情怀”一词的核心是“情”，正是因为有感情，所以才能感人。

所谓情怀，就是一种以人的情感为基础所对应的美好心境、情趣和胸怀。有情众生，皆具情怀，但并非人人都外显情怀。旅游体验所需要的正是能够让人感受到、触动内心的情怀。

今天的互联网创业公司常常将情怀挂在嘴上，让年轻人热血沸腾。而在旅游设计中，“情怀”却或多或少地被忽略，传统的快消式旅游带来的只是情感的缺失，设计师当应警醒。在旅游体验设计中不妨少些功利性，多用点心在设计中注入小情怀，即使那只是异想天开的梦想也罢，但这种发自内心的人文情怀会让每一个体验的游客找到认同感和归属感。

【体验观察】

小情怀，旅游中最重要的事——寄明信片

外出旅游，到一处特殊的地方买一张明信片寄给家人和朋友作为纪念，不仅让家人欣赏到当地美景，分享到你的快乐，更多的是感受到家庭成员的暖意和浓浓爱意。想象一下在旅游过程中，如果DIY一张极限明信片晒在朋友圈里，那将会为你的旅程带来很多有趣的回忆，一张极限明信片远比千篇一律的旅游景区“特产”更有纪念意义。寻找邮局的过程也是一场体味当地风土人情的独特旅程。这种体验是不是比下车—拍照—上车的旅游有趣得多呢？真正的旅行者都坚信：唯有自己制作的极限明信片的过程才是最重要的。

何谓“极限明信片”？极限明信片指用一枚明信片，在明信片图画一面贴一张同图案邮票，并在邮票和明信片上加盖相关邮戳制成。在制作时，极限明信片追求“三位一体”及明信片图案、邮票、邮戳三者具有相关性，从内容到形式，成为相互照应和补充的有机整体。简言之，就是明信片图案、邮票、邮戳都关于同一处景物。

1956年波兰人马利安·海茨斯基撰写的《极限明信片》专稿发表于《集邮》杂志，极限明信片这种新颖的集邮品种开始传入中国。1985年11月，在意大利罗马举行的国际邮联会议上，FIP专门为极限类邮集制定了相关的评审规则。这一规则的推出，让“极限明信片”的概念普及开来。DIY一张标准的极限明信片成为一件颇具趣味性与艺术性的活动。

如果下一次旅游途中，你能制作一张属于自己的“极限明信片”，你就一下子创作出了一份自己独一无二的旅游情怀记忆。

【体验观察】

那片海——当小情怀遇上大场景

在许多海岛型景区，上岛后的第一个仪式安排就是让游客在海滩自由放松一下，那些第一次见到大海的人往往禁不住大喊“哇，大海”。为什么很多人都爱看大海?

当小情怀遇上大场景，这也许就是大海的魅力吧。你凝视大海，大海亦还你以凝视。你其实从大海看见的是你自己，这就是大海与你共情的魔力。有了大海这更开阔场景的拥抱，个人的一切微小痛苦都会迎刃而解，于是“海阔天空”、荣辱皆忘。当伤心欲绝的时候，就会去听“海哭的声音”，当一个人的烦恼有了大海的共鸣，将每一滴眼泪稀释到万顷的碧波，仿佛不再孤独无助了。因为每一处涛声都是陪唱的安慰；每一处月光倒影的闪动，都是大海温柔的眼神。

你越看大海，就会越喜欢上海的雄浑壮阔大气和天地变色于前兀自波澜不惊的淡定。大海展示的就是每个人都希望达到的武林高手的至高心境“我想我是海，心随轻风摆”。

在心情明媚灿烂的时候，陪我看最美的大海，轻轻地哼唱，将快乐加倍放大。就像歌曲所言——“我要你陪着我，看着那海龟水中游，慢慢地爬在沙滩上，数着浪花一朵朵”。

不论任何情绪，我们都能找到和大海共鸣的歌曲；无论何种情境，都有见大海的冲动。幸福很简单，就是看看海，感受放松，宁静以致远，在海边发呆，让小情怀与大场景互动。

3. 个性化

个性化，顾名思义，就是非大众化。在大众化基础上增加独特、另类、拥有自己的特质，有时也称定制化，指为适应特定个体而提供的服务或产品。

在仪式设计上，就是从场景和行为上体现出个性化，以独具一格的个性打造出与众不同的效果，甚至有意将程序设计得很烦琐，让人留下强烈印象。

在这个感性消费时代，有时候能博人一笑的趣味也是一种个性，唯有个性化的体验才可以进入消费者的心灵地图并占据制高点。

【案例分享】

耍酷的另类换岗仪式

去台北旅游的朋友，有一个必去体验旅游项目，那就是参观中正纪念堂，而中正纪念堂的卫兵换岗仪式就是一个必看的经典旅游项目。卫兵换岗交接前后持续15分钟，表演性和仪式感极强！

交接仪式开始之时，帅气十足的一组卫兵出列，卫兵头上都高高顶起一顶锃亮如镜的不锈钢盔，身穿七分裤，似乎是有意露出足下蹬着的那双锃亮的高帮皮靴，黑皮靴系着的粗大鞋带白得十分刺眼，靴底还特意安上了一走动就咔嚓咔嚓发出声响的铁钉，这靴子时尚得让人无法联想到它是军靴。卫兵的整个装束镶上了不少银光闪闪的装饰，与深色军装反差极大的白色腰带也是显得十分夸张。行进中的卫兵每次都先高高迈起腿，然后再缓缓放下，一停一顿，再配上皮靴铁钉的咔嚓声，卫兵的飞踢腿极富节奏感和观赏性。

最酷的还是卫兵换枪的动作，卫兵手中的那支长枪更像是一个丝毫不具杀伤力的武器的表演道具，卫兵们把手中的长枪舞得如轮子般飞转，然后几个干净利落的转换，便把长枪直直地立到身前，动作整齐划一。卫兵耍枪的动作如此娴熟，个个犹如杂技高手，整个换岗仪式令人叹为观止！

【案例分享】

我和草原有个约定

2019年12月22日，随着发车号令响起，“呼伦贝尔号”草原森林旅游列车发车仪式正式启动，列车长鸣一声汽笛，载着首批100余名乘客，迎着灿烂的朝阳驶向呼伦贝尔大草原。

该项目借鉴国际旅游列车成功的运营经验，依托广袤辽阔的呼伦贝尔草原、森林等资源优势，改变了以观光旅游为主的旅游方式，融旅游观光、餐饮住宿、休闲娱乐、线上线下互动于一体，为游客提供了高端、优质服务和旅行度假体验。

全车共16节车厢，有高级商务车、商务车、高级软座车、软座车、文化沙龙车、列车幼儿园、风味餐车、列车超市、多功能车等多种车型，满足了游客个性化、差异化的需求。列车先行线路为海拉尔—阿尔山—满洲里，线路全长453公里，行程四天三晚，途经完工站、巴日图站、阿尔山北站、满洲里站、海拉尔站。游客可在白音哈达草原景区体验冬日冰雪运动的乐趣，在诺干湖静谧营地感受草原深邃幽静的美丽景色，在阿尔山国家森林公园欣赏草原森林相拥的奇观神韵，在满洲里体验异域风情、欧亚风尚，全程有呼伦贝尔自然纯正、独具特色的美味相伴，有丰富多彩、魅力十足的草原歌舞文化相随，游客可以一边品着浓郁的奶茶，一边欣赏着沿途的草原森林美景，精彩的呼伦贝尔体验之旅——“我和草原有个约定”正由远及近跃然眼前。

---

4. 神圣化

神圣意味着崇高、尊贵，庄严而不可亵渎。所谓仪式的神圣化就是通过符号象征，尽量凸显仪式的庄严感和崇高意义，尽可能使仪式远离世俗功利，最终让体验者以仰望形态参与。

近年来央视王牌文化娱乐节目《经典咏流传》广受好评，这档节目让人眼前一亮的是，在“时空穹顶”舞美之外，真正原创出来了一个让现场观众可佩戴的心形装置，它将“心动”做了一种惊喜感、悬念感、仪式感合一的外化呈现。在歌手演绎歌曲的过程中，场内观众可以即兴点亮胸前红心，时刻表达他们对歌曲的喜爱，大屏将所有红心汇聚在一起，寓意着对经典流传激情的累积；而场外观众则通过微信“摇一摇”实时分享，不断叠加心动指数，荧屏内外共同发起一次又一次对经典的致敬，这种做强互动的节目设置，使得每一首歌曲都有不低于千万人次的人群进行跨屏交互，实现了季播综艺的媒介融合创新。

仪式感是对生活的重视，它把一件单调普通的事变得不一样。一个人的早餐可以在地铁上嚼包子解决，也可以早起慢慢准备，铺上你最爱的蓝白格子餐垫，精心挑选的餐盘里每一个水果的摆放都恰到好处。《蒂凡尼的早餐》里，赫本身着小黑裙，优雅地吃着可颂的样子真美！总之，仪式是会让平凡日子发光的魔法，是我们对庸常生活的超越。

仪式感尽管没有实用功能价值，但有突出的精神价值和体验价值。旅游体验中的仪式感就是要制造客我互动，让用户来完善产品、用户创造内容。多数仪式可以成为文化体验产品，如黄帝祭典、苗寨迎接客人的拦门酒、侗族的鼓楼议事、施洞的姊妹节等。日本人特别重视仪式感，他们见面时的深深鞠躬，他们的怀石料理和柔道，让人感受到一种自控和庄敬的力量。仪式类产品做得最成功的应该是迪士尼每天两场的飞天巡游，游客的投入程度和获得的体验感、满足感是其他很多产品难以企及的。

【案例分享】

登长城的好汉证书为何贬值?

有一年的夏季，我和家人来到京郊，准备攀登 ×× 长城，望着一路蜿蜒向上、看不到尽头的长城，开始在内心犯怵了，这登顶往返恐怕得花上 2~3 小时了。

正在我们一家琢磨着准备选择登长城的入口之时，广场边一家经营部的服务人员过来搭讪："要办证吗?"，我一愣，怎么办证的都办到长城来啦? 一打听原来是办"不到长城非好汉"的那个"好汉证"，每个证书开价 50 元，我不由得佩服起如今的商人真是嗅觉灵敏！我仔细翻看这个"好汉证"证书，一张 A4 纸张大小的卡纸，上面赫然印上"天下第一证书"几个大字，还有伟大领袖毛主席龙飞凤舞草书的那句著名的豪言"不到长城非好汉"，下面是留白的办证好汉姓名及办证时间的钢印处。说实话，这个证书的设计还算不错，让人真有几分动心。

我随意地问了一句："好汉证书什么时候可以办?"，不料那位服务员不假思索地飞快答道："随时可以办！"我不禁来了兴趣，想一探究竟，便调侃道："不登长城，可以办一个吗?"对方语气很肯定地回答："可以，价格加倍！"我顿感"长城好汉证"一钱不值、索然无味，刚才还对"好汉证"持有的最后那一丝好感也烟消云散了！

评析："长城好汉证"本来是一个非常具有创意的仪式体验设计文创产品，但现场的销售人员急于求成的简单粗暴推销，彻底毁灭了游客心中那个神圣的向往。"长城好汉证"办证应坚守严肃、严格的流程，只有真正登顶长城者才有资格办证，而且，还应采用一定的仪式授予办证的好汉。"长城好汉证"这一特定仪式还需要让参与者（办证的好汉）不断回溯和建立持续的感情连接，例如"长城好汉证书"应每年回访办证的好汉，后期不断跟进，以便持续产生价值流。

（作者根据个人体验经历整理）

【案例分享】

虹夕诺雅的入住仪式感

京都虹夕诺雅酒店位于京都近郊10公里外的岚山，是一处历史悠久的度假胜地。山下有一条大河名大堰川，河上有一座日本平安时代就闻名的渡月桥。酒店是由岚山古村改建而成的，有效利用了山谷地形空间建造，是现代风格与传统日式旅馆的完美结合，仅有25间客房，堪称小而美。从渡月桥乘船逆流而上前往虹夕诺雅酒店所在的大堰山，一路上穿越重峦叠嶂的枫树，沿溪谷而建的虹夕诺雅会映入眼帘，经历岁月洗礼的客房主梁、木扉、檐下、廊轩充满老房子独有的古韵。

在进入酒店之前，住客乘船行进溪谷中，会不由自主地沉醉于两岸的醉人风景，顿忘烦忧。船到一处幽境的码头登岸，此刻，酒店员工已在码头恭迎多时，并致以鞠躬礼。在你登岸进入虹夕诺雅地界的瞬间，你能体会到那种与外界隔绝的幽玄。

每当有新客人入住酒店，服务人员就会击缶相迎，随着悠扬的音乐，开始体验日本的传统文化，闻香、水边品茶、花道、和服体验、念经坐禅。

需要提醒的是，仪式并不等于仪式感，“仪式”之能够成为“仪式感”的关键在于参与者对仪式的认同感、带入感。否则整天被挂在嘴上的所谓“仪式感”就空洞得只剩下了只有仪式的形式主义了。

（二）再造心流程

用心创意，从体验者视角重新审视，再造一个全新的能够打动游客“心”的流程。体验流程再造是指从顾客感受出发，对体验流程进行根本性的重新思考和分析，通过对流程的构成要素、感受细节进行重新组合，设计创造出让体验者更具愉悦感、留下深刻印象的效果。一切的关键就是从心出发、匠心设计，最终打动人心。

1. 全链印象塑造

从体验开始的第一印象到结束之时的最后印象，要进行全链条的印象塑造。借鉴业已成熟的企业形象识别理论（CI），可以构建体验印象识别的EII理论（Experience Impression identity），全链条的体验印象包括以下三个层面：

理念层——价值体验识别，是指一个旅游地独特的文化个性与价值观等，这是旅游地EI设计的起点，需要借助体验中的互动行为设计和感觉塑造加以具体化。

行为层——互动识别系统，是指旅游地价值体验识别的具体化，主要表现为旅游地与游客之间的互动行为。这需要对服务者的行为进行规范化，并通过必要的培训和授权，使与游客直接接触的一线员工更具灵活性，适应千变万化的服务体验的场景。

感觉层——五觉识别，是指游客能够直接感知的视、听、嗅、触、味五种感觉。

2. 体验氛围营造

体验氛围需要通过体验主题加以营造，以激发体验者的认同与共鸣、提升其精神感知价值。故体验氛围的主题要强化再强化，并一以贯之，执行到底。

氛围营造是依托特定的体验场景而展开的，而场景的本质是对体验者时间和空间的占有，但更重要的是体验者心理场景，即游客心里如何看。从“心理场景”视角来探寻如何塑造有品质感、氛围感的用户体验，将为创造颠覆性的体验产品寻找新的可能方向[①]。

3. 接触细节设计

在传统的服务满意度研究中有一个非常重要的概念叫作关键时刻（Moment of Truth）[②]，就是指服务者与顾客面对面接触的时刻，直接决定顾客的满意度。相关研究揭示：每位顾客接受服务的过程中，平均会与5位服务人员接触，平均每次接触短短15秒以内，综合起来就决定了整个企业在顾客心

① 本部分具体内容，请参看本书第二部分“感知诱导”中的“场景营造”详述。

② “关键时刻”与具身体验理论中的“阈值”一词的内涵非常接近。

中的印象。因此与顾客接触的每一个时间点都是关键时刻，它从服务人员的 A（Appearance，外表）、B（Behavio，行为）、C（Communication，沟通）三方面着手。这三方面给人的第一印象所占的比例分别为外表 52%、行为 33%、沟通 15%，是影响顾客忠诚度及满意度的重要因素。

为此，要提升旅游者的体验愉悦感知满意度，旅游企业就应针对与体验者接触的所有细节，进行视、听、嗅、触、味五种感觉的细节设计，务求精益求精，触动体验者内心①。

【设计分享】

细致入微，黯然销魂

在业界被奉为传奇的特色餐饮企业——雕爷牛腩，本着“把一种食物探索到细致入微，雕琢出大巧大拙”的理念，追求“无一物无来历，无一处无典故”的极致。2015 年推出了令食客叫绝的“黯然销魂饭”，流程重新设计后的雕爷牛腩不仅改进了菜单，更是将用餐中可能涉及的全部细节一一精心打造。

1. 独特岗位——CTO（首席体验官）

好的餐厅有三要素：口味、环境、服务，相对于前两者，服务的改进空间是无限的。鉴于此，餐厅 CTO 会以顾客角度去感知餐厅服务，不断反馈顾客意见和改进服务，并有权为顾客喜爱的甜点和小菜免单。以求道之态度做一碗牛腩，并给予顾客饕餮之外的惊喜与感动。

2. 动态菜单——常变常新

雕爷牛腩的菜单设计出色，顾客只需按顺序点单：选主菜，再选前菜和汤品，最后选甜品和酒水。在雕爷牛腩，顾客还可以决定菜品去留，评分较低的菜品会被逐出菜单。同时菜单按照一月一小换、一季度一大换的节奏动态更新，根据时令为顾客打造最新鲜的味觉体验。

3. 特供茶水——汇聚天下

雕爷牛腩餐厅免费为男士提供西湖龙井、冻顶乌龙、茉莉香片、云南普洱四种茶水。味道从清到重，颜色从淡到深，工艺从不发酵、半发酵到全发酵。而女士在餐厅则能同时免费享受到洛神玫瑰、薰衣草红茶、洋甘菊金莲花三种

---

① 本部分具体内容，请参看本书第二部分“感知诱导”中的“五觉设计”详述。

花茶，分别有美目、纤体和排毒之功效，且可无限续杯。店内饮水则是“斐济”（FIJI Water）和“盛棠”（Saratoga Spring Water）……

4. 定制米饭——全球精选

食神咖喱牛腩所配送的米饭有三种：（1）日本越光稻，日本国宝级大米，号称“世界米王”。雕爷牛腩选用了在丹东移植的越光米，口感柔美幼滑。（2）蟹田糙米，这种米不施人工肥，纯靠稻田、螃蟹形成生态循环。糙米因为不深度加工，保留了更多营养物质，口感粗犷质朴。（3）泰国香米，泰国几千年水稻种植史上的骄傲，这种拥有特殊茉莉香气的长粒米和牛腩混合后，口感独特。米饭可无限量免费续添。

5. 专用筷子——筷乐惊喜

雕爷牛腩所用筷子甄选缅甸“鸡翅木”，上面激光蚀刻“雕爷牛腩”logo，这些全新的筷子未曾被他人使用，用餐完毕后套上特制筷套，作为礼物送给用餐顾客。

6. 神奇钢刀——千锤百炼

雕爷牛腩还专门研发了世界第一昂贵的中式菜刀。这种由大马士革钢（乌兹钢锭）锻造的刀身拥有海涛般美丽纹理——古称“穆罕默德纹”，为何这种具有吹毛断发奇功的大马士革钢刀具更适合切牛腩？答案在纹理：在显微镜下，这纹理居然是由无数小锯齿组成的。所以在切割生牛腩时，配合“滚刀法”切割，行云流水，得心应手。

7. 相见太碗——得心应手

雕爷牛腩为这碗牛腩面，还发明了一款专利“碗”——上方很厚重、很粗糙，端起来手感极好，对着嘴喝汤的三分之一，则很薄、很光滑。为了方便卡住汤勺，在八点二十的位置，专门开了一个拇指斜槽，端起来喝汤时，勺就不会乱动。这只碗的大小、薄厚、功能，盛放别的食物，十分别扭。但吃鲍鱼骨汤牛腩面，则得心应手、舒适无比。换句话说，这碗面也只有放在这只碗里，才能呈现最佳状态。

8. 公主铁锅——伏魔传奇

炖牛腩的锅，是雕爷牛腩申请的专利发明（为此至今网络上难见其实物照片），并且还亲切地给锅起了个外号“铁扇公主”，因为牛魔王最怕的就是她，这是降伏牛魔王的法宝。

雕爷牛腩的首席顾问——号称香港食神的戴龙曾说，“一个真正的好厨师，考验的不是用名贵食材炫技，恰恰是最平凡的食材，做出淳朴而又令人心醉的味道，应该是吃完之后，数月乃至数年过去，食客还能念念不忘的味道……”

4. 逆产品化思考

“逆向工程”本是一种产品设计技术再现过程，即对一项目标产品进行逆向分析及研究，从而演绎并得出该产品的处理流程、组织结构、功能特性及技术规格等设计要素，以制作出功能相近但又不完全一样的产品。

借鉴以上“逆向工程”的思路，体验设计中的逆产品化思考就是：从体验者最终所需要的功能结果出发进行逆向推导，将有形的具象化产品逐渐分解为无形的体验产品。也就是解构有形产品，建构旅游体验。

例如，游客需要购买一只瓷器带回家，我们就需要进行逆产品化思考，将其还原成“一只瓷器”的制作过程（练泥—拉坯—印坯—利坯—晒坯—刻花—烧窑）以及与此相关的心灵体验。再如，从乘坐飞机这一服务产品逆向思考，我们可以走到航空服务的背后，走进驾驶舱，模拟体验一把飞行员的感觉、空乘服务人员（空少、空姐）的工作经历，由此设计出飞行体验。

逆产品化思考需要结合对体验者内心需求的洞察，开发出针对性的核心体验产品，并逐渐营造出与核心体验相关的体验氛围，最终构建起一个感受丰富多彩的完整体验产品链条。

【案例分享】

走进龙井深处，春天问茶到杭州

在龙井茶名扬天下的今天，来一杯龙井茶已属平常之事。龙井本是浙江杭州市郊的一个地名/泉名，龙井茶有“狮、龙、云、虎”四大品种区别，其中以产于狮峰的老井品质为最佳。龙井属炒青绿茶，叶扁，形如雀舌，光滑、色翠、整齐。特别是清明前采摘的“明前茶”、谷雨前采摘的“雨前茶”，叶芽更为细嫩，冲泡以后，嫩匀成朵，叶似彩旗，芽形若枪，交相辉映，所以这种茶又叫“旗枪”。

近年来，茶旅游渐渐兴起，茶旅游热背后的原因就是：对于生活在‘钢筋丛林’里的城市人来说，茶农采茶、拣茶、炒茶的体验过程，充满了田园气息和生活意趣。且让我们走进杭州龙井深处，全程体验一下龙井的采茶、制茶、品茶细节。

采茶：春日采茶，和美丽的采茶姑娘们一起身处青山绿水间，头戴斗笠、身背茶篓，然后再亲自体验一番炒茶的过程……仿佛世外桃源其乐融融的景象，采茶乐趣，令人心怀向往。

龙井茶的采摘颇为讲究，地道的龙井茶只能采其“二叶一芯”部分，如茶中掺有“三叶一芯”，品质就难以保证。要准确地采摘这小小的“二叶一芯”，得讲究眼手配合，龙井茶考验的就是指尖上的功夫。

炒茶：龙井茶必须新鲜炒制，不能隔夜，炒茶时的温度要随着茶叶本身的干湿度的变化而变化。掌握火候对炒茶来说是一道关键工序，火势要猛才能保持茶的清香，但火势过猛，又会使茶叶焦黑，影响质量。特别注意的是，炒茶不能用冷锅炒制，这样会使茶叶卷缩。另外，在炒茶过程中的“揉茶”的方向是顺揉还是逆揉，必须根据茶叶的状态决定。

品茶：冲泡龙井茶要用清泉或经过净化处理的纯水。将水煮沸后，要等其降至80℃才能将茶叶放入冲泡。泡茶最好用透明的玻璃茶具，冲泡时茶具不能加盖。品茶时应先闻其香、后尝其甘，味道最佳的是第二道茶。其汤色明亮，滋味甘美。鲜嫩的茶芽，在80℃的温度下加工，要保持茶叶的颜色、香味和美观，使每片茶叶都能达到“直、平、扁、光”，堪称特种“工艺茶”。一斤特级狮峰龙井的茶芽每株达36000个之多，冲泡后茶汤为淡绿色，有浓郁的豆花香，下咽后韵味强劲悠长，从咽喉处涌出甘甜。

在龙井茶乡品茶必须去老街。老杭州人都知道，只有河坊街的太极茶道，才是全国著名、讲究的真正老字号茶馆。中国仅有的两位茶状元都是这家老茶馆的当家管家，雨水泡茶是其独特之处，“茶状元”的手、眼、口真功夫令人眼花缭乱、叹为观止。每天，国内外慕名而来的茶客嘉宾络绎不绝。老茶馆的七八百平方米博物馆可谓精彩至极，里面陈列着各种古代茶器、茶叶和茶馆历史图片，许多陈列品还是国家级珍贵文物，让人大饱眼福。

四、价值植入（Vaule Implanted）

（一）构建价值空间

构建价值空间的目的是实现商业与旅游体验场景的和谐匹配，无突兀违和感，并且借由场景呈现，突出核心产品或资源的体验感受，并变现商业价值。

1. 价值链分析

价值链概念由迈克尔·波特（Michael E. Porter）于 1985 年首次提出，并于 1998 年进一步拓展为“价值体系”。他将企业价值创造过程分解为一系列活动，并将其称之为“增值活动”，其总和即构成企业的“价值链”。

从商业价值实现的终极目的看，在追求游客体验愉悦感之上，旅游景区设计还需要以创造“价值空间”为核心目标，将游客需求、空间利用、商业价值、生态关怀、技术应用、人性化生活、艺术审美等多方面诉求，通过场景设计手法加以协同和融合。兼具东方人文传统与西方商业价值观，洞察空间规划、场景设计、体验细节与经营者之间多方利益诉求的平衡。

旅游体验价值链分析需要设计者在洞悉旅游世界游客行为奥秘的基础上，将视角延伸到“价值变现”上，梳理出体验流程的商业运营逻辑（见图 3–16）。

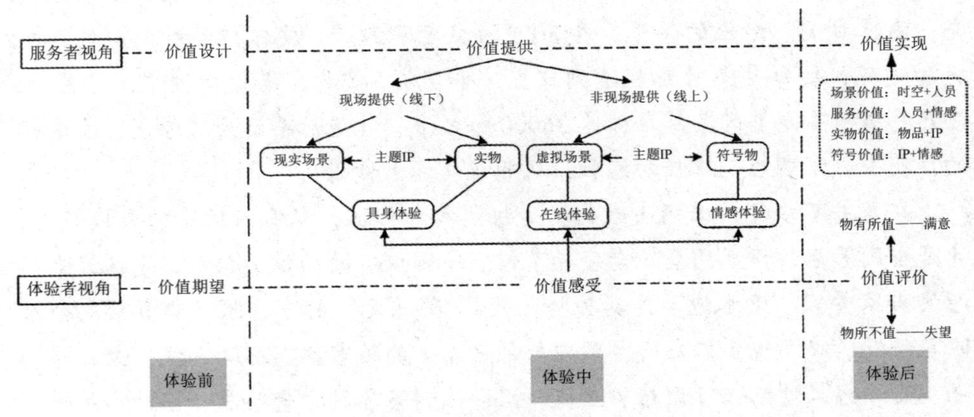

图 3–16　旅游体验的价值链分析

2. 商业价值

对于体验经济而言，最主要的商业价值来自体验 IP（Intellectual Property）。

IP即知识产权、独特识别物。对景区来说，体验IP是景区体验给予游客的形象认知及其后期商业价值拓展的原点。独特的景区主题经过专业化设计，可以打造成为自身特色IP，通过旅游体验活动，会进一步将该IP逐渐植入到游客心中，从而建立IP共鸣和品牌认同（见图3–17）。

图3–17　旅游行业IP的商业应用

IP需要具有足够的延展能力及消费迁移能力。旅游目的地IP可能是一个故事、一个虚拟形象感觉，它的界定标准在于是否能赋予一个旅游目的地独特的商业生命力，为其拓展衍生价值空间。例如我们提到丽江，就会想到发呆、艳遇、放松，就会在脑海中跳跃出一米阳光，懒洋洋的猫，有故事的老板娘，陌生人的酒吧和歌手，它赋予旅游景区独特的体验格调和生命力。

随着旅游群体的大众化，旅游体验的品质化，用户对旅游的体验消费、精神消费的要求也越来越高，因此，在面对旅游者个性化消费、情感消费日益强烈的情况下，代表着旅游文化气息与精神魅力的IP便应运而生了。相比传统旅游，IP旅游极大地丰富和完善了旅游产品的内涵及价值，IP旅游不同于传统旅游依靠基础设施投资建设景区、营造景观以获取投资收益，而是通过文化创意转化为旅游产品以获取文化附加值以及良好的综合效益。

拥有IP就具备了互动的粉丝基础，对旅游项目的营销起着倍增的作用，对旅游项目的打造以及旅游产品传播度的拓展，都有着无可比拟的优势（见图3–18）。旅游IP可以连接一切，游戏、图形、音乐、文学、视频都是可识别数据。IP意味着大量数据、客户群及流量，因此就具备了商业价值。

粉丝需求层次：互动感使流量得以变现，梦想感是运作的最高目标

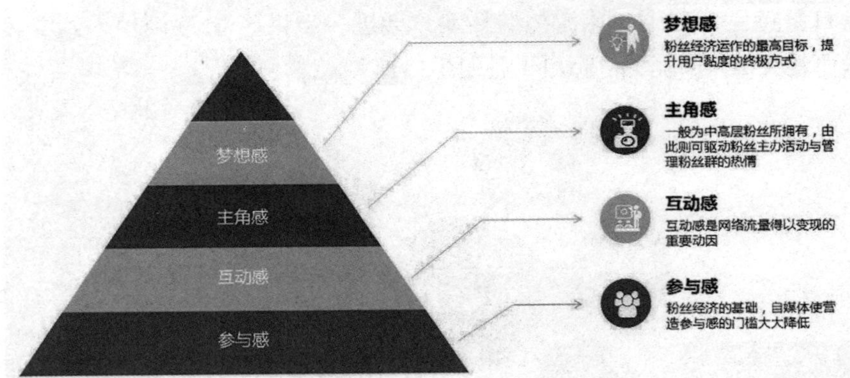

图 3–18　粉丝需求的层次

【案例分享】

欢乐海洋体验背后的 IP 商业故事

2018 年 1 月，国际娱乐巨头默林娱乐旗下上海长风海洋世界携手火爆全球的动画 IP《汪汪队立大功》举行了一场神秘而充满童趣的“欢迎派对”。小朋友们不仅能够和自己喜爱的汪汪队亲密接触，更能够化身“小勇士”，在长风海洋世界零距离地探索海底世界，踏上保卫海洋立大功的探险征程！此次，长风海洋世界引进全球著名 IP“汪汪队立大功”是强强合作，其宗旨是为更多家庭提供寓教于乐的创意互动体验，在玩乐中带领小朋友们收获知识和勇气，成为有责任心和充满爱的小英雄。

不同于传统的亲子 IP 合作，长风海洋世界围绕海洋知识和馆内体验，精心为小朋友们编织出一个充满幻想和童趣的“海洋城”故事：在长风海洋世界这座欢乐的“海洋城”里，居住着鲨鱼市长、海马秘书和各类海洋生物居民，超级明星汪汪队加入“海洋城巡逻队”，成为“海洋城”的正式守护者。在沉浸式童趣场景中，小朋友们能身临其境探索海洋奥秘，激发想象力和好奇心。在接下来的 6 个月，汪汪队还将带领小朋友在奇妙海洋世界中完成更多丰富刺激的主题任务，开启精彩美妙的海洋探险之旅！

活动当天，在“海洋城”鲨市长的热烈欢迎下，“海洋城巡逻队”队员的小朋友激动地来到长风海洋世界艺术水族馆，精心布置的“海洋城巡逻队欢迎派对”现场让他们个个热情高涨！在掌声和欢呼中，汪汪队明星成员——超级特工“毛毛”和火中急救能手“阿奇”登场亮相。默林娱乐中国区总经理向汪汪队和小朋友们颁发了“海洋城巡逻队”认证牌和任务卡，海洋城第一期巡逻队正式成立。

在现场工作人员和汪汪队带领下，“海洋城巡逻队”通过设置在水族馆内不同区域的 7 大任务，完成了第一次巡逻体验！在“触摸星地带”主题区，小朋友像超级特工“阿奇”一样勇敢，亲手触摸海星；在“海马王国”和“企鹅乐园”主题区，大家能够看到像“毛毛”一样有责任心的海马爸爸、企鹅妈妈是如何保护孩子的，从小懂得“责任”的意义；在“深海秘境”主题区，小朋友认识了和“天天”一样聪明智慧的海洋生物——鹰嘴鱼和水母；维修能手“灰灰”在“世界热带雨林”主题区带领小朋友学习海洋环保知识，树立“回收利用”的环保理念；在“鲨鱼甬道”主题区，“小砾”带领小朋友用好奇心观察世界；在“与鳐共舞”主题区，他们了解到鱼医生如何帮助大鱼处理皮肤细菌；最后，在“缤纷珊瑚带”主题区，小朋友们还学习到团队合作的重要性，通过团结协作，在印有汪汪队形象的画纸上涂满缤纷色彩。

汪汪队将和海洋世界里种类繁多的海洋生物们一起带领小朋友通过精彩有趣的互动体验，零距离领略不一样的海底魅力。除了精彩刺激的海底体验之外，长风海洋世界与汪汪队还为小朋友们带来了特别的惊喜！在精彩的“海洋城巡逻队欢迎派对”开始前，幸运小粉丝们受邀来到精心准备的“汪汪队抱抱会”现场，与汪汪队来了一场“爱的抱抱”。热情的小朋友们环抱着他们最喜爱的救援英雄兴奋不已，场面温馨可爱。

作为长风生态商务区文化旅游板块的重要构成，上海长风海洋世界还将进一步紧密携手默林娱乐集团旗下的另一著名 IP 景点——上海乐高探索中心，精心打造一站式亲子创意乐玩共享空间和科普教育联合空间，满足更多家庭对于高品质亲子休闲体验的追求。

（根据“上海长风海洋世界”官网资料整理）

（二）衍生价值变现

1. 线下变现

旅游体验本质上是具身体验，必须亲临现场，才能获得真实的感受。因此，衍生价值的线下变现，其实主要就是现场体验和消费，包括现场实景观看和增强现实的 VR、参与互动活动、现场购买文创产品等。

由于旅游现场消费的非惯常环境特点，加之追求愉悦的非理性，游客在体验现场的消费决策往往具有一种冲动性。只要体验感足够好，商业价值的变现效果会意想不到的好。企业唯一需要做的，就是提前规划设计好与体验高度契合、具有特色 IP 的旅游文创产品系列。

2. 线上变现

依托特色主题 IP 和体验的口碑，企业还应构建起自身的线上商业生态圈，包括淘宝、虚拟社区与社群，并进行线下与线上整合的导流，将流量转化为 24 小时全天候的消费。

【案例分享】

航空体验，从天上到网上

深圳航空自 1992 年成立以来，经营着国内外航线 220 余条，并根据旅客出行及城市特色，以换季更新、特色独飞、深航快线、纵享国际四大类别，提供具有深航品牌特色的航线产品。

近年来深圳航空将关注视角重点转向客户体验，为此推出三大服务体系：首席客户经理、高端客户社群服务和深航客户体验官。

· 首席客户经理：一对一服务高端客户，为高端客户提供定制化、个性化出行保障。

· 高端客户社群服务：为高端客户打造了一个网上交流平台，在提高客户服务质量的同时提供更多的延伸服务。

· 深航客户体验官：来自会员客户，定期深度体验深航服务，并提出合理化建议，已成为深圳航空的智囊顾问，参与到产品及服务体验的设计、改进优化中。

深航为能够更贴近旅客，倾听旅客心声，2018 年举行了一场声势浩大的大型体验营销活动——招聘“深航客户体验官”，此次招聘前后持续 3 个月，吸引了数万名会员关注和近万名会员报名。

最后，深航从报名的会员俱乐部“凤凰知音”会员中，经过多轮竞赛最终选出 30 名体验官。随后，这批“深航体验官”在接下来的两天，深度参观了深圳航空公司的运营总部。

· 参观深航营运中心 / 应急指挥中心：了解航班正常运行以及紧急情况操作，感受精六“快速响应”理念，提升企业及部门危机防范意识和应急措施的设计能力。

· 参观机组准备室 / 乘务准备室：了解飞行前准备工作，感受精六“目视管理”及“标准作业”的理念。

· 参观体验模拟机 / 模拟舱：了解飞机训练设施的维护保养工作，感受精六“降低成本”的理念。

来自深航会员俱乐部“凤凰知音”的这批体验官，怀着激动的心情从航空公司的前台乘客来到了神秘的后台，第一次以第三方的视角，如此近距离地深度体验了深航运营的各环节，他们为深航的服务细节和严谨管控深深折服。与此同步，深航的高端客户社群平台还对此次活动进行了在线直播，与会员进行了深度互动，反响强烈，一时吸粉无数。

此次，深圳航空通过与客户深度体验互动的方式，极富创意地将天上的航空体验搬到了地面的基地，在收获好评和广泛关注的同时，然后又及时地将流量无缝对接地导流到网上社区，进一步巩固和扩充了会员群体，其商业价值空间的腾挪变换如此精妙。

（改编自深圳航空官网）

【案例分享】

故宫全方位体验产业链

北京故宫被誉为世界五大宫殿[①]之首，是国家5A级旅游景区。近年来故宫在文旅融合创新方面进行了积极创新，体验经济开展得风生水起，赢得了广泛赞誉。

为进一步让帝王走进百姓家、融入信息化时代，2017年12月底故宫与专业团队联合开发了多款与故宫体验相关的电子终端皮肤表情包，并在故宫主页上开辟了“遇键故宫”的皮肤表情专区。如反映清代皇帝一天十二个时辰生活的“皇帝的一天”、表现宫苑女子闲适生活情景的“胤禛美人图”等，目前已有数十万次下载量，也就是说至少在数十万台电子终端（电脑、手机、平板）上运行着，昔日高高在上的皇帝时刻陪伴在我们身边。

结合当今快节奏时代，故宫还借助“快闪店”这一新奇体验模式推出了简略版故宫文创体验。2018年春节，故宫的首家线下快闪店——“朕的心意”快闪店出现在北京三里屯。还正大光明地以“朕偷偷溜出宫啦”的旗号昭告天

① 北京故宫、法国凡尔赛宫、英国白金汉宫、美国白宫、俄罗斯克里姆林宫。

下，店中有“网红”款故宫日历、故宫胶带等文创产品，还有贴近生活实用的海错拼图、故宫元素水杯、首饰以及“朕的心意”系列故宫食品，引得无数游人纷纷驻足，流连忘返体验……随着线下体验需求的激增，2019 年故宫文创快闪店首次进入深圳，开在了世界之窗对面。快闪店让故宫文化“走出宫殿”，一方面让故宫文化贴近百姓生活，让人们在逛街娱乐中轻松感受文化魅力；另一方面快闪店还让游客进行了有趣的文化互动体验，感受和传播了传统化。

2018 年，还专门推出了中国首档聚焦故宫博物院的文化创新类真人秀节目《上新了·故宫》第一季、第二季，彻底打破了大家对故宫的刻板印象，“零距离”走进公众视野。突破性地将故宫未开放区域呈现在观众面前，透过“故宫兄弟”这组代言人徜徉故宫，来探索故宫的历史秘密，破解文化密码，寻求历史和文物的“前世今生”，并从中获取新的灵感。《上新了·故宫》牢牢把握着当今文创潮流走向。

2019 年 2 月 19 日（正月十五），故宫正式启动了“紫禁城上元之夜”观灯活动，当晚 3000 名观众（其中包括 500 名网络抢位成功的“天选之子”）在灯笼的引导下经由千米城墙穿越火树银花的故宫。此次活动还进行了网络直播，多达千万级的场外游人通过“云观宫灯”这一在线方式体验“紫禁城上元之夜”盛况。从梦中照进故宫的是重檐之上的历史月光，而点亮故宫的还有一束束现代激光。支撑紫禁城上元夜这种高水平激光灯光秀需要专业的文旅光科技，目前景观亮化这一市场规模已达千亿元级。

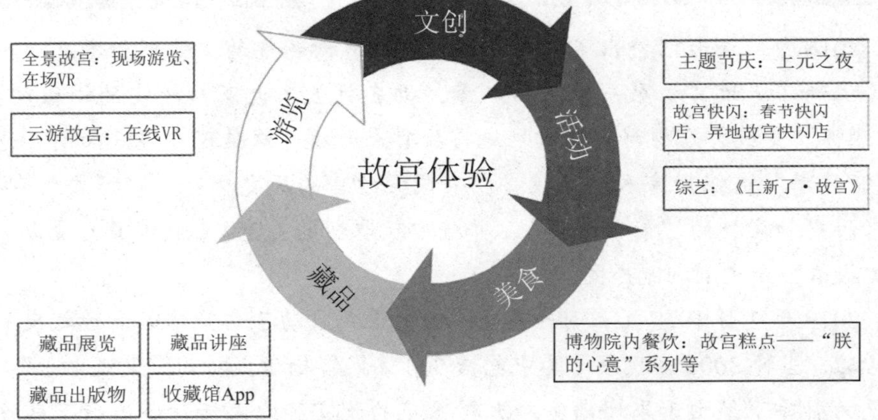

不断进取、开疆拓土的故宫，从线下到线上、从现实到虚拟、从有形实体到无形 IP，故宫已经构建起一个庞大的全方位体验经济商业帝国，2017 年产值已经突破 15 亿元人民币，超过了国内 1500 家 A 股上市公司的收入。

故宫的体验经济，从白昼到入夜，从四季到全年，从未落幕……

第四部分　旅游体验设计实践

本部分采用旅游体验设计能力五要素和 TPPV 设计模式，全面解析了旅游体验设计七个操盘案例，通过项目的市场检验，我们能更好地理解和掌握旅游体验设计的精髓。

一、神鲵出天山

（一）案例引入

1. 喀纳斯的启示

古往今来，在目的地营销中最令人向往的莫过于“神秘”二字，自 1802 年在位于英国苏格兰北部的尼斯湖发现“怪兽”以来，据有关部门统计，声称亲眼见过“尼斯湖怪”的人已超过 3000 人，全球关注过尼斯湖怪的人群估计已超过 5 亿人，半个世纪来前往尼斯湖探险旅游的游客累计超过了 1000 万人次，如今，“尼斯”已经成为辞典中的专有名词，而且人们还专门为“尼斯湖怪”创造了一个有趣的名字“尼西”。类似的还有我国中部的神农架地区的野人、长白山天池的水怪，尤其是近年来新疆喀纳斯地区发现“湖怪”以来更引发了一股探险热。因“湖怪”的出现和对湖怪探秘活动的宣传，很多游客心存好奇来到了喀纳斯。他们由此认识了喀纳斯美丽的湖光山色，但风景再美也抹不去他们眼中流露出的那份探秘的渴望。据抽样调查，来喀纳斯湖的 78% 的游客对“湖怪”抱有浓厚兴趣，其出游动机都与此有直接或间接联系。随着 2005 年“喀纳斯湖怪”消息的不断传播和放大，喀纳斯景区的旅游热度也不断升温，每年不远数千里奔波到访喀纳斯的游客以两位数递增，2009 年达到了创纪录的 130 万人次。2006 年 7 月，当一项耗资 150 万元声势浩大的新疆“喀纳斯湖怪”探秘活动即将进行时，喀纳斯环境与旅游管理局提出了明确的反对意见，他们认为：如果真搞清楚了“湖怪”是什么，那喀纳斯湖也就彻底没有了神秘性，这对喀纳斯的旅游吸引力的打击将是毁灭性的，所以基于以上种种原因，“喀纳斯湖怪”探秘活动至今搁浅……

如果可以将以上成功的事件炒作归纳为旅游目的地营销的“搞怪”模式的话，其给予我们的启示就是：成功可以复制，吸引眼球是关键！我们认为借助目前新疆博尔塔拉蒙古自治州温泉县现有的特色资源可以采用一种另辟蹊径的“造神”模式，在新疆旅游版图中迅速崛起和快速成功，即首先树立一个神化的“北鲵”，以其科研价值和卡通趣味为卖点，广泛传播以引起全国乃至全球范围的关注，吸引州外远程游客进入温泉县，然后以荒漠绿洲、西域泉都的优良环境以及“亚欧骑士胜地”的特种旅游体验活动感染每一位到访游客，进而形成广泛的口碑效应和高端品牌忠诚。

2. 神鲵品牌打造

（1）大型动漫连续剧。重金打造独具温泉县本土特色的 48 集大型原创动漫连续剧《神鲵下天山》《天山神鲵》)，借助国家近年来对本土原创动画的补贴扶持等政策，力争《神鲵下天山》能够在 CCTV 少儿动漫频道全面播出。预计 48 集电视剧播放将覆盖 1.5 亿人群，预计吸引慕名前来温泉县探访北鲵栖息地的游客规模每年将达到 30 万人次，如此“以小动漫传播大品牌、以神鲵创旅游神话”的举措一旦付诸实施，并配合地方特色的马专题旅游，将对整个温泉县的形象塑造和经济提升具有长远的战略意义和持久收益。

（2）旅游形象代言者。设计创作出一只符合现代人审美观的活泼可爱、具有神秘魔力的北鲵——神鲵（见图 4–1），让神鲵真正成为温泉县的旅游形象代言者，并让神鲵形象广泛出现在城市道路指示系统中，设计成神鲵手指方向的路牌。并在县城的北部入口处建造一座城市地标——神鲵敖包，进一步强化外来游客入城之前感受地方特色与北鲵气质的精神洗礼仪式。

图 4–1　神鲵的卡通形象

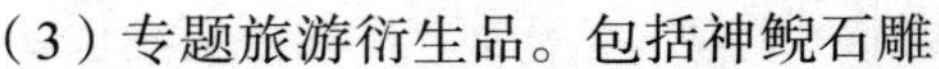

（3）专题旅游衍生品。包括神鲵石雕

工艺品、神鲵皮背心/皮包、马特色专题旅游配套系列与温泉康体休闲游配套系列等多类文创产品和生活实用品。

（二）梦想创意

1. 想象力——天山神鲵

新疆北鲵仅产于我国新疆、哈萨克斯坦极狭窄的范围内，是2.5亿年前天山、阿拉套山地面抬升时幸存下来的孑遗物种。新疆北鲵在脊椎动物的演化中有着重要的研究价值，是我国生物宝库中极其珍贵的物种资源。科学家们认为新疆北鲵能从2.5亿年前存活到今天是一个奇迹。因为在漫长的时间里，地球上的生物经历了数次灭绝性灾难。而新疆北鲵甚至比恐龙还要早1亿年，它几乎经历了地球生命中所有的沧桑和劫难。科学家们在新疆准噶尔盆地、乌鲁木齐等地均发现了鲵类化石，说明2亿年前准噶尔盆地的广阔水域，鲵类广泛地分布着。一批幸运者随着天山的抬升上升到海拔2000米的山脊处，恰好天山在这里有无数的泉水涌出，这为鲵类的生存提供了最基本的条件，才使得我们今天能有幸看到这种活化石。研究表明，新疆北鲵在2.5亿~3亿年前达到鼎盛，完成了从鱼类到两栖爬行类动物的进化，并在新疆准噶尔盆地的湿地中大范围存在，其基因保存了鱼类的高度同源性。科学家通过基因研究认为，新疆北鲵可能是两栖类动物中最原始的动物。新疆北鲵的DNA与生活在4亿年前的古老鱼种——矛尾鱼的DNA相似性达97%，矛尾鱼被称为动物界珍贵的“活化石”，是新疆北鲵的直接祖先。因此，新疆北鲵的价值不可估量。而对于现存的北鲵，研究者竟难以知晓其准确寿命年龄，因为数十年乃至近百年的北鲵都有存在。这一点可以加以充分挖掘，进一步将北鲵神化为具有可以“遥感千里，预知未来”的趋利避害的神奇魔力。

2. 童趣心——造神搞怪

策划中的《天山神鲵》（暂定名）剧情如下：

亿万年前原本生活于低纬度地区的肥大南鲵，凭借自己“遥感千里，预知未来”的绝技，长途迁徙来到了天山山脉中的准噶尔古海，并潜入天山巨厚冰层之下，躲避了一场全球大灾难。灾难之后，由南鲵几乎修炼成神的今天的北鲵从天山冰层之中破冰而出，其神貌奇特、形体不断缩小……

北鲵日沐天山雪水溪流、夜食百草百虫，自由自在地生活于天山山麓、准噶尔盆地边缘的广阔草原上（今天的博州温泉县），聆听日月星辰之启示，传承祖先遥感之基因，更得道于千年珍鲵的指点，一代神鲵横空出世。在岁月的长河中，神鲵与天山天马、草原褐牛等草原四杰结下了深厚的友谊……历史上的某一天，天马在圣泉畔向神鲵兴奋地宣告自己即将随一代天骄成吉思汗出征欧亚，并热情地邀请具有神奇魔力的北鲵一同出征去建功立业。在友情与热情的感召下，北鲵决心一展神技。北鲵部落通过家族大会精选出了最具神力的三只神鲵与天马并驾齐驱从圣泉出发。在随成吉思汗漫漫的西征途中，神鲵一次次在大军师手中八卦星云盘上准确地指引大军出征的方向及时辰，令成吉思汗的大军所向披靡、战无不胜！惊喜之余的成吉思汗令手下铭刻神鲵奇功于草原石堆巨石[①]之上，永世表彰!

年年的征战使得民不聊生，战争的残酷也在摧残着人类以外的生灵，天马一批批倒下，神鲵也不堪辛劳，其中一只神鲵也倒下了，突然有一天，神鲵顿悟，它彻底厌恶了这种自相残杀、使美丽家园遭受毁灭和无数生灵涂炭的人类战争。于是，它绝食百日，自废神功，缩隐了神奇的遥感耳，在内心深处彻底地与曾经的那个战争帮凶角色的自我决裂。在一个夜晚，神鲵与天马历经千辛万苦逃回了自己的故乡——温泉郡。

然而人类对自然的践踏还在继续，千年老鲵一次次伤感地向小鲵讲述着古老的地球家园故事。神奇的北鲵正在从我们的视线中隐形而去，人与地球环境、人与生物演进的故事还在继续……

3. 同理心——衍生 IP

当“北鲵”造神搞怪引起大家的兴趣后，接下来就应该循着大家的期望，将北鲵形象 IP 运营到旅游体验设计的现实之中。目前，与“天山神鲵”IP 相关的旅游衍生品包括以下几种。

（1）与马特色专题旅游对接：围绕骑士装备系列，开发带有“神鲵”标记的骑士系列工艺品（在中国独一无二）。

（2）与温泉康体休闲游对接：围绕温泉 SPA 活动开发出“神鲵黑石”，让游客体验神鲵黑石 SPA 按摩的神奇功效。

（3）神鲵石雕工艺品：采用阿敦乔鲁荒漠石料，运用现代工艺加工。

（4）神鲵皮背心、皮包：精致的牛羊皮背心和皮包上采用蒙古族传统工艺

① 这就是目前尚未揭秘的草原石人、岩刻画的来历，也为后期的旅游项目开发埋下伏笔。

绣制神鲵图案，使其成为游客必备的实用性与纪念性兼备的地方特色工艺品。

4. 创造力、时尚感——科技创意

与天山神鲵相关的体验设计要充分发挥创造力在现代信息技术的运用上，可以采用短信、微信推送针对外地到访游客定向发送以神鲵口吻表达的“欢迎游客到访温泉县的致辞”，每天定时播报具有趣味性的“神鲵天气预告”，让游客真切地感受新疆神鲵“遥感千里，预知未来”的神奇魔力。然后借助地方马特色专题旅游，将传统的巡警改成骑警，穿梭于县域内旅游主干道上，让游客真正感受到具有浓郁西域特色的风情小镇氛围，让游客油然而生地产生“身在天山，心在天堂”的恍若隔世之感。

（三）TPPV 设计

天山神鲵 TPPV 设计内容如表 4–1 所示。

表 4–1　天山神鲵 TPPV 设计内容

体验设计	核心原则	天山神鲵
T 主题创意	差异化 + 趣味性	造“神”搞怪、拟人化 神鲵最后的家园（中亚神鲵自然保护区）
P 感知诱导	激发与抚慰深层心理	通过《天山神鲵》动漫连续剧传播，道路沿线的神鲵指向的旅游导向标识，神鲵播报的天气预告、旅游问候
P 流程设计	游客沉浸其中	仪式感：在抵达温泉县界碑处的神鲵敖包迎接客人、敬酒；客人进入温泉县的通信服务覆盖范围内，即可接收到温泉县政府以神鲵身份发来的欢迎短信
V 价值植入	体验链条产业化	创造神鲵 IP、神鲵旅游项目、目的地旅游形象塑造、IP 衍生品

二、峡江橙之旅

（一）案例引入

秭归县隶属于湖北省宜昌市，位于湖北省西部、长江西陵峡两岸。东邻夷陵，南连长阳，西临巴东，北接兴山。秭归作为三峡大坝库首第一县，地处“鄂西生态文化旅游圈”与“长江经济带”的接合部，区位优势明显。秭归县农特资源丰富多样，盛产脐橙、茶叶、烤烟、核桃、高山蔬菜，尤以脐橙独享盛名，荣获中华人民共和国农产品地理标志保护产品称号。秭归脐橙已经形成了从沿江到半山、花开全年、四季有果的多品种、立体化产业格局，年产量40万吨，“秭归脐橙”品牌远销海外，享誉全国。

秭归县境内，自然与人文旅游资源相得益彰，以高峡平湖为代表的自然资源，以屈原文化为代表的人文资源，在三峡地区独树一帜。2017年秭归县接待国内旅游人数达到830万人次，同比增长17.0%，国内旅游综合收入达到102亿元，同比增长31.3%。预计近中期2020—2025年游客规模、旅游收入年平均增长率将分别达到10%、20%。

在全域旅游发展统筹大背景下，拟在规划期内把秭归县建设成为：以脐橙产业为引领的国家全域旅游创新示范区、峡江特色休闲度假旅游目的地、三峡旅游集散中心。由此明确，全域旅游发展选择以特色地方特产“橙+橘”为抓手，力推文农旅多产业融合，并以旅游为引擎，而旅游又以体验旅游为突破口。秭归脐橙具有以下突出特色：

（1）一年四季有鲜橙——从二月红、青橙、夏橙到九月红、桃叶橙。

（2）栽植面积40万亩——现摘采、现发货。

（3）品质优——无公害、不催熟、不染色、不打蜡、无甜蜜素。

承担此项设计任务的集智圈点设计团队深入秭归县，勘查现场、访谈地方官员、走访农户。历时半年，经过无数次头脑风暴和实地论证，最终形成了“橙之旅”主题体验设计、“坝上橙堡”场景体验设计等多个落地方案。

从战略层面提出：目前橙子市场需要的不仅仅是橙子产品，更重要的是品牌和传奇故事！秭归脐橙应乘势崛起，打造秭归形象大“橙”。秭归县域战略转型，将脐橙打造成为秭归第一产业（农业、工业、服务业—旅游—文化），助推秭归两翼腾飞。将秭归定位为：中华第一橙，中国橙谷，中国脐橙之源（母本园）、中华脐橙大观园。

秭归城市品牌为：峡江福（腹）地、长江脐城。

品牌体系为：四橙同创，具体如下。

（1）科技之橙：科技含量、口感品质（酸甜度具有1∶24黄金比例）与营养成分。

（2）文化之橙：楚王故事、千年归州。

（3）创意之橙：体验设计创意与“小橙哥”系列文创。

（4）运动之橙：离地运动（天空之橙、水上——长江之橙）。

（二）梦想创意

1. 童趣心——橙之旅

（1）趣味互动仪式。通过对秭归当地知名脐橙品牌“伦晚”的研究发现，这一品种的脐橙上市比一般品种都要晚，“伦晚”在当地口语中就是“那么晚”的谐音。因此，从“伦晚”这一脐橙品牌，开发出具有互动色彩的旅游欢迎语：“那么晚（伦晚）？”这听上去似乎略带责怪的小意味：客人您早就应该来秭归啦，怎么来得那么晚？而且，“伦晚”听上去和英文中“NO.1”的发音也有几分相近。

秭归县属宜昌市所辖，广受大家欢迎的宜昌旅游品牌推广语是“爱上宜昌”，由此进一步引申开发秭归旅游推广语：爱上宜昌，才来秭归？那么晚（伦晚）？秭归旅游，NO.1（伦晚）！

结合秭归的另一个知名脐橙品牌“纽荷尔”，“纽荷尔”与当地口语中“留一会儿（留哈儿）”的发音高度相同，故可开发出欢送游客的道别挽留语：留哈儿（纽荷尔）！

（2）“橙”心玩出新花样。

①有故事的橙——“伦/轮晚”：“伦/轮晚”从字面意义上可进一步发掘，其实是一只“有轮回故事的橙”，因为，“伦/轮晚”这个品种的橙的生长过程是先青后红再青最后又返红，真正体现了“一只橙的轮回”，而且由于生长周期很长，需要一年才能成熟，次年3月上市，几乎跨越了其他橙子的三代，类似橙子的三世同堂，从这点解读“伦晚”这一品牌名，有“享天伦之乐幸福晚年”之吉祥寓意，故“伦晚”这一品种的橙还可开发为赠送老人的礼品橙。

②橘园颂情，问天瞰江：传统历史村落胡家坪具有历史沧桑感的多级石板橙橘园，可打造“天梯橙橘园”主题。利用山坡橙橘园梯田，分级种植颜色鲜艳的花卉植物，借助石板步道建设四级天梯。将橙橘园进行分区编号，利用山体岩石，建设诸葛八卦兵阵，通过手势或旗语指挥游客进行橙橘园迷宫游戏。“天梯橙橘园”的山峰地处三峡青滩，同时又背靠传统历史村落，是正对长江与香溪河的交汇的最高处，此处视线极佳，应用屈原文化，在山顶修建天问台、绝壁栈道、云端廊桥等观景平台，全方位、多角度观看峡江全貌。可打造成峡江中重要的观光平台，可做的“归”主题设计既可关联到美人（王昭君）

归来，还可联想到辞圣（屈原）归来，万千思绪，意境犹如悠悠长江之水：

采橘峡江上，悠然见香溪。

峡江畔，香溪岸，我在橘园盼君归。

垅上花，园中橘，三峡橘乡君归来。

青滩急，古道远，橘园天梯天外天。

③橙子主题的系列节庆：依托胡家坪可举办橙子主题的橙运会、嘉年华（狂欢节），展开趣味运动会（橙子足球），把橙橘当球踢，还可比赛橙橘投篮，攻占橙池（橙池摔跤），用橙橘喂养鸡鸭、猪……大家围坐一起，大口喝着鲜榨橙汁、吃着橙香火锅、品着橙香鸡米饭和橙香猪，其乐融融。

④橙交会：一年两度的橙橘交易会、拍卖评选等，以郭家坝镇为旅游集散中心，打造秭归脐橙街市，让游客穿行在全国商贩采购脐橙的热闹集市之中，品味并感受秭归脐橙的魅力。

⑤橙花节：橙花盛开时节，开展主题游园赏花、闻香、美食品尝、橙园里婚纱摄影……

⑥坝上橙堡：水田坝乡是秭归脐橙传统种植特色乡镇，同时依托山崖临江、缓坡开阔的优良地势，已经自发形成了远近闻名的峡江滑翔运动胜地的品牌，正在成为峡江体育特色小镇。通过文旅农的融合，引入“橙”的特色主题，渗透于场景设计的多个方面（见图 4–2、图 4–3）。

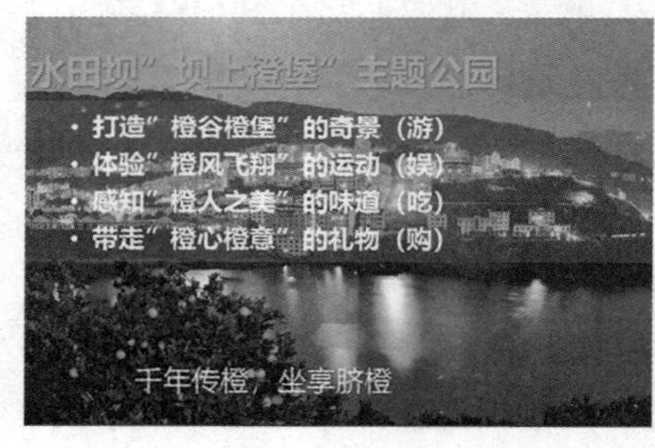

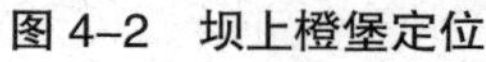
图 4–2　坝上橙堡定位

图 4–3　疯狂动物橙

第一，坝上橙堡橙屋主题酒店、橙堡酒店、橙子民宿。

第二，设计团队还专门设计开发了橙子的丰富表情包（见图 4–4）。

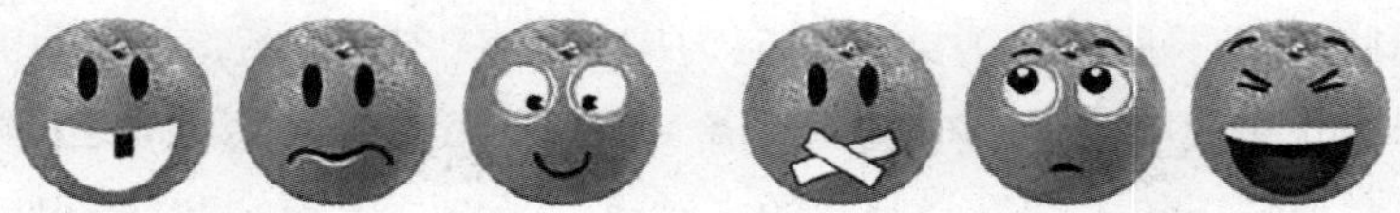

图 4–4　橙子表情包

第三，橙子的卡通形象和文创产品（见图 4–5）。

图 4–5　橙子的卡通形象和文创产品

2. 同理心——渴望成功

因为在汉语中"橙"的谐音"cheng"所代表的词语含义几乎全是正面的，如成（功）、城（市）、澄（清）、称（道）、（继）承……人人都希望成功，自然希望在旅游中讨口彩，得到吉祥的祝福。

3. 创造力、想象力——穿越古今

（1）新的流行语"橙"。位居中原腹地的河南曾自信地创造出中国独一无二的方言"中"的应答语，以此表达认可、可行之意。借鉴这一文化现象，秭归县在对外旅游接待中，也可开发自己的地方特色应答语"橙（成）"！以表达好、行之意，并形成口头禅流行文化。

（2）多位一体的"橙"世界。将秭归县城打造成为长江腹地的天元肚脐之城——"长江脐城"。在"中国橙谷"——秭归，游客可以处处听到悦耳的欢迎语（祝你橙功）、口头禅"橙（成）"，看到打橙色领带、穿橙色背心的色彩亮丽的旅游服务人员，在这里橙色不一定是预警，它更是激情。走在橙色慢跑道（橙道）上，走进以橙子灯笼作为店招的特色主题餐厅，喝着橙汁，捧着橙碗……用着橙香化妆品，人人都"心想事橙"！

（3）中国脐橙的源头。19 世纪 70 年代，从美国引种的脐橙首次在秭归种植成功、开花结果，此成为中华脐橙之源（父本园、母本园），后由此演化繁衍出赣州脐橙等子孙辈，为此秭归应为中华脐橙之源正名，正式注册“太祖橙”品牌，并建立中华橙的祠堂和族谱，在每年脐橙交易会启动之时举行盛大祭拜仪式。敲响千年古镇——归州的古钟，让长江之上南来北往的船只遥远就能感知。

橙颂

海外奇珍，涉重洋兮。
寻根华夏，独钟秭归兮。
屈子高洁，文气沛兮。
三峡库首，神女望兮。
三载长成，覆苍岭兮。
仲春仲秋，勃然而兴兮。
香溢弥野，陶然醉兮。
果熟累枝，卓乎盛兮。
硕而无核，淡泊名利兮。
皮薄色鲜，不同群芳兮。
酸甜可口，惠兼体魄兮。
肉脆汁多，酬其生民兮。
万民仰赖，经济庭柱兮。
结蒂如星，名脐橙兮。
地标名果，九州咸闻兮。
四方恭引，遍南国兮。
开枝散叶，源同宗兮。
誉满不骄，德厚如父兮。
泽被千秋，常沐春风兮

4. 时尚感——神秘野奢

北沱北沱，神仙也着魔。峡江边的北沱片区具有神秘的基础禀赋：20 世纪 70 年代村民人工开凿出一条约 200 米的隧道，一直延伸到长江边，两山对峙，壁立千仞，下一步可以设计为一个相对封闭的度假区。在原有居民宅基地的基础上，依山就势建设原生态的康养度假小镇和高端野奢民宿，在岩石边修建三峡唯

一、瞰江望月的峡江 SPA（水疗）。用石头垒砌水池，通过收集并净化山涧的泉水，建设成私密泳池。泳池边缘位于悬崖之上，从泳池中往远处望去，池水与江景在远处连接成水天一线。将打造成为峡江高端野奢民宿——北沱秘境小镇。

对现有人工隧道进行开发利用，开通洞内小火车轨道交通，并对洞内山体进行图案装饰，突出神秘感，建设"三峡秘道"，将其打造成为三峡现代"愚公移山"的奇迹，吸引游客前来探秘度假。在江边建设游船码头，游客可以从水上来、山洞出或山洞进、水路走，与屈原镇形成旅游环线，形成"千仞绝壁，北沱秘境"。峡江首条地铁（隧道观光矿车），这条堪称"村铁（村级铁路）"的三峡密道的开工最好由地方最高首长主持开工仪式。

品橙颂、吃魔芋、喝沱牌烧酒、坐村铁、看风景，演绎天地人神的梦幻"离骚"。长江村要像太行山中的郭亮村一样叫卖，走向全国。仿照屈原"九问"向游客三问：你是谁？你从哪来？向哪里去？做好"归"的文章，子归，乐不思归到秭归，爱上宜昌，情归秭归，"故乡的云"归来吧。

（三）TPPV 设计

橙之旅 TPPV 设计内容如表 4-2 所示。

表 4-2 橙之旅 TPPV 设计内容

设计模式	橙之旅
T 主题创意	"情""奇""乐趣"
P 感知诱导	观峡江、品奇橙、穿密道、住橙园、听巴山夜雨
P 流程设计	以橙为主题的互动迎送仪式
V 价值植入	观峡江风光、游览橙园、祭祀（橙太祖）、品峡江脐橙、体育运动赛事、橙主题旅游文创

三、江上遇知音

（一）案例引入

武汉是中国开埠最早的城市之一，大汉口在 20 世纪与大上海齐名，是中国近现代开放历程的见证者。为此，武汉市于 2017 年专门打造了一艘仿古轮船——“知音号”，以长江上第一艘汉口民生公司的“江华轮”为原型，打造了一条20世纪二三十年代风格的蒸汽邮轮，并复建一座汉口老码头，船和码头即剧场，演出以在长江上漂移的方式进行，“知音号”就是这段历史最具年代感的“解说员”和武汉城市旅游文化的名片。船剧同名的“知音号”，取意源于大武汉“知音之城”的历史和武汉人海纳世界的情怀。

“知音号”作为目前中国内河唯一的演艺主题船舶，这条华丽复古的蒸汽邮轮，自它停泊在武汉市汉口江滩的芦花深处时起，就吸引了无数人的目光。“知音号”与同名知音文化大剧均由武汉旅游发展投资集团投资，以知音文化为灵魂，以大汉口长江文化为背景，重现了19世纪二三十年代大武汉的生活图景，2017年4月26日全球公演。“知音号”长120米、宽22米、高15米，98个舱室，排水量4015吨。船身由厚重的黑色打底，三层船舱是老照片一样的淡黄色，原木的地板、圆圆的舷窗，近百间客房，走廊、灯光、桌椅、床榻甚至门把手等所有道具，均是精心打造的仿古造型（见图4–6）。

图4–6 “知音号”外观及内景

如今，“知音号”从老码头出发，一路串联起武汉地标，最终于新码头靠岸，恰似一趟穿越城市与时光的旅程。“知音号”还正在尝试把知音文化从水面向地面延伸，意在通过地面特色观光车串联，黄鹤楼、武汉港的码头、武汉历史风貌区、吉庆街、中山大道会形成全域文化呈现，用‘知音礼遇’标准定制的特色餐饮点、购物点、酒店客房、休闲酒吧、博物馆等，形成武汉独有的文化风景和城市的精气神（见图 4–7）。

历史烟云间，这里有“黄鹤楼中吹玉笛”的悠扬，有“唯见长江天际流”的慨叹，有“大江东去浪淘尽”的雄浑，有“烟波江上使人愁”的怅惘，更有“万里长江横渡，极目楚天舒”的豪情……

图 4–7　一船江城、拾光知音

（二）梦想创意

1. 想象力——梦回大汉口

“知音号”不仅是一个可以亲身体验百年前武汉风情的大型剧场，更是一座唤醒城市记忆的“漂移的博物馆”。不仅船上的每个细节都是浓浓的老武汉怀旧风情，那些展示在房间里的老照片、老邮票、老报纸、老发票等各种老事物，还有贴在墙上的老海报、老广告，都是“知音号”专门从武汉市民手中全城征集而来的，背后是这座城市浓浓的人文气息与历史温度。为了营造更加身临其境的“穿越感”，在四唯路和五福路之间的汉口江滩上，还有一座专为“知音号”修建的老码头。穿梭卖报的小童、卖哈德门的小贩、提皮箱戴礼帽的绅士、擦肩而过的旗袍淑女，叫卖声、喧嚣声，一切都是大汉口在旧时光里的老样子。

拿一张旧船票，持一张旧报纸，观众从登船的那一刻起，就走进了一段过往的时光，开始了一段寻找自己的旅程。船从老码头驶出，故事就开始了。

当“知音号”启航后，长江就是故事的舞台。作为观众的你，既是匆匆过客，也是戏中之人。剧中故事取材于20世纪二三十年代的大武汉，以知音文化为主题。在表演情境设计上，“知音号”的每一块甲板和客舱空间，都发生过、正在发生着或即将发生观众不可预知的故事。长江、船、码头均是线索和背景，旅程中，观众与演员融为一体，共同探究剧情，体验寻找、发现、相遇与团聚的全过程，最后凝聚成触及观众心灵的真情实感。导演创造性地使用了倒叙、插叙及人景互动等电影表现手法，用电影的方式打造实践型情景剧，在国内尚属首创。两江四岸的辉煌灯火，从舷窗外缓缓掠过，船在漂，人在漂，“知音号”载着游客，以颠覆所有剧场演出的表演形式，在不断变换的高楼与灯光之间，完成和过去百年的一场“艳遇”。

一江、一楼、一剧、一船、一灯，“知音号”所承载的，还有“城市历史文化灵魂”的场景。走进金碧辉煌的一楼舞厅，眼前浮现的场景让人联想起《泰坦尼克号》，但这里的故事不是冰海悲歌，而是发生在风云变幻的民国汉口。汽笛声响，70分钟的时间里，所有船客开始同时体验自己的故事。“知音难觅”，是剧中每个人心头的痛楚，寻觅的过程同样也是唤醒沉睡的记忆与自我的过程。“知音号”在打造两个博物馆：一个是大武汉的城市记忆；一个是人们心中久违的灵魂情感。踏上这艘满载故事的“知音号”，人们将融于其中，与表演者共同完成关于城市、人生与爱的碰撞，直击心灵。

2. 童趣心、同理心——欢乐今宵

所有演员就在观众中间，剃头的师傅，擦皮鞋的年轻人，卖香烟的小贩，搬行李的服务生，他们一边尽忠职守地工作，一边与观众展开积极互动。整艘船就是一个浓缩的小世界，每一个角落都发生过、正在发生着或即将发生不可预知的故事，而作为观众的你，就是故事的一部分。

对观众来说，这一过程是陌生、刺激、惊叹、好玩的，但更重要的是体验。不必在观众席上正襟危坐，可以踏进客房舱门，选择一件自己喜欢的民国服饰替换上身，在吧台小酌，在甲板远眺，尽情享受打破一切常规的戏剧演出。船上提供的咖啡和简餐也都采用传统工艺制作，品尝的全都是老汉口的味道。

与此同时，“知音号”还将借助“主客共享”的知音理念，整合互联网及传统媒体，打造全国独有的“一剧多版”和“全程服务”模式。“一剧多版”是指《知音号》正剧、“云剧场”、青少年戏剧实验剧场——Q版《知音号》等。从而走出时间和空间的限制，玩出“晚上演正剧，白天有亲子，网上云剧场”的24小时立体剧场模式，可全球共享。

3. 创造力——沉浸式漂移剧场

“知音号”有座独特的“漂移剧场”。这个剧场是专门打造的一艘20世纪风格的蒸汽邮轮与知音码头。为完美呈现演出效果，“知音号”在设计与装修风格上，完全仿造20世纪30年代的江上轮船。船上和码头上的灯光、桌椅及上千种道具，绝大部分是按1∶1实物还原的复古物件。

邮轮上设置的“城市记忆博物馆”，陈列着近百件展品，均是全球征集而来、有近百年历史的武汉老物件。知音码头则是长江沿线首个“戏码头”，从钢架栈桥到码头上水塔、吊车等设施，都高度还原老式码头风格。

十多个故事取材自武汉城史，在这个华丽的“漂移剧场”里，一个个精心编排的故事赋予它深深的武汉印记。这部大剧取材自20世纪二三十年代的武汉。游客分别从A、B、C入口进入船舱，将看到不同的故事。也许一段短暂的演员对话，背后却是一段感人的事迹。

譬如一位男子搀扶着一位戴礼帽、墨镜的先生在舱外廊桥散步，男子不住地赞叹：“先生承建武汉大学，真是了不起！”先生则说：“虽然赔上了一双眼睛，但建好武汉大学，我值了。”这个短短的故事，说的是20世纪30年代，双目失明的沈祝三承建武汉大学，后来因洪水导致工程成本飞涨，但从小失学的沈祝三为了武汉大学这个“知音”，信守承诺不涨一分钱工钱，甚至抵押全部家产，最终建成了美丽的武汉大学。

知音的故事自然少不了爱恋。在二楼酒吧，通过调酒师的旁白，讲述着这样一个故事：20世纪30年代的武汉某报社记者，爱上了江夏首富的女儿，却被女方家长强行阻止。男记者无法联系爱人，拼命寻找几年也无果。终于在一次采访中登上“知音号”，偶遇了几年没找到的女孩，两人相拥的一刻，全场掌声雷动。

4. 时尚感——人人皆明星

昨夜星粉，今天明星！

知音的故事还可以让游客自己来演绎。在“知音号”的船票上，印着一个个不同的房间号码。游客游览到"知音号"3楼时，可以依照号码进入不同房间体验。而另一位陌生的游客，会凭号码和你进入同一间客房。在短暂的几分钟时间里，两个原本陌生的人可以一起聊天、写明信片，也许就凭着这段特殊缘分成了知音。

作为在长江上移动的"年代主题公园"，"知音号"不仅能成为高端婚礼、高端商务 Party、明星见面会的绝佳场地，还能成为亲子互动沙龙和民国风情婚纱照拍摄基地，打造出长江上最具特色的社交新空间。

基于互联网的智能导引系统，游客和市民可以慢行或乘坐全国独特的观光巴士，品味两江四岸的每栋老房子、每个景观点；GPS 定位下的"金手指"服务：将订酒店、订车、订餐、购物、订导游一键完成。"最重要的是，我们提供的服务产品是达到亲情服务标准的专享定制服务"，项目营运公司负责人透露。据悉，武汉香格里拉大酒店和江城明珠豪生大酒店等已经与该公司达成合作意向，按"知音礼遇"标准提供配备精细服务体系。

下船后，基于互联网的智能导引系统，游客也可以继续自己的"穿越之旅"。人们或慢行、或乘坐独特的观光巴士，穿行在沿江大道和南京路、青岛路、兰陵路一带庞大的万国建筑群之间。据项目团队介绍，"知音号"邮轮不仅可以航行在武汉的两江四岸之间，还可以远赴重庆至上海段长江沿线任何一个城市。依靠长江黄金水道，用一条船的航程，打造长江经济带的文化升级版，加强全流域的文化交流和沟通融合，从而进一步促进区域合作和协调发展，这也是对千年知音文化的最好诠释。

（三）TPPV 设计

"知音号"TPPV 设计内容如表 4–3 所示。

表 4–3　"知音号"TPPV 设计内容

设计模式	"知音号"
T 主题创意	1. 主题线索：知音江城觅知音、大汉口风情画卷 2. 符号体系：民国风情的码头、轮船及其客舱、民国风的服饰 3. 感人故事：大汉口的民国人物与感人故事（实业家、才子佳人等）

续表

设计模式	“知音号”
P 感知诱导	1. 五觉设计：营造从复古码头到“知音号”复古邮轮的全场景体验（20 世纪 30 年代大汉口历史风情画面、风俗体验） 2. 场景营造：漂移式、多维沉浸式体验剧 3. 游戏代入：观众与演员的场景互动
P 流程设计	1. 仪式感设计：从码头售票窗口开始的仪式感（报童、小贩叫卖等），零距离地接触表演 2. 再造心流程：游客参与演出，进入故事场景与演员现场互动
V 价值植入	1. 价值链：用“知音礼遇”标准定制的特色餐饮点、购物点、酒店客房、休闲酒吧、博物馆等 2. 价值变现：航线串联武汉主要景点，沟通长江经济带城市；全国独有的“一剧三版”和“全程服务”模式；有船串联岸上酒店、餐饮、交通等服务体系，按“知音礼遇”标准提供配备精细服务，将 IP 价值最大化

四、火车慢时光

（一）案例引入

嘉阳小火车是运行在四川南部的小县城——犍为县城西的一条只有约 20 公里的窄轨铁路上的“老爷火车”（见图 4–8）。有“工业革命的活化石”“工业革命的绝版景观”“比大熊猫还要珍贵的国宝”之美誉。

图 4–8　嘉阳小火车

据说目前世界上正常运营的蒸汽机车已几乎绝迹。由于特殊的原因，或煤炭运输的需要，或山区人们出行的要求等，四川乐山犍为嘉阳煤矿的小火车一直还在正常运营，从而成为世界唯一正常运营着的客运窄轨蒸汽火车，这种背景使嘉阳的小火车声名鹊起、名扬四方。人们把嘉阳小火车视为“最后的蒸汽机”“工业革命的活化石”。蒸汽小火车文化使这个山区沸腾起来了，无数中外游客慕名纷至沓来。嘉阳小火车的轨距仅 0.76 米，只有将近国际铁路协会普通列车轨距的一半，车厢只能坐 20 个人，人们亲切地称它为“嘉阳小火车”。

这个冒着黑烟、飘着煤灰、吐着白雾、鸣着汽笛的黑铁皮长龙轻轻地摇晃着身子，越过田野，爬上山坡，穿过隧道，路过农舍……在绿色的山野中欢快地奔跑着，展现着原生态火车的风采。车窗外的梯田、水库、果树、鸡鸭近在咫尺，仿佛伸手可触，令游客兴奋不已。嘉阳小火车之旅非常简陋，正是这个简陋，使它充满了原生态的气息，全程有 8 个站，其中一个还是招呼站，汽车有招呼站，招手就停，人们已见惯不惊，可这火车的招呼站还是第一次听到！火车站也很简单，有的一个站牌便是一个站，火车常常驶过晒坝路过农家，很有原生态特色。进入 21 世纪后，这个“世界第一次工业革命的活化石”“原生态蒸汽机小火车”显得越发珍稀，也越发具有历史和文化的魅力。

（二）梦想创意

1. 想象力——坐上火车看山川

这条位于沙湾区内的窄轨小铁道，显然没有嘉阳那般尽人皆知，从而保留了一份难得的清静，几乎没有被任何商业化的尘嚣纷扰到。但凡我们悄然闯入当地乡亲的视线之中，无论是先前在绣花的老妪，还是推着翻斗车干活的工人师傅，都在转瞬之中停下手头的一切事务，并将瞳孔之中那个好奇的神情开启到最大状态。

芭石铁路依山环绕而建，地势险峻，层峦叠嶂，山清水秀，风光旖旎；景区峡谷遍布恐龙时代幸存下来的桫椤树；铁路沿线村落点缀，传统农耕，民风淳朴；抗日战争时期工业遗址，矿井旅游探险，芭沟欧式建筑，矿区文化公园，清代水星古寨，同兴桫椤湖，马庙碉楼、马帮，竹海翠湖、渔舟……构成了一道道独特亮丽的旅游风景线。

小火车沿途的主要景点有蜜蜂岩“人”字形掉头、老鹰嘴、菜子坝、亮水沱等。蜜蜂岩车站由于弯度大、坡度陡，就利用詹天佑发明的“人”字形掉头方式，让火车通过机车掉头的方式实现转弯的目的。由于火车要向反的方向开，常有乘客会误以为火车又开回去了，其实火车是沿着另一条轨道继续向芭沟方向前进了。原本是煤水厢在前的列车也从这里开始变成了蒸汽机车锅炉在前，一下子产生了火车在倒行逆施、回到从前的错觉。

2. 童趣心——找回童年记忆

游客眼里只有小火车，对窄轨的喜爱早就难以言表，不惜一切代价奔走在有窄轨存在的城市抑或无名小镇，便是这种热血的一种最直接呈现。那窄轨铁道上晃晃悠悠的小火车，简直就是这个星球最最呆萌的儿童玩具。一旦你在无比怀旧的情绪中坐在了上面，可真的要牢牢记好所有的时间节点，因为下一站便是没有任何数码产品但却被美好萦绕的童年。对不起，这是一出未经编排的穿越剧，而你必须入戏，它的剧目就叫作“从前慢”。

3. 同理心——唤起人文情怀

考虑到铁路沿线几万名农民和仍旧生活在老矿区的工人，这家运营铁路绿皮火车的企业承担了本可以不用承担的营运工作。就在 2013 年年初的企业改组改制工作会议上，企业再次做出了停运的决定。不仅仅是企业，不少坐了几十年小火车的工人和农民也有拆除小火车的意愿。如今每天只发 4 趟的小火车，已经不能满足山里人的需求，他们需要比小火车更为便捷的公路。

当然，相当部分的村民和企业的老矿工不愿意看到小火车的离去，对他们而言，小火车是他们成长的历史见证，更是他们情感的寄托。一位企业职工说：“坐嘉阳小火车，带你穿越历史时空，现代一下子回到五六十年代。”火车命运的变化，也牵动了一直关注小火车的许多人，他们希望保留这列小火车，保留一段历史，保留一种文化财富。

旧的火车路线、旧的蒸汽机、旧的操作系统，一切都保持着小火车“刚出生”时候的样子，包括承担当地居民出入的运输功能，它其实留住的就是一段旧时光和人文关怀。在这趟绿皮火车上，每天都能遇到前来体验的外地游客。在犍为县，还有不少农民接待过专程来此地拍摄小火车的外国游客。其中一个农民告诉记者：“老外说我们这里的火车，是国宝中的国宝，其他地方见不到。老外说要是火车车厢车头改了，他们就再也不来了”。

4. 创造力、时尚感——穿越历史的复古

由俭入奢易，由奢入俭难。若是要在一列高铁和一列 K 字头绿皮火车之间选择时，很多人都会选择高铁，因为高铁快、能省时。K 字头绿皮火车动辄 2 小时的乘车时间的确太漫长，但如果对一个悠闲旅行的人，乘绿皮火车旅行倒是一件挺有意思的事情，看书，吃东西，和邻座拉拉家常闲谈，看窗外的变换的风景，也可以安静地思念一个人。火车上的时间以与平时不同的刻度流逝，不是分秒滴答，而是车轮撞击铁轨的哐当声……

把绿皮小火车保留下来以后，以小火车为主线，把沿线周边的人文历史和生态环境串联起来，让游客一边乘车、一边赏景，想想都很有意思，市场前景可观。绿皮小火车吸引的就是大城市的那些对高铁习以为常、时间过得太快、需要慢下来等等时间和自己灵魂的人。

被高铁时代摒弃的蒸汽火车却又成了现代社会里时尚的火车景观。因为在越来越快发展变化的时代洪流中，总有一些怀旧的“符号”被重新建构成最时尚的载体，承载我们对一切美好事物的回忆和向往。

（三）TPPV 设计

绿皮小火车 TPPV 设计内容如表 4–4 所示。

表 4–4　绿皮小火车 TPPV 设计内容

设计模式	绿皮小火车
T 主题创意	具有年代感的老火车乘坐体验，穿越时光的记忆之旅
P 感知诱导	最原始的蒸汽机车全程乘坐体验、窗外慢速移动的山水风光、朴实温馨的服务细节
P 流程设计	以小火车为主线，把铁路沿线的人文历史及绿水青山串联起来，一路欣赏、一路陶醉
V 价值植入	火车带动的观光旅游、土特产销售、铁路沿线站点民宿驻留等乡村旅游

【体验设计启示】

若要将绿皮火车的体验进行到底，下一步还必须进行延伸思考。例如，可考虑建立专供游客研学的火车司机学校，并推出旅游火车司机驾校（仅供研学用途），提供旅游火车驾驶证的考证培训、发证、旅拍、司机沙龙等全链条体验服务。

五、青春大溪地

（一）案例引入

大溪地原名大溪，位于鄂西南武陵山区，清江中下游，湖北宜昌长阳土家族自治县高家堰镇，属于西南部少数民族聚居区和武陵山协作区。因山高多溪流峡谷，长期以来成为户外探险者的胜地，自发形成了“大溪”这一户外探险市场品牌（见图 4–9）。让人不由自主地联想到世界著名的度假胜地——南太平洋中部法属“大溪地”岛（法语：Tahiti）[①]。

图 4–9　大溪地旅游项目

2017年卓尔文旅集团进入后，更名为木桥溪[②]。长阳木桥溪景区总投资5.8亿元，利用独特的自然山水、洞穴奇观、土家族村落等旅游资源，结合旅游标准化建设和个性化的服务理念，打造华中地区青春运动型特色主题景区。景区注重休闲体育项目运动及文化的挖掘、率先启动文创产品的策划和设计，形成以三河汇流核心景观区、布旗山土家古村区、木桥溪入口引导区、大溪滨水游憩区及小溪休闲度假区的“一心、一区、三河”产品框架，并将最终打造成为

① 大溪地四季温暖如春、物产丰富。衣食无忧的人们常常无所事事地望着大海凝思，静待日落天明。阳光跟着太平洋上吹来的风一同扫过海面，海水的颜色也由幽深到清亮，大溪地的居民管自己叫“上帝的人”。

② 长阳“大溪地”品牌因注册受阻，后更名为木桥溪。

集山水观光、土家文化、户外探险、房车露营、休闲度假为一体的峡谷探险度假区和土家文化体验区。建成后，长阳木桥溪将成为华中地区规模较大的户外运动主题旅游度假区。市场推广语有：中国也有大溪地；峡谷柔情，爱之原生态；艺术原创地——爱之旅。

（二）梦想创意

1. 想象力——划定青春领地

将景区设计成为一个真正充满青春气息的青年人（或心理上的年轻人）专属领地，让游客能够全程体验青春的气息。

从景区入口开始，设置一台人脸识别扫描摄像头，内置定制开发的“青春算法”程序，对游客进行“青春扫描”，判断其青春年龄或测试其心理年龄，通过此青春关卡的游客将发放“青春护照”，可以畅玩景区。

在318国道上的1314驿站，青年情侣可在此见证一生一世的爱，留下值得纪念的合影。而旁边的1314花木海，可徜徉花海观赏，借“木”的谐音，寓意“拒绝麻木的爱”，爱就要有激情。

景区的主题商业街区——利巴文创街，是卓尔文旅集团重点吸纳青年人创业的“创梦街”，其理念口号就是“有梦就去长阳木桥溪”。定期举办以青年人为主体的系列活动：

（1）创新创业大赛，与电视台合作，营销、招商并行；卓尔创新工场的资金扶持、政府扶持的青年创新创业项目。

（2）以租金为奖品（一至三等奖及入围奖，免租金一至三年），全球征集创梦金点子及商业运营模式，前期凝聚参与人气，后期创造营收。

（3）招“智”TV大赛，由梦想导师现场评选创意方案，选手上场之时，梦想导师单刀直入提问“你的梦想是什么”。

（4）针对青年人的艾灸康复项目：一次体验，终生“艾”上，钟“艾”一生。

（5）以星座部落为特色的住宿体验：星座部落（原七星木屋），以星座为主题设计木屋的外观、装饰与服务内涵细节。采用星座作为品牌Logo，可发夜光，使Logo真正成为夜空中最亮的星。采用“星座＋景区”联名款，与多景区联合开发，最终打造具有卓尔独立知识产权的连锁星座主题酒店。

七星帐篷露营地（原帐篷营地）寓意“今夜，我们的秘密只有星星知道”，由此开发一场主题为“星星知我心”青年户外篝火晚会。

七星帐篷露营地按天上北斗七星命名，同时对北斗七星对应的每间帐篷采用年轻人的视角、以青春方式加以趣味化解读，悬赏征集创意化、年轻心态的解读，例如，天枢：一本可以读懂的天书（谐音“天书”）；天玑：可以泄露的天机（谐音“天机”）；天璇：天璇未必地转（谐音“天旋”）；天权：权倾天下，一手遮天；瑶光：瑶池的星光如此浪漫（借用西王母与周穆王在瑶池的故事）。

（6）吃的体验：专门为年轻人开设的深夜食堂、小白酒吧（长阳情酒 / 特供忘情水）、干吧。

（7）游玩体验：飞拉达[①]崖壁探险，由专业教练带领。长达 800 多米的飞拉达项目，可以个人体验，也适合情侣、朋友一起分享，更是团队活动的上佳选择。绝壁之上，碧空白云浮动，可远眺群山起伏，近观人群来往。

溯溪采用双层步道（汀步），串联大小溪谷的溯河项目及飞拉达挑战项目可以向飞亚达钟表定向招商广告冠名，由“飞亚达”提供闯关奖品等，契合“青春时光，激情时刻”的时间主题。

（8）娱乐体验：广场中部的土家大舞台改造成“青春大舞台”，舞美设施及舞台表演节目设计要契合青年人特点。

（9）文创产品：真石的美，穿越石空的爱，海枯石不烂。

由上可知，大溪地景区的定位自我标榜的就是最青春活力的景区：

不青春，请别来！

青春飞扬、上天入地！

星座木屋、活力四射！

2. 童趣心——在山水间放纵

向日岭：古硚、紫薇石板寨、夜游、激光秀、梯田、流水、山村。向着太阳，追逐梦想。

在景区内的最高峰——布棋山，打造青年人心目中、可以满足孙悟空式大闹的“天宫”。

山麓的越野赛场，设计全地形，可以适应各类山地越野车驰骋撒欢。

---

① 飞拉达意为铁索栈道，是一种修建在岩壁上，利用铁索、脚蹬为辅助，进行峭壁攀爬的登山方式。

高山足球训练：山地越野。

重点针对青年人的童心和好奇心，开发以“地心游记”为主题的岩洞体验项目，开发地下洞穴景观，开凿佛龛，打通串联洞穴、岩洞与天坑，将成为二期引爆项目。以此打造“佛龛”“蝙蝠侠”和“洞房”主题酒店以及洞穴餐饮、购物等。

体验宣传提示语：到木桥溪来搞地下活动！悄悄地来，慢慢地游……

3. 同理心——浪漫幻想 + 返老还童梦

在景区主题商业“创梦街”——利巴文创街，设置一处“玛丽莲·梦路”，地面铺莲花图案，地下设置专业鼓风机出口，让每一个路过的女生都衣裙飞舞，做一回梦中女神“玛丽莲·梦露”，此处的“玛丽莲·梦路”寓意救赎“步步莲花，实现梦想”的吉祥。

景区 IP 设计：阿木哥（利巴虎，典型的土家小伙，曾经想到外面的世界发展）+ 乔西妹（西兰虎，乔家的西西公主），最后二人在景区谱写了“新江山美人的完美故事”，成为事业与爱情可以兼顾的现代 CP 佳话。

景区欢迎口号采用当地土家见面感叹语：“阿哥得”“李克茶”[①]。

4. 创造力、时尚感——直播“今夜无人入眠”

重点针对天坑洞口设计一处国内绝无仅有的“天坑网络酒店”，就是在天坑洞口铺设双层保险钢丝，上面架设帐篷，供人夜宿。钢丝网上附上发光灯带，在夜间非常酷炫，类似互联网络。

因天坑洞口直径只有 20 米，该“天坑网络酒店”只能容纳约 3 人入住，洞口周边只能安排 15 人陪住围观。故该酒店的入住的火爆程度可想而知，入住需要至少提前一月预订。

将“天坑网络酒店”的整个夜宿过程进行网络直播，直播的网红就是睡在洞口中心发光钢丝网上帐篷中的 3 位幸运者（从上万的预订抢位者中胜出）。钢丝网下是灯光变幻、深不可测的天坑，钢丝网上帐篷中的人兴奋无比，洞口周边围观者欢声笑语，头顶上是无人机夜景航拍，直播现场的盛况。通过网络直播，晚上有 10 万人在围观，网络营销直接拉动 24 小时营业的网红经济，综合收入惊人。如此奇幻的“天坑网络酒店”，采用的是网络预订，睡的是宛若

① 在当地土家话中意即“我的天”“了不起”等感叹语气。

互联网的钢丝网，还被全球网络直播——真可谓“一网情深”！

天坑网络酒店，绝不坑人——谁睡谁知道！

一夜成名，今夜无人入眠。

（三）TPPV 设计

大溪地 TPPV 设计内容如表 4-5 所示。

表 4-5　大溪地 TPPV 设计内容

设计模式	大溪地
T 主题创意	青春，年轻态 / 不青春不要来 / 青春的景区，一群有激情的年轻人打造的青春王国
P 感知诱导	核心活动：户外探险 / 休闲度假 住宿体验：原野帐篷、天坑酒店的新奇感
P 流程设计	入园的“青春年龄识别”流程、每个项目参与前的“青春鉴定”程序，游玩结束颁发“青春证书”的仪式
V 价值植入	后期将“青春”消费模式延伸至多个年龄段的顾客：少儿——盼青春；青年——致青春；中年——找青春；老年——忆青春

六、清江云之巅

（一）案例引入

清江，古称夷水，乃巴人祖先廪君繁衍并向外开拓的发祥地。清江发源于湖北省恩施州利川市之齐岳山，流经恩施州利川、恩施、宣恩、建始、巴东和宜昌市的长阳、宜都共七个县市，曲折东流，几与长江平行，最终在宜都陆城注入长江。清江全长 423 公里，“水色清明十丈，人见其清澄，故名清江”。清江流域具有优越宜人的生态环境，名山秀水富集，清江流域是土家族和苗族聚居区之一，民族特色鲜明，民族风情多姿多彩，清江流域处于我国第二级阶梯向第三级阶梯过渡地带，如诗如画的峡谷风光，瀑布飞流、花繁草绿、清水崖绝，堪称天然画廊，素有“八百里清江美如画”之美誉。

恩施州是湖北省地级行政区中唯一覆盖全部区域的国家全域旅游示范区创建单位，以“中国好山水·天赐恩施州”的鲜明旅游形象走向全国。近年来，随着高铁的开通，清江流域旅游在湖北鄂西版图上呈井喷发展态势后来居上。尤其是恩施州首府恩施市，凭自身政治经济文化辐射全州、优越的水陆空交通区位和独特的避暑气候资源，吸引了休闲旅游市场关注和资本的青睐，大型文旅项目纷纷落户清江流域恩施市周边。

青云崖旅游度假区是中城集团[①]于2019年启动开发的大型综合性休闲度假旅游度假区。该项目位于恩施市东部沙地乡清江北岸，规划总用地面积为1.5万亩，总投资50亿元。中城集团计划用5~10年时间，将其打造成为集国家5A级旅游景区、国家级山岳旅游度假区和山地运动小镇为一体的旅游综合体。青云崖旅游度假区涉及清江云图、抚云台、青云苍龙（悬崖观光列车）、九龙云顶（传统村落）、雪山飞狐（山地滑雪场）等多个体验项目，在规划设计中强调和突出了打造极致体验的核心原则，因此在众多文旅项目中别具一格，令人期待。

（二）梦想创意

1. 想象力——云端上的人生

如今，旅游度假所带来的大多是身体在最美的一角，灵魂却依然疲惫。看尽了孤独的海岸线，也腻了泛滥的亲水度假，司空见惯了各种度假区，有没有一个特别的地方，让度假的意义重新鲜活起来？

度假，开始出现“拐点”。随着生活水平的不断提高，越来越多的人已经不满足于年复一年的去同样的几个地方，并且孤单地去度假。他们迫切地需要去一个新的旅游度假地，来实现心中的梦想。

栖居云端——人类孜孜追求的居住梦想。从徐克的《蜀山传》，到卡梅隆的《阿凡达》，为我们展现出一幅精彩绝伦、令人惊叹的云中景象，一座座悬浮在空中的峰林，山峦迂回起伏，云海飞卷奔腾……如此美景，成为不少旅游度假人士向往追求的居住栖所。

规划中的“清江云图”，将是生活方式的异境化，发现生命的新知，探索内心的新生，在恩施这片山水大境构建出的异境中物我两忘，寻找回生命中最初的美好。逃开与他人无异的旅游境地，逃向留存于心间的、那充满神秘、悬浮于云中的圣地。“清江云图”以自然稀缺环境为基底，辅以系统化的硬、软件配套，打造“度假在空中、旅行在空中、生活在空中”的全资源型产业，为旅游度假市场提供一种全新的休闲生活方式。

---

① 武汉中央商务区城建开发集团公司。

一提起北纬 30 度，让人不禁联想起巧夺天工的巴比伦空中花园、神奇的金字塔、诡秘的百慕大以及美丽的恩施。作为度假产品的新品类，青云崖旅游度假区项目落子恩施自然资源优越之处，以茂密的树林、800 里清江、秀美的山峰、缥缈的云海等构筑最美云端生活蓝图，开启云端度假的新生活美学。

驱车前往项目地，会被沿途的风景所陶醉。淡淡的自然清香弥漫在空气中，葱翠的青山、云雾袅绕的小村落……一路穿行在绿色林海中，好似被融进大自然的山水里。一路上，心情像路边的风景一样，变得清新从容，舒展开来。景区直通车即可到达恩施许家坪，约 50 分钟，下一站直达云端——“清江云图”。

云端度假，栖息、漫步于云上，身处云雾之间，鸟瞰全景的高山梯田，俯瞰脚下山峰江水手即可摘星，仰首亲吻云朵，如同置身在宫崎骏的《天空之城》，尽享空中街市丰富奢配的同时，让生命找到新的乐趣，这种度假生活在“清江云图”变成现实。

项目地最高海拔 1400 米，坐落于山顶之上，脚下恩施母亲河 800 里清江沿区而过。项目依地形而建，远远望去就像悬浮于云端，自闪耀（见图 4–10）。

图 4–10 青山屋度假区

将旅游全产业链移植至云端，提供精致度假的生活场景，并按照动静分离原则划分为四个游览体验区和一个配套服务区——高山崖壁体验区、养生休闲度假区、农业休闲娱乐区、山地极限运动区以及配套服务区，满足全年龄段、全家庭的度假需求。

2. 童趣心——云中梦，雪上飞

玩雪似乎是每个人童年最美好的回忆。1400 米山地之上的云台滑雪场，营造的是“天宫在人间”。这里有最美云中公路、隐庐，以及按天宫理念设计的南天门、弼马温马术俱乐部，日出印象悬崖酒店、蟠桃宴、炼丹炉、天兵天将打扮的保安。面向云海的悬崖酒店客房分别被命名为“日出”“朝霞”“飞云”“落霞”……拟请知名歌星许茹芸演唱度假区的主题歌《如果云知道》《云且留住》。

每年度举办“全球云台摄影大会”，广告语“无限美景在云台、惹得仙女下凡尘”。

赏花游重点打造“姜开花”景观，寓意清江畔“日出江（姜）花红胜火”的独特美景。

串联四大立体游玩动线，与山水天地共同入画。景随人走，人在画中游。游船里，听到桨橹与江水嬉戏的声音；徒步中，头上的鸟儿就是那热情的导游；缆车上，顺着云儿编织的路扶摇直上；崖壁间，将缥缈虚无的云彩揽入怀中。在这一刻，游人彻底地融入自然，与山水、与天地共同组成一幅美丽的画卷。

项目搭建山水联动的全机械化环形动线，以升级模式定制极富人性化的游玩线路，全方位满足各年龄阶段的玩乐需求，让每一个家庭成员都能在此找到自己的度假体验方式（见图 4-11）。

本项目规划设计了两条冰雪主题游线：以高山滑雪和雪夜观光为主题的冰雪游线；以山地运动、森林雪地活动为主题的山地运动游。

清江云台具有优越的地理环境和优质的雪源，滑雪场内设置有三种不同的滑雪跑道，两条中级道（60 米宽的主滑道，30 米宽的次级滑道，初级道置于主滑道内）及一条高级滑道（20 米宽），并配备有蓄水池、制雪设备等，还有观光缆车，可以看到周边的美景，让游客仿佛置身于原始雪原般体会到滑雪的乐趣。

清江云台草原综合楼配合云顶原生态环境，以木质构架为主，同时融合北欧风格建筑，采取中国传统的四坡顶的屋檐处理模式，形成“整一”和“秩序”的和谐美。

图 4–11　山水联动的全机械化环形动线

针对滑雪区对孩子来说有一定的危险性这一问题，设置了亲子娱乐区留给孩子和家长。同样有单板、双板、雪圈、雪上足球、雪上拔河等，并设有适合儿童的各种滑雪课程。

让孩子们在玩中学、学中乐，让家长能享受到天伦之乐。希望这里的每一处都能激发孩子的童心和探险精神，同时希望他们感受到世界的温柔和美好。冬夏两季旅游项目如表 4–6 所示。

表 4–6　冬夏两季旅游项目

序号	冬季项目名称	夏季项目名称（有变化）
1	冰雪停车场	—
2	云顶文化市集	—
3	冰原木屋	云顶木屋
4	森林教室	—
5	雪原步道	—
6	高原观星站	—
7	夜间轮胎滑道	滑草场

续表

序号	冬季项目名称	夏季项目名称（有变化）
8	冰雪魔法森林	魔法森林
9	雪村	星空小村
10	滑雪训练基地	滑翔基地
11	运动补给站	田园人家
12	滑雪配套综合楼	云顶综合楼
13	悬崖酒店	—
14	砌玉咖啡馆	—
15	云海观光站	—
16	天文气象观测台	—
17	缆车平台	—
18	冰雪迷宫	玉米迷宫
19	雪森林徒步站	汽车露营地
20	雪橇巡游站	高台地植物园
21	家族森林探险	云顶山地运动
22	冰雪蒙古包	清凉蒙古包
23	白雪公主餐厅	—
24	峡谷餐吧	—
25	云顶咖啡屋	—

3. 同理心——描绘凡人神仙梦

神仙生活——天伦之乐，幸福全家度假梦想。一家人欢聚在一起，享受生活。项目设计的高山崖壁体验、康疗颐养、亲子农业体验、山地极限运动四大主题配套，致力于打造全产品链度假区，实现全家庭可玩、可住的度假梦想。

神仙伴侣——云端上，享受日不落的爱恋。浪漫求婚仪式、情侣甜蜜写真、婚纱拍摄基地、梦幻教堂草坪婚礼，所有关于幸福的想象，曾经的初恋的美好，就像飘在云端的感觉，梦幻却又真实（见图 4–12）。

神仙晚年——耕云（耘）不一样的颐养。云端养老，静看云卷云舒。特设颐乐学院、富硒食疗养生中心、医疗保健中心、健康养生会馆，在此颐养天年。

图 4–12　婚纱拍摄基地

神仙大观——云端四绝，崖壁之间畅享无限风光。“畅玩云上千百次，不游四绝亦枉然”！在本项目中有四大特色体验——崖壁火车、悬崖酒店、云中栈桥、水晶缆车，让你于高山崖壁之间尽情体验大自然的绝美风光！

第一绝：崖壁火车。国内罕见的崖壁火车“青云苍龙”游走于山峦壁，俯瞰三江汇流，轨道依崖壁而建，车厢悬空蜿蜒于千仞之上，如同云端漫步。

第二绝：悬崖酒店。悬崖酒店立于云端之上、崖壁之间，酒店客房外观如同展翅的鸟立于嶙峋的绝壁上，坐拥 360° 视野，悬于云端的无边界透明泳池，仿若地心引力在此亦失去了作用，透过池水，看见的世界，清澈而纯粹。

第三绝：云中栈桥。漫步云端之上的悬挑玻璃栈桥，去到只有飞鸟才能企及的地方。约 600 米长的云中栈桥蜿蜒于峡谷悬崖峭壁之间，在云雾中若隐若现。漫步于此，清脆悦耳的鸟啼声回响空谷，脚踏浮云，身披雾霞，如同遨游仙境一般。

第四绝：水晶缆车。以国际知名缆车为设计蓝本，采用双缆索循环缆车系统，车厢为全景玻璃打造，以 360° 上帝视角从云端鸟瞰景区，遨游云端，美景尽收眼底（见图 4–13 至图 4–16）。

图 4–13　崖壁火车“青云苍龙”

图 4–14　云中栈道

图 4–15 悬崖酒店

图 4–16 水晶缆车

最美好的度假，在云端之上，天空之中。这是每个人心中的神仙梦。在1400 米的悬崖边上，看着蜿蜒的清江、触手可及的云海、绵延的山川。我们凝视着清江的壮美景观，拥抱着自然氧吧的清新，我们向往着北纬 30 度的神秘，渴望天人合一，自然与建筑融为一体。这应该是一处从自然山水中生长出来的建筑：

（1）区位。在 5A 级景区内景观最佳处，一线崖壁览山望江，360° 极限视野。

（2）建筑。沿崖壁布局与自然共生长；全精装设计，拎包入住，轻松度假。

（3）配套。悬崖酒店、云顶小镇、五星酒店式服务等，让建筑融入自然。

让游客拥有美景、拥抱自然、神仙般享受生活，这就是“抚云台”项目设计的初衷。抚云台，延续现代简约风格进行设计，呈现出一种诗意的几何结构之美。没有实墙，四面都是玻璃，通透明亮，毫无赘饰。大自然是唯一的主角，人在屋中，四季美景尽收眼底（见图 4–17）。

图 4–17 抚云台外观

4. 创造力、时尚感——阳光、冰雪的野奢

抚云台在设计上以方正的矩形为思考原点，完美地运用后现代极简主义的风格，以极简流线、大面积玻璃及质感金属饰条，勾勒出“少即是多的现代东方禅意”，给生活开辟一方简洁纯净的空间，让现代人回归生活的本心。

依山而建，顺山之势。抚云台建筑与山的坡度起伏相结合，形成建筑间高低 15~20 米落差，前别墅一线临崖壁，独揽绝美崖风光，后别墅依山体遥望，视野照样开阔。为不破坏自然原貌，抚云台采用仿清江土家族“吊脚楼”架空层设计，凌空欲飞，循着山体 47°、53° 的自然坡度，错落参差，使得每一套别墅都有视角相异的景致。抚云台精心排布，就像高低错落的剧场，每一套别墅都能拥有别样的视野，或俯瞰清澈碧透的清江，或眺望草木丰茂的群山，或伸手触摸缥缈的云朵。

30° 缓坡之上，立体化叠错景观。抚云台打破平面造景思维，依地形高差，最大限度地保留原生树木与环境，打造台地原生景观，融合林、地、石、建筑于一体。双首层立体空间，铺设广阔享受空间。抚云台利用坡地高差，丰富了建筑层次感，也增加了阳光照射面。迎接每天朝阳的不同位置，亦有不同的观景感悟。

三面玻璃，让美景登堂入室。抚云台从 19 世纪伦敦水晶宫中汲取设计灵感，整个建筑大量采用玻璃幕墙结构，去除多余的线条和不必要的装饰，用最简单的设计方式和最考究的材质细节，表现极简美学之下的建筑美。

镜面空间，让建筑消失于自然里。抚云台建筑主体嵌入清透的大片玻璃，立面精简利落。大面积全景式落地窗设计，让风、阳光、自然成为窗前的最佳装饰，玻璃窗的镜面反射，映出蓝天白云、林木水色，建筑仿若消失于自然天地之间。

庭院奢侈留白，让生活多一些想象空间。抚云台每一套均赠送更多的庭院公共空间（见图 4–18）。在这独立的、自由的天地里，时间不再仓促，在此与三五好友相聚下午茶时光，甚至与爱人躺在庭院的摇椅上虚度美好光阴，品雨听风，观花赏月，看着日出日落，慢慢老去……

图 4-18　抚云台公共空间

在悬崖边拟建设一处名为“日出印象”的主题酒店。这个酒店就像是不规则的水晶，夹在山崖缝隙处。这家酒店的创意来源于迪拜设计师 Andrii Rozhko，其灵感来源于山的独特地形，将山体的自然裂缝运用到建筑项目中。在酒店顶端会有一个直升机停机坪，VIP 客人就可以“从天而降”了（见图 4-19）。

图 4-19　日出印象主题酒店及悬崖体验项目

入住这家“日出印象”主题酒店的挑战性极大，如果患有眩晕症、恐高症会有不适，但给予客人的震撼感极强，尤其是在悬崖边迎接清晨的第一缕阳光，无数的灵感会随之迸发。

在 1400 米的山原上，冬季是冰雪的世界，围绕冰雪主题的体验设计非常丰富。

冰雪游憩游主要观景点：民俗屋（夜间轮胎滑道 / 滑草场——冰雪魔法森林 / 魔法森林—高原观星站—梦幻小村庄）—天文气象观测站—滑雪训练基地 / 滑翔基地—悬崖酒店—砌玉咖啡馆—云海观光站。

山地运动游主要观景点：非遗文化村—冰原木屋 / 云顶木屋—森林教室—家族森林探险 / 云顶山地运动—雪橇巡游站 / 高台地植物园—雪森林徒步站 / 汽车露营地—运动补给小站 / 田园人家—砌玉咖啡馆。

与冰雪运动和休闲配套的主要是独特的北欧风格建筑，冬暖夏凉。集酒店、会议、娱乐、生活等多功能于一体，昼可观赏纯粹的雪景，夜可观赏浩瀚的星空（见图 4–20）。

图 4–20　冰雪体验旅游项目

（三）TPPV 设计

清江云图 TPPV 设计内容如表 4–7 所示。

表 4–7 清江云图 TPPV 设计内容

设计模式	清江云图
T 主题创意	俯瞰清江，云端度假 云台滑雪——天宫上的飞驰人生
P 感知诱导	视觉：俯瞰清江、迎接朝阳 触觉：悬挂列车体验、雪地飞驰、入住悬崖酒店
P 流程设计	上车：列车开启一段神奇的清江之旅 到达：云中度假区，入住悬崖酒店，开启雪地飞驰、各类游乐与度假新体验 返程：乘坐悬挂列车
V 价值植入	旅游十二大要素“食、住、行、游、购、娱、商、养、学、闲、情、奇”的全方位体验与消费

七、大别有西域

（一）案例引入

在大别山西部的罗田县，有一条绵延数十公里的巴河，自西向东穿县域全境而过。巴河水一路跌宕，或激湍、或平缓在大别山麓丘陵风光旖旎的河谷穿行。河沙洲岛，澄碧如洗，丘村田林，巴河蜿蜒；大河两岸，良田阡陌，炊烟袅袅，别有一番世外桃源韵味。在巴河河道转弯的多处河湾，水流陡然减缓，河道堆积出大片的沙洲与沙滩，千百年来竟形成了宽约千米、长达数公里的沙滩奇观。尽管当地人对沙滩习以为常，但初来乍到的外地游人脚踩着一眼望不到边的细软黄沙、白沙，莫不惊叹。每当旅游盛夏时节，自发结伴、蜂拥而至的游客欢聚在宛若沙漠的沙洲之上，彻夜狂欢。黄沙如金，白沙如银，多少浪漫在大别山!

项目范围位于平湖乡境内，南起胡家河大桥，北至窑厂，以巴河沙海为核心，上下游延伸 5 公里，109 省道以西，约 5 平方公里。此次拟建设的项目被命名为“大别西域”，有两重含义：其一，指的是“大别山中的西域”，点明项目位置在大别山的西部区域，展现的是大别山中的异域（西域）风情、沙漠主题旅游体验；其二，指的是“大别于传统的西域”。项目所在地“平湖乡”谐音“平胡”，相传曾经是岳飞平胡荡寇之地。而今天，通过旅游开发引进西域风情主题，展示的是民族和谐大团结。

契合当前的国家“一带一路”大政策背景，本项目开发的是大别山旅游新奇观。在另一种意义上，也是新丝绸之路在中部大别山地区的新探索，创意的是大别山旅游新丝（思）路。

（二）梦想创意

1. 想象力——别样的西域

每个人心目中都有一个西域梦。西域是新疆的古称，意即中国西部疆域，作为一个地理概念，西域泛指玉门关、阳关以西的广大地区，广义的西域指古代中亚，狭义的西域指历史上的新疆。公元前 1 世纪"西域"一词即已经流行，《汉书·西域传》卷首即云："西域以孝武时始通。"自汉代起，西域这个具有古韵的地名便一路叫下来，直到 18 世纪中叶才出现"新疆"这个称谓。"西域"这个富有历史感的空间泛指陡然间具有了某种时间概念，同时又与古丝绸之路息息相关，更赋予了宏大的历史文化内涵。

"西域"一词已成为一种符号象征、一个隐喻。人们至今仍以西域来指称新疆，更多地带有一种符号色彩、一种对异域的梦想，以及触抚历史、追忆时光的情怀。在这个地球上，恐怕难以找出第二个像西域这样多元文明共存的区域。这里曾使用过的语言文字多达数十种。由于丝绸之路这一伟大的纽带，它成为中国、印度、波斯和希腊四大文明独一无二的融合区……正如有一千个观众就有一千个哈姆雷特一样，每个人眼中的西域也是不同的。从旅游体验设计的视角，我们将在华中腹地的大别山创造一个有别于传统西域的别样"大别西域"，以承载每个人心目中的那个西域梦！这个"大别西域"就在身边的华中地区大别山，在高铁时代，"大别西域"近在咫尺、触手可及。

2. 同理心、童趣心——玩沙的天堂

谁的童年不玩沙？沙子对人类肌肤有一种天然的亲和力，沙子接触上去感觉就很特别。在玩沙的过程中，沙子具有流动性，踩上去会下陷，特别是当抓起一把沙时，指缝中颗粒的流动会给人一种特殊的触觉感受和关于时间流逝的联想……因此在设计中，针对儿童和成人专门开发了两类体验。

针对儿童玩沙的重点在于通过玩沙课程设计，促进儿童感知觉、观察力、想象力、创造力的全面发展，场地设在浪淘沙·儿童沙欢主题乐园（见表 4–8、图 4–21）。

表 4–8 大别西域中的儿童玩沙体验课程设计

课程	体验内容
教程一：趣味玩沙	学习运用拍、压、印、堆、深挖等玩沙技能；培养合作能力，遵守玩沙规则，学习沙地自救（沙子入眼怎么办），守护自己和同伴作品
	调动儿童情感，引入课程（光脚丫随老师一起玩沙，老师引导“来吧，宝贝们，我们一起来走一走、跳一跳，印个小手印，踩个小脚印”）
	儿童角色扮演，激发愿望（小羊慌张出现，需求帮助……儿童自由组合，利用沙子分组合作，讨论如何帮助小羊脱离灰太狼……）
教程二：沙子创艺	认识沙子：让小朋友比较干沙和湿沙的区别，学习用沙土造型，充分享受玩沙的乐趣
	干沙游戏：让小朋友们在沙地里自由自在玩沙，光脚在沙子上走一走、跳一跳，用手摸一摸、抓一抓，用铲子等玩具玩沙（加入互动提问：跳一跳的感觉——软软的；手捏干沙子能不能捏成球——不能；脚踩干沙后，留下什么样的脚印——椭圆的小窝；用铲子能否造房——不能）
教程二：沙子创艺	湿沙游戏：让小朋友在干沙上浇水，把干沙变成湿沙（加入互动提问：用脚踩，看湿沙上留下什么样的脚印——很清晰；手捏湿沙能否捏成球——能成圆球；用宽口容器扣一扣，看湿沙变成什么样——容器样子；用自己喜欢的工具去湿沙上按，比一比看看谁的图案最美、最有趣）
教程三：沙地亲子	“沙家帮”：在沙滩进行沙场点兵，将家庭分组为若干“沙家帮”，各“沙家帮”在规定时间完成特定任务（建城堡、挖地道、拔河、负重跑、匍匐穿越、叠罗汉、沙滩足球等），时间最短者胜
教程四：沙地挖掘	沙地淘宝：在指定区域沙滩埋藏若干奖品（玩具、休闲食品、奖牌等），由小朋友携挖沙工具入场，在规定时间上交挖沙成果，然后按积分规则统计，高分者胜
	数据挖掘：在沙地布置多台儿童游乐挖掘机和挖掘乐园（在沙地中散布数字和英文字母积木块），先培训少年儿童司机，获得挖掘机驾驶证的选手入场，按照口令挖掘收集特定数字、字母和单词，涉及算术、英文和手脑协调操控能力，适合 10 岁左右的孩子

图 4–21　儿童玩沙体验项目

成人玩沙的体验重点在于通过沙主题活动，达到与沙的亲密接触，从而放松自我，找回童年的感觉。借助自然地貌及连绵无尽的沙海资源，融入旅游体验元素，稍加改造，即可在大别山地区营造出“大别西域”奇观。

3. 创造力——沙的幻觉

项目设计中突出了两个穿越：在空间上将华中与西部进行嫁接，并在风格上进行混搭；在时间上将古代（宋代）植入现代场景，并在主题上将自然生态与人文（诗词文化、西域文化）进行混搭，并在建筑和活动设计上加以体现。

在旅游活动现场，游人骑上骆驼、马匹，沿着沙滩河堤缓行，穿行小桥流水，会强烈地感受到“驼铃声声”“西风古道瘦马”的意境；河滩扎营，布设“曲水流觞”水系，篝火狂欢，入夜伴着星空入眠，那一刻你忘记了自我……在沙的世界尽情撒欢，现实还是梦境？怎一个“幻”字了得。“浣”与“幻”谐音，“浣溪沙”因此换作“幻溪沙”，更显梦幻色彩。依托场景和科技，在“大别西域”沙海现场布设梦幻主题的科幻、玄妙、浪漫、奇特的旅游体验，在大别山地区旅游市场体现出唯一性、垄断性效果。

“天净沙”对应中老年项目，突出平宁、祥和的环境，对应奇幻、梦幻。

“浪淘沙”对应少儿项目，突出互动、趣味感觉，对应玄幻、魔幻。

“月笼沙”对应爱情项目，突出浪漫、诗意的意境，对应漫幻、秘幻。

“浣溪沙”对应景观项目，突出沙主题文化，对应迷幻、诡幻。

似乎在西域，又似乎在大别，令人产生一种恍若隔世的体验幻觉。可谓是用沙玩出别致，把沙玩到极致（见图 4–22）！

图 4–22 各种沙漠体验项目

4. 时尚感——诗的意境

借助宋代的多个著名词牌，因此设计了“浣溪沙组团”（沙主题景观）、“天净沙组团”（养生度假）、“月笼沙组团”（情爱主题）三大组团（见表 4–9），并在相关活动中多处植入了词牌、渗透了词的意境，以体现“大别西域，姗姗来迟（词）”。

表 4–9 大别西域中的三大组团的场景与体验活动

组团	主题与客群	场景与活动体验
浣溪沙	沙海主题景观与体验（青年及以上年龄）	一、场景设计 1. 诗词意境：滨水——渔歌子、渔家傲、水调歌头；滨水景观——望海潮；游乐——永遇乐；玩水——水龙吟；玩沙——浪淘沙 2. 生态景观：沙鸥翔集、白玉映沙、平沙落雁 3. 水利景观：白沙堤、白沙山、西沙、南沙、东沙、中沙、沙湖、沙泉、沙井、沙屿、沙汀、沙堤、沙坝、沙坞等 4. 人文景观：沙山——聚沙成塔、沙蓬、沙坛、沙鼎、沙棠舟、玉女沙等 二、体验活动 大漠驼铃古道、沙场点兵（骑马驰骋）；大型沙画、沙书——画沙印泥；大浪淘沙、沙里淘金；沙雕群（沙僧、沙弥）、大型沙漏、沙浴、沙田、沙盆、沙锅；沙坑、沙滩运动会、沙滩拔河、攀岩、沙滩钓鱼、滑沙、沙滩越野车、沙狐球、水上滑索和沙滩风筝、天河沙海、沙漠绿舟等

续表

组团	主题与客群	场景与活动体验
天净沙	以沙为场景的养生度假（中老年）	一、场景设计 诗词意境：音乐——清平乐；养生 / 书画——画堂春；特色小吃——渔家傲；滨水露天瑜伽——临江仙；雅居——小重山 二、体验活动 1. 归园田居——农耕部落 + 诗意田园，药用植物 + 赏花旅游，乡村旅游 + 乡村旅居 2. 乐享庄园——养生、中医药旅游；颐养雅居——养老旅游，拟采用新疆鄯善西域黄土建筑风格营造场景
月笼沙	情爱主题（青年人）	一、场景设计 诗词意境：慢行和歌舞——踏莎行、爱情的鹊桥仙 / 相见欢、赏花——沁园春 / 醉花阴、特色歌舞——玉楼春 二、体验活动 沙滩篝火晚会、曲水流觞（流水宴）、沙滩露营、水上激光飞碟、水上步行球、水上三轮车、河滩漂流

资料来源：旅思马记的微博。

诗意田园项目，情境化追溯与还原古代田园场景，打造核心景区，限定人数旅游。情境化景点列举如下：

远人村，墟里烟，榆柳荫——源于陶翁的《归园田居》："方宅十余亩，草屋八九间。榆柳荫后檐，桃李罗堂前。暧暧远人村，依依墟里烟。狗吠深巷中，鸡鸣桑树颠。户庭无尘杂，虚室有余闲。久在樊笼里，复得返自然。

故人庄，菊花台——取自孟浩然《过故人庄》："故人具鸡黍，邀我至田家。绿树村边合，青山郭外斜。开轩面场圃，把酒话桑麻。待到重阳日，还来就菊花。"

竹里馆、幽篁里——取自王维的《竹里馆》："独坐幽篁里，弹琴复长啸。"

南山陲——取自王维的《终南别业》："中岁颇好道，晚家南山陲。"

竹喧居、春芳歇、秋暝里——取自王维的《山居秋暝》："竹喧归浣女，莲动下渔舟。随意春芳歇，王孙自可留。"

春雨巷——取自陆游的《临安春雨初霁》："小楼一夜听春雨，深巷明朝卖杏花。"

杏花村——取自杜牧的《清明》："借问酒家何处有，牧童遥指杏花村。"

乘月轩——取自陆游的《游山西村》："从今若许闲乘月，拄杖无时夜叩门。"

西洲渡、鹿柴园、烟渚口、南山陲、秋暝居、青霭里、故人庄、云梦泽、松清斋、夕阳墟、归园居、柳花村等分别取自古诗《西洲曲》《鹿柴》《宿建德江》《终南别业》《山居秋暝》《终南山》《过故人庄》《望洞庭湖赠张丞相》《积雨辋川庄作》《渭川田家》《归园田居》《游山西村》等。

“大别西域”组团村落改造样式：以黄土、黄沙、阳光平房为基本元素，仿西域村落——楼兰古村的风格，对临近沙滩用于旅游开发的部分村落的外墙加以改造，营造出一派浓郁的西域风情画卷（见图 4–23）。

图 4–23　“大别西域”组团村落

（三）TPPV 设计

大别西域 TPPV 设计内容如表 4–10 所示。

表 4–10　大别西域 TPPV 设计内容

设计模式	大别西域
T 主题创意	主题：大别西域，沙的海洋，欢乐天堂
P 感知诱导	视觉：沙的海洋、沙主题景观 听觉：驼铃阵阵 嗅觉：沙土味与水草清新气息 触觉：流沙与湿沙的不同感觉
P 流程设计	服务员（沙僧、沙老太、楼兰姑娘）的殷勤迎送接待仪式 沙滩篝火晚会、星空下的沙滩露营地
V 价值植入	沙滩骆驼特色交通、河滩羊皮筏漂流、沙滩越野车 西域餐饮、楼兰古村住宿、帐篷露营、西域 IP 的系列购物品

第五部分　旅游体验设计案例

一、主题设计

（一）主题乐园体验

主题公园因产业背景、商业基础、发展历程的不同，其经营模式可大致划分为两类。

一种是依托强大 IP，整合娱乐资源，实现业务多元化，形成完整产业链的综合性集团，如迪士尼、环球影城、中国华侨城、长隆、方特等。他们通常以内容生产（如电影、动画长片等）作为驱动，发展媒体网络、衍生品销售及主题公园度假区等。主题公园业务以特许经营方式在全球各地开发，并拓展至房地产、旅游观光、酒店等，将 IP 价值挖掘到极致。

另一种则是以主题公园本身为主业、业务类型相对单一的专业化集团，如英国的默林娱乐和美国六旗娱乐等。他们主要通过跨国并购形成规模化的主题公园和旅游景点等，再由此扩展形成规模经济效益。

尽管以上发展路径各不相同，但几乎所有主题公园进入成熟期后，盈利模式都不再单纯依靠门票收入，而是以鲜明的主题创意和品牌为核心进行价值链延伸开发。研究表明，游客涉入对主题公园品牌形象、体验意愿关系起反向调节作用，即游客涉入度越低，主题公园品牌形象对体验意愿的影响效应越高；游客涉入度越高，主题公园品牌形象对游客体验意愿的影响效应越低。

1. 迪士尼：内容 IP 全产业链

迪士尼乐园和度假区凭借背后经营多年的主题创意能力和内容 IP，有一整套完整的文娱生产线，已经形成了独一无二的沉浸式故事讲述、精彩的游乐项目、娱乐演出和卓越的服务体系，包括乐园的旅游体验、可供售卖的衍生商品、每年推出的影视作品等为游客带来无与伦比的体验，积累了数量庞大的忠实粉丝，乐园体验模式在旅游行业一直为人称道。作为以电影制作起家的文娱创意公司，迪士尼已在全球拥有 7 个主题公园，2016 年集团业务中的 170 亿美元营收来自主题公园和度假区，占总营收的近 1/3，是其主营影视业务营收的两倍多，已成为迪士尼集团重要的营收渠道。

在经营中，迪士尼乐园始终注重将电影 IP 和人造现实梦境完美结合，以真实重现电影梦幻吸引游客。同时，为了保持乐园的新鲜感，除了经久不衰的米奇系列等动画卡通角色，近年来，迪士尼还连续收购了皮克斯动画、漫威工作室和卢卡斯电影公司，直接获取了广受欢迎的巨量新 IP 形象。迪士尼针对这些新 IP 形象和主题进行实地测试，以确认游客对人物内容的喜爱度，然后再进行开发并引入乐园。迪士尼在电影 IP 方面的强大原创能力，为将乐园打造成一个完整童话梦境提供不竭灵感源泉（见图 5–1、图 5–2）。

图 5–1　迪士尼乐园

图 5–2　迪士尼经典卡通形象

多年来，号称“永远建不完”的迪士尼乐园坚持创新，硬件设施不断更新换代，增添特色鲜明的新娱乐项目，保持游客新鲜感和重游率。以东京迪士尼乐园为例，该园初始建设投资为 1500 亿日元。1982—2014 年，为建设超级音响设备和 35 个游乐场所，迪士尼又先后投资了 1200 亿日元。同时，香港迪士尼乐园推出的“反斗奇兵大本营”园区以及奥兰多迪士尼乐园的“阿凡达乐园”等都不断创新消费者的游园体验，吸引人们一次又一次走进乐园。

在体验细节方面，东京迪士尼工作人员的基本功之一就是扫地，扫地有一套完整的培训流程，如要求扫地不能扬尘、如果有游客呕吐了怎么处理等。最重要的是，扫地的一项基本功就是画得一手好卡通人物，让游客开心。通常，VIP 是 Very Important Person 的缩写，直译就是“非常重要的人”，而迪士尼将 VIP 重新定义为 Very Individual Person，直译就是“非常个性的人”，在拥有优秀 IP 和先进硬件之后，迪士尼用精致周到的个性化服务将二者价值进一步提升，让游客感到全方位的愉悦体验（见图 5–3、图 5–4）。迪士尼要求员工关注儿童及残障人士需求，关注不同国家、不同语种游客的需求。例如香港迪士尼，所有一线人员都要求会讲普通话、英语和粤语，方便和来自不同区域的游客沟通。园中还随处可见乘坐轮椅的游客，在迪士尼的游览指南上，乘坐轮椅的图示标得清清楚楚，并且会有员工帮助这些乘坐轮椅的游客观光游览。乐园经理还会随机邀请游客进餐，听取他们对乐园的评价和意见，以便提高服务质量。

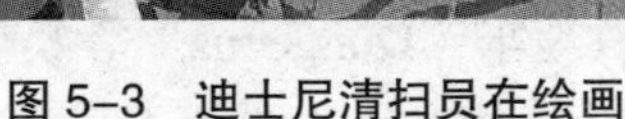

图 5–3 迪士尼清扫员在绘画

图 5–4 迪士尼指引人员

其次，迪士尼近年推出的电影越来越具有“合家欢”特征，男女老幼均能找到喜爱的元素。如之前热映的《疯狂动物城》，片中既有儿童和女性观众喜爱的毛茸茸小动物，又有能引发成年人共鸣的人生感悟。而 2013 年席卷全球的《冰雪奇缘》，其周边产品至今仍显示着巨大的商业价值。根据 2014 年年底的一份调查，全美大约有 20% 的父母愿意为自己的女儿买 Elsa 主题玩具，而愿意购买芭比娃娃的父母只占到 16.8%。电影的成功为包括主题公园在内的迪士尼 IP 衍生品奠定了坚实的盈利基础。精益求精的周到热情服务，使得游客能完全放松地沉浸在梦幻世界中，继续电影中的童话梦，当然也带走更多的玩具、水杯和书包（见图 5–5）。

图 5–5　迪士尼衍生品

2. 默林：百花齐放的专业化

默林娱乐集团（Merlin Entertainments Group）为英国知名的家庭娱乐景点运营公司，目前亦是全球第二大的旅游主题乐园，为专业化主题公园模式提供了经典样板。默林旗下拥有乐高乐园（Legoland）、乐高发现中心（Legoland Discovery Centre）、杜莎夫人蜡像馆（Madame Tussauds）、伦敦眼（The London Eye）、海洋生物馆（Sea Life）及伦敦地牢（Dungeons）等娱乐景点。同时，集团也因地制宜，打造独具特色并具增长潜力的英国本土景点，包括：Alton Towers、Thorpe Park、Warwick Castle 等。

但与全产业链模式的不同之处在于，默林集团旗下的各个主题乐园品牌都相对独立，多数都基于单个 IP 或者景点进行设计开发。虽不采取一个园区内整合配置的做法，但是也出现了像乐高乐园、海洋生物馆等全球品牌。在强化自身品牌、充分利用客流量方面，默林集团通过发售年度通行票实现旗下资源共享和互补，谋求价值最大化。

全球以乐高积木为主题的乐园目前有 6 家，因兼具娱乐性、创造性、趣味性、游戏性和知识性而深受喜爱。乐高乐园基本都有内部分区，迷你城市建筑区往往是热门区域，而为了体现地域特点，吸引本地游客，乐高迷你城市通常会有代表该地区的著名建筑和场景（见图 5–6）。此外，还设置了积木创造学习区、幼儿积木专区以及驾驶区、城镇区等。

图 5–6　乐高乐园

3. IMG：室内冒险体验乐园

多数大型主题公园均为户外设计，门票收入受气候变化的影响比较大，酷热、严寒都会引起客流量、销售收入的明显波动。为了提高游客舒适度，实现投资收益的稳定和最大化，开发室内主题乐园便成为不二之选。

地处热带的迪拜 IMG 冒险世界（IMG Worlds of Adventure）能让游客完全避开炎炎烈日的热浪，四季恒温，全年无休，享受室内游戏的快乐（见图 5–7）。2016 年 8 月底开园的 IMG 冒险世界作为世界上最大的室内主题公园，占地 14 万平方米，相当于 28 个足球场的大小。园区分为四个主题区域，即漫威英雄世界（Marvel）、动漫网络区（Cartoon Network）、迷失仙谷（Lost Valley）和 IMG 游乐区（IMG Boulevard）。

图 5–7　IMG 冒险体验乐园

与其他室内主题公园不同，IMG 冒险世界的漫威主题项目更突出娱乐的互动性。例如在“复仇者联盟：奥创”项目里，一片漆黑之中游客会加入复仇者联盟的队伍中，乘坐飞船随片中人物在空中与反叛魔头奥创交战。舒适的环境、逼真的效果，让游客尽享互动游戏的快感，实现自己的超级英雄之梦。

同时，为了激发消费意愿，IMG 冒险世界还建造了还原《复仇者联盟 2》片中场景的主题餐厅，游客可以在美国队长用餐的环境中继续自己的英雄梦。正如餐厅的标语“没有什么比一款精心制作的沙瓦玛，更能提高英雄的战斗力”，俨然自己已是万人迷的超级英雄。

目前，国外大型主题乐园的各个园区大多具有鲜明的主题，漫威、米奇或是哈利·波特等经典 IP 形象，使得娱乐设施仿佛具有了血肉，增加了游客黏性。而对先进科技的运用也领先于国内乐园，如最高、最长的过山车，时下吸引眼球的 VR 技术等，都率先出现在国外的主题公园中。另外，迪士尼乐园、环球影城等综合性主题公园都十分注重配套度假区的开发，将游客的消费热情最大限度地留在园区中，因此不再单纯依靠门票收入支撑其发展，而是形成餐饮、娱乐、地产相结合的成熟产业链，抗风险能力和盈利能力也大大提升。即便是室内主题公园，也将商业配套做到极致。综上不难看出，坚定大娱乐生态圈理念，以优质 IP 为先导，紧扣消费发展趋势，最大限度地满足游客需求，注重实现公主梦、英雄梦、探险梦，提供完美和全方位的消费体验，是全球主题公园生存和发展的共同逻辑。相信在国内市场滋养下，不断聚集的海外产业资本和日趋成熟的经营管理模式，会助推我国的主题公园提升到更高层次[①]。

4. 中国：主题乐园三足鼎立

2019 年亚洲经济发展依然活跃，这也带动了主题公园游客量的持续上升。同时，主题公园再投资和社交媒体互动、灵活定价等一系列成熟有效的市场营销手段，成为亚洲特别是中国地区游客量增长的关键因素。2019 年，全球 TOP10 主题公园集团中，亚太地区占据的三席均为中国主题公园，分别是华侨城集团、华强方特和长隆集团。

1998 年，华侨城从锦绣中华、世界之窗等观光型的旅游景点起步。第二代打造了欢乐谷互动娱乐体验型的主题公园，针对旅游市场中年轻人追求刺激、追求体验、追求参与的需求，推出的欢乐谷广受好评。第三代就是东部华侨城，属于综合型生态旅游休闲度假区。目前，华侨城正在打造都市休闲类的

① 资料来源：华谊兄弟研究院。

产品，如欢乐海岸、美术馆系列以及像 LOFT 创意园一类文创类的产品，每条产品线均有细分。

勇于探索的华侨城，旅游产品针对“80 后”“90 后”这两类人群的市场需求进行升级和改造。“80 后”的特征是上有老下有小，需求主要是家庭出游与度假，为此，北京欢乐谷、上海欢乐谷、天津欢乐谷和武汉欢乐谷等都在二期及后期的改造中加大了亲子家庭游产品的比重。“90 后”更关注互联网时代带来的新鲜刺激的体验感，包括现场感分享、社交媒体上的传播，为此，华侨城借助互联网技术专注在多媒体、动漫、主题、高科技等更具参与性、更具刺激性的这样一些旅游产品。由于硬件本身没有更多的发展空间，华侨城确定在未来产品体系中打造休闲度假的一站式体验，包括主题公园、主题酒店、球场等。当今的客人更希望度假体验是简单的、化繁为简的，为游客提供一站式服务。为此，华侨城运用新技术手段，集中开发相应的软硬件设备，如度假一卡通智能手环，它可以让用户在整个区域实现入园、餐饮、排队、互动等服务的一站式度假体验。通过技术让服务改造升级，让大家能够真正地在度假区内享受到开心、无忧的度假体验。

广东长隆集团有限公司创立于 1989 年，集主题公园、豪华酒店、商务会展、高档餐饮、娱乐休闲等于一体，是我国旅游业大型优质企业集团和世界级综合旅游企业。近年来长期稳居世界主题乐园 TOP10、中国旅游集团 20 强。如今旗下拥有广州长隆旅游度假区与珠海长隆国际海洋度假区两大板块。

广州长隆度假区作为中国超大规模一站式综合旅游度假区，拥有主题公园数量与种类极丰富的主题景区，包括长隆野生动物世界、长隆欢乐世界、长隆水上乐园、长隆国际大马戏、长隆飞鸟乐园和长隆酒店、熊猫酒店等多家主题公园和主题酒店，作为首批国家 5A 级旅游景区，年接待游客连续多年超过千万人次，位居世界主题景区前列，成为中国在世界旅游业的标杆。

长隆欢乐世界集乘骑游乐、特技剧场、巡游表演、生态休闲、特色餐饮、主题商店、综合服务、精彩游乐和大型演艺表演于一体，是目前国内设备最先进、科技含量最高、游乐设备最多的超大型主题游乐园，被誉为“中国新一代游乐园经典之作”。其拥有顶端落差达 80 米的垂直过山车，由著名游乐设备提供商 Intamin 提供的十环过山车，全世界仅英国和长隆欢乐世界两台；摩托过山车，0~80 公里弹射式加速仅需 2.8 秒；U 形滑板，曾作为挑战项目参与

《奔跑吧，兄弟》录制；超级大摆锤是新奇酷炫的大形机动游乐设备，最高时速 110 公里 / 小时，最大摆幅 240°；国际特技剧场、大型水陆空特效剧场结合爆破、枪战、烟火、声光、机动设备、滑水、高空特技等多种超高难度特效；星际决战，原创 360° 不规则环形荧幕，模拟实景立体观影效果，是超大型 5D 探险游乐项目。

华强方特隶属于深圳华强方特文化科技集团，是国内率先从主题乐园创意设计、研究开发、内容制作、施工建设到市场运营全产业链运营的企业，也是一个具有成套设计、制造、出口大型文化科技主题乐园的企业，拥有“方特欢乐世界”“方特梦幻王国”“方特水上乐园”“方特东方神画”四个完全自主知识产权的主题乐园品牌。华强动漫是中国十大优秀原创动画企业，代表作品有《熊出没》系列，创造的电影综合票房近 20 亿元。

华强方特借助在自动控制、人工智能、机械设备、影视特技等方面的优势，切入演艺行业，打造国际顶级的主题演艺项目。目前已在公园内提供了“欢乐家园”“猴王”“魔球”三个主题演艺项目，集合现代音乐、舞蹈、杂技、武术、戏剧、多媒体等多种艺术要素于一体，呈现美轮美奂的舞台效果。华强方特整合特种电影、数字动漫、主题演艺、文化科技主题公园等领域所拥有的故事、形象等知识产权，广泛开展文化衍生品的创意、设计与规模化生产。目前开发文化衍生品主要涉及旅游商品、动漫影视衍生品、出版发行等板块，2 万余种产品。2018 年全球 TOP25 娱乐 / 主题乐园排行榜如表 5–1 所示。

表 5–1　2018 年全球娱乐 / 主题乐园游客数量排行榜（TOP25）

排名	主题公园	增长率（%）	2018 年游客数量（万人次）	2017 年游客数量（万人次）
1	迪士尼魔法王国，美国，佛罗里达州	2.0	2085.9	2045.0
2	加州迪士尼乐园，美国，加利福尼亚州	2.0	1866.6	1830.0
3	东京迪士尼乐园，日本，东京	7.9	1790.7	1660.0
4	东京迪士尼海洋公园，日本，东京	8.5	1465.1	1350.0
5	日本大阪环球影城，日本，大阪	–4.3	1430.0	1493.5
6	迪士尼动物王国，美国，佛罗里达州	10.0	1375.0	1250.0

续表

排名	主题公园	增长率（%）	2018 年游客数量（万人次）	2017 年游客数量（万人次）
7	迪士尼未来世界，美国，佛罗里达州	2.0	1244.4	1220.0
8	上海迪士尼乐园，中国，上海	7.3	1180.0	1100.0
9	迪士尼好莱坞影城，美国，佛罗里达州	5.0	1125.8	1072.2
10	长隆海洋王国，中国，珠海横琴	10.6	1083.0	978.8
11	奥兰多环球影城，美国，佛罗里达州	5.0	1070.8	1019.8
12	迪士尼加州冒险乐园，美国，加利福尼亚州	3.0	986.1	957.4
13	巴黎迪士尼乐园，法国，马恩拉瓦	1.9	984.3	9660
14	奥兰多冒险岛乐园，美国，佛罗里达州	2.5	978.8	954.9
15	好莱坞环球影城，美国，加利福尼亚州	1.0	914.7	905.6
16	香港迪士尼乐园，中国，香港	8.1	670.0	620.0
17	首尔乐天世界，韩国，首尔	–11.2	5960	671.4
18	长岛温泉乐园，日本，桑名市	–0.2	592.0	593.0
19	韩国爱宝乐园，韩国，京畿道	–7.3	585.0	631.0
20	香港海洋公园，中国，香港	0	580.0	580.0
21	欧洲主题乐园，欧洲，鲁斯特	0.4	572.0	570.0
22	艾夫特琳主题乐园，荷兰，卡特斯维尔	4.2	540.0	518.0
23	巴黎华特迪士尼影城，法国，巴黎	1.9	529.8	520.0
24	趣伏里主题公园，丹麦，哥本哈根	4.5	485.0	464.0
25	长隆欢乐世界，中国，广州	11.9	468.0	418.1

（二）影视 IP 场景体验

1. 影视 IP 释义

IP 原意是指具有独特创意的“知识产权”。2013 年，国内游戏领域开始频频提及 IP，意指影视改编游戏、IP 进入影视产业，这与互联网公司布局内容产业、推行泛娱乐生态圈战略直接相关。IP 还包括知名网络小说、知名网游和手游、网络改编电影、电视剧等，可以指其中单独某一项，称为狭义 IP；而广义的 IP，就是所谓全 IP，包含影视、网游、手游、图书、玩具、舞台剧、音乐等上下游全产业链。

影视 IP 作为一种完全视觉化的场景展现形式，往往能够全面地向受众展示拍摄地的风土人情，具有市场号召力的明星带动效应更使得游客蜂拥而至。跟着影视剧或综艺节目去旅游其实提供的是一种在场的旅游具身体验。在影视旅游体验过程中，通过影视剧集或者真人秀节目来完成，这样更容易打动观众，刺激观众的出游热情。但是对于旅游目的地来说，更需要思考的是如何深挖当地旅游资源内涵，凝练属于自身的特色，在文创及外围产品研发上发力，通过美景、美食、美宿等各个维度将其融入旅游产品乃至整个旅游体系中，并在游客脑海里留下深深的烙印，引起大家的情感共鸣，打造属于目的地自身的特色名片；而作为旅行社本身，也需要借助影视旅游的热潮，推出更多走心的、能满足游客深层次需求的产品。2002—2015 年迪士尼 / 皮克斯的经典影视形象所带来的票房如图 5-8 所示。

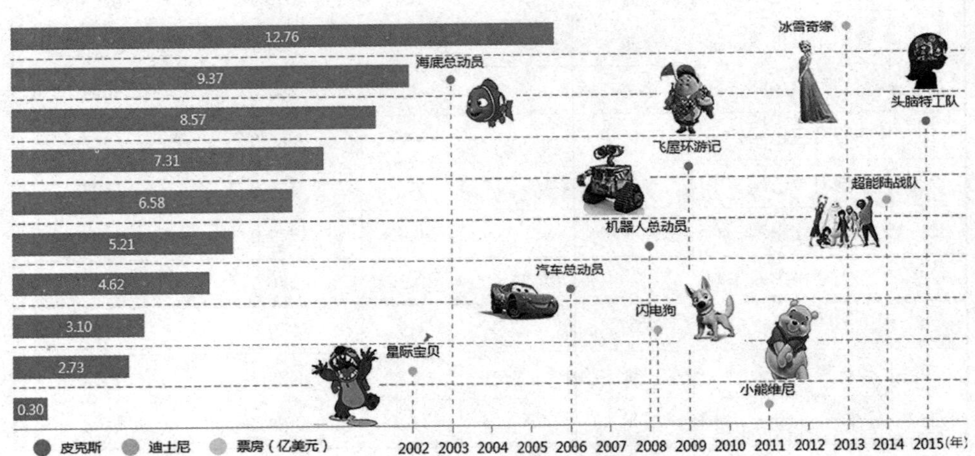

图 5-8　迪士尼 / 皮克斯的经典影视形象所带来的票房

资料来源：第一财经网。

2. 影视 IP 五大魔力

（1）沉浸感：给主题添加灵魂、性格和故事，所创造出来的“入戏”感。

（2）着力点：主题稀缺性、辨识度和开发深度，可深入到普世元素和价值观。

（3）附加价值：重复消费，如参观哈利·波特展的粉丝拍合照需 200 元。

（4）可持续性：不只是品牌、授权金、商标，而是多平台的流量分发。

（5）市场变现性：通过功能解构和产品匹配，IP 可落地为具体的商业业态。

3. 影视 IP 四大要素

（1）角色形象：影视作品是否受人欢迎、深入人心，取决于影视作品角色形象的塑造。在角色成型后，以角色授权方式，与旅游相结合，生产相关衍生品，形成旅游产品的关键符号和核心价值。

（2）情节故事：每一部影视作品都有特殊的故事背景、情节设计和主题导向。影视作品的情节故事为旅游目的地主题活动和线路策划提供了天然素材，由此可为游客创造身临其境的感受，增加旅游活动的体验感。

（3）文化内涵：植根本土文化，借力外来文化，创新文化商业业态，通过旅游氛围营造、基础功能完善、娱乐配套丰富等手段，推动文化艺术创作展览空间与旅游空间融合，实现文化娱乐演艺与旅游发展的协调。

（4）价值取向：每部影视作品都有自身特定的价值取向，观众在被影视作品吸引的同时，就对影视旅游目的地倾注了个人感情，因此，价值取向积极向上的影视作品对于旅游目的地形象的塑造会产生重要的影响。

4. 影视 IP 互动体验

（1）体验营销——触动情感。让影视旅游有体验，需要重视情感式营销。以故事为线索、情感为触发点，通过故事情节触动游客内心情感，创造预设的情感氛围，使游客获取情感共鸣，沉浸在故事情景中，增强对于旅游产品的认同感，从而实现营销宣传的目的。

（2）体验活动——动静结合。影视旅游地的体验活动设计，包括大体验活动、小活动、表演类活动和参与性活动四类。以影视花车巡游等活动为代表的大体验活动，以手工游艺为代表的小活动，以人群聚集的广场表演为代表的表演类活动，以及以青少年儿童客群为主体的参与性活动的设计，有助于实现“可欣赏、可享受、可回味”的体验式旅游。

（3）体验形式——跨界创新。跨界创新可以营造旅游产品的极致体验。以旅游演出为例，现在的旅游演出已经打破了传统歌舞表演的模式，汇聚了晚会、实景演出、秀场、活动等形式，结合声、光、电、多媒体影像、虚拟现实等技术，将地域资源、主题创意、原生态文化融为一体，使未来的旅游演出更加好看，体验感更加丰富，手法越发多样。所以，在“文化 + 旅游”“创意 + 科技”的融合下，视觉设计必将极大提升旅游行业的发展。

主题乐园的终极体验是角色扮演，要求是不仅要让游客观赏到，还要使其成为故事设定的角色，参与其中。早在 1915 年，环球影城①创始人另辟蹊径，通过收门票方式，将制片场开放给公众参观。在后期发展过程中，区别于迪士尼充斥着梦想和卡通幻想世界的风格，环球影城立足于自己好莱坞影视公司的特点，打造的是电影真实场景的体验 + 游乐场项目模式。环球影城的成功之处就在于将自己包装成一个影视基地，在这里游客不仅仅是乐园的旁观者、娱乐者，更能成为场景的一部分，将自己融入乐园的环境中。跟迪士尼颇具特色的花车游行、旋转木马等项目比起来，环球影城的经典更多是依靠电影场景和特效给观众带来的视听感受以及一些游乐设施所带来的刺激。

2016 年迪士尼仍以 1.39 亿人次游客量夺魁，但是这里包括了 2016 年 6 月开园的上海迪士尼乐园在内，实际上迪士尼 2016 年总接待游客数量同比增长不足 1%，但香港、巴黎公园营收双双降幅超过 10%，令迪士尼整体业绩大大打折。

而自“哈利 · 波特”强 IP 引入后，环球影城主题公园 / 度假区持续吸引了大量游客，游客量同比增长 5.5%，达到 4700 万人次。除好莱坞和日本外，奥兰多的两个环球影城也建有哈利 · 波特乐园。日本环球影城在 2016 年接待游客数量同比增长 4.3%，达到 1450 万人次；而奥兰多的环球影城游客数量同比增长 4.3%，达到近 1000 万人次；奥兰多的冒险岛乐园游客数量同比增长 6.5%，达到 930 万人次；好莱坞环球影城的游客数量暴增近 14%，达到 800 万人次。由数据可以直观感受到选择一个瞩目的影视 IP 对乐园发展的重要性。

环球影城以“重现电影经典场景，揭秘电影制作过程”作为公园开发理念，本身就是以旅游体验作为主打产品。为此，环球影城商品种类现状如下：主题公园内部共 8 家商店，大多是以相关电影为主题的糖果、玩具、服装、纪

① 环球影城（Universal Studios）与迪士尼、环球嘉年华并称为世界三大娱乐主题。2015 年的数据显示，迪士尼市场份额为 29%，环球影城市场份额为 17%。2015 年迪士尼游客量约为 1.38 亿人次，增长率 2.7%，环球影城游客量为 4488.4 万人次，增长率 11.8%。

念品等；在商业步行街两旁分布近30家商店，除纪念品商店外，还入驻了诸多品牌商店。根据环球影城的公开数据，整理环球影城的营收结构如图5–9所示。

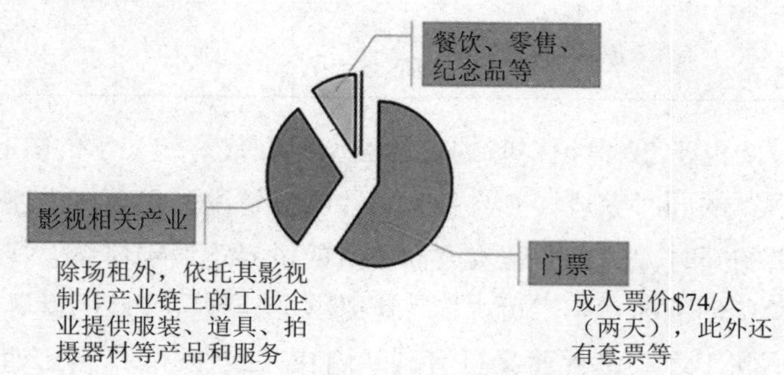

图5–9　环球影城经营业务构成

在大阪环球影城的哈利·波特魔法世界开业之前，大阪环球影城由于缺乏显著特色，在环球影城四大园区进行对比时并没有显著特色（见表5–2）。受大阪周边交通、其他游乐设施缺乏的影响，其游客量增长相对缓慢，业界好评率也低于同在日本营业的东京迪士尼，根据世界主题公园2016年的游客量和亚洲主题公园2016年的发展情况不难发现，大阪环球影城游客增长显著的原因与新开的“哈利·波特魔法世界”密切相关。

表5–2　各国环球影城经营情况

指标项	好莱坞环球影城	奥兰多环球影城	大阪环球影城	新加坡环球影城
距离市区位置	5公里	5公里	6公里	6公里
占地面积	212公顷	60公顷	54公顷	22公顷
游乐设施数量	48个摄影棚	32+25种游乐设施	18种大型游乐设施	24种游乐设施
主题定位	影视再现场景主题乐园	嘉年华风格影视主题乐园	女性和家庭主题	影视主题公园
其他功能区域	有影视工作基地	有两个游乐区域	无	无
距交通站点距离	步行5分钟	步行10分钟	步行5分钟	步行5分钟
周边其他景点	有	有	无	有

续表

指标项	好莱坞环球影城	奥兰多环球影城	大阪环球影城	新加坡环球影城
是否有配套设施	有	有	有	有
特色	有摄影基地	两个不同风格的游乐区域	无	风格带有东南亚特色

作为一种问世于20世纪中叶的文学类型，现代奇幻文学的核心特征在于，它会在“叙事”的同时完成一套“叙世”。也就是说，它会在讲述一个引人入胜的精彩故事的同时，给出一套宏大而自洽的世界观设定体系。《哈利·波特》这部奇幻文学所创造的“第二世界”，就提供了某种替代性的世界。我们可以沉浸到那个不同于现实世界而又自有其“内在一致性”的“第二世界”当中，去体验不一样的生命可能，去体认不一样的世界规则，进而去体会某些在现代社会当中可能久已失落或者难以成立的价值与意义。2016年哈利·波特魔法世界开业后的大阪环球影城，其功能分区如图5–10所示。

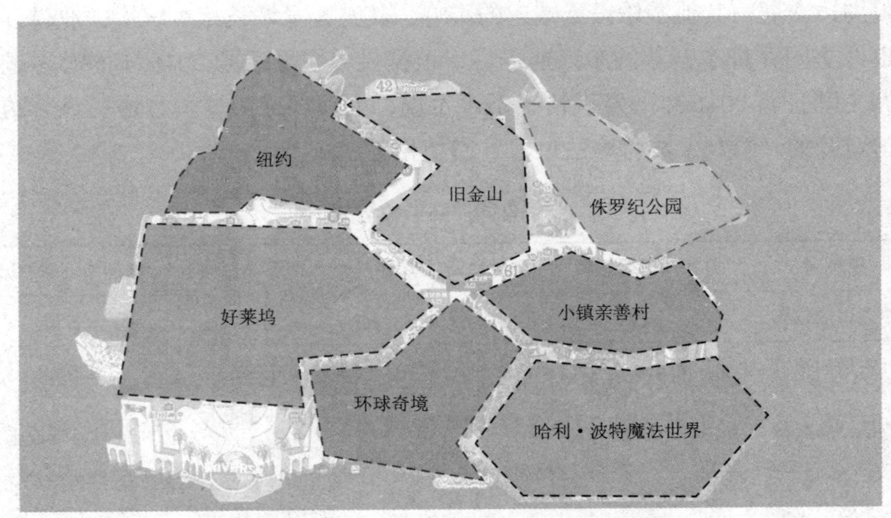

图5–10 大阪环球影城功能分区

哈利·波特魔法世界充分利用了魔法学院更贴近生活的主题。哈利·波特魔法世界的目标游客为7~67岁的人群。乐园中设有游乐项目、互动景点、商店、特色餐厅以及游客从未体验过的新奇项目。在这里，游客可以看到书中最具代表性的场景，包括霍格莫德小镇、神秘的禁林、霍格沃茨魔法学校、九又四分之三站台等多个地方。游客们还可以深入城堡中心，参观校长邓布利多的办公室，以及小镇中贩卖魔法用品的小店。此外，游客可以在破釜酒吧里用餐，在霍格莫德村的商店里购买巧克力蛙、黄油啤酒，在对角巷购买魔杖。一件魔法袍、一根魔法棒，就让游客完成了从现实生活到魔法世界的转换。更让人叹奇的是，利用先进的动作捕捉系统和简单机模，就可让每个体验的人真实地感受到魔法的魅力。乐园销售的魔法棒能够通过捕捉系统，使游客挥舞魔法棒时与周围的环境产生互动，营造魔法世界的绝佳体验，远胜过一切乐园衍生产品。

园内有三项游乐项目，分别是“哈利·波特禁忌之旅”（Harry Potter and the Forbidden Journey）、“鹰头马身有翼兽的飞行”（Flight of the Hippogriff）和“龙的挑战”（Dragon Challenge）。其中“哈利·波特禁忌之旅”的内容包括与哈利、罗恩、赫敏见面，和哈利一起在城堡里吼，体验魁地奇比赛，感受摄魂怪，参观霍格沃茨城堡等（见图 5–11）。

图 5–11 哈利·波特禁忌之旅

目前，迪士尼乐园中的所有项目都是基于自家 IP，这也成为迪士尼乐园的“门槛”或者“壁垒”，让用户无法在迪士尼乐园之外的主题公园中看到米老鼠、唐老鸭以及各种迪士尼公主；但是环球影主题乐园中的游乐项目、景点、商品更多是通过获得第三方 IP 授权或者与第三方共同开发合作的方式完成的。以奥兰多环球影城中的 IP 项目为例，环球影业自家娱乐项目多基于场景化比较强、科幻色彩浓厚的 IP，比如侏罗纪公园、E.T. 一类。在注资照明娱乐工作室（小黄人）、母公司康卡斯特收购梦工厂之前，环球自家的动画 IP

屈指可数（见表 5–3）。环球影城所购买主题乐园的授权多是以动画为主，如从 20 世纪福克斯获得授权辛普森，从漫威获得部分漫威英雄授权。

表 5–3　奥兰多环球影城主题公园

园区	部分重点游乐项目	IP	IP 来源
环球影城（Universal Studios）	Despicable Me Minion Mayhem	小黄人	环球影业・康卡斯特
	Shrek（4D）	怪物史莱克	梦工厂・康卡斯特
	Transformers: The Ride（3D）	变形金刚	派拉蒙
	Revenge of the Mummy	木乃伊归来	环球影业・康卡斯特
	E.T. Adventure	E.T.	环球影业・康卡斯特
	Terminator 2（3D）	终结者	派拉蒙
	The Wizarding World of Harry Potter Harry Potter and the Escape from Gringotts	哈利・波特	华纳兄弟
	Springfield: Home of the Simpsons The Simpsons Ride	辛普森一家	20 世纪福克斯
冒险岛（Island of Adventure）	Marvel Super Hero Island	漫威英雄（无敌浩克、蜘蛛侠）	漫威・迪士尼
	Jurassic Park River Adventure	侏罗纪公园	环球影业・康卡斯特
	The Wizarding World of Harry Potter Harry Potter and the Forbidden Journey	哈利・波特	华纳兄弟
	The Amazing Adventures of Spider–Man	蜘蛛侠	索尼影业

IP 在授权的时候，通常会严格细分使用权限的边界，哈利・波特魔法世界主题乐园的使用授权给了环球影城，但华纳兄弟保有其他哈利・波特 IP 的权益：例如将哈利・波特的拍摄地改造成可以参观的制片工厂，这跟授权主题乐园并不冲突，游客同样可以看到哈利・波特的魔法学校、购买魔法棒等，这样一来，环球影城中的哈利・波特 IP 就丧失了其独特性。全世界你只能在迪士尼乐园里看到正版的艾莎公主，但是你可以在华纳兄弟摄影棚和环球影城都坐上正版的霍格沃兹列车，这也就使得环球影城的 IP 容易产生更多的曝光率，但是在维持核心盈利上就需要比迪士尼付出更多的努力。

（三）魔幻与极致体验

1. 拉斯维加斯魔幻奇迹

拉斯维加斯（LasVegas）是美国内华达州的最大城市，以赌博业为中心的庞大的旅游、购物、度假产业而著名，世界上十家最大的度假旅馆有九家在这里，是世界知名的度假胜地之一，拥有“世界娱乐之都”和“结婚之都”的美称。从一个巨型游乐场到一个真正“有血有肉”的城市，从 1990 年到 2000 年的 10 年里，拉斯维加斯“脱胎换骨”，人口增加了 80%，从 100 年前的小村庄变成一个人口达 190 万、包罗万象的旅游目的地城市，目前每年来拉斯维加斯的游客达 3890 万人次。

这座城市的吸引力也慢慢变得多元化，不再是“赌城”的代名词。在这里，你可以找到美食、艺术、娱乐，以及其他任何多元化城市的所有要素。拉斯维加斯，声色犬马是一面，浪漫唯美是另一面，有人说拉斯维加斯是硬币的两面，一面人间、一面天堂。

巡游拉斯维加斯，你会体验到各种让人眼花缭乱的感官刺激，这里有受欢迎的游乐中心——米高梅历险游乐园（MGM Grand Adventure）；这里还有南内华达州最美的风景区之一、六亿年前海底世界形成的红石奇观——红石峡谷；还有耀眼夺目、极尽奢华，保留着西部时代粗犷和热情的赌城最大娱乐广场——米高梅广场，每天不间断上演的各种表演秀，让人如置身魔幻之都。

（1）KA 秀。是太阳马戏团积累 30 多年经验的巅峰体现，已经上演了 14 年，MGM 米高梅酒店为其量身定制剧场，1.65 亿美元巨额投资打造的高科技舞台，可以在空中任意旋转，横着翻可以变成流动的沙漠，竖着翻可以打凌波微步，奇幻场景在海上风暴、天空、冰山和森林之间变换。平铺直叙的开场白“很久很久以前，在一个遥远的国度”引出了“邪恶谋臣的儿子设计杀人机器——巨大转轮，逼迫被抓获的战俘不停奔跑……”的故事，展示的是墨西哥艺术家走转轮的绝技，而在盘旋的竹子上缓慢爬行的超级柔软大海蛇，原来是软功习练者演绎的。每个座位靠椅上安有喇叭，再配上灯光，现场音效震撼心灵。KA 秀确实是此生不容错过的一场视听盛宴，且是看秀的首选，堪称全球马戏表演的里程碑。KA 向观众们展示了马戏团的看家之作，突破艰难险阻的情节扣人心弦，与中国的武术相结合的杂技难度极高，高科技的视觉与听觉效果令人称赞不已（见图 5–12）。

图 5-12　KA 秀

（2）O 秀。太阳马戏团为观众们所带来的 O 秀是热门作品之一，是太阳马戏团的另一部史诗级巨作，同时也是全球第一个尝试水上剧场的剧团（见图 5-13）。“O”代表着水世界，整场演出由大胆刺激的杂技与梦幻的水舞台相结合，这种新颖独特的水陆舞台所体现的表演效果引人入胜，跳动的水花与高难度的杂技动作交相呼应，着实是一种无与伦比的感官享受。除了视觉享受外，现场演奏的音乐，极具现代感的声光电特效，色彩艳丽的演员服装，都将使得 O 秀在大家的心中留下深刻的印象。与 KA 秀吸收世界表演艺术精华、融入各种舞台元素略有不同，O 秀展现更多的是人体美，更偏竞技类，游泳、跳水、潜水、高低杠、体操、杂技，几乎是一个小型运动会。剧情讲的是一个少年进入奇幻世界的经历，新奇酷炫的视觉冲击让人脑洞大开、心跳加速。中间穿插的小丑表演、海船漏水情节，在惊吓之中充满诙谐欢乐。

图 5-13　O 秀

（3）蓝人秀。蓝人秀是一个超现实题材、感官刺激的表演（见图 5–14）。作为一种无语言交流的全新的声光电结合的表演艺术形式，在没有年龄限制且不要求观众具有一定的英语水平的条件下，即可以在演出过程中自己体会并领悟到别出心裁的视觉效果和令人捧腹的幽默情节。此外，秀中不时出现的互动部分，邀请观众全身心融入演出的环境当中，收获那份演出所带来的轻松与愉快。拉斯维加斯三大名秀之一的蓝人秀起源于波士顿，成名于纽约，已经上演25 年了，曾经在 NBC 著名的选秀节目《美国达人秀》上表演，也和 Ladygaga 同台演出过。蓝人秀在美国家喻户晓，没有年龄限制，非常适合全家总动员，全场表演都采用肢体表达和互动。蓝人们有点神经质，喜欢用木棒敲 PVC 水管，拿东西扔给观众，通过肢体语言搞怪，配合现场音乐，气氛非常活跃。台上与台下的互动特别好，观众参与感很强。舞台设计虽没有 KA 秀的大投入，但很有科技感，能感受到现代化科技的融合，光线多变、3D 灯光非常酷炫。

图 5–14 蓝人秀

剧情是一个虚构的蓝色外星人降临地球的故事，简单明了，充满笑点，非常值得一看，会带给每位游客一个轻松愉快的夜晚。为配合蓝色外星人的剧情氛围，工作人员会给每个游客发荧光纸带，观众佩戴上后，整个剧场都呈现出一种幽幽的蓝色，充满梦幻感。

（4）Le Reve 梦秀。Le Reve 是法语中是“梦”的意思，这部和 O 秀出自同一导演的大作，是近年来的后起之秀，在太阳马戏团占据了拉斯维加斯马戏半壁江山的情况下另辟蹊径，连续四年被评为拉斯维加斯最好的秀。Dream 讲的是一个女人的梦，走的是和 O 秀同类型的水陆空马戏，但打造的是极具梦幻色彩的浪漫花瓣元素，更加轻柔、更多小场面，很多布景极具小资情调和少女感。整个秀以人的梦境为背景，略带神话和虚幻的色彩，将人一生的经历以梦境的形式表现出来。和O秀相同，演出中包括了杂技、体操、跳水和戏剧，并融合大量光影变化，其舞台是一个大的圆形蓄水池，所有表演在此之中完成，独具特色（见图 5–15）。

图 5–15　Le Reve 梦秀

（5）魔术秀。大卫·科波菲尔堪称当今最伟大的魔术大师，其全球影响力无人能超越，空中飞翔、悬浮、死亡锯等经典节目表演成为大众的魔术启蒙。30 多年来，他一次次超越人们的想象力，将一件件看似“不可能完成的任务”变为现实。凭着卓越的成就，大卫 19 次获得美国电视艺术艾美奖，他的大型表演《梦想与梦魇》至今还保持着百老汇的票房纪录（见图 5–16）。

大卫·科波菲尔魔术秀位于美国拉斯维加斯米高梅酒店好莱坞剧院内，他把魔术提升到一个新境界，不断改变着魔术的概念和内涵。与传统魔术不同，大卫·科波菲尔魔术秀有许多与观众互动的环节，观众们可以与大卫近距离接触，领略魔术的神奇。2013 年大卫·科波菲尔闭关修炼后再次复出和米高梅公司续约 3 年，在现场可以看到他新的魔术表演，瞬间转移的道具和大型飞船令人震撼，机器人助手做得非常逼真，在现场故事推进过程中，突然每个观众都收到了一封来自大卫·科波菲尔的邮件，令人目瞪口呆！

图 5–16　魔术秀

其他的诸如 Beatles-love、Michael Jackson ONE 歌舞秀、猛男秀以及类似巴黎红磨坊疯马秀的 Crazy Girl 秀之类的精彩大型秀场表演，让人眼花缭乱，美轮美奂的城市夜景，数不尽的饕餮美食，让人久久沉醉其中……

“LasVegas”源自西班牙，意为“肥沃的青草地”，作为荒凉沙漠中唯一绿洲的拉斯维加斯。因为 1905 年西部淘金热由此开始繁荣。百年时光竟将拉斯维加斯装点成今天的繁华。

2. 诺唯真邮轮魔幻旅

诺唯真邮轮控股有限公司（NCLH）是全球三大邮轮品牌之一。诺唯真邮轮（NCL）成立于 1966 年，是诺唯真邮轮控股旗下品牌之一。

诺唯真邮轮通过为客人在海上提供自由和开放的度假体验，再辅以娱乐和美食，自由悠闲的邮轮时光融合了度假村的悠闲和高级酒店的奢华。宾客在自由闲逸的邮轮度假假期，可以自由灵活地设计心仪的旅程。诺唯真邮轮提供给游客的正是“自由，就在这海天之间”的身心体验。

娱乐创新是诺唯真邮轮——“喜悦号”引人瞩目的一大亮点，精彩纷呈的娱乐体验包括令人惊心动魄的海上双层赛车道，老少皆宜的户外激光枪战场，包括虚拟现实等各色沉浸式娱乐体验的星际探索中心，惊险刺激的模拟驾驶装置和交互式视频墙等。电影迷可以感受街机游戏《星球大战：战斗舱》带来的惊险乐趣，游戏迷们则可在六座 Xbox 控制台参与竞技；Oculus 带来的虚拟视觉体验，包括乘坐个性化过山车等。想要继续体验一番让肾上腺素极速飙升的娱乐活动，客人可尝试“喜悦号”上的特色项目——两座多层滑水道。夜幕降临，丰富多彩的娱乐活动会为客人打造精彩纷呈的夜生活，其中包括众多的舞台剧表演，如倾心打造且享誉盛名的《元素》和《天堂》等。《元素》魔术秀以魔术为主要表现形式和娱乐方式，通过表演大型的幻术以及互动娱乐，形成一个非常综合的娱乐体验。这里的魔术融合了杂技、故事、马戏等多种形式，最终组成一场非常丰富的综合秀。《元素》近水楼台地邀请了美国百老汇的大师们打造，且特别邀请了魔术界的新星刘谦的徒弟文沛然加盟，将舞台剧、杂技、魔术杂糅在一起，灯光炫目，舞台视觉效果震撼。已经看过《元素》的观众会很了解，这场舞台秀无论是从舞台灯光的运用，还是现场配合主题表演出现的冷风与电闪雷鸣的效果，都让在场的观众们有一种身临其境的参与感。《元素》充满奇幻和魔力色彩的土、气、火和水四大元素贯穿整场表演，引人入胜的魔术精彩纷呈、结合空中飞行的音乐与舞蹈令人目不暇接（见图 5–17）。

图 5–17　诺唯真邮轮魔幻旅

3. 奇幻森林魔法天团

（1）魔术融入旅游体验的先行者（见图 5–18）。奇幻森林魔术文化产业集团于 2008 年正式成立，作为文旅差异化和优质内容服务商，一直以“重新定义魔术，再造产业生态”为企业使命，基于在魔术行业十多年的积淀，打造一站式文旅解决方案，为文旅项目注入内容基因，并不断尝试跨界升级、融合创新，以期在“文旅消费产业升级”的行业主旋律之外另辟蹊径，共创未来文旅大消费的发展新机遇。奇幻森林以魔术演出经纪、设计策划、剧目制作、赛事运营、综艺节目制作、景区魔术演艺整合为核心业务。2014 年荣获魔术界最高奖项“梅林奖”——年度最佳魔术制作公司，2016 年荣获 FISM 国际魔术联盟“魔术艺术发展特别贡献奖”。

图 5–18　奇幻森林

重新定义魔术，再造体验经济生态。北京奇幻森林魔术文化产业集团十年时间从几个人发展到近百个员工，深耕魔术演出行业，每年超过 600 场演出，同时做全产业链的布局，旗下拥有四个全资子公司，分别以道具研发制作、魔术教育培训、魔术策划及演艺经纪、文旅服务为核心业务。十年来，奇幻森林以“重新定义魔术，再造产业生态”为愿景，自上而下形成拥有全产业链布局的综合性集团公司。

做魔术行业持续领跑者。奇幻森林在 2017 年完成首轮融资，由专注于文旅大消费的左驭资本领投。2018 年 11 月完成由国内专业的票务和演出订票平台聚橙网的 A+ 轮融资，是目前中国魔术行业在资本化进程中的魔术公司。

（2）旅游体验需要何种魔术体验。所有的艺术都能跟旅游结合，相比小众艺术，大众娱乐类产品更适合跟旅游融合，成为优质的旅游体验类产品。以 LasVegas 为例，每年票房总收入超过 2 亿美元的魔术秀与太阳马戏杂技共同支撑起拉斯维加斯演艺娱乐的半壁江山。

魔术娱乐化是文旅演艺体验差异化的新机会，目前魔术演艺在美国和欧洲的渗透率分别达到 35%、20%，而在中国还不足 1%。在中国，看过电视魔术的已超过 10 亿人，但看过现场魔术的还不足 1%，所以在中国存在巨大的现场魔术演艺观众基础数量和市场潜力。魔术娱乐化体验就是使魔术与各类艺术、科技进行深度跨界融合，现代魔术的四大特点如图 5–19 所示。

①与时俱进的“新”魔术。与太阳马戏一样，魔术从街头到大棚再到剧场，从单一的魔术表演到与其他艺术广泛的跨界融合。例如，诺唯真邮轮“喜悦号”的《元素》、拉斯维加斯的《Magical Dream》。

②新科技塑造更真实的魔幻感受。魔术道具制作技术、全息技术、视频技术的发展和结合让观众无法分清“现实”和“虚幻”。

③观众更深度参与和互动的极致体验。魔术师从关注视觉的神奇效果，转为更加关注观众内心中的神奇感受。

④魔术 + 旅游 = 文旅融合新业态。以魔术 + 旅游的跨界思维，已经在世界范围形成了魔术餐厅、魔术酒吧、魔术咖啡馆、魔术商店、魔术教室等多元化的衍生业态产品线，并逐步形成集群，实现了丰富多元、更多消费、多业态联动的高效转化。

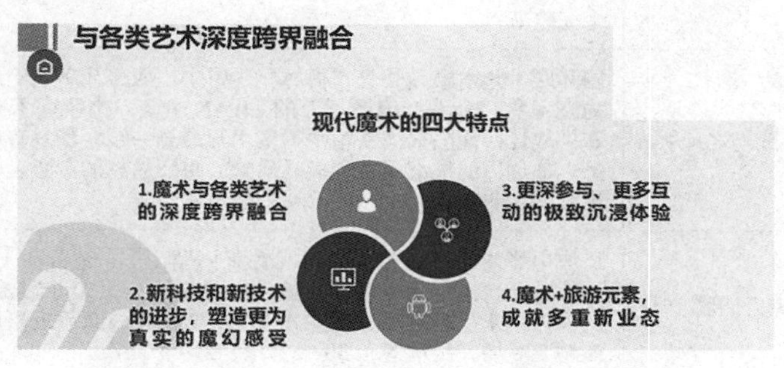

图 5–19　现代魔术的四大特点

现代魔术以受众最广、最具噱头、极具沉浸感、有效业态联动成为适合服务文旅的一种艺术。依托文旅产业资源和聚合平台，从全产业链角度出发，同时基于优秀商业模式进行学习与创新，探索出具有实践意义的“造势”“造秀”“造节”“造展”“造城”五大服务模型，为目的地打造“唯一、震撼、原创”的内容，为新时代消费者提供更加极致的魔幻旅游体验，多元化业态发展模式将构建文旅的新图景。

当下，行业正在发生变革与重建，奇幻森林会一直保持初心，在文化旅游、魔术创意领域不断深耕，着力布局魔术全产业链体系，努力做中国魔术行业持续领跑者，在寒冬中带领行业成长。

（3）奇幻森林魔术团队与体验产品（见表5–4）。

表5–4　奇幻森林魔术体验产品体系

魔术体验大类	魔术体验项目	体验特色简介
大型魔术专场	《极限挑战》	通过“水箱逃生”“挑战春晚魔壶”“火神”等5项罕见的极限表演，现场还原好莱坞电影真实场景、挑战吉尼斯世界纪录，此项目曾经登陆过悉尼歌剧院、美国拉斯维加斯、洛杉矶魔术城堡、帝国柏林、迪拜、泰国普吉岛等世界顶级舞台
	《惊天秀》	国际魔术家协会终身会员王禹出神入化的扑克牌表演；有“中国极限逃脱第一人”美称的全国魔术近景大赛冠军张瑞宁惊险刺激的高空逃脱；华语魔坛中手法与创意兼备、魔术圈大名鼎鼎的“毛毛”——毛镇凯的魔术搞怪；“心灵魔术大师”卢文建让人叹为观止的现场读心术
	《超级英雄》	被誉为“闪电侠”的大魔术师刘世杰领衔作品——中国“超级英雄”主题大型专场。各路魔幻英雄集结至此，匠心打造史诗魔幻大秀。瞬间穿越、意念控制、漂浮飞翔、切割还原等数十种超能力轮番上演。现场还原10个魔术历史经典桥段：90分钟表演，50种魔术效果，18个完整节目
	《魔幻之地》	国际魔术艺术最高荣誉“梅林奖”得主、西班牙著名幻术大师，被誉为魔术界“金发摇滚魔王”的LIPAN主演。逃脱魔术充满极限冒险和挑战性，深陷火海铁箱中的魔术师命悬一线，场景自始至终令人窒息。他创造的摇滚风格和极具风险、瞬间超越的刺激表演让观众热血沸腾，尖叫不断
	《惊天四骑士》	还原电影主题，打造中国版《惊天四骑士》。逃脱骑士、幻象骑士、暗影骑士、鬼手骑士轮番上场，90分钟表演，50个震撼魔术效果，5台国内从未出现过的大型魔术道具，7种国内原创表演形式。累积表演超800场，足迹遍布30个省份、210个城市

续表

魔术体验大类	魔术体验项目	体验特色简介
亲子儿童剧	《毛博士实验室》	科学 + 魔术亲子互动魔术剧目，“毛博士”将魔术教学、滑稽表演、歌曲舞蹈、游戏互动等多种表演形式与趣味的科学实验相结合，展现一系列超自然、不可思议的奇妙化学现象，是一次让小朋友开动脑筋、探索未知、收获知识、分享快乐的奇妙之旅
	《魔法城堡探险之旅 2》*	在魔法世界每个小朋友都是拥有魔法的小魔法师，但随着慢慢长大，他们的魔力渐渐消失了。在舞台上魔术师将通过精彩不断的魔术与腹语师的腹语表演，带领全场小朋友和家长一起过关斩将，踏上魔法城堡探险之旅寻回自己的魔法。本剧致力打造“合家欢”剧目，是一部让家长和孩子玩在一起的亲子互动剧目
	《圆梦气球人》	由专业气球魔术师李圣堂将“气球”“魔术”“脱口秀”三大元素融为一体，打造出儿童剧中全新的、趣味的气球魔幻秀。圣堂哥哥及小伙伴们在奇幻气球王国的奇遇记为线索，温馨、欢笑充满整个气球王国。不同于一般儿童取向的“剧院保姆型”亲子剧，它更是一部连父母都会很高兴与孩子一同观赏的“合家欢”魔术剧目
	《贝儿与王子》*	由格林童话 IP、全球卖座的十大动画电影《美女与野兽》改编，巡演时场场爆满，高达 30 种魔术，平均 100 秒看见一个魔法。视觉、影、音、声光四重享受，结合高科技视觉震撼体验，跳脱传统的亲子魔术剧，真正打造沉浸式互动演出
特色魔术秀 / 剧	《魔登时代》	百老汇 · 大型原创歌舞魔术秀，融合了百老汇歌舞、大型舞台幻术等艺术形式，结合富丽堂皇的舞台布景和炫美的声光电效果。情节通俗易懂、互动性强，具有很强的观赏性和娱乐性，观众置身于百老汇文化殿堂之中，感受魔术艺术魅力
	《未知的前方》	故事主人公是一位在醉生梦死中逐渐迷失自我的魔术师，他决定铤而走险寻找自我，而一场澳门风云却让他命运更加多舛，失去一切之后，竟又误打误撞完成了一场世纪穿越……全剧演出时长 90 分钟，场均 111 次笑声和 95 次掌声
	《别对我说谎》	受高智商人群喜爱的专场秀，教你看透人心。同名美剧《LIE TO Me》现场上演，这是一场颠覆三观的极致神秘的心灵体验！颠覆大众对“魔术”的认知，心灵洞察大师颠覆一切不可能的常识，带领现场观众体验匪夷所思、难以言喻的震撼
	《马戏之王——魔法马戏团》	颠覆传统马戏表演界限，把故事情节、声效及人物角色加入马戏表演中。视觉冲击，辅以魔幻风格的灯光和舞台效果，是融合高科技的新马戏。多元艺术展示，融合了魔术、杂技、街舞、说唱等艺术形式。有故事、有情节、有炫幻效果，将观众带入魔法马戏团的世界

续表

魔术体验大类	魔术体验项目	体验特色简介
特色魔术秀/剧	《终于失去了你》*	开心麻花团队参与创作的沉浸式魔术剧。用魔术讲一个穿越时空的爱情故事，20年光阴只在一步之遥。曾经的“失去”都将在1997“重回”，然而故事仍走向了“失去”的结局，也许这部魔术戏剧永远不会结束，当穿过门离开剧场时，你的故事才刚刚开始
	《我是谁》*	魔术师小孙立志于和文艺的副导演、演技浮夸的演员阿三一起拍摄一部魔术电影。但是由于剧组经费紧张，他们不得不将各种角色交由现场观众临场扮演，他们之间冲突不断，笑料百出。最终完成的电影结局却令所有人都瞠目结舌，陷入沉思……本剧玩法：坐在台下的你就是本剧主角！想怎么演，完全由你自己做主！来这里可以尽情放飞你的演技和脑洞
大型魔术项目	惊天魔盗团LIVE魔幻现场巡演	是世界娱乐巨头狮门影业联合WME|IMG联手推出，耗资5000万元打造的魔幻秀。奇幻森林集团联合大麦网及猫眼等，将国际电影IP魔幻大秀引进中国，全国十大省会巡演超50场，售票超20万张。参演者为全球排名前50的知名魔术师，包括障眼师、逃遁师、入梦师、操纵者。精彩绝伦的演出，空前的震撼效果，让所有观众大饱眼福、铭记于心
魔术事件营销	《大型实景穿越》	2014年7月26日，杭州湖畔，魔术师毛镇凯上演了一幕惊心动魄的奇幻之旅——10秒穿越钱塘江。2017年12月23日上午10点，魔术师王禹开始史无前例的“8秒穿越瓯江”魔术秀
	《热气球高空逃脱》	2017年7月22日，魔术师张瑞宁于山东威海那香海，成功挑战吉尼斯世界纪录“悬挂于热气球时从约束衣逃脱的最快时间纪录”，并缔造全新的世界纪录
	《水上行走》	2016年6月9日端午节之际，引发海口全城热议近半月的大型魔幻盛事——天鹅湾奇幻魔术季终于正式拉开帷幕，而点燃这场大戏的就是大型幻术——水上行走

注：* 为奇幻森林魔术体验王牌项目。

二、体验细节

（一）欢乐长隆引爆背后的细节

游乐园象征着速度与激情，象征着生命和疯狂，是一个让年轻的血液沸腾和躁动的狂欢盛地。永远有人正年轻，这将是一个永不落幕的旅游产业。在游乐园行业的一片繁荣景象中，长隆欢乐世界也同样因不俗的表现备受好评，在许多提供购票点评服务的网站和旅游社区都收获了好口碑（见表 5–5）。

表 5–5　长隆欢乐世界的网络评价

网络评价平台	评价概述
大众点评网	好评率 89.8%，差评率 2.37%
携程网	均分 4.7 分 /5.0 分，好评率 95.5%
美团网	评分 4.8 分 /5.0 分
去哪儿网	评分 5.0 分 /5.0 分，好评率 99.44%，差评率 0.15%
猫途鹰网	评分 4.5 分 /5.0 分
途牛网	游客满意度 99%
马蜂窝网	好评率 92.79%，差评率 0.94%

数据截止时间为 2020 年 8 月。

1. 单品引爆，极致体验

在动力型游乐园中，长隆欢乐世界始终突出硬件的先进性与体验的独特性，因此，长隆欢乐世界游乐设备大部分直接从欧洲原装进口，其设计与技术保持国际领先水准，这其中让众多游客心驰神往的无疑是其拥有的“八项亚洲及世界之最”：被誉为“全球最长的顶尖过山车之王”的 60 米垂直过山车；亚洲第一、世界第二台、创造了游乐设备环数最多吉尼斯世界纪录的十环过山车；东半球首台摩托过山车；亚洲首台、世界最大的U形滑板；号称“全球最大”的最新、最眩的大型机动游乐设备——超级大摆锤；世界最大水陆空特效剧场——国际特技剧场；由世界最先进立体数码影视技术全新创作，融合九大座椅效果与多项世界顶尖特效的亚洲最大四维影院；亚洲首次引进，号称“世界水上乐园之王”的超级水战。

这“八项世界之最”的引进要归功于长隆集团的“第一”情结。在“要做就做世界一流”的理念的驱动下，长隆集团对旗下投资项目的选择和产品的研发追求世界第一或者亚洲第一，最起码也要是中国第一。正是在这种“将第一进行到底”的理念之下，长隆欢乐世界不断创新，不满足于只在机动游戏中领先，在后期融入了的高科技和丰富的多媒体元素。

本来过山车早已是全世界游乐园标配，而长隆却能以“全球顶尖、最刺激”的玩乐项目在看似饱和的市场中杀出一条血路。在长隆这里，有让你尖叫到爆的各类刺激项目。过山车刺激感的主要来源是加速度、跌宕感、速度感和视野。而这其中，伴随加速度而来的刺激感主要体现在失重上，那种风驰电掣、有惊无险的快感令不少人着迷。垂直过山车、创吉尼斯世界纪录的十环过山车和东半球首台摩托过山车的巨大冲击力，再次唤醒了游客尤其是刺激项目爱好者冒险的灵魂和体验的热情。斥巨资打造的全新超震撼巨作，是亚洲唯一、超大型5D探险游乐项目。全球首创360°不规则环形荧幕，模拟实景立体观影效果，多元人物场景转换，开启5D星际探险旅程，进入一个亦幻亦真的星际宇宙。

长隆欢乐世界几乎每一个项目都是世界、亚洲或是全国的“独家”和“顶级”，极致的震撼给予游客的是独家而极致的体验，乐园内常常“一片惊叫，一片欢笑”。长隆欢乐世界用“单品”引爆了游客体验欲望，并且不负众望，收获了源源不断的游客和众多的好评（见图5–20）。

图5–20 长隆欢乐世界游乐项目

2. 技术制胜，细节感人

长隆欢乐世界的游乐设施追求世界领先的技术，而在服务设计上追求的是细节亲民感人。长隆的“亲民”不仅仅体现在门票价格上，也完美体现在了一个个接触的细节上。如明确清晰的园区地图指引、园区间方便快捷的通勤班车、整洁而又设计有趣的休息区、干净卫生的餐饮场所、热情细心的服务人员以及规范的生态停车场，还有为有特殊需要的游客提供游览车等体贴入微的周到服务，游客有“宾至如归”的感受，这些都换来了游客的赞不绝口。

非常值得一提的是，游乐园里的洗手间不仅在整洁程度上达到了五星级的水准，而且数量充足、分布合理，大大节省了游客花费在寻觅洗手间上的时间；此外，园内洗手间的残障人士无障碍设施也体现了满满的人文关怀。

每个项目都有服务人员从最佳角度帮你拍照，到服务柜台可以取照，游客们看到自己在游玩时或开心欢笑、或一脸惊恐的表情，都会爽快地留下这有独特纪念意义时刻的照片。

游乐园将会一直躺在全世界年轻躁动的愿望清单里，也将会一直受资本的追捧。但长隆欢乐世界将需要应对其他游乐园同样面临的挑战：一方面各大主题乐园在游乐设施上不断升级，以充分体现硬件技术的先进性，但硬件供应商主要集中于世界几大巨头，这就导致了游乐园体验的同质化，几乎所有的游乐园体验都是速度与激情、失重与超重、视觉的震撼与梦幻。虽然名为“主题游乐园”，但恰恰缺失的是体现地方文化差异的独特体验 IP 的主题。

（二）在线旅游体验创新的“飞猪”

根据易观智库在《2017 中国在线旅游市场分析》对在线旅游企业的分析，相比于携程、同程等在旅游行业的深耕，飞猪正在成为线旅游行业的一匹黑马。飞猪是一个拥有发展潜力，且受到阿里系资金、战略倾斜的企业，依托阿里巴巴强大的运营能力、创新实力，飞猪在旅游体验创新上做了很多努力。

1.“万有引力”度假体验

2016 年，飞猪宣布进军出境旅游度假，并将目标客群锁定为互联网下成长起来的一代。在此策略驱动下，阿里旅行品牌全新升级为飞猪，定位为年轻人度假尤其是境外旅行服务的行业标杆。

飞猪秉承了阿里大数据的基因，醉心于在线旅游大数据的应用。通过大数据对消费者行为分析，飞猪平台上超过 83% 的用户是“85 后”，另外有 95% 的用户是通过移动互联网访问。通常有超过 90% 的用户一旦形成了移动互联网使用习惯，就难以回到传统 PC 使用模式。

2016 年 7 月，阿里旅行的飞猪推出“万游引力”度假 IP 战略，致力于打造度假旅游体验的“IP 梦工厂”。飞猪用户以 25~35 岁的年青一代为主，他们崇尚自由，敢于追求独特的体验，对新鲜事物充满探寻的渴望，一系列旅游产品体验设计无疑正符合他们对旅行的向往和心灵追求，而飞猪顺势挖掘出年轻消费者心中的“兴奋点”，作为经营主攻目标。

（1）体验产品之一：“北极光专线”点燃芬兰（见图 5–21）。2016 年是正值芬兰极光爆发期，飞猪与芬兰旅游局、芬兰航空合作推出芬兰“极光专线”，在飞猪的包装和营销下，芬兰北极光引来一波年轻消费者的热捧。据飞猪官方的数据，仅“双十一”期间，极光相关的线路售出就超过5000个。飞猪的极光专线带红了芬兰当地经济，中国人来芬兰旅行的人数增长了600%，芬兰旅游局也由此获得了“总统创新大奖”。

图 5-21 “北极光专线”体验产品

（2）体验产品之二：“南极专线”飞向世界尽头。南极是个没有管理国家权属的特殊旅游目的地，资源属于全球人类。飞猪南极旅游专线是一套完整的目的地旅游体验产品设计。飞猪“南极专线”锁定在有潜力的年轻消费者，打出“趁年轻，享世界”的宣传口号，以低于市场一半的价格并只需9999元的首付，让年轻消费者圆梦南极。在团期的设计方面，4个团期中有2个覆盖春节假期，旅游者只需额外请8~10天的年假即可成行，年轻旅游者也不必“裸辞去旅行”。

飞猪抓住年轻人对极地旅行极度向往的梦想，同时降低价格与时间这两个门槛，让年轻人可以来一次圆梦的轻奢旅行，用极致的旅行去丰富自己的人生体验。这款体验产品的细节精准地俘获了年轻消费者的芳心和年青一代正在崛起的消费高地。

2.“发现”在线社交体验

飞猪 App 上的“发现”频道正成为具备旅行社交互动的内容入口。在该频道中，旅行头条、目的地和广场三大板块分别承载着内容媒体、目的地内容聚合和轻社交的互动体验三大功能。

网络内容正成为激发年轻人旅游灵感的新媒介，年轻消费者越来越不依赖于在千篇一律的浩繁商品目录中寻找自己心仪的产品。激发他们消费冲动的，往往是贴近他们心理诉求的产品内容表达。从旅游产品的角度而言，价格、目的地乃至出发时间都不再是他们选择的主要维度，而个性化的兴趣喜好才是他们选择旅游的决策标准。产品内容表达创新正成为在线旅游服务商研究的体验设计焦点。无论是旅游直播还是内容的聚合，飞猪已经走在了在线旅游的前沿，并在旅游社交方面开始了自己的探索。飞猪 App 上“发现”频道的互助、玩家秀、结伴等社交元素，正吸引越来越多年轻消费者发表话题，发起结伴活动。

（三）插了未知之旅的“马蜂窝”

马蜂窝是基于旅游社交和旅游大数据的新型自由行决策和交易平台，2010 年马蜂窝开始公司化运营，2012 年已经成长为拥有海量 UGC 数据和高度活跃的忠实用户群的知名旅游社区，在此基础上马蜂窝进入商业实践，现已成为业内优秀的自由行决策与交易平台。马蜂窝通过大数据技术对 UGC 数据进行结构化处理，挖掘用户兴趣点和旅游需求，既精准匹配用户个性化预订需求，提高用户体验，也打通了上下产业链。

马蜂窝构建了“足迹、点评、问答、形成、游记”的网站金字塔形结构。2016 年平均数据显示，马蜂窝网站每天都有 3000 篇游记产生，生成旅行问答 5000 多条，新增 1 万个点评、10 万条“足迹”，这些优质的信息给用户提供了非常多的参考价值。

马蜂窝有别于 OTA 和旅游比较搜索平台，是以 UGC 为基础的旅游社区模式。马蜂窝在模式上的创新主要体现在通过多层次的产品和服务，为用户在旅游前期、旅游中期及旅游后期提供全站式服务体验，从而极大地吸引住用户，有效提高了用户黏度。

根据马蜂窝的战略布局，马蜂窝主打 5 款内容：旅游攻略、马蜂窝特价、旅行翻译官、嗡嗡、游记，分别对应：出行前决策、出行预订、途中的翻译、社交服务、归来后分享，几乎覆盖全场景体验。马蜂窝的优势是攻略，并且是高度结构化数据，将酒店、景点等有用信息从杂乱数据中提取出来，方便用户决策，也为大数据分析提供了支持。因此，马蜂窝从最开始纯粹的游记发布做起，开始引导自由行用户在PC端网站、移动端进行旅游消费决策。这不仅能帮助自由行用户做好出行决策，还会帮助用户在站内购买合适的机票、酒店、景点、餐厅、邮轮以及当地游产品等一系列自由行服务，并且确保用户在任何时间、地点都能获得同步的信息。通过这一大数据的积累模式，马蜂窝已经与全球OTA、酒店、民宿、邮轮、当地旅行社等商业合作伙伴实现对接（见图5–22）。

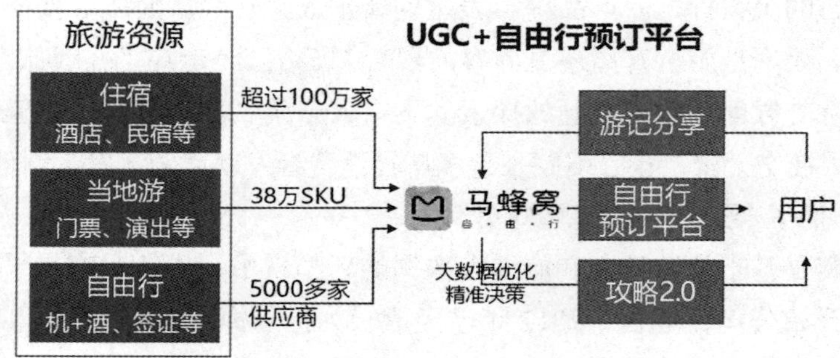

图5–22 马蜂窝战略布局

现在马蜂窝通过对UGC攻略内容的大数据分析和挖掘，可以很好地把握用户的需求，从而和供应商一起对其提供的产品做出符合用户需求的优化及重构。马蜂窝最终希望可以形成平衡个性化及批量化的C2B自由行反向定制。

> 马蜂窝最终的方向是一种平衡了个性化和批量化的自由行C2B（用户反向定制），C2B的核心是旅游大数据在用户、马蜂窝、供应商等产业链条中各环节的分享。
>
> ——马蜂窝创始人吕刚

1. 神秘的“未知旅行”

“未知旅行”是马蜂窝自由行旗下“未知旅行实验室”于2016年9月7日发起的一场旅行情感测试，主题为“用一场未知的旅行，检验一段未知的感情”。未知旅行实验室被这样定义：这是一家旨在探索“旅行与人性”奇妙关系的非常规理想主义实验室，成立于2016年9月6日，隶属于马蜂窝旅行网，定期面向大众发起以“未知”为核心的旅行实验，旨在与全球旅行爱好者共同探索世界上与旅行相关的一切未知与可能。

这是一款1314元的双人自由行产品，限额27位。其引发人们好奇心的神秘之处在于，出发时间未知、旅行地点未知、体验项目未知，你需要选择一名旅伴，并鼓起勇气一同接受这场未知的挑战。马蜂窝认为，旅行是检验感情的重要标准，探索“你是否能找到与你一同冒险的人”，以及“你们的感情将在这场新奇旅行中经受怎样的检验”，是这次活动的主要目的。根据2017年马蜂窝官方网站说明：“每个人获得的，都是一段实际价值远超购买价格的旅行。你所付出的‘面对未知的勇气’，已经足够为这段超值的旅行‘埋单’。”此外，在未来每个月的27日，马蜂窝都将推出一款“未知旅行”产品，这是马蜂窝在自由行领域的一次极为大胆的尝试，收获了无数网友的好评和期待。截至2017年8月，马蜂窝已经成功发起了8次活动了，其中还包括在知乎提问“我们能抵达的‘世界尽头’究竟在哪？”这个经典案例。马蜂窝与知乎共同发起的“陪你到世界尽头”，也是一场带有典型“年轻”标签的活动。想象力丰富的网友们定义出数千个五花八门的世界尽头，同时，超过30万网友为自己心目中真正的世界尽头投了票（见图5–23）。高质量的互动成为每次实验的重要特征之一。

图5–23 马蜂窝与知乎、爱彼迎发起的话题讨论和活动

（注：截图中的蚂蜂窝现已更名为马蜂窝。）

2017年马蜂窝再次与爱彼迎（Airbnb）合作，推出“未知旅行”栏目，上一次，未知旅行实验室号召人们“用一场未知的旅行检验一段未知的感情”，而这一次，它号召人们“勇敢带着爱去攻略未知”。面对愈发精明和理智的消费者，马蜂窝屡出感情牌，其实验也总是偏向情怀与理想主义。

从“Tripmon Go！”“测一测你的旅行标签”到“造梦机器”“分手急救包”，通过不同形式的创造性实验，马蜂窝不断强化自身个性、自由、新潮的品牌认知，让其“Don’t fear the unknown”的口号愈发立体。因而，在略显暮气的旅游行业中，马蜂窝得以脱颖而出，收割大批高黏性的年轻用户。未知旅行实验室也总是选择与之调性相符的品牌合作，上一次是知乎，这一次是爱彼迎，他们均在年轻人间拥有忠实的拥趸与先锋的形象。

如今自由行市场正悄无声息的替代跟团游市场，成为大众尤其是青年人旅行的首选方式。2015年，全球自由行市场规模为42.5万亿元，同比2014年增长5.6%，增长主要来自以中国、日本、韩国为主的亚太地区。而中国出境自由行市场规模已达9300亿元。我们看到马蜂窝正在通过自己的细节设计给出自由行的最佳解决方案，即有个性化、深度体验的产品，还配套最酷炫的体验营销。

自由行时代，个性化旅行体验对于很多用户来说同样是旅行中的“未知”。互联网的本质就是“连接”，攻略内容的“入口”加上大数据，能有效弥补搜索框和货架模式的不足，将极具个性化的旅行体验与用户需求更好地连接。

中国旅行者已经越来越需要更为个性和深度的旅行体验，作为面向年轻消费者的在线旅行企业标杆，马蜂窝正在给传统旅游行业展示一种全新玩法，未知旅行实验室的成立与走红，更是助力其牢牢占领“80后”“90后”旅游市场。谁能适应更个性化旅行产品的交易，谁才能占领旅游行业的未来。

2. 有趣的“小黄盒”

2017年7月，马蜂窝和杜蕾斯联名推出了一款旅行套装“未知小黄盒”，这个“小黄盒”中包括杜蕾斯AiR空气套和马蜂窝主题旅游攻略，小米、气味图书馆、700 Bike诸品牌也在2万多份小黄盒中加入了运动手表、香水等产品，马蜂窝和杜蕾斯也准备了各种旅行奇趣小物作为“unknown things”。除此之外，他们还与新加坡酷航合作，联动实现了一次极致深入的全渠道布局。

营造“小黄盒”的神秘感，是马蜂窝对旅行理念的一种诠释。马蜂窝希望用这种不可选择的随机方式告诉旅行者，旅行能给你无限的可能，而攻略则将为你探索未知提供保障。这种礼盒有点类似于传统意义上的福袋，商家将自己的商品放进去，客户在不知道福袋具体内容的前提下购买，享受拆礼物的乐趣；对于商家来说，不仅丰富了主客互动，更重要的是将自家积压的货品做了统一的销售，可以收回一定的成本。而小黄盒对于马蜂窝的意义却不远不止于此，“unknown things”是“未知旅行实验室”的又一次探索，这是“小黄盒”对自由行市场的革命，以此打开市场入口；“小黄盒”里实物化的旅游攻略则更有意义，代表了马蜂窝内容变现的决心。从旅游体验的角度来看，从小黄盒的内容设计到营销策略都充满创意。

“小黄盒”分为丛林、沙漠、海岛、登山、自驾五大主题，配备了对应主题的旅游攻略包和随机礼品。可以确定的是，购买者都会收到一份马蜂窝出品的旅游攻略包以及一个神秘礼品。马蜂窝将自己的线上拳头产品“旅游攻略”实体化，制作成了一张印有二维码的攻略卡、一份旅行必备物品清单和一份由杜蕾斯撰写的旅游攻略折页。但每个消费者究竟将收到什么主题的旅游攻略仍是未知数——这就意味着，一个文艺爱好者完全有可能收到户外主题的“小黄盒”。

随机彩蛋——马蜂窝将其称为“unkown things（未知之物）”，进一步增加了“小黄盒”的神秘感与价值感。网易美学、小米米家、Garmin、700Bike、气味图书馆、欧珀莱共 6 大品牌，提供了包括对讲机、运动手环、城市主题香水在内的各种奇趣旅行小物。小黄盒中甚至还藏有前往堪察加、摩洛哥、塞班岛、塞舌尔、新加坡的 5 份双人往返机票。

不满足于电商平台的传统销售，马蜂窝和杜蕾斯打出了“满世界寻找小黄盒”的口号，将营销的体验创意与形式感做到了极致。

2017 年 7 月 27 日，马蜂窝与酷航携手，从天津飞往新加坡的酷航 TR187 航班被打造成小黄盒专机，舱门处以及空乘人员的胸针上，都标志了“欢迎来到小黄盒专机”字样。机舱中，每一个乘机安全事项都用“小黄盒”的有趣方式标了出来，例如“飞机已经在滑行，请确保您的小黄盒已抱好”等，趣味十足。机上每位成人乘客都领到了一份“小黄盒”，18 岁以下未成年乘客也收到了儿童版的特别定制“小黄盒”。盒中特别放置了本次航班的目的地——新加坡的旅游攻略包。酷航甚至专门定制了机上免费 Wi-Fi，供乘客在飞行途中详细阅读攻略，做足新加坡游玩的准备。“小黄盒”在社交网络上的曝光量已超过 3000 万次，马蜂窝的微信指数更是实现了 300% 的暴涨。

（四）让人备感温馨的冰雪旅馆

1. 案例：甜梦在 0℃之下

（1）世界上第一个冰雪酒店——ICEHOTLE。1990 年建立，坐落在瑞典 Jukkasjrvi 村的 ICEHOTEL，距离北极圈仅有 200 公里，是世界上第一家冰雪酒店，也是最有名的一家（见图 5-24）。但它的建立纯属偶然。1989 年，日本冰雕艺术家第一次在此进行冰雕展览的时候，还只有为数不多的人参与，但神奇的艺术魅力让人们初次领略到了冰雪的别样风情；所以等到第二年法国艺术家 Jannot Derid 开展冰雕展的时候，游客人数猛增，但他们的流连忘返也让“居住”成为一个大问题。由此，Jannot Derid 所设计的圆柱形冰雕房便成了早期冰雪酒店的雏形。ICEHOTEL 已有 60 多个房间，酒吧、招待区和可供举行婚礼的大礼堂各一个。

ICEHOTEL 不仅通体晶莹，甚至还有一系列独立主题的艺术套房，这些套房由世界各地的艺术家手工雕刻。大自然的主题是历年设计中基本保留项目，“梦之树”“伊甸园的记忆”等都是这一主题的表现。这个每年只存在半年时间的酒店，每一年都邀请不同的创作人来为酒店设计全新的房间，每一次设计建造，都是唯一的一场“创意表演”。冰酒店为宾客提供几项创新及亮点服务，比如瑞典式传统桑拿，可以让你体验从桑拿室里出来直接跳进冰窟窿的刺激；瑞典拉普兰佳肴，可以让你品尝到冰盛生鱼片、驯鹿肉配巧克力酱等美食；北极圈野外求生初学者课程，包括搭棚和生火；入住酒店客人将会收到北极光提醒电话服务；推出监测北极光 App。

（2）中国第一家冰雪酒店——敖鲁古雅 Ice Hotel。鄂温克族乡是内蒙古根河市唯一的民族乡，素有“中国驯鹿文化之乡”美誉，长年生活在大兴安岭深处的敖鲁古雅鄂温克猎民，是中国唯一饲养驯鹿的民族，驯鹿和冰雪酒店的结合，带给游客新奇的体验（见图 5-25）。

Ice Hotel 每年都会重生。艺术家精心设计雕琢每个房间，一个房间便是一个艺术作品，而几个月后这些高冷的艺术，又将随着温度的回升而彻底消失。每个房间设计风格各不相同，内部全部设施为冰刻、床、灯、桌子……

Ice Hotel 里面还有 Ice Bar，里面装酒和饮料的杯子也全都是用冰做的，在 Ice Hotel 的餐厅设有 18 张西餐桌、1 张中餐圆桌、可供 100 人同时就餐。桌子全部为冰刻，盛放食物的器具也都是用冰做的，西餐椅子为圆木墩，上面铺兽皮。睡的床也是完全由冰块雕琢出的，在上面铺有一块驯鹿皮，客人睡在厚厚的睡袋中，如果觉得冰室太冷，酒店还是很人性化的，特别设计有暖和的房间。

图 5–24　瑞典 Jukkasjrvi 村的 ICEHOTEL

图 5–25　中国敖鲁古雅 Ice Hotel

（3）芬兰——Kakslauttanen 旅馆。芬兰拉普兰地区的冰屋酒店非常神奇。大部分冰屋酒店的房间整个会使用冰块来搭砌，但是位于芬兰拉普兰地区的冰屋酒店却做成了透明穹顶的样子。房间的穹顶部分是由特殊的可升温玻璃制成的，可保持室内正常温度，并能防止玻璃表层出现白霜，即使室外温度降至零下 30℃，也能舒适地躺在床上，清楚地观测闪烁于拉普兰清朗夜空中的缥缈极光和璀璨星河。整个旅店的风格打造成小村部落，并拥有 25 个顶级木屋别墅、冰雪酒店和世界最大的冰雪餐厅。村中20个玻璃穹顶客房共有40张床位。来到这里还不得不体验一下芬兰浴，Kakslauttanen 度假村的烟熏桑拿房得天独厚，建在河塘旁边，当出汗一段时间，再跳入旁边的冷水池，可以充分体验冰火两重天带来的刺激（见图 5–26）。

（4）印度——马纳利冰屋。相信大多数人难以将冰屋与印度这一温暖的国度联系到一起。实际上，在海拔 2700 米的马纳利雪山山脉，印度唯一的雪旅馆仍然吸引着众多想要一睹喜马拉雅山壮丽景色的人们。马纳利冰屋虽然不及北欧的冰屋精致宏伟，却独具印度特色，色彩艳丽的织毯、刺绣着印度花式的垫子与挂画为雪山增添了不少热情。从雪地上的篝火晚会、烧烤，到白雪皑皑的山脉间的单板滑雪、徒步冒险，马纳利冰屋丰富多彩的活动着实让人领略了一把印度人的热情。有兴趣的人还可以亲手建造自己的冰屋（见图 5–27）。虽然天气寒冷，但看看周遭美丽的松树林和令人难以置信的雪山美景，不禁还是在心里默默感叹，人间值得！

（5）加拿大——Hotel de Glace。加拿大魁北克省有家奇特的酒店，只在寒冬到来时才开张迎客，春暖花开后便消失无踪。尽管酒店房间内温度只有零下 5℃，但每年仍有世界各地的游客慕名而来，争先体验如仙境般冰雪世界的奇幻美妙（见图 5–28）。冰雪酒店的奥妙在于，一米多厚冰雪堆砌而成的冰房间，具有百分百的挡风效果。因此，即使室外降到零下 30℃，室内也维持着零下 5℃左右的“高温”。

图 5–26　芬兰 Kakslauttanen 旅馆

图 5–27　印度马纳利冰屋

图 5–28　加拿大 Hotel de Glace

占地面积 3 万平方米，除了 44 个房间和套间，还有一个冰教堂、一个巨型的冰滑梯娱乐设施。酒店冰酒吧更是个消磨时间的好地方，三五好友一边品着烈性伏特加调制而成的特色鸡尾酒，一边欣赏舒缓悠扬的乐曲，小酌一杯，体验一把冰与火在体内“激烈碰撞”的豪情，妙不可言。夜幕降临，在温暖的睡袋和驯鹿皮上和衣而睡……这不是“穷游”，而是最酷、最时髦的冰雪体验。入睡前在户外享受 SPA 和桑拿，先体验一下冰火两重天的别样感受，睡时尽可能少穿衣物，甚至裸睡才是最好的保暖方式。对于首次入住的客人，酒店通常会建议只住一晚，毕竟在零下 5℃的室温环境中睡觉不是件轻松的事。

2. 体验：TPPV 设计分析

（1）主题创意——梦幻城堡，冰雪奇缘。冰雪酒店是以冰雪为主题，从酒店的选址、内外装修、客房设计、细节布置、娱乐活动等，全方位围绕冰雪展开，给顾客带来入住冰雪梦幻城堡的奇妙体验。比如在全球首家冰雪酒店：瑞士的 ICEHOTEL，来自保加利亚的建筑师与雕刻家组合的作品，以蘑菇为主题的套房，床头和房顶是用积雪雕琢出的簇拥在一起的蘑菇群，形象逼真，每一道纹路都看得清清楚楚，客人就像置身于一个蘑菇王国中，让人们回到童话中的森林里去，冰雪与童话的结合，很好地吻合了北欧童话世界的氛围。

（2）感知诱导——面面俱到，细致入微。

①视听触味，细细品味。从长廊、厅堂到晶莹剔透的冰制雕塑以及家具、装饰，甚至烛台，全部用冰块雕琢而成，如同艺术品般精美绝伦。造型独特的冰雕，幽暗妩媚的灯光线，不禁让人涌起“一帘幽梦”的暧昧遐想；夜晚躺在冰床上，听雪从枝头滑落，发出“簌簌”的声响，与自己对话，回归心灵的平静，听一听冰上音乐会，品味由冰制乐器敲出的旋律；零下 4℃的客房，以冰块为床，铺上驯鹿皮，肌肤感受到的是温暖与柔软；围坐在冰桌与冰壁炉间体验冰火两重天的奶酪火锅盛宴，亲自制作冰板上的冰激凌，或是在冰吧尝上一杯加了白巧克力的杜松子酒，留下舌尖记忆。

②多种场景，畅快体验。大到晶莹剔透的冰床，小到精致的花瓶、鸡尾酒杯，冰艺师将冰雪幻化为日常所用的一切物品（见图 5–29），让冰雪渗入到吃饭、睡觉、休闲、娱乐的每一个场景，梦幻的跳跳羊把你拥入睡床，和恋人在 20 世纪 70 年代的恋爱太空舱聊聊未来，还有俄罗斯风情的皇家冰宫殿……吃饭的桌子、餐具、睡觉的床，均由冰块制造。在敖鲁古雅 Ice Hotel，除了有客房和餐厅之外，还设有冰雪演艺中心，可以欣赏到小型演出——“敖鲁古雅舞台剧”。光是梦幻环境还不够，演员演奏的乐器也都是用冰雕刻而成的。酒店还有一个浪漫的冰雪书屋，坐在这样的书屋里读读诗集，是不是

有种飘飘仙界的感觉呢？乘坐驯鹿拉爬犁，去寻访一下这里的原住民，看敖鲁古雅民族风情演艺，如梦一般的体验。在悠扬的古老音乐中，体会到地老天荒的情怀。

③游戏活动，乐趣无穷。滑雪、瑞典式传统桑拿和北极野外求生都是冰酒店的游客们极为追捧的项目。狗拉雪橇、乘坐驯鹿拉爬犁、亲子动手建造冰屋、参加雪地上的篝火晚会、烧烤、到白雪皑皑的山脉间单板滑雪、徒步冒险，一项项游戏让冰屋体验妙趣横生，在游戏中获得乐趣、结识伙伴。当亲手建造出一个冰屋并钻进去时，游戏的成就感极大地提升了旅游体验。

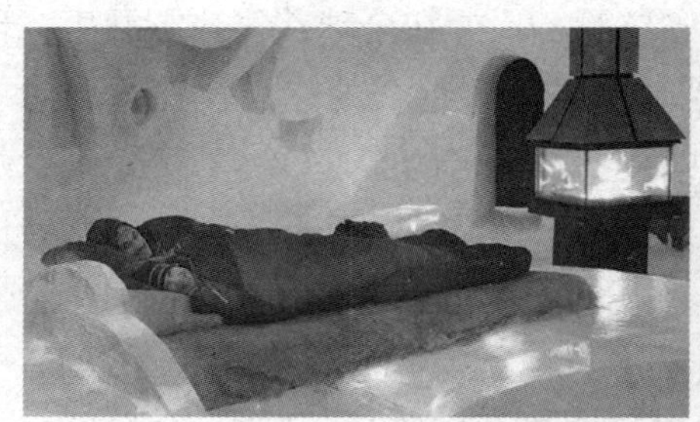

图 5-29　多种体验场景及项目

（3）流程设计。

①审美化——饱眼福。冰雪酒店的体验充分考虑到了美学元素，在加拿大魁北克的冰酒店，尽管酒店空间有限，但丝毫不失设计感。不规则的冰凌镶满长廊，随意中透着灵动；天蓝色的灯光，深邃而神秘。冰雪酒店每间套房都是一件艺术品，这边北极熊憨态可掬，那边飞鸟展翅翱翔，好一幅人与自然和谐共处的绝美画面。冬日暖阳透过房间缝隙温婉地洒向屋内，顿时幻化了阴郁，驱散了寒冷。梦游“绿野仙踪”，寻找冰雪世界的绿色天堂；Hello Kitty 风格的粉红套间，不知又要迷倒多少“粉色控”；中国风的主题，则入乡随俗

地设计了两个舞狮冰雕和传统图饰，连床的灯光和枕头都是中国红。在瑞典的ICEHOTEL 教堂入口，高悬宽敞的顶部结构立刻给人神圣庄重的感觉，而向上蔓延的枝叶很自然让人联想起北欧丛林，甚至是驯鹿的鹿角。枝蔓阴影投射在教堂的墙壁和地面上，显得空间更加平和而深邃。

②情怀化——做美梦。冰雪常常与童话联系起来，入住冰雪酒店的女生大都有一个公主梦，因此冰雪酒店在设计房间时，通常将童话的元素运用进来，满足人们的公主梦情怀。位于挪威的索里斯尼瓦冰屋酒店称得上真正意义上的“世界尽头的冰屋”，城堡的雕塑、枕边的水晶鞋和挂着帷幔的公主床让人一觉醒来仿佛成了冰雪奇缘中的艾丽莎。每年索里斯尼瓦冰屋酒店都会拟订新的主题，精心雕刻的冰墙栩栩如生地讲述了维京人、神话人物、北欧传说和北极野生动植物的故事。

③仪式感——无可复制。在零下 5℃的酒店里，躺在冰床上睡一夜可能并不那么舒适，不然怎么会有换住温暖木屋的紧急服务呢？但这依然无法阻挡每年蜂拥而至的游客坚持在冰雪酒店住上一晚。每年重建、融化、再重建的 Ice Hotel 和它的旅客，或许都在追求着一种仪式感。预约制、乘着雪橇才能进入、点一整晚的蜡烛、躺在晶莹剔透的冰屋欣赏极光、第二天早晨服务员送上越橘果汁和证书，祝贺你成功完成过夜使命。每一个动作都是一个仪式、每一次入住都是无法复制的绝版体验。

（4）价值植入。冰雪酒店崇尚艺术、自然、简约的理念，完全由冰雪打造，每年会花费约 $750000 在室内设计与装修上，然而顾客入住一晚需要将近 2000 元人民币，以酒店通常开放 3 个月、每家酒店 40 间房来计算，收入可观。与此同时，从走马观光进入休闲度假时代，“为一间房，赴一座城”式的旅游方式受到追捧，当游客在计划一场冰雪酒店之旅时，当然也不会错过周边著名的景点和冰雪体验活动，如滑雪、攀登雪山、泡雪山温泉……以冰雪酒店勾起人们的消费欲望，实施“冰雪 +”战略，延伸冰雪旅游产业链条，带动当地旅游经济发展。

三、专项体验设计

体验产品谱系列如图 5–30 所示。

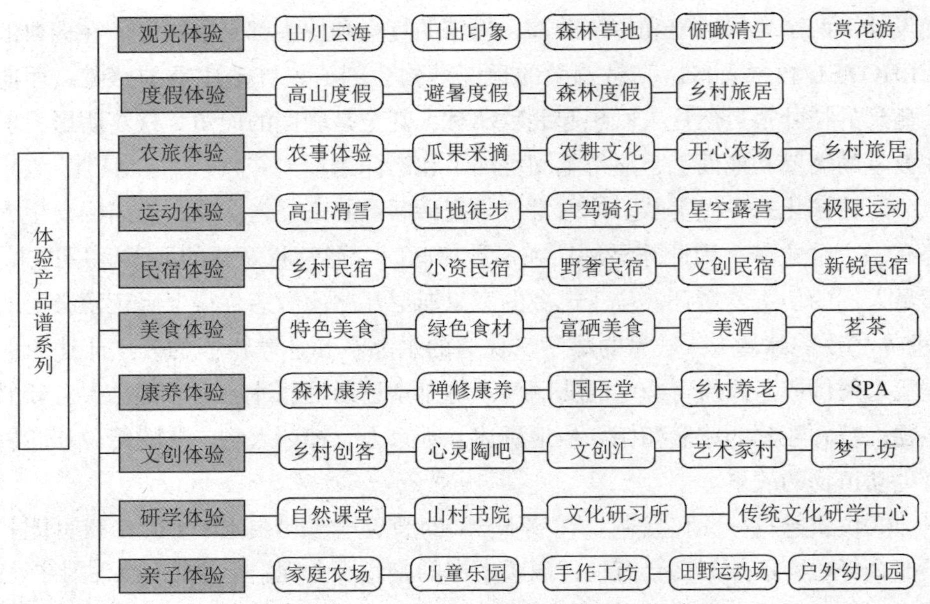

图 5–30　体验产品谱系列

（一）生态观光体验

生态观光体验设计的核心是以自然为中心，道法自然，以自然为友、为师，让人类与伟大自然融为一体，在自然的环抱中，让体验者感悟生命。

1. 终极非洲之旅——野生动物的天堂[①]

正是大迁徙抵达马赛马拉的季节，除了角马过河，我们遇到了一个可爱的大象家族，一个跟一个，小的在最中间，互相呵护着过了河。

闻名地球村的“角马大迁徙”，就在附近经过。最妙的是，这里还有一个不太被地球人知道的“小迁徙”，每年 3—4 月，成千上万的斑马和角马，从北方的荒野中抵达此地，在“大迁徙”部队到来之前，尽情享受丰美的水草。马赛马拉气候舒适，常年 20℃左右。欢乐的角马、斑马和羚羊永远在吃吃吃的节奏中，奋不顾身！顺便创造了这个星球上最著名的陆地动物大迁徙——东非大迁徙。长颈鹿一家嗒嗒踱步过来，妙曼的身姿，似乎在专门摆拍。有一天，不速之客大象到访，在酒店穿堂而过。客人们丢下午餐，赶紧避让，落荒而逃。

① 根据著名环球旅行作家尤妮斯的微博摘录整理。

马赛马拉北部的私家保护区“北境马拉”，拥有好几个品质绝佳的私家野生动物酒店营地，被野生动物包围着，家门口就在现场直播“动物世界”。这些私家营地的向导很专业，每一次出行都是一次生动有趣的猎游科普课程。

位于肯尼亚北部有一个小象孤儿院，叫 Reteti（见图 5–31）。游客和收养的小象玩在一起，小象们很可爱，那咕叽咕叽喝奶的温馨场面令摄影师们都激动不已。小象举着鼻子，越过围栏的原木桩，热乎乎的呼吸喷在人的脸上，有种小野兽的奶腥气和湿乎乎的淘气。这个地区的桑布鲁人围绕着小象孤儿院，衍生出很多社区发展和旅游项目。桑布鲁人因此可以有尊严地活着，并运用富有天赋的野生动物知识去工作。

图 5–31　小象孤儿院

喜爱和保护动物是一些人内心自发的善意和天性，他们也许不喜欢逛街和买东西。人有两种饥饿，一种是“小饥饿”，属于肉体的，吃饱饭就能解决。另一种是“大饥饿”，精神上的，追寻的是生活的意义。非洲的部分当地人属于前者，远道而来的游客则属于“大饥饿者”，跑去非洲，寻找生命的意义，这就是所谓外界不理解的行为背后的真相，很艰辛，也很温暖。

太过于原始野生的地方，并不太适合大部分人，而非洲可以，动物们天天在这里表演着大自然的悲喜剧，不过剧本已经写好。我们用不着费脑筋倾注情感，只需慵懒舒适地待着，清空人间烟火的疲惫。眼前的非洲如此真实，清凉的早晚，白炽的正午。尘土和雨水的滋味，落在空处的苍茫。“动物星球”是这个星球上普通人无法想象的最遥远的事情。走近动物和人和谐相处的地方，就是走进属于自己的家园，进入宁静的内心。

2. 让生态更自然——巴伐利亚森林公园

巴伐利亚森林国家公园（Bavarian National Forest Park）位于多瑙河、伯尔默森林和奥地利国界之间，于1970年正式成为德国第一座国家公园，面积达243平方公里。它与东面接壤的舒马瓦国家公园、波希米亚森林一起，构成了中欧最大的连片森林保护区。

公园里的森林覆盖面积高达95%，这里可远眺巴伐利亚—波希米亚边界山脉一望无垠的壮丽森林全景。此外，公园内还有沼泽地、清澈的山涧以及唯一的一个冰川湖泊——拉赫尔湖等自然景观。“让自然保持自然”是巴伐利亚国家森林公园的哲学，而实际情况也确实如此：欧洲很少有其他公园像这里一样，能够让如此规模巨大的自然生态按照自然界永恒和固有的规律发展。在这里，对自然景观的保护永远是第一位的，游客任意时间到访都能领略到最原真的巴伐利亚森林风光。

公园中的巨型树塔是生态观光旅游很好的一种体验方式，开启了深入到森林内部去全身心感受的特色体验方式。高达44米的巨型树塔，围绕着3棵巨型杉树而建，斜坡蜿蜒向上，总长超过500米。在树塔顶端的观景平台，游客可以观赏到森林的绮丽风光和辽阔壮美的山峰。在树塔底部，还有一条与之相连接、长约1300米的空中栈道，它在树腰和树冠间穿梭，游客走在上面能更近距离地观赏栖息在森林中的各种鸟类，穿行于其间能体验如探险般的刺激感。在树塔内部，游客可以缓步行走、一层层螺旋上升，感受松涛的声音和扑面而来的松香，听一听在林间婉转鸣唱的鸟语……这就是真实的森林气息。巴伐利亚国家森林公园通过树塔这种独一无二的方式，搭建起人与自然沟通的桥梁，深化了传统的生态旅游体验，让自然生态对于人的体验价值最大化（见图5-32）。

图5-32 巨型树塔

3. 飞行家的度假天堂——大别山天堂湖

天堂湖国家 3A 级景区位于湖北省东北部罗田县九资河镇大别山深处，北接天堂寨，西倚薄刀峰，总面积 1114.97 公顷，其中水域面积 553.87 公顷。

在群山连绵的大别山，水资源尤为难得一见。天堂湖像一方宝镜镶嵌在大别山腹地，真正体现了山与水的完美融合，素有“大别明镜、天堂湖光”之美誉（见图 5–33）。正如《天堂湖赋》所描述的，一镜湖天的天堂湖真乃“天连大别，水漾云山；千流渊薮，一镜湖天”。

图 5–33　天堂湖

从游憩观赏价值看，天堂湖拥有“天堂日出”“天湖云海”“夕照天堂”“月亮岛”“水上红叶”等天堂湖八景，另外还有龙虎斗、一线涧、涵碧潭、骆驼卸宝、狮子岩、玉兔盘窝等诸多特色景观点。

尤其值得一提的是天堂湖绝佳的自然生态，从野生植物资源来看，共有国家Ⅰ级重点保护植物2种；国家Ⅱ级重点保护植物4种。从野生动物资源来看，共有脊椎动物 148 种，有国家Ⅰ级重点保护动物 2 种，有国家Ⅱ级重点保护野生动物 7 种，其中，中华秋沙鸭和白鹤都是世界级的珍稀物种。自 2015 年以来，首次发现了国家一级保护珍禽——中华秋沙鸭的踪影（见图 5–34），引来了络绎不绝的生物科普爱好者冬季观鸟。

为了更好地塑造天堂湖生态旅游品牌，同时也为了向大众宣传生态保护理念，地方政府和天堂湖管委会委托专业机构开展以“中华秋沙鸭”为主题的生态旅游体验设计。

（1）主题创意。

天堂湖——全球顶级飞行家栖息的天堂

天堂湖——大别山中水天堂

秋天看秋沙鸭——从此寂寞沙洲不再冷

大别山是中国南北地理重要的分界线，此次在大别山天堂湖发现的中华秋沙鸭有24只，国家一级保护动物白鹤，我国仅存2000余只，天堂湖观测到的最大种群数量达21只。中华秋沙鸭和白鹤对栖息地环境的选择极端挑剔，堪称“全球顶级旅行家”，天堂湖堪称全球顶级旅行家栖息地的中意之选。中华秋沙鸭是检验水环境质量的敏感水禽，具有典型的优质生态环境指标意义。

在符号体系方面，专门设计了卡通形象，雄鸭“秋秋”、雌鸭“莎莎”以及它们的子女“小丫（鸭）”。根据连续三年的野外观察，发现种群数规模从7只逐渐上升到24只，家族在扩大，由此创作了中华秋沙鸭的家族繁衍的爱情故事……

（2）感知诱导。为了更好地展示天堂湖独特的水生态价值，同时也让游客能够更直切地感受中华秋沙鸭，2016年湖区管委会高规格建成了大别山首个天堂湖湿地科普馆，湿地展示园是展示湿地生态净水功能和湿地植物多样性的重要户外科普场地。科普长廊旨在宣传水鸟知识和保护野生动物，展示有国家一级保护水鸟13种，二级保护水鸟42种。湿地科普馆近一年来免费接待参观游客20余万人次，开展中小学生科普教育活动300余次；湿地科普馆现已成为“国土资源部科普基地”和湖北省“科普教育大别山基地”。

天堂湖湿地科普馆占地面积15亩，建筑面积1800余平方米。展厅采用图文、实物、标本、模型、声光电、VR等方式全方位展示天堂湖湿地之美、中华秋沙鸭之奇特，向社会大众有效宣传和普及了湿地科学知识。在科普馆中，可以看到中华秋沙鸭的工艺标本、听到环绕耳边的中华秋沙鸭鸣叫，中华秋沙鸭一家野外生活栖息的难得视频、小鸭蹒跚学步的姿态让游客们开心不已。

中华秋沙鸭的明星气质

身世显赫：中华秋沙鸭是目前世界上野鸭种类中最古老的物种，是1000万年前第三次冰河时代少有的幸存者。中华秋沙鸭，因为可爱，被戏称为“中秋鸭”。

数量稀少：全球种群数量约3000对，中国境内不足千对，堪比“禽中大熊猫”。

外貌不凡：外观极具中国传统气息，雄鸟外貌秀气而洒脱，整体色调为绿黑色和白色，头上长着好像清朝官员顶戴花翎一样长长的黑色羽冠，两胁有独特的鳞状祥云纹，嘴和脚为显眼的橘红色；雌鸟和幼鸟则整体色暗而多灰色，因两胁的鳞状祥云纹特征，成为“中秋鸭”英文名直译为“鳞片状两侧秋沙鸭”的来历。

习性奇特：越冬时分散为小群或零星个体，飞到中国中部和南部的河流及水库过冬。长期以来，中华秋沙鸭行踪难觅，越冬地成为不解之谜。“中秋鸭”动作灵敏，是少有的会上树筑巢的野鸭，中华秋沙鸭成为鸭类中的“另类”。

婚姻忠贞：“中秋鸭”坚守一夫一妻原则，且以家庭为单位进行越冬迁徙，故野外发现的种群规模普遍很小（以个数、十位计）。

图5-34　中华秋沙鸭

在天堂湖设置的一处较为隐蔽的观鸟点，观鸟游客伪装潜伏、风餐露宿，与天地同呼吸，与大自然共作息，最终抓拍到一批珍贵的“中秋鸭”照片。归来时，谈起“中秋鸭”三个小家庭的故事，大家兴致勃勃，每一个人都对那种身临其境的感觉久久难忘。天堂湖景区还给每一个成功抓拍者赠送了一顶非常具有纪念意义的“中秋鸭”花翎帽，游客们顶戴花翎那一刻充满了游戏感，是大家感到最开心的时刻，大家说“中华秋沙鸭的黑头发飘起来飘起来了”。

（3）流程设计。每年立秋，天堂湖景区即启动“中华秋沙鸭观察员”报名，经过约2个月的筛选，在秋分时节正式确定“中华秋沙鸭观察员”入选名单（200人）。在秋分这天上午，选择一处湖畔沙洲举行当年的“中华秋沙鸭观鸟行动”启动仪式。在仪式上，置放“中华秋沙鸭”工艺模型和人工鸟巢、投放鱼饵等，并公布当年的具体观鸟点位与线路、观鸟时间表、观察员排班计划以及严格的观鸟纪律要求，大家发自心底的保护中华秋沙鸭的神圣责任感油然而生……在返回湖畔住所的路上，“鸟人们”（中华秋沙鸭观察员）还打趣地说：“今年冬天，等咱们的‘中秋鸭’回来了，寂寞沙洲就不再冷了！”“全球最挑剔的游客（秋沙鸭）对天堂湖生态评价：天堂湖顶呱呱！”

“百啭千声随意移，山花红紫树高低。”大自然是一座宝库，隐藏着多少人们未知的秘密。那些精灵般的飞禽走兽，还有多少尚未被人们发现？对于野生动物观察员而言，这真是一项有趣而又有价值的长期工作。

一位野生动物观察员的经历

湿地公园老杨受命前往第一次蹲守是初冬的一天。天阴沉沉的，老杨利用树枝做掩体，在枯黄芦草荡静静守候。冬日河畔，风冷冷地扫过水面，时过正午，水面没有任何异样，这让老杨有些失望。下午三时许，天空开始飘落细雨，老杨的位置开始被雨水浸湿，他套上雨衣继续蹲守观察。然而，直至天色渐渐暗下来，依然没有期待中的小动物出现……每当有人问起他观鸟的感受时，老杨总是微微一笑：“观鸟不是每次都能碰到，这就和拍摄风光一样，要看运气，次数多了总会拍到大片！”

作为野生动物观察员，不仅要发现动物，更重要的是要对动物生活习性进行细致观察和记录。为此，老杨多次来到秋沙鸭出没河段，开始了对秋沙鸭生活习性的漫长观察。他在日记中写道：“……中华秋沙鸭都是以家族方式活动的，巢位附近的河段岸边有很多粗壮的老龄阔叶树。它们很少鸣叫，不像绿头鸭和斑嘴鸭那样喧闹。它们身体呈优美的流线型，飞行速度要比其他鸭要快……秋沙鸭性机警，稍有惊动就昂首缩颈不动，随即起飞或急速游至隐蔽处。常3~5只小群活动，有时和鸳鸯混在一起，觅食多在缓流深水处。主食鱼类、石蚕科的蛾及甲虫等……”透过这记录的每一段话，不难看出老杨在观察时的那种认真与细致。通过长期的观察，老杨俨然成了一名野生动物专家。有时他会讲述你闻所未闻的动物生活规律，也会谈起在观察过程中人与动物的趣闻。滔滔不绝的描述和不时冒出的专业术语，不由得令人对他刮目相看。

（4）价值植入。天堂湖湿地所在的大别山是我国南北气候的主要分界线，是研究我国乃至世界地理气候过渡带生态系统结构和生物多样性不可多得的样本。湖区栖息的中华秋沙鸭等珍稀物种，其科研价值具有世界意义。同时，天堂湖是黄冈大别山世界地质公园核心景区之一，其地质科学价值堪称世界级。近年来，中国科技大学、中国地质大学、华中农业大学等十多家科研院所与天堂湖开展了一系列科研合作。

2018 年 12 月，中央四台《远方的家》栏目中，就天堂湖的“国宝中华秋沙鸭”制作并播出了专题节目，节目时长达 15 分钟。通过对大数据的分析，可以看出网民对“天堂湖”的搜索关注度正在稳步逐渐上升。吸引越来越多的人开始关注中华秋沙鸭和它的栖息环境——大别山天堂湖。

除了报名入选的“中华秋沙鸭观察员”，湖区规定其他游客不得进入核心区，但可以在外围的鸳鸯峡观看鸳鸯等珍禽，还可在湖岸观景台上用高倍望远镜远程眺望，以满足大家窥探秋沙鸭的好奇心。天堂湖还针对青少年团体开发了为期两天的“中华秋沙鸭研学课程”，培养下一代科普爱好者，并激发其主动保护中华秋沙鸭的生态责任感。

近两年，天堂湖开展了一系列中华秋沙鸭越冬调查活动，如“寻找秋沙鸭之旅”——举办拍照奖励活动和讲述秋沙鸭的故事活动，以及给秋沙鸭家庭成员的网络征名活动；“寻找国鸭的足迹”——记录秋沙鸭在中国的越冬迁徙线路及每年栖息数量变化……大别山天堂湖中华秋沙鸭越来越引起人们的关注了。近年来，冲着中华秋沙鸭盛名远道来天堂湖观鸟、露营的游客增加了约 60%。科普研学班每年至少 30 个班，各类科创比赛举办方、摄影机构也络绎不绝上门联系。

目前，围绕中华秋沙鸭的文创衍生品已在开发和制作中，中华秋沙鸭的卡通形象深入人心，普通鸭蛋印上中华秋沙鸭图案大受欢迎。如今，天堂湖“秋秋”“莎莎”和“小丫（鸭）”一家的故事开始在大别山区流传。寻找中华秋沙鸭行动仍将继续……

（二）康养度假体验

根据中国传统医学的观点，人体拥有非常精妙的自我修复系统，一个健康的人，是一个“阴阳和合”体，以阳气为中心，遵循着阳气生、长、收、藏的节奏，持续发展。日常生活如果不根据五脏六腑的运作规律来进食、作息，时间一长，疾病就会缠身。同样，人的喜、怒、忧等情绪一旦变化过度，超过了人体所能调节的范围，会导致人体气机紊乱、脏腑功能气血失调，进而诱发疾病。

尽管通过治疗，身体机能可以恢复正常，但要实现长久健康，需要在调理之外，遵循健康的生活习惯，养心调神，保持心神安宁，将养身、养生、养心三者相结合，这正是现代康养旅游体验的缘起。康养度假体验设计的核心精要在于：以人为中心，万物服务于人，和于阴阳，三养（养身、养生、养心）开泰。康养度假体验要以中国传统文化为本，以自然生态为本底，以现代科技为体，致力于追求《黄帝内经》所提出的人在真、至、圣、贤①四个层面的提升。

1. 武当 369，过几天神仙日子

2017 年 12 月 20 日上午，武当 369 旅游品牌及特色道文化体验产品发布会在武汉举行，武当 369 旅游体验品牌 IP 正式出炉。武当 369 是武当山旅游产业转型升级的重要标志，是武当山推动全域旅游创新发展的重要符号，该品牌所主张的理念是 360 度物理空间 +9 度心灵感受，旨在引导消费者不是简单地在武当山 360 度物理空间里转一转，走马观花，而是用心感受，细细品味，才能真正走进武当，了解武当山博大精深的文化和玄妙空灵的山水。同时该品牌以道家文化为核心，以人文景观为载体，以生态资源为导向，以康养度假为特色，打造武当武术、道茶夜话、打坐静心、抄经养性、道家斋菜、道家早晚课、周易文化、道家医药、辟谷清修九大特色道文化旅游体验产品。后期武当 369 打造涵盖道家养生园区、房车营地、清修、研学、特色小镇、民宿客栈、

① 《黄帝内经·上古天真论》中所总结的修身养性完人境界：真人者，提挈天地，把握阴阳，呼吸精气，独立守神，肌肉若一，故能寿敝天地，无有终时，此其道生。至人者，淳德全道，和于阴阳，调于四时，去世离俗，积精全神，游行天地之间，视听八达之外，此盖益其寿命而强者也。亦归于真人。圣人者，处天地之和，从八风之理，适嗜欲于世俗之间，无恚嗔之心，行不欲离于世，被服章，举不欲观于俗，外不劳形于事，内无思想之患，以恬愉为务，以自得为功，形体不敝，精神不散，亦可以百数。贤人者，法则天地，象似日月，辨列星辰，逆从阴阳，分别四时，将从上古合同于道，亦可使益寿而有极时。

特色农家乐、文创商品、文化演艺等产业集群，促进旅游产业化、产业旅游化，丰富产业业态，延长游客停留时间，推动产业融合、产城联动发展。

（1）神仙日子，主题轻松。被烦扰的琐事缠身，不妨上武当住上个 3、6、9 天，3 分钟忘掉自己、6 分钟忘掉世界、9 分钟天人合一。“过几天神仙日子”，是武当山推出的旅游体验主题。神仙日子该怎么过？武当山围绕这一主线，提出 360 度物理空间 +9 度心灵感受的理念，将观光休闲与深度体验相融合，不同主题游自由切换，在畅游道家圣境的同时，更可以深度体验到武当山文化的博大精深。

“武当 369”是武当山深度休闲体验的标准和符号，是武当旅游产品和服务的总称。畅游山、水、城三大空间，食、住、行、游、购、娱六要素对客服务无缝对接；武当武术、打坐抄经、道茶夜话、道家斋菜等九种特色道文化体验让人流连忘返。

（2）九大场景，调动五官。武当 369 的 Logo 由“武当”二字和数字“369”组成，6 和 9 通过艺术化的处理，形成了道家的太极图，IP 形象是一可爱的小道士，悠闲地枕在石头上，跷着腿，眯着眼，品着葫芦罐中的美酒，活脱脱一个逍遥自在的小神仙模样，让人一看便能联想到悠游洒脱的美好神仙生活。

进入景区，游览武当山秀美山色，看一柱十二梁之奇绝；游金顶，参观坐落在海拔 1612 米的武当天柱峰之巅的金殿，全为铜铸镏金；沿九连蹬登顶，览“天造玄武”“众峰朝拜”奇观。听道人诵经、钟声绵延、古琴悠悠，时而传来孩子们朗朗的读书声。

仲秋时节，桂花飘香。伴着香炉中的缕缕轻烟，形成武当山的专属嗅觉。与道长一起舞剑抄经，木剑与毛笔在手掌留下温度质感，或许还可以穿上道袍，在穿惯了现代化纤制作的衣服后，用手掌和肌肤去感受原始的天然布料。品一品武当高山云雾茶，尝一尝道家斋菜，最新鲜的食材带来最自然的口感，留下舌尖上的记忆。

无场景不体验，武当道家养生始于史前文明时期，闻名于先秦时代，后历经各个朝代，数千年历史，至明朝达到系统完备而驰名天下，成为中华道家养生文化的一个缩影。武当山本身就是一个道教文化的大场景，在这其中又营造出了道教 9 种不同的体验场景（见图 5–35），游客可以随意选择，自由组合，给心灵放几天假，静下心来做几天闲云野鹤。

图 5-35　武当 369 的 9 种体验场景

①武当武术。自古就有“北崇少林、南尊武当”“天下太极出武当”之说（太极拳、太极剑、太极养生功等），和武当道人面对面，拜武当拳祖师张三丰，随同师傅一起学习武当五行养生功、武当八段锦。

②道茶夜话。围绕问道、悟道、得道，与道人论道、与师傅结缘、与朋友交心，听静心的琴声，品武当高山云雾茶，畅聊国学经典。

③打坐静心。本着遇道结缘、道入我心、天人合一的心志，与师傅学习打坐身法、心法、气息，通过打坐改善脏腑功能、打通动脉，调身、调心、调节身体平衡，清净心性。

④抄经养性。通过一曲音乐、一缕墨香、一念清净感受万般的自在，在体验焚香、净手、抄经、诵经的过程中，将经文的智慧融入心田，在其中探索深远的哲理，抛开俗世的烦恼。

⑤道家斋菜。遵循“道法自然”的原则，采武当天地之精华，素质素名，素菜素做、素菜荤做，以鬼斧神工之艺，达到名似、形似、味似的境地，回味无穷。

⑥道家早晚课。通过参与道人早坛功课和晚坛功课，感受诚心定气、广结善缘、大道无形、妙理自明的功用。

⑦周易文化。以《易经》为根基，与大师进行国学、历史和哲学探讨、交流，达到阴阳互应、刚柔相济、自强不息、厚德载物的境界。

⑧道家医药。以经络学为基础，以“气血”为理用，突出把握住对气的灵活运用和调整，通过针灸、内丹功、辟谷等气功修炼之类的养生康复方式，感受医道同源、借医弘道、以术治身、以道治心。

⑨辟谷清修。借武当大气场，炼精提神、参道开悟、内观自省、天人合一，以调理气血、平衡阴阳。

（3）新流程，新感觉。武当369的神仙生活有多种体验方式，流程设计体现了道家情怀，也满足了人们个性化的要求。有6条主题游线推荐：武当武术游、祈福问道游、古建鉴赏游、亲水思源游、养身修心游、隐居修行游，每条游线3~9天不等，不同的游线上安排了不同的活动，游客可以根据自己的个性化需要选择不同的游览方式。以“祈福问道游”为例进行说明。

DAY1：进入景区→南岩宫→太子洞→紫霄宫→道家早晚课→道家养生斋菜→抄经养性→打坐静养。

DAY2：晨起后→武当五行养生功→金顶→琼台中观→太子坡→玉虚新街。

DAY3：晨起后→武当五行养生功→玉虚宫→武当山博物馆。

在这三天中，并没有包含太多的活动，刚好体现了神仙生活的逍遥自在，傍晚用过斋菜之后，并没有凡俗的娱乐活动，而是抄经养性、打坐静养，身心放松、通透后自然入眠，早起练功，像山中的道士一样生活，人们得道修仙的情怀得以满足。

①通过全链的印象塑造，给游客仪式感。吃在武当，武当山之食材吸天地之精华，取佛道两家素菜烹饪的精髓，注重本色，口味鲜醇，“道法自然，返璞归真”，这种绵长悠远的道家思想更渗透在每一种滋味中，回味不尽（见图5-36）；住在武当，若已对星级酒店的客房感到厌倦，可在山上的庵堂借宿一晚，在朴素的木床上，伴着禅香入睡；游在武当，山上有金顶信物开光，道教法事活动，山下有武乐圣典《太极武当》的精彩演出，博物馆几千件珍贵文物展现；购在武当，针对中外游客的需求，武当山开发有文物复制品、画册、导览图、武当剑、武当道茶、道教医药等旅游商品达1000多种；娱在武当，山

下有大型太极功夫秀《梦幻武当》（见图5–37），山、水、人、拳、道等各种文化元素贯穿始终，以舞台为道场，呈现出太极刚柔相济的生命态势与动静相生的人生态度，展现出武当太极的东方神韵。

图5–36　食在武当

图5–37　《梦幻武当》

②注重对体验氛围营造。太子坡古建筑群基本上是按照真武修炼的故事来精心设计的，有磨针井造型玲珑剔透的井亭、如彩带飘扬的上下十八盘古道、“真武修真”壁画、滴泪池等；太子读书殿里，布置得独具匠心，少年真武读书的壁画、石案、笔墨、古籍等，所营造的读书氛围，让人联想到当年幼年太子生活学习的艰辛、信心和恒心，古往今来，有无数少年学子亲临观瞻，以建树学业的恒心和信心；功夫秀中袅袅氤氲打造出的缥缈场景表现出道家仙山的庄严感和脱俗感，道家法衣、十方鞋、宽袍大袖、衣袂飘飘，充满太极神韵和武当气息。

（4）生态文化，旅游增值。“武当369”是武当山倾力打造的养生旅游品牌大IP，一经面世即受到众多养生爱好者追捧，并迅速成为各大旅游市场热销产品，自“武当369”旅游品牌及特色道文化体验产品发布会以来，武当山已陆续迎来多个养生团队，实现人气、效益双丰收。同时也促进了武当山旅游的三大转变：从单一观光旅游向观光休闲度假旅游并重转变，从门票经济向旅游综合产业经济转变，从建设景点向建设全域景区转变，使武当山的旅游价值能够持续不断。

在“360度物理空间+9度心灵感受”的理念逐渐被人们认可时，其商业衍生品也为武当369这一品牌带来了衍生价值变现。武当369深耕道家文化，挖掘市场需求，开发出了一系列周边文创产品，如抱枕、笔记本、U盘等。

千百年来，武当酒集超凡脱俗的内在精髓和无法替代的文化历练积淀于一身，成就了贵乎稀有的绝世仙醇，更因地处北纬 30° 黄金维度，使武当酒独具经典的传世窖香。后续又将文创与酒类结合，将小道士葫芦中的酒制成精美的小瓶酒，方便人们品斟，又能供人们把玩（见图 5–38）。

图 5–38　武当 369 衍生产品

武当仙山神秘空灵，武当武术飘逸轻灵，武当建筑雄浑灵动，武当医药神奇灵验，武当文化华夏魂灵，武当诸神佑众显灵，武当山，一言以蔽之，灵。

2. 黄鹤楼外楼，再酿美酒传奇

黄鹤楼，享有“天下江山第一楼”“江南三大名楼之首”美誉，是武汉城市的标志性建筑，同时也是长江主轴上耀眼的文化地标。崔颢的“黄鹤一去不复返，白云千载空悠悠”、李白的“孤帆远影碧空尽，唯见长江天际流”等无数千古名作均诞生于此，了解长江文化始于江城黄鹤楼。

近年来，与黄鹤楼这一文化品牌密切关联的黄鹤楼烟酒热销全国，黄鹤楼烟更是稳居全国烟类品牌第一，而黄鹤楼酒则乘势而上，与古井贡集团联手，在产品创新与市场拓展上捷报频传，同时还积极进军文旅产业，2015 年打造的黄鹤楼森林美酒小镇就是重头戏。

这里不得不说一说黄鹤楼酒的前世今生。黄鹤楼酒前身源自清朝末年的老天成酒坊的“汉汾酒”，武汉地区酿酒历史悠久，源于上古。三国时期，作为军事要地，已有军中匠人专业制酒。南北朝时期，以黄鹤楼为背景的酒文化引人入胜，由此产生了“仙人与酒”的传说，以唐代大诗人文化烘托，楼酒共传，历代不绝。到清代，张之洞向慈禧献酒，获赐“天成坊”，寓意佳酿天成，国富民强，更是成了黄鹤楼美酒传承的历史高点，到解放前的历次国内国际获奖使得美酒扬名海内外。

在天成坊酿造车间，游客能亲身领略名酒生产、窖池发酵的全过程，品尝原粮在地缸中经时间沉淀长期发酵后酿造的原酒。1929 年“汉汾酒”就在中华国货展览会上获一等奖。1952 年，武汉市酒厂（现名武汉天龙黄鹤楼酒业有限公司）继续以传统工艺生产汉汾酒。1984 年，“汉汾酒”以古迹为名，嫁接黄鹤楼品牌，易名为“黄鹤楼酒”，1989 年，“特制黄鹤楼酒”在全国第五届评酒会再次获评“中国名酒”，续写了名酒的辉煌。特制黄鹤楼酒成为名副其实的中国三大清香型名酒之一。长江以北的黄鹤楼汾酒厂与长江南岸的黄鹤楼遥遥相对，故被民间誉“南楼北汾”。

黄鹤楼森林美酒小镇景区位于湖北省咸宁市高新区，占地近千亩，是全国唯一一个厂区内拥有森林、湖泊、山地等自然资源，且有独特洞藏洞酿、窖藏环境的国家 4A 级旅游景区。景区森林茂盛，具有高浓度的负氧离子，形成一个独特的天然休闲氧吧，在这里，你可以感受传承千年的酒文化魅力，可以零距离探究湖北唯一两获“中国名酒”——黄鹤楼酒的生产奥秘，还可以体会亲自酿造美酒。

由于前期黄鹤楼酒业涉足文旅的两大组团——黄鹤楼森林美酒小镇与文化博览园，过于突出企业文化和酒系列产品，依然没有超脱以往的工业思维，故设计团队拟重点针对黄鹤楼森林美酒小镇景区的提升，导入酒业全产业链旅游体验设计。

黄鹤楼酒文化博览园位于汉阳区鹦鹉大道，为国家 3A 级旅游景区，占地 109 亩，厂区内建筑将中国传统清代建筑风格与现代简约设计相结合，拥有酒文化景观、酒文化博物馆（见图 5–39）、天成坊酿酒车间、包装车间、高端窖藏、党建文化馆，打造酒文化游园与酿酒体验为一体的体验式酒庄。

图 5–39　黄鹤楼酒文化博物馆

（1）主题创意。要充分借势黄鹤楼品牌，同时又要区分“楼”与“酒”的差异，最终通过景区的深度旅游体验，让游客和潜在消费者真正感受到黄鹤楼酒脱胎换骨跨越“楼外楼、天外天”的新境界，突出黄鹤楼酒本身的传奇。

整个游园体验将以“酒”为主题线索，延伸出“探秘”“斗酒”“遇仙”的故事线。感人故事来自一个传说，黄鹤楼原址在湖北武昌蛇山黄鹤矶头，原为辛氏开设的酒家，辛氏时常热情款待一位云游道士免费饮酒。后来道士为了感谢辛氏千杯接济之恩，临行前就在酒楼墙壁上用橘皮画了一只鹤，此鹤神奇之处在于，辛氏一拍掌它就会跳下画壁，为客人起舞助兴。有了仙鹤助力，酒楼从此宾客盈门，生意兴隆。过了十年，道士归来取鹤，用笛子吹奏仙乐，黄鹤起舞相迎，道士化身仙翁吕洞宾，登黄鹤飞天。辛氏为纪念这段奇遇，便在江畔建楼，并取名“黄鹤楼”。昔日黄鹤楼中辛氏所售的那款酒便成了今天“黄鹤楼汉汾酒”的由来。旅游过程中设置的“探秘”游戏将以此为线索，围绕黄鹤楼酒地下酒窖、陈香酿造、香型勾兑、名人轶事展开。

在体验主题的符号体系设计方面，重点突出老天成酒坊的汉派市井气息，以及由黄鹤楼酒的“俗”而“文”最后成“仙”的文化符号。景区将重点建造一处新的文化地标——黄鹤楼外楼，此楼外形仿黄鹤楼，体量稍小，但新的内涵与体验活动设计将超越传统黄鹤楼。

①俗：老天成酒坊所代表的汉派市井气息与汉汾酒文化。

②文：围绕黄鹤楼及酒的诗词名句（如崔颢、李白等）。

③仙：神仙吕洞宾骑鹤飞天、诗仙李白斗酒诗百篇。

（2）感知诱导。神话传说赋予人们美好想象与向往，仙人降临辛氏酒家，橘皮画鹤、黄鹤美酒到底如何酿成？这些都是游人非常好奇的兴趣点。在五觉设计方面，通过《黄鹤楼与辛氏酒家》《辛氏酒家的黄鹤楼酒》两部动漫片的视听渲染，让游客沉浸在增强现实（AR）场景中，为游客解开心中疑惑。

在酒文化馆、仙鹤泉、地方酒窖的参观全过程中，弥漫在酒糟作坊与地面通风口空气中的酒香让游客如痴如醉，陈列在美酒银行展柜上琳琅满目的酒瓶和名人题款，让游客眼花缭乱、爱不释手。酒窖中那些体量巨大的酒坛摸上去有一种说不出的温润实在感，凑到酒坛口嗅一嗅，酒香若隐若现地飘散，牵人魂魄，尤其是勾兑试验，那绽放在舌尖味蕾的奇妙余香，让每一个初次体验的人终生难忘（见图 5-40）。

图 5–40　黄鹤楼酒

景区布置的专场窖堂婚礼让新人们感受到酒香扑面而来的别样风情，这也许就是你闻所未闻的“爱情浓如酒”的体验。景区还在改造设计一座以“酒”为文化主题的真正的“酒”店，例如专门设计成酷似酒窖的客床、酒池一样的浴缸，连沐浴液中也会特意加入几滴酒，今夜在催眠酒香中酣睡的你，于是有了一个新的称谓——酣客、香老九。

最能激发酣客们内心深处人类游戏天性、让人无限向往的体验活动当然是登临黄鹤楼外楼的那一刻。黄鹤楼外楼一共五层，每一层都布置有与黄鹤楼历史、中国酒文化相关场景，在品酒斗酒中、在奇葩综艺中、在诗词对答游戏中，你必须高分胜出，才能逐级通关更上一层楼。通关游戏比拼的是品酒鉴赏力、诗歌文艺及急中生智的才艺。为迎接通关胜利者，在每上一层的楼口还专门安排了让人意想不到的场面，仪狄、杜康、杜牧、刘伶、李白等这些古往今来的各路酒仙、酒圣汇聚此楼，喜迎嘉宾。最让人惊喜的是在黄鹤楼外楼最顶层，诗仙李白、神仙吕洞宾一同出场迎接最终的胜利者。在这场美酒与诗的“斗酒”“遇仙”升级游戏的最高层极目四望，心旷神怡，你感觉到这回才真正看到了心中的诗与远方！

黄鹤楼美酒银行

美酒银行就是原酒的储存（洞藏）以及后期的保值升值，美酒银行分三种储存方式。第一种：原酒自然老熟。第二种：原酒密闭老熟。第三种：成品酒密闭老熟。所谓美酒银行就是客人可以通过定制的方式认购不同品质的原酒，在这里进行存放，也可以让大师对原酒进行勾调后存放。

建议客人购置原酒后放在此处进行老熟。现在社会上对原酒窖存有误区，比如有的美酒收藏爱好者把原酒购置后密闭，把原酒放在家里院子的地下深埋，还有的把酒坛外面糊上厚厚的封泥，其实这些都是错误的做法。因为原酒窖存需要以下几个条件：第一个条件，遮光、通气、恒温恒湿的空间。第二个条件，能够封闭却不密闭的容器。

（3）流程设计。一切的细节从游客内心感受出发，务求营造独一无二的体验仪式感和心流程，具体如下。

黄鹤起舞迎宾：在景区广场专门引进了一对白鹤（或灰鹤），并有意将其羽毛染为黄色，通过长期的饲养与训练，鹤能闻乐起舞，最终化身为传说中仙气飘飘的黄鹤。每逢重大活动和 VIP 接待时，黄鹤在入口广场起舞迎宾，给游客塑造强烈的视觉冲击和“仙系”印象。

穿越酒窖秘道：参观地下酒窖时，导游人员会引导游客穿越一段长约 40 米的地下通道，该通道设计时，将灯光有意调至幽暗，过道墙壁上装饰有若隐若现的中国古代酿酒图腾符号和刻画，在游客走近时，通过灯光感应逐渐浮现，特意营造出一种穿越时空的神秘仪式感。

勾兑体验仪式：每个人都有自己偏好的独特白酒香型，在品酒台上陈列了一排用数字编号、盛放各香型白酒的容器，让游客从中微量品尝、比较、混合，最终找到自己最中意的香型。通过这种亲身体验白酒勾兑的过程，消除大众对白酒“勾兑”的误解，并让游客学习利用串香法、调香法、固液法混合调制出个人偏爱的白酒香型，后期可成为个人定制酒品。

在具体操作过程中，设计有专门的“勾兑品酒”仪式。由身穿古典汉服的女服务员手持青花长柄汲酒试管，在酒客的舌尖上轻轻滴上一滴，酒香瞬间在酒客的味蕾绽放！酒客赶紧在面前的品酒卡上填写下刚才的感受，唯恐这美妙的感觉会稍纵即逝。

颁发体验证书：根据事先的积分奖励的游戏规则，景区对通过以上品酒、勾兑、斗酒的通关者和高积分者，颁发相应级别的美酒体验师证书，分酒客、酣客、酒仙三大系列，每一系列分三等，最终从香老大、香老二……直至香老九。美酒体验师等级在园区和黄鹤楼酒业新客户系统中享有相应的购物优惠权限，大家一下子会对这个本来子虚乌有的称号都非常在意起来。在游玩的过程中，你会不时听到游客们用自己的等级称号插科打诨，一路欢声笑语。

酒的工艺体验：采用逆产品化思路，讲述一滴酒的诞生（黄鹤楼酒是怎么生产的），解构酒的工艺也就是解构有形产品，从而建构酒的主题旅游体验。

（4）价值植入。

黄鹤楼美酒银行：通过美酒银行进行原酒的储存及保值升值，实现酒的资本化运作。

美酒体验师积分卡：由景区互动游戏体验活动积分而衍生的“美酒体验师积分卡”，在园区和黄鹤楼酒业各景区和客户系统中享有相应的购物优惠权限，并成为一种社群身份识别标志，客户的社交黏性不断增强，由此产生规模不断扩大的消费社群。

个人定制酒品与酒具：在以上体验的全过程中，游客确认的白酒香型、中意的酒品与酒具，都会在游客离开时用激光铭刻个人姓名或家族名号，成为个性化定制产品。

黄鹤楼酒文创衍生品：包括黄鹤楼的文创礼品酒——黄鹤归来酒、酒标、黄鹤系列酒瓶、酒仙玩具（见图 5–41），以及微电影《黄鹤归来》、歌舞《黄鹤楼外楼》等系列。

图 5–41　黄鹤楼酒文化衍生品

黄鹤归来酒

“壮志凤飞逸情云上，灵芝献瑞仙鹤同年”“霄汉鹏程腾九万，锦堂鹤算颂三千”，鹤自古以来便是吉祥、高洁、华贵和长寿的象征。黄鹤归来酒，以鹤为承载，以吉祥为内涵，承袭了千载汉酒酿造技术和黄鹤文化，借用仙人吕洞宾乘鹤而去，留下“黄鹤一去不复返，白云千载空悠悠”的千古名句，引发文化创意灵感。

黄鹤在人们心里却从未远去，文人雅士用数不清的诗词歌赋，说不尽的美丽传说赞美黄鹤，而江城百姓更以五谷和泉水酿出芬芳醉人的佳酿，祈盼黄鹤的归来。人们爱其祥瑞，遂将佳酿取名“黄鹤归来”，以昭吉祥归来，福气永驻。“黄鹤归来酒”由此成为中国人的吉祥酒。积黄鹤之灵以酿其味，循楚地之法以铸其魂。黄鹤归来酒“色、香、味、格”极为考究：黄鹤归来之“色”，晶莹、剔透，如春之朝露；黄鹤归来之“香”，陈香、飘逸，窖香浓郁；黄鹤归来之“味”，醇厚、绵甜，回味悠长；黄鹤归来之“格”，甘润、幽雅，堪称传世佳品。

（三）亲子研学体验

亲子研学体验设计的核心精要在于“亲”，包括与自然亲近，鼓励青少年走进大自然、积极探索自然；还包括与家人亲近，通过户外活动体验，培育天伦之乐的氛围。亲子研学体验要让青少年在自然中观察、研究、学习，逐渐形成道法自然的人生观，并由此铺设顺应儿童天性的学习之道、成长之路。

1. 在景德镇感受“china”①

近年来研学游和亲子游兴起，广州一家儿童美术机构别出心裁地采用体验设计思路研发了一款“景德镇陶瓷艺术游学”产品，备受市场欢迎。在这个“景德镇陶瓷艺术游学”寒假，用5天的时间，让家长和孩子一同沉浸在千年瓷都景德镇，探访不一样的“china”（瓷器），感受指尖泥土的温度。从泥土拉坯到青花大器，从博物馆到古窑，了解中国的瓷文化，学习千年积淀的匠人精神。

（1）DAY 1：千年瓷都景德镇。抵达景德镇后，会有神圣的开营仪式（敬拜陶瓷祖先）。

（2）DAY 2：与泥土的相遇。

上午:《遇见匠心》。参观制瓷的72道工艺；看老手艺人如何一辈子专注一件事。

下午:《指尖上的泥土》（孩子课程）。拉坯成型，模具成型，捏雕成型；

① 根据“童游网”资料整理。

学习不同的成型方式。让原本平凡的泥土通过你的指尖与温度，被赋予不一样的意义。

下午:《粉彩雅集》(家长课程)。山云瓷谷里，一个中式生活美学小庄园，主人崔迪用独特东方美学和女性创作思路，赋予釉上彩与当代艺术融合的可能，使器物与精神建立联结；这个下午，分享粉彩的历史、粉彩的精髓。

(3) DAY 3：瓷器与彩。

上午:《千年瓷艺》。参观中国最大的陶瓷博物馆，理解千年来陶瓷的变化：从陶到瓷、从单色到五彩，从小器到大器乃至各种型；景德的匠人们，用专注与极致的精神，书写了这千年的传奇。家长课程：同样的历史，大人和孩子必然应有不同的解读。这次家长博物馆课，邀请景德镇老行家，带领大家走读陶瓷历史。

下午:《釉下大器》(孩子课程)。自从元代诞生以来，青花便惊艳了世人，从此一直为瓷器的精品。孩子们今天要学习在优美的素坯上使用青花釉下彩。去驾驭一个自己都无法相信的大器，从此家里多了一件雅器（见图 5–42)。

下午:《釉上彩制作》(家长课程)。精描、细绘，学着古代的匠人，一笔一笔地把色彩填进图案。享受一段沉静的时光，寻找精致生活的可能性。

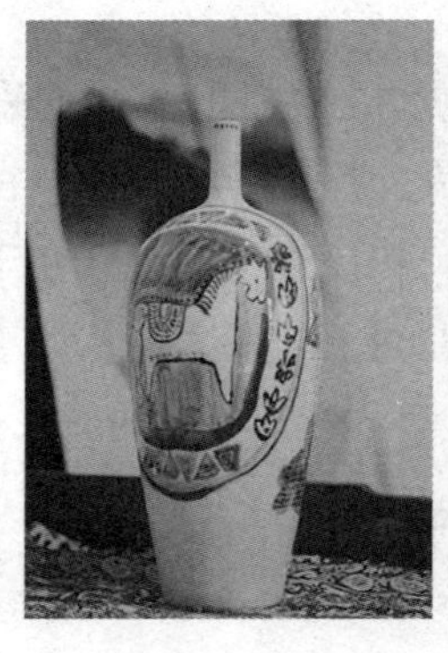

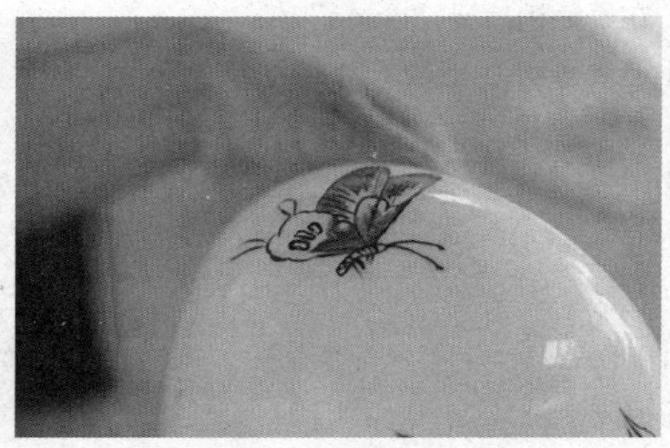

图 5–42　釉上彩制作成品

(4) DAY 4：瓷源探秘。家长孩子兵分两路，孩子前往瓷之源——瑶里。探访陶瓷文化的根源，拜访传奇的高岭土故乡，并用笔记录下最美的风景。家长课程《柴窑雅集》：探访的玉窑主人有一段传奇故事，曾经他的仿品在古玩市场连专家也分辨不出。后来，他更愿意以己之力复原古代柴窑制瓷技艺。

2006年开始按镇窑原型建造玉窑，按古法一步步还原。

（5）DAY 5：收官之作。

上午:《圆形之美》(孩子课程)。彩色的釉，圆形的碟，两者相遇，成就的作品如图5-43所示。《极简颜色釉雅集》(家长课程)：单色釉、纯色釉，因为少了彩绘，日朗风清，一览无遗。特别讲究釉面的质感，如玉的釉质，简练的造型、恰到好处的比例无不体现了审美的最高境界。单色釉里，又以红为尊。整个陶瓷历史里，唯有永乐、宣德、康熙、雍正、乾隆时期烧制成功过。

图5-43　彩色圆形釉盘

下午:《火舞乐烧》。施釉、入窑、点火、出窑、焖烧、清洗，用现场直观的感受看看火焰如何在瓷坯上留下痕迹，如抽象的画（见图5-44）。

图5-44　火舞乐烧

2. 阿那亚的"野孩子"

阿那亚黄金海岸社区是一个全资源滨海旅游度假综合体社区，坐落于河北省秦皇岛黄金海岸，在这里，推崇质朴、精致而有节制的物质生活，提倡回归家庭、回归社群。

来过阿那亚的人，或许会留意到，在这个海边社区里，活跃着这样一群"野孩子"。无须家长牢牢看护，也没有诸多禁忌，孩子们一会儿游荡到海边，一会儿穿梭在树林，在自然天地里自由玩耍，自在"撒野"。这样的场景，在如今的城市中几乎不敢想象，曾经在胡同中长大、吃百家饭的记忆早已远去，以安全之名的过度保护让"野孩子"在城市中逐渐消失，没想到，在海边的熟人社会里，却真正实现了。

（1）主题创意——阿那亚的生命美学。生命美学需要从三个维度来体现：安住当下、向内探寻、心智涌流。凝视一朵花的盛开，观察一只蜗牛爬行，在枯燥里挖掘趣味，在平凡之中体验和发现美，这是孩子教会我们的生活诗意。自在生长，恰恰是我们这个时代里孩子们稀缺的。为孩子们构筑欢乐的童年，为成年人守护好童年的城堡，每个人都释放出内心的善意，让孩子重归自然天性。这些生机勃勃的"野孩子"，在亲密中成长，在自然里探险，在审美中遨游，他们眼中有光，心中有爱，脑中有辽阔世界。

（2）感知诱导——融入真实自然。

①打开五感，汲取能量。大自然的美只有亲眼所见、亲身所感才会更加美好，在城市的水泥房间中生活久了，需要到大自然中释放自我，汲取能量。

阿那亚的孩子，"野"在自然里。孩子们眼中，美存在于春天开花的树上，美存在于鸟雀鸣叫的声音中，美存在于潺潺流动的水声里，大自然的一切，如此新奇、如此亲切。与朝露、夕阳、海风和大自然的精灵为伴，自然中的声音、颜色、气味、光影，都是孩子们接收到的生命密码，需要用心去体验、去解读。空气里隐约闻到青草的新鲜气味，伸手摸到树皮微微潮湿的质感，窗外传来叶子的簌簌声，孩子们打开五感，从自然中尽情汲取快乐的能量。

②丰富场景，体验欢乐。在自然中感受泥土的芬芳，在社区中体验生活的魅力。阿那亚打造了不同的场景，如T台、剧场、马场等，为孩子们提供实现梦想的舞台。

阿那亚的孩子，"野"在T台上。孩子们穿上心爱的新衣，带上心爱的玩具，牵起妈妈的手，在爱意满满的T台上，留下一家人的欢乐剪影。小小的步伐中，透着天真与快乐，孩子们认真而自信，和着音乐节拍大踏步向前，扬起最明亮的笑容。

阿那亚的孩子，“野”在戏台上。戏剧在孩子们心中，埋下了美的种子，又如同一面放大镜，将孩子们内心原始的、纯真的美不断放大。孩子们在戏台上挥动手臂，甩动毛巾，小小身躯里蓬勃盎然的生机，用身体说话。孩子们在舞台上，释放绚烂的表现力，在每一次角色塑造中，实现成长的跨越。

阿那亚的孩子，“野”在马背上。以梦为马，不负韶华。马背上的无忧少年，是洒脱，是坚定，是从容不迫的成长，是举手投足间的沉着。与良驹为伴，花季中多了一份英气，跳跃中收获一种坚毅。少女骑士像清新的风，以笑容点亮整个赛场。当萌娃遇上骏马，更是萌化了人们的心，宝贝们与爸爸妈妈一起牵起小马，温情互动。

③童心无忌，乐趣无穷。爱玩，是孩子的天性，游戏，是人生的缩写。阿那亚通过一系列游戏的设计，释放孩子的天性，增强亲子间联系。

阿那亚的孩子，“野”在创意中。孩子总能在最枯燥的地方发现趣味，在最不起眼的事物中发现美，在无穷无尽的创意中，让想象力的翅膀尽情飞扬。在手艺大师的带领下，孩子们用花、木、叶、石这些大自然馈赠的无限创意原材，制作或憨态可掬、或简约唯美的属于自已独一无二的手艺作品。踮起脚尖，给树穿上彩色的防寒毛衣，孩子们一起挂彩灯、绑气球，凝聚着爱与温情的创意，是留在心中最温暖的记忆。

阿那亚的孩子，“野”在奔跑里。孩子们身披亲手制作的魔法师斗篷，描画搞怪的脸部彩绘，以独一无二的造型，出现在红酒马拉松的跑道上，在所有人的掌声中，迈出挑战更美人生的脚步。无论是骑在爸爸的肩头，还是和妈妈手牵手向前，奔跑的沿途充满了孩子们银铃般爽朗的欢笑。

阿那亚的孩子，“野”在探索中。好奇是孩子的天性，那颗兴致勃勃的心，在神秘的太空世界遨游。亲手制作炫酷的小火箭，设计和搭建模拟发射体系，和小伙伴们一起来比一比，看看谁的火箭能一飞冲天！

（3）流程设计——兼具艺术情怀。

①流程真实化——在自然中探险。相比较于人工打造的游乐场，海浪、沙丘、密林更能让孩子们领略自然的魅力，引发孩子们的好奇心与探索心，激发创造潜力。

阿那亚的孩子，“野”在海浪边。海边的孩子们，沿着清浅的海岸线自由奔跑，踏起一朵朵洁白的浪花，踏出一个个奇妙的梦。在夏夜晚风中，充盈着孩子们的甜梦。孩子们驾驶着帆板，像一只自由翱翔的飞鸟，在海天之间遨游，像一位充满勇气的小小船长，在浩瀚的蓝色中乘风破浪。

阿那亚的孩子，“野”在沙丘下。森林是探险迷宫，草地是奔跑天地，沙滩就是发挥想象力的海边乐园。孩子们用小手筑起沙地长城，用铲子挖出护城河沟，高低起伏间，千军万马隐于沙丘之下。孩子们奔逐嬉戏在细腻柔软的沙滩上，醉心于挖掘这片神秘世界中的虫鱼贝壳。

阿那亚的孩子，“野”在密林中。孩子们穿行在绿意盎然的槐树林里，在一片叶子里，发现色彩斑斓的微型世界，在树丛中，寻找“隐身”的可爱昆虫，在草丛里，观察蚂蚁建造的奇妙宫殿，孩子们的新奇发现，都源自热爱。

②流程艺术化——在审美中遨游。审美不光影响我们的生活品质，更深层次影响我们的思维，一个艺术社区不仅是形态上具有美感，所有的软件环境都应该与之和谐，完整的生活系统才能构建生活美学的空间和感觉。阿那亚本身就是一个得天独厚、具有自然资源美的空间，在一年内进行的文化艺术相关活动超过 150 场，唱歌、跳舞、绘画等，让孩子从小在艺术的氛围中耳濡目染，

阿那亚的孩子，“野”在歌声里。孩子们以歌声、以舞步、以欢快的律动，表达最真挚的情谊。和着朝霞和海浪，孩子们唱起让人心动的歌，美妙的歌声，唤醒了海面的朝霞，如轻雾般的梦。

阿那亚的孩子，“野”在色彩间。面朝大海，孩子们用稚拙的画笔画出海上日升日落、潮涨潮退的壮观景致，天地之大美，浓缩在小小的画布之上。孩子眼里的世界是五彩斑斓的，用纸板来尽情挥洒想象，为孩子们的世界增添一份天马行空的色彩，每一张笑脸，都绘上一个美好的心愿。

阿那亚的孩子，“野”在艺术里。在沙丘美术馆里，自由自在地欣赏一场雕塑展，孩子们在艺术的想象力中神游，让爱与美在心中萌芽。静谧的海边礼堂，智性的孤独图书馆，这些充满神性与美的建筑空间里，跨界艺术活动融入海边日常，孩子们在润物细无声的审美中长大。

③流程人情化——在亲密中成长。中国是熟人社会，过去中国人以血缘关系的远近来统筹群落，构成了超稳定的社会局面以及人与人之间的信任。中国人无论走多远，都离不开人与人之间的亲密关系，离不开温情脉脉的邻里关系，阿那亚社区建立了一个充满安全感和信任感的环境，重建人与人之间的心理关系。只有在一个充满了安全感和信任感的环境当中才有这样的“野孩子”，

孩子才能真正享受到回归天然、回归本性的自然快乐。

阿那亚的孩子，“野”在善意里。从小在充满爱的社区里长大，稚气的脸上满是微笑，对陌生人的暖心问候，对需要帮助的人的真诚关心，是小小孩童心里茁壮生长的善意与爱。在有趣的邻里市集，逛吃逛游，遇见一个个有趣的人，收获一个个暖心的故事，更有大胆的孩子们，变身小小摊主，把心爱的宝贝拿出来分享，收获欢喜，收获友谊。

阿那亚的孩子，“野”在亲密中。邻居们带着五颜六色的帐篷来到草坪，孩子们像串门一样在各个帐篷里穿梭，一起野餐、游戏，在自然的舒缓中，体会亲密的陪伴与爱，一起度过漫长岁月。海边的日子明媚又温暖，团聚的欢乐，分享的美妙，狂欢的畅快，许许多多小家庭汇聚成海边大社区。孩子、父母、邻居、伙伴，每一个眼神的交流，都是爱的对话。

（4）价值植入——对接客户需求。2017 年，阿那亚全年度假服务收入超 3 亿元，连续两年度假收入增长率超 100%；全年销售额 26 亿元，连续两年销售收入增长率超 50%。

①情感消费价值。阿那亚打造的亲切和善意的氛围，带来强烈的情感共同体的价值归属感，部分业主加入了餐饮配套运营，成为项目合伙人，反过来带动阿那亚的运营。而且，阿那亚销售业绩多来自老带新，比例高达 92%。

②精神审美价值。美就是阿那亚的核心竞争力，这处令人向往的文艺圣地触动了目标客群内心独处、精神审美的渴望。对比一般生态社区的美，阿那亚更偏文艺。单个来看，海边居民音乐厅、日出美术馆、阿那亚礼堂、孤独图书馆等形态各异，但都带有精神地标特质。阿那亚占据了秦皇岛区域 70% 旅游份额。2017 年，很多业主分享自己的房子做民宿，80 平方米的公寓租金为 3000 元 / 天，大幅高出周边水平。

③快乐衍生价值。阿那亚是一处“好玩”的趣味天堂。首先是儿童的“玩”，通过开发商合力运营，儿童配套成为一个主角。这是项目盈利的关键，并形成了家庭留驻的驱动力。其次是业主的“玩”。2015 年，在北京公演的话剧《八个女人》，超过 100 名阿那亚业主参与海选。发展到今天，成了一个大的社群节日——阿那亚戏剧节。一个月的时间内，六场话剧在北京和项目现场上演，为阿那亚带来了可观的衍生收益。

自在生长恰恰是我们这个时代里孩子们稀缺的精神资源。在阿那亚，每个人都释放出内心的善意，打开心防，让孩子重归自然天性，在海边自在放飞。这些生机勃勃的“野孩子”，在自然里探险，在审美中遨游，在亲密中成长，在体验中感悟，他们眼中有光、心中有爱、脑中有辽阔世界。在放飞童心的阿那亚，愿这群海边的“野孩子”，永远闪耀出属于自己的光芒

3. 童玩新趣处——童心谷

在木兰生态旅游区的木兰湖畔山谷，正在打造一处名为“木兰童心谷”的儿童亲子主题庄园，其以童玩体验为中心的活动设计方案，主要思路如表 5–6 所示。

（1）主题创意。针对青少年亲子目标市场，倡导青少年教育的创新。

①新模式：体验式教育、趣味教育、自然教育。

②新体验：童玩、童趣、童心，人人皆童鞋（“同学”的谐音）。延伸至中老年市场，正在创办新式老年大学——“新青年大学”，倡导返老还童的“童心”，突出独特的体验主题：野风吹过的山谷，让成年更童年！

（2）感知诱导。

①自然之风：让青少年在自然环境中，综合运用视、听、味、嗅、触等感觉，全方位触摸自然、实现自然教育感悟。

②天然之养：让中老年人群生活在大自然营造的康养环境中，身心回归自然、颐养天年、返老还童。

③场景沉浸：利用乡村自然空间营造自然课堂、户外拓展营地、新青年大学等从学习到生活、从白天到黑夜的多个体验场景。

（3）流程设计。

①设计仪式感：少先队、兄弟连、修学营、青年旅、童子军等分类入营、升旗及夜间巡逻换岗仪式。

②再造心流程：每位正式的入列营员都建立相应的身份归属，以游戏化方式授予个人名号，例如新青年大学的总负责人为“笑（校）长”，最主要的职责就是时时营造笑点，让新青年（老年朋友）每天开心欢笑。优选具有责任心、亲和力、幽默感的年轻人担任班级老师，负责向新青年（老年朋友）传递青春活力。新青年大学老年朋友被称为太学生，学员以个人兴趣爱好类别分班，摄影爱好者为“色（摄）郎”、钓鱼爱好者为“刁（钓）民”、歌唱爱好者为“百灵鸟”……按进校的先后分班，仿幼儿园和中小学建制分为小班、中

班、大班、低年级、高年级，升级考试仿照小升初，考题主要涉及人生理想、生活习惯、生活自理能力等。个人评价结论不是你有多成熟理性，而是你身体有多年轻、心态多童心、生活有多少童趣[①]。

（4）价值植入。

①青少年研学教育：服务涵盖学员的食宿生活、全系列课程教育，每天收费标准约 180~300 元 / 人，短期课程学习约 1~3 天，中期课程约 5~7 天。户外场地每天可接纳学员 1000 人，住宿床位可接纳 350 人。

②中老年康养研修：新青年（老年朋友）大学主要接纳住校生，规模约 300 人，每班编制 30 人，研修周期最短一月（童年速成班），最长一年（戏称留级生，满期后可以申请再延期一年毕业，由此转为长期生），每天收费约 100~150 元，服务涵盖食宿、常规教学、文艺兴趣培优、医疗康养等系列，特殊项目收费另计。

③衍生产品销售：包括课程研修装备、社群团建活动组织、文创衍生品、天然有机食品与康养品等。

表 5–6　童心谷体验项目设计

年龄类别	教育娱乐体验	生活体验
儿童与青少年	1. 通过童话庄园、魔法学校及自然课堂，打造开发“探索自然奥秘”的田园自然教育课程体系——田园野学 2. 搭建童心剧场，上演“超级变变变”剧目，定期比赛、冠名大赛、与电视台 / 儿童主题直播台合办，童话梦工厂影视拍摄（自导、自演童话经典剧目） 3. 田野竞技场（沙坑区、攀岩区、趣味运动区），大熊森林，在园区制高点天文观星台学习宇宙科普，在田野气象站模拟暴雨测量，在早稻田书院（图书馆）读书，在龙窑烧制手作陶器 4. 童心集市（小宠物、小花草、小工艺品）、陶艺工坊 5. 花径迷宫、儿童植物园、五彩菜园、彩色沥青游步道、数字游戏区、地理游戏（彩豆拼出中国地图——豆趣中国）、田园小火车	1. 在开心农场养萌宠小动物、体验拔萝卜、挖花生、捉鱼摸虾的乡村乐趣，住蘑菇屋、草坡屋、星空泡泡屋 2. 在动物主题餐厅与萌宠嬉戏，品味乡村美食 3. 在紫藤瀑布（花藤长廊每天喷香水、洒幸运星）、花溪、雨巷等候幸运之星降临 4. 儿童是主人（收费）、家长是随从，一票通玩（免票、一带一免票，多了收费）

① 例如测试题：如果你喜欢和自己的孙辈或者小区里其他的孩子一起玩，喜欢逗小孩，那说明你有一颗永远不老的童心。如果你是上午偷偷笑，下午活蹦乱跳，嘴里哼着小调，晚上稀里呼噜睡觉，那说明你的生活一定非常快乐，且充满乐趣、童趣。

续表

年龄类别	教育娱乐体验	生活体验
新青年（中老年）	1. 角色颠倒，老年朋友是太学生，子女是家长，安排每周末或每月来探望太学生 2. 童心厨房（糕点烘焙）、花圃温室培育基地（供应园区、科普参观）、星空驿站、童年帐篷营 3. 蛙鸣音乐汇与歌咏赛、路亚钓鱼大赛、田园摄影、星空舞台	白天泼水，晚上篝火，体验“水深火热”的太学生活

例如，在童心谷有针对青少年的童玩世界（空气乐园）、儿童艺术中心、小鸟天堂（水禽伊甸园）、农机公园。农机公园中可以操纵小型儿童挖掘机，其中有一款专门用于在玩具池中抓取数字与字母积木的“数据挖掘机”，真正让儿童玩挖机、学数学。帐篷营地、马术俱乐部（表演马背上的猴把戏，称之为马上封侯）、文创工坊（卖卡通服装的文创商店、陶艺工艺手作等）、自然课堂（文化科技自然体育研学基地），在园中有一条不时有变形金刚出没、让游人充满惊喜的金刚大道，沿途还有身穿蜘蛛侠服装的清洁工行走在你的身边，熊二开着车热情欢迎、接送游客，让游客全程开心。

在童心谷，只开心，不操心。

童言无忌、童心有趣，青春万岁！

童年有趣，成年有酒，青春小酒，喝上几口，秒变小朋友。

（四）田园农旅体验

中华文化之根在农耕文明，中华文化与西方文化的本质区别在于晴耕雨读、忠厚传家。乡村旅游的市场需求源自城市，因此在设计田园农旅体验时，一定要充分研究城市消费者的需求，这就是回归自然（乡村田园之美、农耕文化）的内在动机，在乡村可以真实地感受植物生长的规律、二十四节气，培养良好的劳动习惯，顺应天时地利，通过汗水付出，最终收获果实，体验感悟（见表5–7）。

表5–7　乡村旅游的消费群体及其需求

消费人群	需求特点	旅游体验产品
少年儿童	户外、玩耍、亲近自然、父母关怀	自然研学、户外踏青、亲子游戏
青年人	交友、开放自我、追求刺激	篝火晚会、乡村轰趴、露营大会

续表

消费人群	需求特点	旅游体验产品
中年人	商务社交、家庭休闲、好友聚会	自驾游、共享农庄、乡居度假
老年人	休闲、康养、回归	康养、5+2 养老①

乡村田园的农旅体验感来自“土、野、俗、古、洋”五味调和：留点土味，保持一分原真；带点野味，守护一方乡野；显点俗味，演绎一种风情；存点古味，传承一脉文韵；来点洋味，生发一丝创意。

1. 日本的童话农场

阿苏农场位于九重国立公园内，占地约 100 万平方米。因其广阔的面积、火山资源，农场主题定位为“人、自然、元气”三大元素，与自然融为一体。

日本人向来以严谨著称，其农场设计自然也十分全面且完善，阿苏农场的休闲项目具体可划分为 5 个系统。

（1）泊·住宿。一个农场总要有一两个标志性事物，形状奇特且连绵成群的“馒头屋”无疑是该农场的招牌（见图 5–45）。每个“馒头”都是一个独栋小别墅，屋内的设计是没有天花板的，墙壁与屋顶相融，给居住者新奇的感受之余，也赋予他们极大的安全感。

图 5–45　“馒头屋”

（2）愈·理疗。丰富的温泉资源被设计者充分利用起来，不同风格的疗愈系统，包括享誉海外的日式“风吕”和种类齐全的温泉理疗，让游客在与自然

① “5+2养老”模式即祖孙三代，祖辈周一至周五回归到乡村自然环境的集中式专业康养机构居住养老（5 天），周六至周日的周末 2 天，子辈和孙辈一同前往乡村与祖辈团聚，同时享受乡村的周末休闲时光。

亲近的同时得到最大纾解（见图 5–46）。特别设立的 SPA 会馆汇集了 13 种放松身心的理疗体验，从温泉到地热蒸一应俱全，比如温热的“阿苏地球能量SPA”、女性专用的“泥浆 SPA”、让身体零负担的“陶板浴”等。

在“馒头屋”，具有药草效果的岩盘浴、提升活力的氧气浴、去除角质的小鱼温泉、大人小孩都喜欢的“迷你水族馆”等更是让游客舒服地欲罢不能。

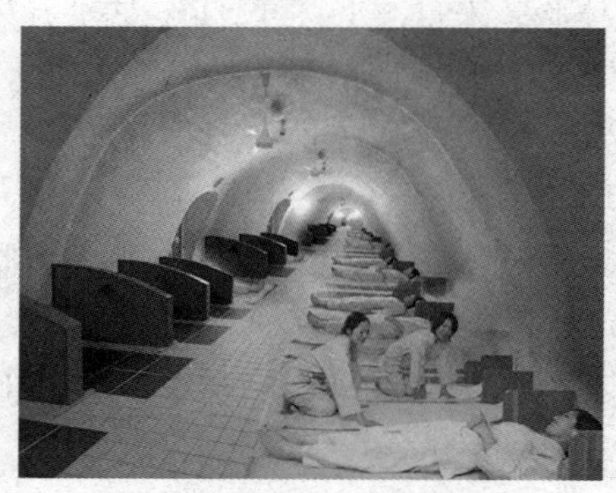

图 5–46　SPA 会馆

（3）动 · 体验。阿苏农场里有多种娱乐项目：“元气森林”是大人、孩子能共同体验的健康休闲空间，这里很多别出心裁的装置，可以让人的身体和头脑共同锻炼；阿苏元气体育馆让旅客无惧天气、尽情运动；“学习森林”透过与大自然的接触，让小朋友体会大自然的神奇以及保护大自然的重要性。

（4）食 · 美味。在这里，游客可以在第一时间采摘新鲜的果蔬，不用担心饮食的问题，阿苏农场拥有不使用农药的最新栽培系统，培育出安心、安全的蔬菜，各式各样的美式敬请选用；同时，“阿苏健康农园”“野菜栽培工场”“香菇栽培工场”等，不仅是高品质果蔬生产基地，也是寓教于乐的农业设施和体验场所。

（5）购 · 消费。阿苏农场中有十几间特色商店，商品以各式各样的阿苏名产及熊本县特产、杂货为主，如优质的乳制品及点心之类的东西，干酪店里有许多家庭制造的及正宗欧洲进口的 200 多种品种，很多都可以先尝后买，让人满足而归。

阿苏农场的每一步设计都以为游客提供体验和趣味为中心，将游戏化的内涵运用到食、住、游、购的每个环节中，游客愿意为了参与而消费，使得传统的旅游行为有了新的意义，更加生动有趣。

2. 走进微醺的世界

“酒庄”一词来源于法国波尔多，葡萄酒爱好者常以亲历酒庄旅游为荣，参加过成熟葡萄的采摘，品尝过还在木桶里陈酿的新鲜酒液，瞻仰过中世纪酒堡的气度恢宏，各类品酒会上，与被品评的葡萄酒相比，这类谈资往往更引人入胜，它们常常喧宾夺主，让听者无限向往。

（1）主题创意。欧洲的酒庄游主题侧重通过体验当地的风土人情，借助红酒深厚的文化底蕴，感受西方高品质的生活方式，而国内酒庄游的主题更加倾向于多元化，着力打造一个以葡萄酒为主题的全方位度假空间。

艺术行走，领略葡萄酒之乡的魅力。波尔多葡萄酒享誉世界，口感柔顺细致，风情万种，有“法国葡萄酒皇后”的美称，是世界公认最大的葡萄酒产地，坐落在美丽的法国。这是一个非常古老而美丽的城市，历史沉淀出文化，文化酝酿出城市。行走在波尔多时，你才能感受到属于法国那最古朴的浪漫，没有遍地的霓虹类的渲染，有的只是街道上飘着的淡淡的酒香。白马酒庄是法国波尔多八大酒庄之一，位于波尔多圣埃米利法定产区，是两个顶极 A 等园之一。来到白马酒庄，酒庄大使会介绍酒庄的历史或者请你到播放室看一段酒庄的宣传片，对酒庄的文化背景有个大致的了解。随后参观葡萄园地，了解种植的品种、面积、份额等，如果游客有兴趣，他会更详细地介绍更多关于葡萄栽培方面的信息。接着是酿造间，为你讲解葡萄酒的制作过程，从采摘到发酵，在这里，你会看到分拣台、压榨机，各种不同的发酵罐。紧接来到酒窖，在这里你会看到成百上千个存酒陈年的橡木桶，酒庄庄主亲自接待，邀您参观其私人珍藏酒窖。晚餐在私人酒庄内享用法式大餐：松露、鹅肝、藏红花、龙虾、生蚝，专业侍酒师将针对每道美食精心搭配葡萄酒，充分享受美食与美酒在舌尖上碰撞所带来的快乐。

旅游度假，享受轻松惬意的生活。北京张裕爱斐堡国际酒庄是国家 4A 级旅游景区，全国休闲农业与乡村旅游五星级园区、北京市科普教育基地，是集葡萄种植及酿酒、葡萄酒主题文化旅游、休闲度假以及葡萄酒知识培训功能为一体的综合性国际酒庄。面向葡萄酒爱好者提供葡萄酒主题文化旅游、葡萄酒知识培训以及延伸品、礼品的销售和服务。无法复制的百年张裕品牌，无法比拟的美酒美食文化之旅，诠释“国际酒庄新领袖”的非凡气质。酒庄的主体建筑群——城堡主楼，为欧洲经典城堡式建筑，其参观项目有：地下酒窖、文化博物馆、品鉴中心等。主楼对面是爱斐堡小镇，融合了欧式建筑风格，是集住宿、休闲娱乐、旅游度假于一体的风情小镇。小镇划分为街道生活区、餐饮服务区、娱乐休闲区、教堂博物区四个功能区，所有街道名称都是以古希腊神话中与葡萄及葡萄酒相关神的名字为蓝本，充满着浓郁的葡萄酒文化气息。

（2）感知诱导。

第一，五觉设计——沉浸其中。酒庄设计，凝结着一种独特文化，表述着一种人生感悟，追求着一种生活品位。酒庄设计带给我们的不仅仅是品酒、尝酒，而是一种新的生活方式，是酒文化和休闲生活体验的融合。因此，人们来到酒庄，不仅仅能品尝到美酒，还可以多感官并用，沉浸在酒庄中。

希路美被澳大利亚葡萄酒鉴赏大师 James Halliday 誉为五星级酒庄，从 2000 年开业以来获得了超过 850 项享誉国际的葡萄酒评比大奖。这里不仅有设备完善的酒厂、门市部及五星级餐厅，还有风格各异的酒庄建筑和令人神往的美丽风景。希路美酒庄能带给每位顾客一个全新的葡萄酒体验。虽然是酒庄，却没看到成排的葡萄树，倒是能偶遇几只野生袋鼠在草坪上晒太阳。这家酒庄的酒窖就建在一个山洞里，外观典雅古朴，两扇高挑的半圆形木门背后，好似隐藏了几个世纪的秘密。一走进去，大木桶整齐地摆放在过道两旁，木桶上会标有酒的种类及年份。酒窖很有中世纪贵族人家的既视感，进去之后整个人都不自觉地端庄了起来。洞顶的吊灯充满了复古工业风，发出微弱的光，像宝藏藏匿处。酒窖外面有酒吧和商店，售卖纪念品和奶酪，酒吧里设有壁炉，寒冷的天气听着柴火噼里啪啦燃烧的声音，给人温暖的感觉。

在人头马路易十三酒庄，每一瓶路易十三都需要 1200 多种生命之水调配而成，经过四代酿酒师的精心培育才能成就一瓶路易十三，在拥有几百年历史的酒窖里品尝到来自橡木桶的路易十三，体验真正浓缩的精华，感受浓浓的历史气息，花香味、焦糖味、蜂蜜的味道……回味持久，品味时，让酒液在口中慢慢沉淀，感受葡萄酒的结构、酒体、单宁的质感及余韵悠长。

第二，场景营造——提升体验。通过对于酒庄酒的原料种植、酿造、存储、品尝等场景的分解与营造，能够把红酒文化与理念融入产品中去，从酒庄场景设计角度重新塑造消费者新的口感体验，从而借助产品实现场景的活化

（见图 5–47）。

法桐大道、葡萄采摘园、哥特式城堡、地下大酒窖、酒庄小镇、张裕百年历史博物馆以及张裕爱斐堡国际酒庄等无处不充斥着浓郁的葡萄酒风情。城堡前是一大片葡萄采摘园，百亩葡萄园散布山间，绿水青山环绕其间。借着不错的天气、清新的天空，想象着贵族式的浪漫，到山间田野去漫步，在成熟季节，采摘沉甸甸的葡萄，有一种置身于世外桃源的感觉。走进地下大酒窖，仿佛置身于中世纪的城堡之内。酒窖内气势恢宏的橡木桶，影视剧中才能看到的场景，顿时出现在面前。葡萄酒像婴儿一般在桶内“沉睡”，空气中隐约飘散着酒香的余韵，在这个常年恒温的大酒窖内，保证了葡萄酒稳定的发酵醇化过程，进而才使葡萄酒累积出时间的味道。酒窖中除了酒庄自家的橡木桶外，还储存有私人红酒。周围藏酒的小格子内，便是私人的藏酒区。主楼二层是张裕百年葡萄酒文化博物馆，陈列了很多珍贵的历史资料及照片，穿越时间的长廊，每个光影间都记录着那段久远的历史。三楼是品鉴中心，游客在这里可以在专业品酒师的讲解下，用视觉、嗅觉、味觉全方位感受葡萄酒的魅力。在服务中心的二层，可私人订制酒标、酒瓶，并可制作一瓶个性化现场留念的珍藏红酒或者灌一瓶属于自己的白兰地酒。

图 5–47　酿造间和酒窖

（3）流程设计。

第一，审美化——设计的艺术。酒庄设计和美学艺术要能传达酒庄的品鉴体验，通过将室内和室外的景观、气息以及品尝体验结合起来，成为酒庄的优势。将红酒文化、生活方式的理解和感悟全部融入进去，同时兼顾酒庄文化理念，在有限的空间里，延伸出无限的设计。当葡萄酒与不同的建筑设计风格完美融合，就会给游客带来非同一般的品酒体验，让他们在品酒的过程中感觉非常美好。这些美妙的感觉甚至当他们离开后，仍然记忆犹新，印象深刻，以至于还会有第二次的重游。例如在酒窖的品酒室，无论是经典的绅士设计风格，还是田园的托斯卡纳设计风格，置身其中都会让人喜出望外，这些风格别样的品酒室让人远离现代生活，给人一个更轻松、更具历史文化感的品酒环境（见图 5–48）。

位于中央山谷产区的威玛酒庄的葡萄园品酒区，既可以欣赏一望无际葡萄园风光，还可以品味葡萄美酒。

佩芮酒庄是家族酒庄（见图 5–49），酒庄建筑由本土设计师乔斯·克鲁兹·欧瓦勒设计。建筑顶部是木质结构，四壁为矮石墙，面积约为 6000 平方米。这个设计反映出了逝去的文明以及曾经覆盖这片土地的原生态森林景观。酒庄建筑内部运用自然光以及重力流的酿酒设计，实现了酒庄节约能源资源的理念。

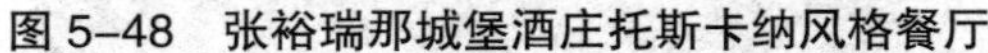

图 5–48　张裕瑞那城堡酒庄托斯卡纳风格餐厅

图 5–49　智利佩芮酒庄

第二，情怀化——生活的追求。人们在体验欧洲古老的酒庄时，葡萄酒品尝只是体验的一部分，更多的是对欧洲贵族高雅生活方式的向往、对古老文明的好奇、对浪漫氛围的追求，游的是酒庄，品的是情怀。深入酒庄，研习葡萄酒文化；来个舌尖之旅，品尝著名的法国大餐；体验贵族运动，在高尔夫球场尽情挥杆……

①舌尖之旅。既然都为了美酒去了趟波尔多，又何必介意为了鹅肝去一趟车程 2 小时以外的萨拉小镇？穿梭在这座南法美丽且具历史感的小镇深处，游客可以逐街逐巷地体验一场文化之旅，探寻被奉为“黑色钻石”的食材贵族——黑松露以及法国美食的精髓代表——鹅肝酱。每年的 12 月至次年 2 月

正是这种“黑色钻石”的采摘季节。全法国乃至全世界的美食家都汇聚于此，品尝新鲜的松露制品和鹅肝美味，参加大师级水平的厨艺比赛，体验高级法餐的制作过程。

②尽情挥杆。来到波尔多，不如试试美酒配高尔夫。位于著名的玛歌城堡葡萄庄园中心的玛歌高尔夫球场是一座顶级的卓越球场。这里拥有挑战系数较高的十八洞球场，穿插在众多树木和水障碍之间，绝对能满足人们对难度型球场的要求。而挥杆运动以后，品上一杯正宗的顶级玛歌红酒，休憩在球场私人晒台上，感受阳光与自然风情。

很多新酒庄都把厨房展示作为设计的一部分，精心设计的、令人印象深刻的厨房也与很多当地酒庄关注美食和葡萄酒的体验相吻合，给人以个性化的独特体验。例如，在空中酒窖 360° 无死角地看着多伦多全景就餐。360° 餐厅位于加拿大多伦多市区的 CN 电视塔上。这个距地面约 350 米的就餐空间里隐秘着一处“空中酒窖”，并且一直保持着“世界最高酒窖”的吉尼斯纪录。虽然酒窖居高临下，但却使用着典型地下酒窖的设计理念，有着一套精准的温度与湿度管控系统，美国红杉木的陈列架上可以支持最多 9000 瓶的存酒量。

（4）价值植入。

①庄主服务：酒庄的消费体验与销售结果很大程度上取决于酒庄庄主或酒庄大使（代替庄主进行接待），他们既是体验过程的领航者，亦是体验气氛的鼓动家，更是体验项目的现场控制人，他们在很大程度上决定了顾客的体验感受。同时由于与顾客面对面接触，因此他们是酒庄与顾客之间的沟通桥梁，也是最快能够洞察消费需求的人，可以为顾客提供高质量的咨询信息服务，从而提升体验，达成交易。

② VIP 策略：VIP 是特定消费者的一种身份的象征，更是企业与消费者的关键纽带，为了迎合此类消费者，酒庄必须提供独一份的服务项目。譬如免费的活动预约、24 小时保姆式服务、定期的礼品馈赠、跨周期的活动组织等，赋予 VIP 消费者一种与其消费能力相匹配的体验价值。

③价格脱敏：由于酒庄酒本身是典型的通过场景来实现“价格脱敏”的产品，其产品又兼具着整个酒庄的形象与诉求，因此酒庄酒的高品质属性更加能够带来产品高溢价性，这就为酒庄的产品销售提供了一个新的思路。由于酒庄酒的限量与特供属性，所以酒庄酒能够较为容易地维护产品价格体系，延长产

品的生命周期，为酒庄持续提供产品销售利润来源。

3. 小猪的快乐生活

猪，原本在人们的印象中是一种蠢笨邋遢的家畜，似乎与旅游这种高层次精神享受丝毫沾不上边，但小猪们“吃了睡、睡了吃”的无忧无虑生活常态，又令人羡慕，于是就有了大家常说的“过着猪一般的幸福生活”。

位于日本三重县伊贺市郊区青山镇的 Mokumoku 农场，30 年前本是一家濒临倒闭的腊肠厂，随着体验经济时代的到来，却另辟蹊径，打起了“猪”主意，紧盯消费者需求，从细节处入手，华丽转型为一座靠猪起家的农场乐园。目前，农场大到场景、小到细节，从园区产品到体验活动再到餐饮美食，每个环节都与猪相关，当然这里的“猪”已经化身为可爱活泼、给人类带来无穷快乐的猪。如今，Mokumoku 已成为全球农旅体验的标杆（见图 5–50）。

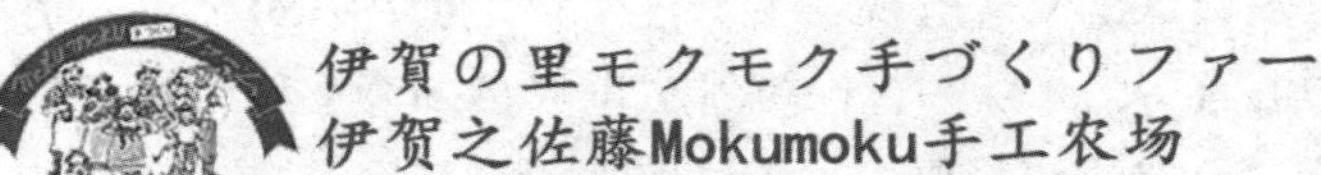

图 5–50 Mokumoku 农场

（1）主题创意。Mokumoku 农场是以亲子教育为出发点，以家庭为主要需求群体，由农户养猪的经营联合体发展而成，以“自然、农业、猪”为主题的工作室农庄。以家庭、学生为主要客群，强调亲近自然及家庭温馨，现已形成集生产、加工、销售、休闲观光农业、网络购物于一体的成功全产业链的主题体验农场。

特别推出了构树猪系列，这种以发酵构树叶为主饲料的猪，与一般猪的区别在于饲料生态化、无污染，构树猪的精神头十足，活蹦乱跳、喜欢运动，故瘦肉率较高，口感明显好于一般的饲料猪。由此，特面向中国游客专门推出了“真构味”品牌构树猪肉。

主题线索：构树猪家族的快乐生活。其宣传理念为：够精神，才构味！快乐生活、安乐临终。

符号体系：形象代言卡通猪，小母猪取名“构构”，大公猪因为喜欢恶作剧捣乱，故取名“构不构”（见图 5-51）。

图 5-51　形象代言卡通猪

园区内随处可见带有小猪形象的各种指示牌、通告栏（见图 5-52），农场负责人介绍这些牌牌通通是农场员工自己手绘制成，设计师就有八名之多，他们担负着企业所有对内、对外的宣传资料的设计工作，以确保所有 Mokumoku 农场对外宣传风格的统一。

图 5-52　小猪形象的各种标识

感人故事：构树猪一家每天过着无忧无虑的快乐生活，它们渴了就喝矿泉水、饿了就直接大嚼满园的构树叶，小母猪“构构”有点憨憨的，大公猪“构不构”喜欢恶作剧，总有点玩不够、玩不醒的感觉，主人恼火地大叫“够不够啊？”。直到有一天，大猪“构不构”的这种醉生梦死的快乐生活终于要结束了，被主人送终（送往屠宰场），此刻，快乐的大猪“构不构”还自我陶醉地欢叫“真超脱，上天堂啰！”从动物福利主义视角看，正因为快乐生活，所以构树猪的口味就是不一样。

（2）感知诱导。在感觉和体验场景营造方面，Mokumoku 农场虽然占地只有 200 多亩，但由于园区的规划设计充分利用了高低起伏的天然地貌特征，将各功能区以自然方式进行了巧妙“分割”，园区内蜿蜒曲折的动线设计营造了处处“柳暗花明”的园景效果，故游历过程中，整个农场却给人感觉很大。整体设计为田园风格，无论房屋还是辅助设施所用建设材料均为天然材质，跟周围山地的森林景色融为一体。农场的外部环境保持乡村的原始生态感，房屋的设计风格也坚持传统日本特色。色彩素雅的房屋、休闲的凉亭、木质的步道、木质的围栏、大片的草坪、浪漫樱花树、创意的稻草人、草地上慵懒的小动物们以及玩耍嬉戏的孩子们，都表达着与自然的和谐之美，营造出轻松、舒适的乡村氛围。游客在农场远离都市喧嚣、真正走入一个满眼青翠、鸟语蛙鸣的纯自然世界。农场分为餐饮区、住宿区、休闲娱乐区、购物区四大区域，休闲娱乐区占据中间核心区，其他三个活动区散落周边，形成辐射的活力动线。四大区域可满足亲子家庭游乐度假的“食、住、行、游、购、娱”六大需求。

农场重视孩子的互动参与和体验感悟，让他们学农业知识的同时，亲身体验农趣，学会感恩大自然赐予的一切，并在大自然中感受对于小动物的爱、对于花草树木的爱，即使是饲养猪的场所，也被精心地设置为小猪幼儿园，可被小朋友们观赏。通过丰富的农业体验活动、日本特色的乡间建筑以及营造的舒适乡间环境，将农旅做出了独特韵味。

同时，农场还巧妙将销售加工产品的店铺包装成主题馆，如小猪主题馆内就有许多猪肉生产加工的商品。还有叉烧馆、香肠主题馆等。主题馆造型可爱，小猪卡通深受小朋友喜爱。而当地养殖的猪肉则会在餐厅通过料理的方式直接让消费者大快朵颐。

Mokumoku 农场提倡保护环境、爱护地球，在园区的很多细节设计上体现着他们的环保理念。在自助餐厅，客人自己将吃过的餐具拿到指定餐具集中地，然后按照分类进行放置（见图 5–53）。没有一次性餐具，筷子、餐盘都是天然木质（见图 5–54）。当客人自己收拾好餐具后，会从旁边盒子里取一枚圆型小木牌，然后投到用于公益事业捐助的箱子中，每个小牌子价值 10 日元，Mokumoku 农场就会为这个基金会捐助 10 日元，这是农场经过测算得出来的一个员工收拾餐具所耗费的人工成本。随处可见的垃圾桶还采用了卡通风格（见图 5–55）。

图 5–53 自助餐具回收台

图 5–54 木质餐盘

图 5–55 分类垃圾箱

在休闲体验方面，农场为了让孩子贴近自然，把饲养猪的主要场所改造成为主题乐园，巧妙通过小猪训练园的方式为游客提供表演，小猪赛跑、跳水的游戏一个接一个，充满了互动与欢乐感。

（3）流程设计。在仪式感设计方面，饲养员每日都会按时把猪放到园中活动，明星猪“构构”和“构不构”一家会出来登台亮相、与大家合影，赢得满场喝彩。四大功能区域的体验活动设计，一环套一环、好戏连连，形成各环节无缝对接的农旅体验链。

休闲娱乐区将农业产业环节延伸到体验内容上，从采摘食材到制作成成品，让孩子们在家长的陪伴下，在切身体验中学习知识，培养动手能力，提高爱护动物、保护自然的意识，更重要的是增强了父母与孩子之间的亲密关系。这里设置了丰富多彩的活动体验，包括啤酒工厂、学习牧场、手工体验教室、猪主题馆、香肠主题馆、叉烧主题馆等。孩子们可以和家长一起听饲养员讲课、学习挤奶、喂食小动物、亲自动手制作香肠、面包甜点等。

学习牧场为游客提供观赏与体验活动，在这里游客可以学习奶牛的挤奶过程，也可以观赏各类牛、羊、矮脚马等动物。从星期一到星期天在学习牧场都有不同设定的体验活动，包括喂食、挤奶、牧场工作等。除了两个养殖的观光点外，农场还设置了两个手工体验馆，让游客亲手制作一串香肠，小朋友们在这里第一次弄清了“美味香肠原来是这样制作出来的”，制作好的乡村成品还可以标上客人家庭或个人专属的定制品牌（见图 5–56）。

图 5–56　学习牧场的一系列体验活动

餐饮区的食材是当地农家自产的有机蔬果和肉类。农场将这些天然新鲜、绿色健康的食材制作成烟熏制品、啤酒、乡村料理、西点、烧烤等特色餐饮，让都市人们品尝到地道的乡间味道。

购物区是农场为周边农户提供的一个交易平台，游客在购物区购买的农产品都是周边农户培养种植的。不仅如此，在售卖的产品上，还标有种植农户的照片、姓名等信息，让消费者可以买得放心（见图 5–57）。

图 5–57　农场购物区

为了让游客们能够充分地体验农场的活动，农场还提供住宿设施，包括圆顶别墅、温泉住宿共计 39 栋客房。客房造型可爱，像是童话里的房屋，室内设计的色彩及装饰也都充满童趣，深得游客的喜爱。

（4）价值植入。Mokumoku 农场并非是一个简单休闲观光农场，它有充足的加工生产能力可以拓展。农场立足以“猪”为主题的农业，将农业产业环节与旅游体验无缝对接，巧妙地将生产、加工、销售与观光体验结合起来，通过体验带动，构建起一个集观光游览、科普教育、产品展销、餐饮美食、休闲体验、商品购买、度假住宿等于一体的完整的农旅产业链。

通过与农民合作开发农产品，增加了周边农民收入的同时，带动了所在乡村的发展。虽然 Mokumoku 农场距离主要大城市有一定的距离，但农场每年的收益在不断地刷新纪录。Mokumoku 农场真正把农业产业链、价值链不断延伸，并与乡村旅游体验活动无缝对接，拓展、丰富了农业休闲活动内容，这也是乡村旅游发展的方向。

Mokumoku 农场实行会员制，入会门槛每人 1 万日元，有效期两年，入会同时返给会员 2000 日元购物券。农场所在的青山镇人口数量只有 8000 人，但如今每年超过 50 万观光客来到青山镇旅游，Mokumoku 农场年营业收入达到惊人的 54 亿日元。

（五）极限挑战体验

极限挑战是一场具有特殊意义的体验。参与者一起大声喊出自己的梦想，燃起理想之火，这就是笑中带泪、意义深刻的极限挑战。挑战人体的极限（生理和心理），胸怀远大理想，奔赴天高路远的异域，经受严酷恶劣环境考验，与一群陌生但志趣相投的朋友欢聚，体验一场新奇甚至恐怖的经历，有时可能还会接近死亡的边缘，从中感受身心的巨大冲击与震撼，最后被自己不可思议的行为感动，由此获得脱胎换骨的新生和顿悟。其特点如下：目标要设定通常难以达到的较高水平的身心承受阈值；五觉设计一定要有强烈的冲击，场景设定要危而不险；体验的意义要契合个人内心深处隐藏的梦想与理性。

1. 阿拉善英雄会

“阿拉善”系蒙古语，意为“五彩斑斓之地”。阿拉善盟位于内蒙古自治区最西部的腾格里沙漠。每年“十一”期间，由“越野 e 族”发起的“阿拉善英雄会”都在此隆重举行，至 2019 年已有十四载，已成为当地乃至全国最著名、参与人数最多的沙漠文化盛事之一。阿拉善英雄会，江湖人称“越野奥斯卡”，是一项以汽车越野赛事为核心的全球规模最大的民间越野户外盛会。现场惊心动魄的汽车漂移赛、外形各异的机车表演等，都让现场观众大饱眼福，在沙漠深处体验汽车比赛的独特魅力。

历经十多年，多项著名赛事和精彩主题活动让英雄会不仅成为广大越野户外爱好者的年度盛会，更成为中国汽车圈的标志性庆典。无论是场地建设、活动安排还是服务配套，都在不断得到优化。2019 第十四届阿拉善英雄会由核心赛事、主题活动、文娱矩阵、营地互动等几方面构成。其中，包括由 T3 系列赛事、越野 e 族汽车博览会、小小英雄会、越野 e 族 SUV 大典、Dreamland 电音节、沙漠艺术殿堂、“内蒙古味道”文旅产业大会和英雄礼赞烟火盛典等诸多项目组成。更加注重提升沙漠露营体验，着力打造分区域、分人群项目体验内容，核心区域文娱板块沉浸式体验狂欢和住宿配套社区式社交场景搭建等内容，具有更人性化的会场营地环境和基础设施配套服务、更丰富的文娱活动、更完善的赛事运动场地，从入园的引导、体验内容的丰富、消费指引的清晰化等多个方面进行升级和拓展，让每一位参与者有不一样的体验。

（1）主题创意——追逐越野英雄梦。从东归英雄世代居住的家园，到神舟飞船升起的地方，苍天圣地阿拉善，自古就是英雄的故乡；从豪杰齐聚的翁牛特，到永久定居的腾格里，越野 e 族英雄会召唤了多少越野人引颈顾盼、一路向西。十月，有人忙看去周游世界；十月，有人忙看追寻诗与远方；十月，也有人只为和沙漠一场盛会而奔赴千里。阿拉善英雄会是一个以英雄梦为主题的汽车越野盛会，以车会友，从来都是越野活动的不变内容，每到“十一”，百万余人驾驶几十万台车，如候鸟迁徙一般，自千万里之外驶向同一家园——阿拉善腾格里沙漠梦想公园。在这里，迸发出的是有关超级英雄的所有梦想，英雄会已成为越野人心中的图腾，腾格里沙漠早已成为每个人心中最深的牵挂。无兄弟，不越野，在阿拉善，越野人们都有着兄弟般的情谊和对越野的满腔热血，有着对彼此的理解和关爱，还有对文化的尊重和对自然的敬畏。

围绕英雄梦这一主题，以核心赛事、主题活动、文娱矩阵、营地互动等为载体开展多项活动，实现人们心中的英雄梦。同时注重对环境的保护，例如 2019 年的环保宣言：回归自然，自由生活；享受沙漠，纵情驰骋；我们愿意付诸行动保护环境，保护沙漠美丽腾格里，绿色英雄会。

（2）感知诱导——战车轰鸣，大漠燃情。

①五官跟随身体狂欢。腾格里沙漠是中国第四大沙漠，天大地大的空明，满目的洪荒之美，没有束缚，没有高楼大厦物欲人海的挤压，人在沙漠里，如同一只爬行的虫子一样，渺小、微弱，却自由、欢畅。原先英雄会并不只是在

阿拉善盟举办，但是自从2013年开始，就永久地固定在阿拉善盟举办。这一选址更好地与其主题“英雄”相契合，大自然为其做了最美的景观设计，辽阔的沙漠，呼啸的风声，多了几分“醉卧沙场君莫笑，古来征战几人回”的壮阔与气魄。越野的汉子，美丽的姑娘，难得一见的各种赛车，别具一格的特技表演，彻夜狂欢的电音节，精彩纷呈的活动，统统在中国越野乌托邦。除了越野狂欢，特技飞行博得了全场的眼球，无论从刺激程度、极限运动还是艺术观赏方面，特技飞行几乎满足了所有期望！民以食为天，来到这西北边陲，来到越野e族阿拉善英雄会，怎能错过特色美食的诱惑？在阿拉善国际美食节，6大主题展区，240个展位，沙漠驰骋论英雄，英雄大道品美食，品尝最有特色的内蒙古风味食品，体验英雄大口吃肉、大碗喝酒的酣畅淋漓。

②营造场景，助梦实现。来参加阿拉善英雄会的人们当然是想实现他们的越野英雄梦，因此，主办方通过对现场的布置以及开展一系列活动，动静结合，打造出人们心中向往已久的英雄逐梦场景。另外在园区还有其他的一些功能区，在这里能够看到各种各样具有特色的场景，包括音乐广场儿童乐园，还有房车露营地，满足人们的种种梦想。

阿拉善英雄大会的大本营——梦想沙漠公园，入口大门气势磅礴，端立在那里仿佛是一个持枪站岗的军人，进入“凯旋门”，眼前是英雄大道，大道以北、“凯旋门”以南的区域，呈田字形排列，秩序井然，这个区域有四块炫酷的营地：异星营地，创意集市、街头艺术、国际潮牌聚集地。大本营以沙漠为基调，弯曲的赛道、房车群、蒙古包酒店等分布其中，让人切实感受到内蒙古的生活场景。与此同时，还有多种活动来强化这种场景体验。

越野e族汽车博览会：以英雄会汽车、改装、休闲展众多活动融合为一体的全国标志性汽车盛会。将注入了大量国际化的元素、理念和模式，为英雄会呈现一场场盛大的国际大型的汽车户外行业展。

Dreamland音乐节：充满科幻大片既视感的舞台造型，整个舞美无论从规模还是精致程度，都是一个无法被沙漠风沙掩盖住的传奇。腾格里沙漠中的乌托邦之地，宏大的艺术造型舞美景片，独一无二的超级烟火与火焰特效。国内外顶级电子音乐节IP入驻，4大特色舞台，1座超级舞台，5天4夜全面狂欢，百万人场地载力、顶级品牌活动现场汇集，未来发展备受大众期待。

阿拉善英雄会异星营地：以创意集市为活动主体，融入街头表演、街头艺术、文化交流等交互性环节，为人们诠释一种新的生活方式。

阿拉善英雄会航空嘉年华：以特技飞行表演为主题的航空文化旅游活动，向百万数量级观众展示世界顶尖特技飞行。阿拉善英雄会飞行表演以特技飞行、热气球、无人机夜间秀、跳伞等为主，为英雄会增光添彩。

除了上述主要赛事活动，大本营现场更有英雄礼赞烟火盛典、阿拉善英雄会盛装巡游节、内蒙古文旅产业大会及沙漠奇石节、阿拉善英雄会马术表演、激情 UTV 牧马人体验、欢乐沙漠亲子体验乐园等种类繁多的沙漠体验项目、娱乐项目，营造多种场景，满足多种需求。

③有输有赢，亦敌亦友。赛车比赛通常讲究的是速度和力量，而这里的越野车比赛更侧重于团队的精诚合作，能够在团队里体现自我的价值，协助伙伴顺利完赛，这样的比赛过程比成绩重要。2019 第十四届英雄会规划了 7 大赛事，除了英雄会传统赛事 T3 沙漠挑战赛，还有 T3 接力赛、腾格里挑战赛、全地形车挑战赛、岩石挑战赛、汽车漂移表演赛及机车表演赛。7 大赛事构建起了更加完整的英雄会赛事体系，无论是专业赛手还是越野爱好者，都能找到适合自己的项目（见图 5–58、表 5–8）。

图 5–58　阿拉善英雄会赛事现场

表 5–8　阿拉善英雄会 7 大赛事

赛事名称	主要内容	体验感受
T3 沙漠挑战赛（Team 3 challenge）	英雄会中参与度最高、最重要的传统赛事项目，强调团队协作。采用预赛 + 决赛的方式。预赛为排位赛，单车参赛，在五星赛场按报名顺序发车。决赛三车参赛，在五星赛场环绕一圈，之后进入沙漠长途赛段	在紧张比赛的同时，更加享受到别样的大漠风光

续表

赛事名称	主要内容	体验感受
T3 接力赛（Team 3 relay）	是 T3 系列赛中的一种，T3 接力赛保持了 3 名组员的传统配置，队员之间以接力传递方式与其他赛队在场地内对抗。T3 接力赛在安排上采用多组多车群发	极具对抗性和趣味性
腾格里挑战赛（Tengger challenge）	腾格里沙漠挑战赛采用预赛 + 决赛的方式，决赛赛道为环形纯沙漠地形。腾格里沙漠挑战赛自诞生起就深受人们喜爱，这是一场个人实力强强对抗的赛事，更加体现专业水平	让爱好者更容易参与，让专业赛手能更畅快地展现实力
全地形车挑战赛（ATGP）	脱胎于英雄会 TA 沙漠挑战赛，是一项专门为高端 UTV 打造的赛事，2019 年全地形车大奖赛采用预赛 + 决赛的方式，赛道为环形沙漠地形	伴随赛道和赛制的优化，已成为极具观赏性、特色热点比赛
岩石挑战赛（Rock challenge）	已成功举办六届，全新的岩石攀爬赛道坐落于阿拉善梦想沙漠公园攀岩赛道，由易到难共设四个赛段。攀爬赛为了充分体现包容性，将比赛分为两种类型：极限攀爬赛和魔鬼攀爬赛	中国首个攀岩类越野赛事，极具挑战性、娱乐性、观赏性
汽车漂移表演赛（Driftting challenge）	汽车漂移表演赛在英雄大道东侧全天不定时进行，不限排量、不限车型进行表演	极具挑战性、娱乐性、观赏性
机车表演赛（Exhibition race）	机车表演赛在内场全天候不定时进行，不限排量、不限车型进行表演	具有趣味观赏性

（3）流程设计——全天候、全方位。

①英雄情怀，越野梦想。英雄会自发起时，它的定位就是集越野嘉年华、T3 沙漠挑战赛、环保公益以及爱心助学等活动于一体的盛会。而 T3 挑战赛，从一开始就是纯粹的非商业比赛，为的是“无兄弟不越野”的团队精神，也是竞技与挑战的越野运动精神，其蕴含的不畏挑战和团队协作的精神也是每一位越野爱好者所必备的品质。游客来到阿拉善英雄大会，并不是为了仅仅看看荒漠、露营，也许最大的收获是认识了很多越野好友、收获了满满的兄弟情谊。大家慷慨的分享着各自的经历经验，热情地帮助着左邻右舍的兄弟姐妹。

②个性需求，尽情满足。吃喝玩乐一条龙，着力打造分区域、分人群项目体验内容，50 多项活动，总能满足人们的个性化需求。如英雄礼赞烟火盛典、

航空嘉年华、Dreamland 电音节奇幻之旅、无人机灯光秀大脚车、小小英雄会、异星营地蒙古包 / 星光房特色营地、房车营地电竞决赛、牧马人 /UTV 穿沙体验大漠特色文化体验、啤酒节 / 烤全羊等。在这里等着的，除了老友、兄弟，还有种类繁多的主题活动，以及 N 个足够让你霸屏抖音、朋友圈的网红打卡点。从此，越野爱好者的父母、妻儿也有了好去处，欧美复古风、韩式简约风、日式小清新、Ins 冷淡风，总能有一种可以满足你的喜好。

（4）价值植入——旅游 + 体育，跨界增值。2017 年英雄会举办期间，越野 e 族阿拉善梦想沙漠航空汽车主题公园入园车辆达 40 万台次，接待国内外游客 200 万人次，实现旅游收入 10.2 亿元。黄金周期间英雄会入园人数占到全盟游客接待总量的 37%，阿左旗各大宾馆（饭店）客房入住率平均达 90% 以上，家庭旅馆、加油站、餐厅、酒吧、洗浴中心、超市、旅游土特产店、出租车行、洗车行、修理厂等生意火爆，电力、通信业务繁忙。旅游业相关产业的快速增长，不仅对阿左旗当地黄金周旅游综合贡献率达 70% 以上，每日近 50% 的游客还分流到了额济纳旗、阿右旗等地，连 110 公里外的银川市的酒店业都明显受益。阿拉善成为黄金周期间全区各盟市中旅游人数、旅游收入增长最快的盟市。

阿拉善英雄会还带来了从服务 C 端（消费者）到 B 端（产业链）的转变。传统景区带动的是消费者，靠门票收入和二次消费，而梦想公园带动的是 B 端。大型赛事活动吸引了各种品牌车企来园区做车友会、新车测试、培训会、汽车改装，甚至延伸到户外。英雄会期间，单是车企广告收入就占了很大比重。在跨界的道路上，借助“越野 e 族阿拉善英雄会”赛事 IP 实现“旅游 + 体育”产业模式转变。

2. 跨越致命的网洞

人类总是对高空充满了恐惧与向往，于是在极限挑战中，围绕高空的极限运动就成为爱好者的最爱之一！

（1）主题创意。在美国犹他州摩押山的峡谷，一群极限运动爱好者利用几根超级纤维软索，在峡谷的中央架起了一张五角星形状的彩色织网，这张约 20 平方米的网距离地面足有 122 米高，而从悬崖处走向织网中间也需要走约 100 米（见图 5–59）。这些血气方刚、视死如归的青年挑战者们个个身怀绝技，只身走上绳索，然后玩起了低空跳伞，从他们那玩世不恭的笑脸上完全看不出一丝的恐惧。

图 5–59　跨越致命的网洞

（2）感知诱导。挑战生命的黑洞，在大峡谷来一次真正上网！英雄就在网中央。

（3）流程设计。直播编织网的细节过程，以及挑战者战战兢兢走向网络中心的过程，让观众胆战心惊。白天场的直播与夜场直播轮动，夜场直播更酷，在网上连上能够发光的光带，形成真正的现实中的网络。在网上体验娱乐项目，如饮酒、弹吉他、唱歌、瑜伽、搭帐篷，挑战在网上睡眠。

（4）价值植入。如何进行商业化运营，实现价值植入和流量变现是此项极限体验的关键。在线发售“网络位”，引发预订争抢，以此拍卖“网络位”，植入冠名广告。通过直播引爆围观流量，创造“今夜无人入眠”的直播围观盛况。在线销售与挑战赛同款的这种特制网（取一个特别酷的名字——太空网或黑洞网）。

3. 大瀑布上的泳池

维多利亚瀑布位于非洲赞比西河中游、赞比亚与津巴布韦接壤处。宽1700多米，最高处108米，为世界著名瀑布奇观之一。11月雨季初临，赞比西河静静流淌，维多利亚大瀑布的雾气升腾出冲天的蘑菇云。在这个相对少水的季节正是挑战维多利亚大瀑布顶端“魔鬼泳池”的最佳时机。

出发前往天下闻名的“魔鬼泳池”，需要在酒店私家码头乘坐快艇，抵达河心小岛，从那里走到魔鬼泳池中间。即使在这个少水的季节，赞比西河水看上去仍然如此波涛汹涌。幸亏景区考虑周到，在魔鬼泳池下游有防护绳拦住，以确保游客一旦被冲过去就可以用手抓住。但即便如此，一想到泳池下方瀑布就是 110 米深的悬崖，也会让人头皮阵阵发麻，加之向导一再提醒小心潜流中的礁石，即便会游泳的人也不敢在水中乱动。

最恐怖的是爬过河岸的礁石，因为礁石上长满了滑溜的青苔，很容易让人摔倒。抵达礁石岸的尽头，耳边轰隆隆作响，飞溅的水花扑面而来！向导指向眼前：一个圆圆的水池，像一个可爱的超大款意大利按摩浴缸式。池中水流翻滚涌动，像开足马力的搅拌机。可以分别选择直接跳入魔鬼泳池或者选择抓住礁石慢慢下到水中游到泳池。

“魔鬼泳池”容量不大，一次只能进入 2~3 位游客，游客们都抑制不住激动的心情挤在池边，排队依次鱼贯而入。泡在波涛翻滚的魔鬼泳池中，享受着水流的冲击，有人忍不住紧张地扒着悬崖边的礁石往瀑布下看去，飞流直下 110 米的巨大落差让人全身一阵阵发麻。每个人都激动地招呼着向导快抢抓拍照，为自己留下这冒着生命危险换来的惊险一瞬。“咔嚓”一声，生命最惊险刺激的一刻被定格在了相框中，但命悬一线的体验比图片中还要刺激精彩百倍（见图 5–60）。此生一次的瞬间令人久久回味……[①]

图 5–60　体验“魔鬼泳池”

① 改编自尤妮斯的微博。

（六）主题餐饮体验

近几年，随着新型消费群体的崛起，单靠产品已经无法满足消费者多样化的需求。除了产品功能性卖点之外，消费者还追求场景、情感、社交、价值认同等方面的满足，于是在品牌占据消费者认知的争夺战中，IP 变得越来越重要。主题餐厅说到底就是 IP 经济和体验经济。以文化创意 IP 为主题做餐饮，容易形成餐饮的社群化，将粉丝引流到餐饮店面。

主题餐厅是赋予一个餐厅某种主题，以这种主题特色作为餐厅的吸引力，深度开发主题文化，围绕既定主题来全方位营造餐厅的体验气氛。

当吃的不仅仅是美食时，餐厅的主题体验就彰显出其重要性，当我们置身于一个特殊的场景中品尝美食时，吃的就是一个个故事。因此，主题餐饮体验设计中核心就是突出主题体验，将主题贯穿到场景、菜品及服务流程等，要让体验者满足口腹欲的同时，还要品味出不同的味道与难忘的经历。

1. 餐饮港湾的游戏

烂人最后的港湾餐厅（Dick’s Last Resort Restaurants）的总部位于纳什维尔，该州拥有运营和许可 Dick’s Last Resort 的全部 14 家餐厅。主题创意始于 1985 年的达拉斯，其宗旨是为宾客带来离谱、粗鲁而又幽默的体验。这里的员工取笑客人，给他们起名字，在他们身上扔餐巾，表现出草率的态度。每个员工既是演艺人员又是服务员，装饰被描述为“古怪”。在这家餐厅连锁店中，娱乐体验涉及打破规则和无礼，提供一种让人惊叹的游戏化就餐体验。

（1）主题创意。位于美国波士顿的烂人最后的港湾餐厅作为一家餐饮连锁企业，其独特的吸引力却来自服务的粗鲁性特征。顾客因寻求“受虐”而前往就餐，并在被羞辱和被戏谑的过程中获得独特的愉悦体验。在该餐厅的游戏场氛围中，顾客不是被尊重的对象，而是被戏谑的对象；服务人员的态度不是热情和尊重，而是冷漠、怪诞和戏谑；主客之间的交往不是礼貌、内敛和可预期的，反而是粗鲁和攻击性的；一般餐厅中的得体行为和交往规范不复存在，取而代之的是反常的态度与越轨的行为。究其受欢迎的深层次原因：以粗鲁型服务为特征的餐厅通过互动性的喜剧表演，与顾客共同实现了一个反结构的游戏过程。

（2）感知诱导。餐厅标识是一个满脸胡茬、光头、体毛重、龇牙咧嘴、衣衫褴褛、手拿啤酒的中年男人的卡通形象；餐厅口号是“用讽刺来服务”（见图 5–61）。

图 5-61　餐厅标识

位于马萨诸塞州波士顿市中心的昆西市场的这家 Dick's Last Resort，地处波士顿最为核心的旅游景点聚集区，即旧市场大楼和聚会中心以及港湾所处区域。餐厅位于闹市之中，在入口设立了本店的卡通形象，招牌上写着戏谑话语。餐厅除提供餐饮服务之外，还销售周边产品，包括印有各种玩笑的 T 恤、帽子、马克杯、啤酒杯、贴纸、冰箱磁铁等。

（3）流程设计。在就餐过程中，喜剧的互动表演过程包括“引入—就座—点餐—上餐—戴帽子—送客”与“随机互动”这一系列的戏剧环节。

如在“点餐”这个典型的格式化喜剧表演环节中，服务员会粗鲁地把餐巾包裹着的刀子和叉子扔在桌子上；会进行催促：你们怎么还没选好？会故意将菜单甩在桌面上，继而用手来回拨弄；会用食指指向顾客。

在“戴帽子”环节，喜剧效果主要依靠帽子上针对顾客所写的戏谑话语和服务人员戴帽子的行为来实现。例如，在戴帽子行为上，服务人员会“砰”地将帽子扣在顾客头上（见图 5-62）。在就餐结束环节，服务人员会完成喜剧表演格式化环节的最后一步，即朝着顾客挥别：再见，失败者们!

（4）价值植入。

游戏结果：反结构喜剧的实现。在烂人最后的港湾餐厅中，一般餐厅中的行为规范被推翻，服务者与顾客之间的交往方式被颠覆，通常被禁止的态度与行为成为该餐厅的行为指南。通过这些反转，该餐厅实现了一个反结构的游戏场，该场不仅颠覆了人们日常生活的规则，也颠覆了一般餐厅的氛围与行为规范，而其反结构的实现正是喜剧表演得以进行的依托，反结构的实现过程本身，也构成了喜剧的要素组成。服务人员的反结构行为使自己获得了新的角色身份，即一般服务人员之外的喜剧表演者，如同餐厅的管理者所说："我们的服务员就像一个刻薄版的卡丽·赫弗南，特别搞笑，顾客不期望被礼貌服务，而是期望得到喜剧表演式的粗暴服务"；一些顾客表示："我来了很多次，每次都希望服务员能写点特别糟糕的话在我的帽子上"。

图 5-62　客人在烂人最后的港湾餐厅体验"戴帽子"

宏观的文化背景影响。宏观文化背景对个人的体验有着基础性的影响。例如在美式幽默中大量使用的与性相关的笑话与亚洲文化的内敛风格有所不同，然而对于在美国文化背景中成长的当地人来说，对性相关词语相对不避讳，因此将写有该类玩笑的帽子戴在头上是一种可以接受的幽默形式。

蕴含智慧的幽默——粗俗但不令人反感。对于幽默来说，在低俗与有趣之间一个重要的界限即其中所蕴含的智慧，这一点从烂人最后的港湾餐厅对幽默的使用中得到了明显的体现。正如前文所述，美式幽默中常常使用与性相关的主题，当这种幽默只是简单的羞辱时，它是低俗的，可能招致顾客的不适。相反，那些隐喻的、量身定做的、带有双关语特征的幽默则取得了有趣的效果。例如，写在一对情侣中的男士帽子上的："我在旧货网站上认识她的"；或者是写在一位戴眼镜的男士帽子上的："四只眼睛零个胆"等。针对顾客个性化的笑话也是带来积极体验的重要因素，例如，服务人员根据亚洲顾客在现场用计算器计算消费金额这一行为而写的"实际上我数学超烂"这一笑话就取得了积极的幽默效果。正如一位顾客评论的："我从来没有被如此彻底地冒犯过，感觉他们的笑话随机应变，变化多彩。”

通过以上分析可以发现，烂人最后的港湾餐厅以粗鲁式服务为特色之所以具有吸引力，其根本原因是顾客通过特定的受虐过程而能够从中获得愉悦，而这一过程又包括“游戏场”的氛围创造、粗鲁行为中蕴含的本真性以及幽默中的智慧等方式实现[①]。

2. 超人咖啡初长成

Café Clark 是一家坐落于北京东四、东五环之间的日式复古咖啡店，装修干净清新，风格鲜明，每一个小细节都经过精心设计，但这可不是一家简单以“颜值”来博取眼球的咖啡馆。位置偏远，不易寻找，但却常常客满，现代生活越发便利，人们究竟是为什么来到这个下了地铁还要走半个小时的地方喝一杯咖啡呢？当然不只是为了喝一杯好喝的咖啡，而是想去喝一杯专属于我的咖啡，去“我的”客厅和书房会客、静心。Café Clark 是一种现象级的咖啡店，他们用咖啡表达着对工匠精神、对艺术审美、对生活品质的追求。

（1）主题创意——精工匠制、贩卖美好。一些食评推荐会介绍 Cafe Clark 为“日式复古咖啡馆”，日式咖啡源于深入日本的喫茶店文化，是一种品苦的文化，重视咖啡本身的香味与品质，咖啡浓缩了怀旧的安全感与生活的温暖宁静。对于烘豆品质、冲泡方式和工具运用的极致追求也是日本咖啡馆独有的文化气质，把看似简单的手冲咖啡赋予仪式感和精美性，发挥其浓厚的匠人精神，这是一种出于对食材和自然的尊敬。

日式显然是这家店占比最重要的部分，但绝非全部。20 世纪“黄金年代”巴黎那种文化沙龙——柔和的氛围，对味的音乐和优秀的咖啡，吸引来各界精英在此交流、攀谈，互相激发灵感。拥有气场相投的客人才是这家店的根本。绝非单纯的咖啡买卖，而是一次次的互相给予与心灵抚慰，所谓的生活宁静感，是自踏入这家店起就不自觉而被感染到的。

店主曾从事视觉动画相关工作，29 岁辞去工作，开始接触咖啡，之前常去日本游历，个人本身带有浓厚的日式风格，不管是在咖啡制作还是在经营咖啡馆方面都显得严谨而又不失情怀。店里日式风格的装修、从世界各地搜集来的老物件、匠心制作的手冲咖啡，让每一位客人都能感受到浓浓的日式风味。

① 改编自谢彦君的相关案例。

带着怀旧或好奇进店，喝过量身定制的口味，邂逅几位气场相投的朋友，感慨一通“简直偷来的美妙时光”，然后意犹未尽地离去。

（2）感知诱导——构造场景，精心设计。

①日式风格，俘获味蕾。Café Clark 的整体风格是东京新式咖啡馆风，以浅白色为主调（见图 5–63）。空间布局借鉴了苏州园林的设计理念，采用放一收一放的空间布局，外部空间有开放吧台与两张座椅，穿过布满各种小装饰的走廊，眼前又是一间宽敞明亮的室，给人新颖舒服的感觉。上了几级乳白色木台阶，推开门，吧台内戴着鸭舌帽的男子闻声抬头：“您好。”低沉的嗓音，复古的着装，白皙的脸上留着稀疏的胡子，招牌日式咖啡师模样，打过招呼后继续专注于他的吧台。店主本人每隔一段时间就会走访各国，游历进修，扮演着咖啡豆买手的角色，各处淘好豆子，放到店里“养”，养到咖啡豆最适合风味时，再拿出来为顾客冲上一杯好喝的咖啡，来过店里的人，都对拿铁和美式咖啡赞不绝口，手冲和虹吸更是资深爱好者们必喝的款式。与一般咖啡讲究“去苦提甘”的风味不同，日式咖啡所用的深烘焙豆子以苦味为主，深沉的苦味将酸和甜等其他味道内敛地隐藏起来，品尝起来醇厚而富有层次感。

图 5–63　Café Clark

②回到 18 世纪喝咖啡。从欧洲西洋古董市场淘回来的桌子、椅子甚至门把手，以日式和风洋物式的方式装点了整个小店，后面的回廊中还挂着马上就要满一百岁的报纸。似乎这家小馆的每个角落都充满了故事，设计不是一蹴而就的，而是根据时间蔓延，根据咖啡馆与馆主不断丰富起来的。“旧而不破”可以很好地用来形容 Café Clark，每一个物件上留有原来主人使用的痕迹，这是时光

雕刻出的回忆，除了岁月的沉淀，还有真切的情感 。置身于 Café Clark，仿佛回到了 18 世纪的欧洲，一不小心流光就带着自己倒流了岁月，颠倒了梦境。

咖啡馆文化是西方的人文传统之一，咖啡馆是一个国家或一座城市的一个文化传承载体，一个不可或缺的细胞。正如《午夜巴黎》中那样欧洲古典时期的咖啡店，不是单纯喝咖啡的地方，而是文学家们聚在一起说文解字，哲学家们守着一桌咖啡互相辩论，画家们聚首一起买醉的社交场合。Café Clark 不只是店主自己的，而是所有客人的客厅和书房的延伸。在这里，不可以抽烟、打牌以及喧哗，可以坐在自己的座位上拿手机拍照，但是相机是不被提倡的，因为“咔咔”的快门声会干扰到正在“书房”学习的他人。20 个座位错落有致的安排，灯光明亮柔和，人们可以在这里讨论、阅读，店员不会随意打扰顾客，或三五成行，或独自一人，在 Café Clark 度过一个平静而美好的下午。

（3）流程设计——美与仪式，安放情怀。

①东方美学。店内的陈列和设计思路来源于“和风洋物”，不同于“工业复古”，它背后的思路都是从东方人的哲学和美学角度出发的。Café Clark 的设计显得很家常，白色系搭配浅木色调，简单而不失精致感的细节雕琢，推门而入，一股浓浓的日式文艺风扑面而来。此外，店内每一处细节都是整体统一的，给人温馨之感，从装饰到灯饰，再到咖啡器具，甚至到老板的着装打扮，到处都是 Clark 的风格印记（见图 5-64）。

图 5-64 充满 Clark 风格印记的 Café Clark

②虔诚的仪式。手冲咖啡的过程，更是像在进行一项虔诚的仪式，称豆、磨粉、烧水、放滤纸、浸润滤纸、温杯、用手冲壶稳稳地且缓慢地一遍遍地在

咖啡粉上倒下热水，抑扬顿挫的动作像极了钢琴家演奏时的举止，闻香，品尝，整个过程看下来，不由得肃然起敬，能找到这样一间对咖啡充满虔诚心，以修道之心制作每杯咖啡的咖啡馆，真是件幸福的事。

③只为这一杯。咖啡厅的选址偏离人流密集区，作为筛选顾客的途径。地理位置不太好来，冲着名气和环境的客人，顶多来打卡一遍。只有真正为了“这一杯”的知音，才肯持续地花费这路程、时间和价钱。Café Clark 主张咖啡馆是志趣相投、气场相似的人相聚的空间，能够为一杯精品咖啡而寻找几个街区的人，才是 Café Clark 期待的顾客。

④你的专属咖啡。Café Clark 的核心理念是“量身定做”，咖啡师聆听顾客的需求，通过专业的知识和冲泡技法，精确调配出一杯专属咖啡。如果没有特别要求，咖啡师会根据顾客的状态、衣着、言谈等判断他（她）需要一杯什么样的咖啡。即便是同一款豆子，通过对研磨度、水温和注水手法的调整变化，最终可以产生味觉口感上的变化，从而实现针对面前客人细微口感倾向差别的专属一杯，这便是 Café Clark 团队的制作思路。一杯定制咖啡，不是冲泡动作的复制过程，而是咖啡师的表达，他们将自己的思想和顾客的需求都妥帖安放在咖啡里。

（4）价值植入——致力打造百年老店。Café Clark 的营业时间是早 11：00 到晚 11：00，算上开店和打烊工作，每天店内运营约 14 小时，店内产品包括多种咖啡、甜品以及简餐，店内的部分咖啡产品，如咖啡粉、咖啡豆，如果顾客有需要，也是可以直接售卖给顾客，让顾客回到家中依然可以品尝到美味的咖啡，同时也可以增加收入。在夜间，也会以 Bar 的形式售卖部分酒类饮料，顾客来到这里，可以度过一个悠闲的下午和美妙的夜晚。不同于星巴克、瑞幸等连锁咖啡，坐落于商业中心，面向上班族，Café Clark 通过较为偏远的选址，筛除了一部分客源，那些乘坐地铁再加步行，不辞辛苦找到这里的人，来了一次基本上就会成为回头客，并且下次来时再带上自己的朋友，这样就为 Café Clark 带来了稳定的客源。Café Clark 由于选址远离了繁华的市区，而且没有广告支出，这就为其省下了一大笔开支，这样便可以购买更加优质的咖啡豆，不断提升咖啡品质。Café Clark 的微博也为其带来了不少的关注，其新浪微博账号“Café Clark”有 5 万余名粉丝，且与粉丝的互动性较强，顾客黏性增强。Café Clark 以其匠心的工艺和手法，对艺术和生活品质的追求，成为现象级咖啡馆，相较于网红店，店主说，自己更希望将它打造成一家百年老店。

（七）休闲娱乐体验

休闲娱乐体验的核心要点是要善于换位思考，从参与者视角去设计一种特定的娱乐场景，让参与者在其中暂时忘掉自我，让其从身体的感官刺激出发，全面释放自我、挑战自我极限，嗨到极点。从而发现另一个卸下面具的真实自我，发现生活中未曾触及的快乐，最后触及心灵深处，实现一次人生的短暂切换和升华。

1. 海岛玩家蜈支洲

蜈支洲岛位于海南三亚市海棠湾，面积 1.48 平方公里，是亚龙湾美景环抱中静静绽放光彩的度假天堂，被称作“中国的马尔代夫”。“蜈支洲岛”的名字源于当地一种叫“蜈支”的海洋生物，岛屿外形像一个心形，因此蜈支洲岛便有了一个更浪漫和朗朗上口的名字——“情人岛”，越来越多的人把这里当作和情人远离尘世的天堂。这里每一个角落都散发着旖旎的热带海岛风情。举办一场浪漫的海岛婚礼，绝对是大多数新娘从儿时就对婚礼的渴望，蔚蓝的天空、湛蓝的海水、漂浮的白云与洁白的沙滩，不用任何装饰，已经将浪漫、永恒的美淋漓挥洒，更何况海边背景为多种创意非凡的婚礼主题提供了发挥平台，“海洋主题”婚礼盛久不衰。

蜈支洲岛先后斩获 2016 年度最佳休闲旅游目的地、2016 年度国内最佳旅游景点、2017 中国体育旅游十佳精品景区、2017 年度最佳运动休闲小镇等殊荣，以及“海上旅游客运企业服务质量 4A 级单位”“中国旅游行业十大影响力品牌”“中国最美休闲度假旅游胜地”“国家 5A 级旅游景区”“华南最具人气自然景区”等重量级荣誉，赢得了国内外游客和旅游从业者的青睐与赞誉，成为中国海岛旅游标杆。

（1）主题创意。

主题线索：蜈支洲岛自始至终都坚持了以海岛游玩、爱情之旅为特色的体验主题，其广告定位语直接点题：爱的天堂，海岛玩家；身在海岛，心在天堂。

符号体系：在景点的命名上，煞费苦心地涉及了多处有着强烈“爱”之标记的地标物，如情人谷、情人岛、爱情隧道，还有一系列与爱情相关的环境艺术装置与景观（见图 5–65）。卡通形象有德普、珊瑚宝宝、织妹、蜈哥。

图 5-65　蜈支洲符号体系

蜈支洲岛的迷人风光与心形岛屿的天赋浪漫基底，爱情电影《私人订制》在此实景拍摄的机缘，以及后期建设中的精心规划设计，都为海岛营造出一种浓郁的浪漫氛围，由此吸引了海内外无数的情侣向往。在三亚蜈支洲岛，在一望无际的洁白沙滩上，身着各式婚纱礼服的情侣面对镜头尽情地展示着幸福与甜蜜，蜈支洲成为海南岛备受新人关注的高端婚纱摄影取景首选之地。这里每天都在上演情爱故事，大海、蓝天、岛屿共同见证了美丽的爱情，正如海岛登岛入口处的那句让人心灵震撼的话：给你一座海岛，许你天荒地老！

（2）感知诱导。

①视觉的画面感。大海、蓝天的辽阔静美，海岛自然生态的优美，人造景观独具匠心的奇妙，海底世界的绚丽，以及喧闹海上游艇、滑翔伞的运动之美，无处不引发游客们拍摄的冲动。

②海的天籁之音。海岛的最动听之处在海滩，礁石外的无人秘境，只有海浪拍打礁石的声音，静心聆听这自然赐予的大海呼吸，会让人沉醉。

③热带的气息。海水、绿草与花香混合的热带气息扑面而来，从椰林长廊拂过的暖暖海风，一下子唤起了人们心底对热带海岛的真实记忆。

④舌尖上的海岛。到海岛自然不容错过香酥鲜椰片、灵芝蟹、东山羊及各式海鲜。蜈支洲特有的长在石缝、喜食灵芝草的灵芝蟹口感非常甘甜爽美。吃海鲜当然要采用取当地的“清水吃法”，外加一碟沙姜酱油，最后喝下原汁原味的海鲜汤，别提有多爽。

⑤入梦珊瑚酒店。游客乘游艇还未登岛时，跃入眼帘的就是那被绿荫环抱的一抹珊瑚色的建筑。珊瑚酒店以海洋为主题，整个酒店像一支巨大珊瑚镶嵌在海岛上，前有绿岛白沙，背靠椰林蓝天，上下天光，蓝、绿、红、白描绘出

一幅天然绝美的图画。孔雀、鸵鸟、鹦鹉、鸽子等自由自在地行走在花繁叶茂的酒店庭院。为确保入住客人享受免打扰的静谧，只有持客房门卡才被允许进入酒店主体建筑及外围庭院。每一间客房都被精心设计成海洋格调，随处摆放的海螺、贝壳、海星等海洋生物标本，无时无刻都在印证着大海对你的召唤（见图 5–66）。到了午餐时间，游客拿着“海岛玩家”卡可到珊瑚酒店吃龙虾套餐。当季、本色本味的冰激凌、果蔬、饮品、西点、中餐、甜品等琳琅满目（见图 5–67），让食客只恨自己眼大肚小。

图 5–66　珊瑚酒店

图 5–67　酒店提供的各色美食

⑥游戏化场景。岛上的情人桥，原是座铁索桥，是当年守岛部队的海上瞭望点。游人走在摇摇晃晃的铁索桥上，还是需要几分胆量和机灵的。有些小女生既想过桥，又怕跌进海水里，过桥时都会不由自主地紧紧抓住朋友的手不放，因此这桥又被戏称为“情人桥”。最有趣的游戏当属“虎爸（妈）”体验

项目，在一处设计成童趣的小动物园里，有两只人工饲养的刚满月的嗷嗷待哺的小老（奶）虎，参与体验的客人可以扮演“虎爸（妈）”，穿上特制的防护服，手持奶瓶给小虎喂奶，小虎蠢蠢欲动的萌态，让人又惊又喜。景区在为海滩边嬉戏的游客准备的一处冲刷海水、沙粒的淡水冲洗区，除了淋浴头之外，为了增加身体的适度体验感，还专门设计了用木勺从礁石雕琢的大水缸舀水冲洗的环节，而且为了提醒游客节约用淡水，还专门在水缸的外壁上刻上了一行提示语：淡水三千，我只取一瓢！景区服务的这种细心和有趣不禁让每一个游客会心地莞尔一笑。

（3）流程设计。

①充满爱意的欢迎仪式：大家或许知道夏威夷岛特有的招呼方式“Aloha”，但一定不能错过蜈支洲岛所特有的充满爱意的欢迎语“哇哎噜”！这是海南当地土语，有“我爱你”和“你好”等多重含义，常用来迎接和告别。蜈支洲岛上的工作人员与游客见面时，通常都会问候一句“哇哎噜”，并配合“我爱你”的手势（俗称“非常 6+1”），这个画面已经深深烙印在每一个游客的脑海里。久而久之，上岛的游客们也会受其感染，对微笑相迎的工作人员们打手势，问候“哇哎噜”。一句充满仪式感的“哇哎噜”问候，为这座海岛增添了独特的人文情怀，善意而温暖，它才是蜈支洲岛最有爱的迎接方式，没有什么比这更棒的度假体验了。从人们走下游艇，踏上这座被无限绿荫环抱的海岛，尤其当人们第一次听到工作人员微笑着说出“哇哎噜”时，一种暖心感瞬间升起，有什么能比初遇时的善意更醉人心的呢？这种愉快的心情，会让人发现更多美好。在这里你会体验到南海般博大的包容，柔沙般细腻的海岛服务：快捷通道、套餐内项目优先体验、贴心礼品留作回忆、视天气情况延长营业时间、免费定点班车接送服务等。

②浪漫七夕在海岛：每年农历的七月初七，蜈支洲岛都精心布置，为来自全国各地的恋人们举行隆重的结婚典礼。在蓝天大海下、户外绿茵草地上，或是在星空下、篝火边，见证真正的山盟海誓，此情此景令每一位新人和嘉宾终生难忘。

③上天、下海的体验：每一位游客都迫不及待地渴望在“上天、下海、巡岛”的项目中放纵体验一把。在办卡处拍照办理了“海岛玩家”的胸卡，上有二维码，玩水上项目时只需在卡口接触一刷就行，超级方便。即使游客是不会

游泳的“旱鸭子”，也完全不用担心，因为有贴身教练一对一辅导和陪护。在金牌教练的训练下，客人可以轻松地克服不识水性的短板，直接操纵摩托艇潇洒地返回到码头，能够生平第一次在浩瀚大海上自由驰骋，体会前所未有的速度与激情。尤其是在海上急转弯的那一刻，海面激起白色浪花飞溅，在阳光下好像无数颗晶莹剔透的钻石抛洒，这个画面已永远定格在记忆中。

动感飞艇项目最令人激动的环节就在飞艇驾驶员一个神奇手势里！当大家坐着飞艇开到一望无际的大海中央，驾驶员会毫无征兆地向空中伸出右臂，食指指向天空，做出了一个潇洒的旋转手势。此刻，众人开始内心既紧张又期待，突然艇身一抖，开始急剧倾斜，紧接着一个 360° 大旋转。所有人都迸发出高声尖叫，海风把头发吹乱，激起的浪花把散乱的头发打湿，似乎海洋都在旋转和颠倒，所有人的灵魂在这一瞬间得到了彻底释放（见图 5–68）。而接下来的“大飞鱼”和“香蕉船”项目，则相对温和而悠闲，这恰到好处地安抚了大家刚才紧绷的神经。

图 5–68　“动感飞艇”

令人期待的还有“拖伞”项目。快艇将拖曳伞缓缓托起，伞渐渐腾空而起，让人置身于 50 米的空中，俯视山海天，一瞬忘却尘世之扰，尽情享受蜻蜓点水的美妙时刻（见图 5–69）。每个人轮到“起飞”时，内心都会充满紧张的期待。当双脚离开甲板，身体背离地球引力而越升越高时，感觉灵魂在俯瞰逐渐变小的船，环视着周围一望无际的海，你会惊喜地看到远方弯曲成弧形的海平面，海风在耳畔呼啸，此时此刻，你会感觉到自己真的已经“白日飞仙”了！

图 5-69　拖伞

④五彩海底世界：中国最好的潜水胜地在三亚，三亚最好的潜水胜地在蜈支洲岛。乘坐快艇到珊瑚保护区，换好潜水衣，认真听教练讲解潜水注意事项，学习潜水的“潜规则”，这其中包括潜水镜、咬嘴、呼吸器、氧气瓶、脚蹼的使用方法，关键还要牢记水下交流的手势语，以备紧急时之需。值得一提的细节是基地还专门为近视患者配备了有近视度数的潜水镜。在教练的陪护下，游客像鱼儿一样欢游，下潜到 3~8 米不等的海水中，超近距离欣赏大量的软体珊瑚、海星、海胆、海葵及丰富的热带鱼等海洋生物，五彩斑斓的热带鱼在身边游来游去，不时带给人惊喜（见图 5-70）。伴随着一系列“海底闯关”，还将获得“狮子鱼”证书！

图 5-70　探寻海底世界

回到岸上，稍事休息后又坐上电瓶车环游海岛，近距离和这座岛全方位亲密接触。沿途看去，蜈支洲岛最美的风景竟然在背后，也就是岛后面的礁石和森林。工作人员开着电瓶车，载着游客开进了奇石繁花、绿荫成廊的“石里画廊”。海浪拍打着巨大礁石，溅起惊人的浪花，海鸟停靠在岩石上，静默看着海。海蟹整片趴在被海浪拍打浸润的岩石群上，懒洋洋地进行日光浴。岩石缝隙中，随着海浪时时涌入一群群银白色亮闪闪的条状鱼儿。

（4）价值植入。“海岛玩家”套票 1399 元 / 人，包含 20 项娱乐体验，并配有金牌教练和海岛管家，24 小时内有效，并且享受珊瑚酒店自助午餐。在体验规则设计上，所有项目只限本人使用，本套票尊享一人一卡制。原则上产品售出概不退换，如因不可抗力或其他特殊原因导致退票，根据特殊情况酌情办理（所有体验项目拆除按单项产品门市价计费）。套票有效期 24 小时制的计算是从客人拍照制卡时间作为起点时间，且在景区经营时间内的 24 小时（8：00—18：00）。

因为引进了人脸识别系统，蜈支洲岛还成为一个“最讲脸面”的人性化海岛，传统的 App 正在淘汰，被微信小程序取代，简单地扫二维码后就可用使用了，同时还在引进一卡通，打造无纸票景区、无现金景区，所谓真正的“无纸洲（蜈支洲）”，在卡中有自助充值提现功能，进一步激发了游客的现场消费。

如今，蜈支洲岛旅游区借力资源优势，已推出 30 余种游乐项目，水上运动项目便有 20 余种，其中极限运动达 12 项。2017 年，蜈支洲岛年接待游客规模近 300 万人次，仅水上运动项目收入便超过 2 亿元，实现总收入突破 10 亿元。

2. 皇家驿栈胜闲庭

皇家驿栈，一个带着些许奢华味道的名字，意为皇宫旁边的小酒店，作为中国本土的一个精品酒店品牌，皇家驿栈以文化理念引领空间创意，并将具有显著地域文化特色的元素融入设计空间，打造以皇家驿栈为品牌的精品文化创意酒店，同时以浓郁的中国传统文化元素和简洁时尚的设计构造，讲述古老的东方故事。坐落于拥有逾百年历史的老北京前门大街的兴华园旧址上的“北京皇家驿栈”自营业始，营业期间内客房销售火热。到如今皇家驿栈新增两处，一是以“北斗七星”为创意的“上海悠庭皇家驿栈”，二是联手设计大师梁建国先生共建的“苏州青普皇家驿栈”。皇家驿栈将皇家的贵气、苏州的秀气、现代的洋气、创新的灵气汇集并融会贯通，将东方精致生活方式进行了一场回归！

（1）主题创意——新中式生活方式。

主题线索：客房设计中融入中国传统文化元素营造高级、精致的文化场景，通过住宿活动体验皇家生活的文化细节，让入住顾客深入了解东方文化。在住宿主题上突出皇家特色和驿站文化：皇家驿栈讲述古老东方故事。假如乾隆皇帝活到今天，他期望今天的行宫打造成什么样子？

符号体系：在菜品的命名上，贵妃醉悦荔枝灯笼虾、野生贡眉、百鸟朝凤、鱼跃龙门、紫气东来……以“琴、棋、书、画、曲、酒、花、香、茶”等文化符号作为皇家驿栈的客房名，无论是在酒店的构景、布局、摆件、菜肴和客房陈设上，皇家驿栈在顾客能感受到的每一处都浸润着东方文化的理念。

感人故事：据创始人刘少军为苏州青普皇家驿栈所作《苏州复建记》所述，因“昔乾隆帝六次南巡，必至此地，小桥流水，黛瓦粉墙，苏州园林，巧夺天工，刺绣传奇，美妙绝伦，更添一段沈寿故居的风流佳话”，而皇家驿栈特选址建于此地。且有感于“西风东渐”的中华文化势衰，他以“重树民族自信，再现民族繁荣”为目标，建立起东方文化为核心的精品客栈。

《论语·卫灵公》：“子曰，当仁不让于师。”以仁为任，无所谦让。皇家驿栈品牌不仅致力于依靠酒店传播中国传统文化，也专注于以身践行中国传统文化的社会担当，皇家驿栈酒店品牌针对贫困地区中小学发起的“当仁不让”公益捐书活动，旨在以身践行儒家文化中的“仁爱”思想，乐于分享，勇于担当。

（2）感知诱导——处处精心，时时动心。

①视觉设计引人注目。每一处皇家驿栈的装修都独具特色，每一个细节之处无不彰显着设计师对东方文化脉络的探寻与把握。例如，苏州青普皇家驿栈外观独特，江南风格的青砖黛瓦配以飞檐翘角的亭台楼阁，彰显出了清新淡雅的水乡特有的细腻、古朴与灵动（见图 5–71）。皇家驿栈阁楼上精巧的重檐四角攒尖顶与北京故宫的中和殿、交泰殿及北京国子监的辟雍同出一脉，客房廊道上的梅花状木质推窗仿佛让时间重回深宫大院，院落中的荷塘流水与玻璃上的复古雕花展现出贵族般的精致生活。苏州青普皇家驿栈的八间房以抚琴、博弈、挥毫、泼墨、煮茶、听曲、焚香、花道展现出皇家的生活情趣与艺术追求。

顾客入住在此可以深刻地体会到皇室出行的奢华场景，酒店的视觉设计还原了开窗寻美、文人雅集、饮酒赋诗、曲水流觞、纵情山水的古典雅致生活画卷。其内部设计同样别具一格，书房的长桌边放置的是一把端正的明清太师椅，墙角落地灯的灯罩采用的是水墨江山图。皇家驿栈在视觉上浓墨重彩地营造了新中式生活氛围，让住客彻底体验了一把中国文人士大夫阶层精神世界里的探寻，在“风雅”和“平凡”之物中徘徊，追求着“道”与“禅”的身影，让住客在这一整套精致的雅趣中放松身心（见图 5–72）。

图 5–71　苏州青普皇家驿栈外观

图 5–72　书房摆件

②触觉设计独出心裁。坐落于上海的上海悠庭皇家驿栈在触觉设计上独具一格，它以传承精致、舒适、修心、养身、个性化服务的理念，缔造出美感度和舒适度的结合。“悠庭 · 观天”基于民国建筑的老房子进行改建，由临河的 2 层木结构楼体和独栋 4 层楼巧夺工艺的莲花步廊相连而成。精致的意大利彩色镶嵌玻璃的民国小电梯，让你宛若时光穿越回到了“老上海”梦境。7 间以北斗七星的星象和风水设计的大床客房独具匠心，每一间房都有一段不一样的故事……

酒店物品的触感对于顾客的第一体验十分重要，皇家驿栈在酒店物件的选用上体现出了皇家般的高端享受。中式意韵的挂画为客房增强了协调感。简洁的装饰结构硬朗有序，舒适的圈椅沙发、柔软的床垫配饰，软与硬有着巧妙的平衡。气派、超大的窗户和柔软洁白的窗帘，素雅舒适的壁纸，纯手工复古地毯显露着温馨大气。德国品牌卫浴 Villeroy Boch、90% 含绒量的鹅绒被、全部智能化灯光控制、法国 JOJO 床头阅读灯、亲肤床品 80×80 支埃及棉、洗手间全部地暖铺设、丹麦 Velux 自动老虎天窗、顶极全天然沐浴用品……处处彰显着皇室般的奢华与挑剔，体验着贵族般的舒适享受，感受着房内不同方位光线明暗交错，让人微妙感受流逝的时光与恒久的温情……让消费者逃离城市喧嚣，住进梦想的闲适空间。

（3）流程设计——仪式氛围，皇家气场。有人说看一个国家就看他们的建筑，同时了解这个国家的魅力，了解一个城市的建筑就是了解这个城市灵魂的所在。

①皇家氛围营造。北京皇家驿栈酒店在皇宫一墙之隔，每个房间都是用不同朝代的皇帝名字命名的，记录着一个朝代向另一个朝代的更替，不同的客房以不同的皇帝命名，每位入住客人均有 24 小时贴身管家服务，价格最低是溥仪间，最高是秦始皇间。来自世界各国的宾客到皇家驿栈入住，很多外宾非常喜欢这个“皇家”酒店，并以入住这个酒店为豪。对于顾客来说，可以通过入住“皇家驿栈”，让他们对中国有一个更好的了解，对于外宾有助于他们了解中国。皇家驿栈还制作了一些皇帝的肖像，并且通过现代的技术，把这些肖像印在名片上，挂在每一个房间，让每个人都知道房间叫什么名字，同时也加深了对帝王文化的了解和关注。

②颜色审美感。北京皇家驿栈正对皇帝的寝宫——乾清宫，其设计灵感与紫禁城的颜色和线条密不可分。空间与色彩给顾客带来了刺激和激情，这就是北京皇家驿栈的灵感所在。一般顾客比较喜欢现代和当代的酒店，但北京皇家驿栈有很强的历史感及方位感，它跟紫禁城有一墙之隔，酒店的对面就是北京古老宏伟的建筑，北京皇家驿栈用嫁接的方法，把紫禁城城墙的颜色以及一些元素，成功地嫁接到北京皇家驿栈的设计元素中，使古典与现代得到了完美的结合。紫禁城城墙颜色在上百年历史的沉淀中，依旧保持非常鲜艳的颜色，这个颜色被运用到酒店的外观、大堂、客房、布草、摆件、走廊、食物等设计当中，使它们得到完美的结合。

③线条情怀化。城墙的曲线以及古代时候皇宫所用的一些设计，正是设计

北京皇家驿栈酒店的时候所大胆运用的。在北京皇家驿栈酒店的墙上画有些地势的图形，让客人觉得好像身临其境。这一细节的设计是想给顾客传达一种信息，让他们感觉身临其境，好像回家的感觉，北京皇家驿栈通过图形、通过室内设计，让顾客在酒店中体验不一样的东方文化和帝王文化（见图 5–73）。

图 5–73　北京皇家驿栈酒店墙上画有地势的图形

（4）价值植入——文化魅力，世界认同。2008 年 4 月 18 日，皇家驿栈故宫店正式挂牌，开门迎客！产品以住宿为主，从开业至今已增至 3 家。

皇家驿栈 2008 年上榜《时代周刊》杂志，成为美国人到北京必去的十大必玩地之地;《华尔街日》报刊文：奥运催生北京新地标，皇家驿栈成为他们书写的北京 13 个地标性建筑第 9 名。2008 年 11 月 19 日，福布斯评出全球商务人士首选的 12 家知名酒店，皇家驿栈赫然在列。

3. 变换花样“住”

体验经济时代，传统的酒店入住已经从以往的刚需逐渐上升为一种精神层面的需求，入住者们致力追求一段独特难忘的经历。在深度睡眠、主题客房、帐篷客房这些功能需求之上，入住者还在积极尝试与窗外的野生动物互动，有时也偶尔来一下脑筋急转弯，开心地逗一逗机器人服务员。总之，在变换花样的“住”的过程中，彻底体验一次身体与灵魂的度假。

（1）野生动物主题酒店。2013 年，“12 艘维珍太空船降临马赛马拉动物世界！世界亿万富翁理查德 · 布兰森（Richard Branson）开放了自己位于非洲的摩托罗吉私家保护区（Motorogi Conservancy）”这一消息让整个肯尼亚都轰动了。

12 间造型奇特的斗笠状飞船沿着山脊排列，俯瞰着苍翠河谷和茫茫草原。登上太空船基地，工作人员热情地说道“欢迎你们来到马赛马拉太空基地，12

艘太空船代表了守护这片动物乐园的 12 个马赛人部落”。递上了粉红色的甜美手工草莓冰激凌，随后还有浓郁的手工咖啡。你可以就这么坐在户外平台上，看着那些野生动物在眼前走来走去，一整天都不想换地方（见图 5–74）。

图 5–74 马赛马拉太空基地别样风景与服务

天色暗下来之后，一位帅气的马赛小伙子，手提着一串防风灯走过来（见图 5–75）。看见游客好奇的样子，他很友好地邀请游客一起去看看太空舱内部。干净简洁的太空舱切割线条，结合了有机和复古风格。在豪华酒店云集的马赛马拉，太空舱酒店有一种简洁的克制。

图 5–75 马赛小伙

理查德·布兰森希望展示自己的星际旅行私人静修项目，坚持可持续设计理念，采用轻质结构和低碳化，最大限度地减少对环境的影响，并与邻近社区马赛村进一步合作，确保使用来自当地的材料。他指派了专属设计师和制造商密切合作，为太空舱带来真正的非洲感觉和有机生态美感。选择了合适的定制钢框架，用结实无比的赤陶土色的帆布和大象灰色的衬里把它包裹起来，颜色灵感来自该地区周围的自然环境。当地的纺织专家从肯尼亚和坦桑尼亚的市场上找到了生机勃勃的非洲印花，每个房间都充满了这些令人振奋的色彩（见图5–76）。

图 5–76 太空舱内部装饰

用最朴素的材料，设计和制作出最奢华的东西，你看不出来，却能感觉得到。有意留白，让环境去衬托，让居住者去填补。有缺陷，是因为没有什么是可以被完成的。原始的美感，无边无际。你的想象力，才因此而自由。良好的艺术品位和修养，是看不见的基石。配色的精准，造型、材质和架构的精心打磨，来自研究和琢磨。这几年，非洲奢华酒店越来越多，但是代表非洲的不多，很多酒店装潢华贵，主打怀旧殖民风。美则美矣，缺少本土灵魂[①]。

（2）非洲维珍限量版酒店。它是南非和肯尼亚两国的野奢酒店品牌。只要一想到非洲丛林和大草原，就会让人联想到一些迷人的画面：缓缓穿行在原野的大象，美到令人呼吸屏住的日出，沐浴在金色晨光中的驰骋，远离城市的美妙隐居之所。在这里，你所有关于野性的想象，都变成了现实。“彩虹之国”南非，体验两款非凡的旅行目的地：南非萨比沙私家保护区（Sabi Sand）内的乌鲁萨巴度假屋（Ulusaba），一早一晚两次驱车出游，体验不同的野生动物观

① 改编自尤妮斯的微博“终极非洲之旅：一次穿越动物世界和葡萄酒庄的‘金玉奇缘’”一文。

光之旅。在这个54平方公里的私人保护区里，专属司机和专业向导者将会为你量身定制一场追踪者游戏！体验找寻“非洲五霸”① 的奇妙过程，以及非洲原野那华美的日出日落。

乌鲁萨巴所在的萨比沙私家保护区，是非洲最著名的花豹观赏地，可以跟着专业向导近距离观察这种神奇的野生动物。整个营区住宿分为三部分：岩石居舍、猎游居舍和悬崖居舍。

岩石居舍（Rock Lodge）主营区盘踞在200多米高的巨岩之上，俯瞰方圆数十公里的野生丛林。无限风光尽在脚下，自由漫游的野生动物穿行在灌木丛中，衬托出远方德拉肯斯堡山脉（Drakensberg Mountains）的迷人背景。史前巨岩“考皮”（Koppie）是主屋设计的主要特色，裸露出亿万花岗岩的优美质地和原色，每个房间都有不同的设计，表现了浓厚的非洲部落风格。

猎游居舍（Safari Lodge）坐落在干涸的古老河床边的灌木丛中，被古树的茂密树冠下所庇护。当你通过吊桥进入一些房间时，感觉棒极了！瞬间就会爱上这种类似电影画面的探险之旅。想象一下，当附近的动物散步走向水塘时，它们会纷纷经过你的房间窗前。猎游居舍的房间包括一间树屋套房，可以俯瞰附近的西昆加大坝（Xikwenga Dam）。其他房间则有自己的私人游泳池。

短短的一段步行之后，悬崖居舍（Cliff Lodge）将向你展示独具特色的两间豪华套房。这是一个完整的终极猎游豪华套餐，宽敞的卧室套房可容纳2名成年人和2名儿童。一个带有壁炉的休息区，一个超大的观景台与游泳池，专属厨师和私家专业观光车辆以及私人健身房和水疗室。

客人在乌鲁萨巴需要缴纳每人每晚115兰特（南非币，约折合人民币55元）的保护区费用，这项费用将直接拨给萨比沙保护信托基金，资助当地社区的反偷猎和野保项目，以确保濒危动物的长期生存。下榻在乌鲁萨巴，整个营地就仿佛一个天然的艺术剧场和游乐场。迷你酒吧每天都会被填满新鲜的饮料和零食，包括顶级的葡萄酒和起泡酒。

野生动物观光游充满了不确定性，没有一次是相同的！每天清晨和傍晚在乌鲁萨巴有两场，每场大约持续3小时。当阳光初露，照耀萨比沙的原野，你

① 指的是狮子、水牛、豹子、大象和犀牛，这是一个古老的术语，最初指的是狩猎时期五大最危险的猎物。

将会看到雄伟的非洲丛林之美。这是观察野生动物的最佳时间，因为气温很低，动物们仍然非常活跃，包括大型猫科动物，它们将从狩猎之夜返回（见图5–77）[①]。

图 5–77　野生动物观光游

（3）广州长隆野生动物酒店。左揽长隆欢乐世界，右依香江野生动物世界，前拥长隆高尔夫练习中心，后傍广州鳄鱼公园，与长隆水上乐园及长隆国际大马戏为邻；酒店更拥有全中国唯一放养白虎及火烈鸟的中庭花园，咫尺之隔饱览大自然的奇妙造化，让人亲身体会非洲草原的自然气息。酒店现有 1500 间生态主题客房及套间，集商务与休闲一身。在客房露台泡一壶清茶，悠闲地欣赏独特的景观，享受酒店巨细无遗的贴心服务，为您的商务度假带来身心愉悦的体验。

酒店房间有三大特色主题：狩猎房、野趣房、白虎房，总有一种满足您舒展身心的需求。

狩猎房是长隆酒店最具代表性的房型之一，室内设计以百鸟归巢为主题，背景板一群归巢的鸟儿让客人有宾至如归的感觉，藤质或木质的订制家具，凸显超五星级酒店的尊贵服务品质。狩猎房户外景观以呼应山野为主，俯视中心生态树林和远处的山景，感受原野的呼唤。

野趣房的装饰呼应狩猎房，背景板上的双鱼，带出鸟和鱼的恋曲。所有的装饰和室内用品，都以鱼为主题，圆形的浴室玻璃窗，让浴室犹如水族馆的

① 改编自尤妮斯的微博“终极非洲之旅：一次穿越动物世界和葡萄酒庄的‘金玉奇缘’”一文。

玻璃箱，入浴化身美人鱼一般浪漫的情调。野趣房的室外景观以动物岛的珍稀飞禽为主，白鹤、金刚鹦鹉就生活在触手可及的地方，带来生态旅行的野趣体验。

白虎房是客房中最具特色的房型之一，这里可以全天 24 小时观看动物岛的雪虎，是名副其实的“王室”。走进“王室”，原木墙壁和大理石地板烘托出一种霸气。落地大玻璃窗将室内外连为一体，低头俯视，是猛兽雪虎生活的动物岛，白虎房是全酒店最佳的观虎客房。

（八）旅游特色城镇

当今，旅游城镇最为可贵的魅力在于特色以及由特色衍生的可持续的产业链。旅游城镇体验设计的重点是打造被认同的价值观、生活方式，通过建筑、景观环境与氛围营造出具有鲜明特色的地方感，最终让外来者沉浸其中。

1. 赛艇小镇卢塞恩①

卢塞恩（Lucerne）又译“琉森”，是瑞士琉森州的首府，位于瑞士中部，罗伊斯河（Reuss）出口与四州湖的汇合处，是个湖光山色的美丽小城。市区人口近 8 万人，被公认为瑞士最美丽、最令人向往的历史文化小镇之一，也是最受瑞士人喜爱的瑞士避暑旅游度假地之一。

卢塞恩的老城小巧玲珑，主要景点都可步行到达。历史悠久的卢塞恩，中世纪的教堂、塔楼，文艺复兴时期的宫厅、邸宅以及百年老店、长街古巷，比比皆是。罗伊斯河流入四森林州湖也就是现在的“卢塞恩湖”，将市镇分为新城和旧城两部分，湖光水色映照古城美景，悠游其间，亦真亦幻。艺术家们在卢塞恩这座历史文化名城引发了无尽的灵感，历史上有很多著名的作家、艺术家在此写作和居住。

“如果有天堂，这里就是天堂的入口”，用来形容童话般超凡脱俗的卢塞恩再恰当不过了，在这里有一种不真实的美感，而它也不负美誉地满足了人们对于天堂的种种幻想。

源于英国泰晤士河船工划船比赛的赛艇运动自 18 世纪起在欧洲流行开来，成了一项具有代表性的贵族体育运动。赛艇运动多在江河湖泊等大自然水域中进行，空气清新，阳光充足，能有效地改善人体的心血管和呼吸系统功能，增

① 卢塞恩（琉森）属于瑞士德语区，德语名为Luzern。在多语言的瑞士，卢塞恩（琉森）的意大利语拼写是 Lucerna，法语和英语的拼写是 Lucerne。

强全身肌肉力量，调节神经系统平衡，有利于提高人体的健康水平。赛艇运动员的肺活量在各项体育项目中占第一位，故赛艇运动也被为“肺部体操”。目前已成为奥运会传统比赛项目之一。

赛艇是一项小众精英运动，代表了时尚与高贵。而且赛艇运动优雅，不像球类、田径运动那样具强烈对抗性。赛艇运动所特有的团队协作性和健康休闲性，使其成了世界一流大学校园文化、大型企业团队精神及品牌建设的重要活动，并在欧美中产阶级中流行。

卢塞恩由于其所拥有琉森湖及河道水网等天然优良的水体资源，加之举世闻名的旅游胜地美誉，卢塞恩被赛艇爱好者所青睐，纷纷汇聚于此，举办各类赛艇赛事，当地居民也渐渐形成了浓厚的赛艇休闲之风，于是卢塞恩成为具有百年历史的世界级赛艇运动特色小镇。

（1）主题创意——历史小镇，赛艇胜地。岁月的悠长给卢塞恩这座城市留下了历史文明的印记，罗伊斯河穿城而过，岸边都是百年历史的老建筑，宛若历史的画廊（见图 5-78）。每年 6—7 月盛夏时节，世界赛艇联合会赛艇世界杯以及欧洲赛艇锦标赛都会选择瑞士卢塞恩罗特湖，作为赛事中最重要的一站，每年赛艇大赛季都会吸引了成千上万人前往观赛，同时也顺便在此休闲度假。历史感与运动感交融，卢塞恩在夏日的骄阳下再次绽放出迷人的魅力。

图 5-78　卢塞恩风光

（2）感知诱导——湖光山色，欢乐艇进。每至赛艇大赛季，前往大赛基地的公路上都可以见到搭载着五颜六色、优雅流线型赛艇的车辆往来穿梭。罗伊斯河沿岸赛艇码头平台周边的简易艇库旁，选手和爱好者们肩扛着反扣的炫酷彩色赛艇进进出出，一片繁忙的运动小镇景象（见图 5–79）。

图 5–79　繁忙的运动小城景象

穿城而过的罗伊斯河上有卡佩尔廊桥等多座桥梁，连接琉森湖流经市区的这段河水清澈，河畔风景优美，两岸有耶稣会教堂、旧市政厅等著名建筑。卢塞恩标志性建筑卡佩尔桥建于 14 世纪，是欧洲最古老的廊桥。桥两侧的栏板上常年装饰以红色鲜花，看似一座花廊，又称作花桥（见图 5–80）。廊桥顶部每隔几米就有一幅彩色壁画，这些绘制于 17 世纪的画的内容多为卢塞恩历史风貌和琉森历史英雄人物的故事。耶稣会教堂是瑞士第一座大型巴洛克教堂，建于 1666 年到 1677 年。建筑上的一对孔雀绿双塔楼非常漂亮，堪称卢塞恩的经典地标（见图 5–81）。

图 5–80　卡佩尔廊桥

图 5–81　耶稣会教堂

行走在古老的廊桥上，欣赏着周边的美景。岸边的露天餐厅、咖啡厅，人们在休闲地用餐、品咖啡。水中白天鹅水鸟、悠然地游弋着，古桥、水塔与周围的环境恰如其分地融为一体，琉森平添了几分灵气。此情此景，真让人想起法国作家雨果曾吟咏卢塞恩（琉森）“碧水轻轻地拍着河岸，柔水在我的脚下流淌”的休闲小城意境。

划着赛艇轻舟在湖面上缓缓行驶着，对岸的琉森城景色像一幅长长的画卷在你面前翻开。在赛艇比赛的日子，碧波里赛艇争渡、两岸观众人声鼎沸的场面非常刺激壮观。

琉森湖上的游船全是环保型的，这正是琉森湖始终清澈的原因。琉森湖上的大型游船，分为上下两层。上层是露天平台，便于观景。下层封闭，可以遮风挡雨。为了不错过观赏卢塞恩美景，大多数人喜欢到上层。

（3）流程设计。

大赛季的启航：卢塞恩的拉丁文有“灯”的意思，原来卢塞恩在罗马时期，只是一个小渔村，为了给过往船只导航而修建了灯塔，故由此得名。在每年夏天的赛艇大赛季，会举办一场大赛启航仪式，河道上比赛裁判发令后主塔上会点亮耀眼的塔灯，让人重新回忆起卢塞恩灯塔时代的传统，同时也寓意“卢塞恩站是国家赛艇运动的灯塔”。各代表队的主赛艇的艇首悬灯，首尾相接，从罗伊斯河道穿城一圈，引来岸上无数的游人驻足观看和欢呼。

音乐助兴大赛：卢塞恩每年夏季还会举办国际音乐节，有时会与赛艇的赛季相重叠，进一步为古城增添了精彩。此时，街边艺人会悠闲地摆弄着各种让人大开眼界的乐器，譬如发源于瑞士当地的手碟（见图 5–82），轻轻敲击时会发出让人如痴如醉的天籁之音。

图 5–82　手碟

卢塞恩湖水像丝绸般柔软，优美纯净的环境吸引了众多天鹅常年在湖中嬉戏。波光粼粼的湖面上，天鹅与游船互不干扰，即便看到赛艇来了也不会立刻游走，反而是赛艇让着天鹅，人与自然如此和谐。

围绕赛艇大赛季的配套服务如雨后春笋般兴起，赛艇教练培训、赛艇销售、设备调试安装与运输、专业码头租赁的赛艇运动产业链不断延伸，日臻完善。

（4）价值植入。在如今新的休闲经济时代，在卢塞恩湖这片最美的水域中划赛艇，已经成为瑞士高端休闲度假生活的新象征，或者也是未来旅游小镇的一种运动象征。

2. 慢乐乡村归田园

人最核心的追求是“快乐”。传统的旅游休闲仅仅靠发呆是不够的，因为发呆的体验层面总体上偏低，解决不了人最根本的心理需求，而且难以深层次释放人性。旅游体验设计应实现快乐的产业化，向个人和组织输出“快乐体验”，并实现可以“定制快乐”的终极目标。现代企业中也可探索设立“快乐主管岗位”。

快乐、快感、痛快、愉快、爽快……你也许会发现，所有描述美好的词汇都与“快”相关。细究下去，这其实就是美好的事物都让人觉得时间过得太快，所以，我们要设法让快乐慢下来！乡村恰恰为我们提供了这样一种与城市快节奏生活相反的慢生活，正如一首经典的诗《从前慢》所写到的：

记得早先少年时
大家诚诚恳恳
说一句，是一句
清早上火车站
长街黑暗无行人
卖豆浆的小店冒着热气
从前的日色变得慢
车，马，邮件都很慢
一生只够爱一个人
从前的锁也好看
钥匙精美有模样
你锁了，人家就懂了
……

所以，乡村旅游的关键在于营造一种“归田园居”的美好开心且慢节奏的体验，所谓“这么慢，那么美”，其关键在于:（1）视觉符号。有屋檐和山墙的老宅子，在乡村，拖延（檐）就是一种慢生活的美！（2）游戏化体验。快乐记账本——记录快乐的人生账本，登录快乐 App，每天记账。乡村入口设立“快乐鼓”，以快乐鼓舞人心，创造快乐乡村！在乡村振兴过程中重建慢乐乡村，创建“慢乐大本营”与“慢乐论坛”。

（1）主题创意——慢慢乐的花生小镇。金岭是大别山深处的红皮小籽花生的特产区，同时也是红色革命老区和乡村振兴示范区。红皮花生还象征着金岭红色田园的红色革命本底。为进一步深化乡村的产业振兴，当地邀请了旅游设计团队进驻，帮助策划地方特色旅游产品。旅游设计团队经过深入现场调研和头脑风暴，决定以“花生”为旅游体验的立足点，以花生主题“田园淘宝节”为突破口，全面带动地方特色花生产业升值。

（2）感知诱导。依照传统工艺修建花生榨油坊、手工作坊，可让游客参与花生古法榨油过程，研磨制作花生酱、个人定制家庭热干面专供花生酱、芝麻酱。游客亲手加工个人定制的花生什锦礼盒（花生糖、牛轧糖、鱼皮花生、糖霜花生、花生酱、花生沙琪玛），采用特色包装设计，花生作坊收加工费与礼品包装费。定制“红妈妈牌”花生牛肉酱，需要第二天才能取货，留住游客，拉动夜经济。

（3）流程设计。“田园淘宝节”期间组织城市居民与青少年体验田园淘花生的劳动，并设置年龄分组大赛（淘花生的数量与质量）、在花生地埋藏奖品，个人或团队定时淘宝赛。

全国首个乡村“花生狂欢节”，设置面积约 800 平方米的干花生池，参与者在池中奔走嬉戏，互扔花生，中意谁扔谁，会场上回荡着《叮叮》的歌声“确认过眼神，我叮上对的人……”在这里“叮花生”的行为类似泼水节的祝福，喜欢谁、祝福谁，就“叮”谁几颗干花生。当然，参加花生狂欢，需要购买护目镜等装备。乡村“花生狂欢节”通过旅游节庆引流，吸引了人气，极大提升了花生产业的附加值。

①“花生狂欢节”IP：花先生、花后生、花姑娘。

②“花生”的新解读：花样人生。花的小镇，慢的生活！

③开发花生文创衍生品（花先生、花后生、花姑娘、花生玩偶、仿真花生茶宠摆件等），跟进推出花生直播、叮叮直播以及亲子活动园（花生乐园等）、

青年主题的花生民宿、花生帐篷营。

（4）价值植入。通过以上一系列体验活动设计，致力于打造大别山以地理标志农产品——“最红的花生”（而且是小米花生）为品牌的网红小镇。在金岭小镇，游客通过体验最终感悟：原来，花生不仅是可以吃的，而且还是可以玩的。钱是用来花的、生活是该欢乐的。花样人生，玩出新花样，金岭将花样生活欢乐到底!

（九）旅游主题演艺

通过主题演艺的现场体验方式强化旅游目的地文化，将旅游文化IP植入游客内心，为游客留下深刻的体验记忆，占据旅游者内心，从而形成文化认同感，激发游客重游意愿。其分类如表5-9所示。

表5-9　旅游演艺的三大分类

项目	依托	特点
实景旅游演艺	自然山水景区	优美的自然山水与独特的地域文化紧密结合，多为大规模
主题公园旅游演艺	主题公园	与主题公园游乐互补，共同打造复合型旅游产品，主题性尤其明显
剧场旅游演艺	旅游城市为主	与传统演艺易混淆，多为城市文化名片性的产品，多为政府投资，多会采用巡演方式

旅游主题演艺以立体全景式舞台，加强游客体验感，让观众如身临其境，形成置身故事之中的体验感。旅游主题演艺还以演艺活动为切入点，通过引入特色IP，配套周边旅游休闲，形成演艺与旅游体验的产业链。

1.《天门狐仙》：人仙情未了

国家5A级景区张家界打造的《天门狐仙》是一台有完整故事情节的山水实景音乐歌舞剧。故事取材于湖南传统花鼓戏《刘海砍樵》：修炼千年的白狐仙爱上了贫穷快乐的樵夫刘海，两人在张家界天门山不期而遇，一段感天动地的人狐之恋就此开始。

（1）主题创意。这场演艺体验的主题线索和符号体系来自湖南张家界地区动人的爱情传说——《刘海砍樵》。刘海和白狐仙敢于追求忠贞爱情的决心表现了湖南人火辣辣的真性情，可以说是当地的一种独特爱情文化符号了。现在，

《天门狐仙》将这个传唱了千年的爱情故事从荧屏搬上山水实景的舞台，是用更加自然也更加时尚的方式传承这个故事，传承一种真爱无界的爱情文化。

《刘海砍樵》的传说诞生于湖南省常德市，据有关文献记载，刘海的原型是东汉光武帝刘秀的嫡长子刘强，他因谦恭礼让、倡俭励俗、乐善好施受到了人民百姓的爱戴。在光武帝驾崩之后，拥护他立位的呼声很高，但他并未趁机夺位，而是拥立其弟刘庄继位。而刘庄的朝臣仍忌惮刘强的势力，欲陷害于他。刘强深感宫廷斗争的凶险与黑暗，于是隐姓埋名，游历四方，并在脑门上用一缕头发遮住颜面，人们称他“刘海”。由此可见，刘海是一个忠厚善良、谦让未遑、高风亮节不为权势所动的艺术形象，所体现的文化内涵正是“礼让”与“仁”之精神。

《刘海砍樵》故事至清代中叶，形成了现在广为流传的版本：古时候，常德武陵区住着一对母子，儿子刘海勤劳孝顺，天天上山砍柴，在他砍柴的地方有一只修炼成半仙的狐狸精。他感动于刘海的勤劳并心生爱慕之心，化身为人形取名胡秀英，并要嫁给刘海，刘海也真心与胡秀英相爱，高兴地答应与她成亲。而城中心有座小庙里面住了十八罗汉，其中十罗汉觊觎胡秀英修炼出来的宝珠，得到这颗宝珠便可化身成仙。于是，他带领弟子夺走了胡秀英的宝珠，胡秀英失去宝珠后现出狐身原形，她将情况告诉刘海后，刘海并未怪罪她，而是拿起石斧去斗十罗汉，终于在斧头神和胡秀英姐妹的帮助下夺回了宝珠，从此，他们过上了男耕女织的幸福生活。这个版本的《刘海砍樵》融合了宗教文化、农耕文化、市井文化的元素，弘扬了家庭观念，由上一个版本的单个人物形象加入了爱情的元素使剧情变得波澜起伏，也使人物变得更为立体饱满。实景演艺由狐王选妃、仙山奇遇、月夜相思、背叛旋风、千年守望五幕组成。时光荏苒，沧海桑田。漫天大雪中，刘海和白狐仙真挚的爱情终于感动天地，他们在山岩化作的天桥上紧紧拥抱，有情人终成眷属。

（2）感知诱导。在场景营造方面，采用了震撼山水舞台——独一无二高山峡谷剧场。《天门狐仙》选址在天门山风景区山门口内至天门山顶的整条峡谷，峡谷全长约 5 公里，海拔高差达 1100 米。主舞台建于山门口内的峡谷下端，整条峡谷两侧的数十座奇峰峻岭以及凌空高悬的天门洞，均成为主舞台的纵深背景。主表演台与峡谷、奇峰、森林、溪流飞瀑融为一体，共同形成一个纵深数公里、横宽和高差均逾千米的超级大舞台。

本项目观众剧场及主舞台总占地面积 19880 平方米，其中全景舞台 10000 平方米，采用玻璃钢设计，通过灯光效果可通体透亮，营造出奇幻场景。整个表演区包括：中心舞台、左侧的人间世界、右侧的狐狸世界、左前歌队歌台、后演区梯田与木桥实景（见图 5–83）。

图 5–83　《天门狐仙》震撼人心的山水舞台

中心舞台搭建在溪谷之上，倒卧的古树浮于涓涓溪流之上，与凸显的石床构成浑然天成的实景舞台。左侧人间世界，沿着山体搭建众多作为舞美造景的土家木屋，木屋为黑瓦雕花小窗、木栏护屋，一派淳朴气息，连片形成具有湘西特色的村寨。右侧狐狸世界，在林木丛中搭建出奇石山岩，布入奇花异草，形成美妙奇幻的狐狸天然乐园。歌台凌空置于小山之上，100 多名身着土家传统服饰佩戴银饰的少女齐展歌喉，给人以无比曼妙的听觉享受。后演区梯田与木桥，田园景色十足，与村寨遥相呼应。整个舞台自然天成，在神奇的天门山脚下，以天地讲述一个传奇的故事。为了让外国人了解天门山的文化，在表演场地有 2 块超大的 LED 屏幕，上面用日语、韩语、英语、中文等分别进行了讲解，直观且震撼。

在五觉设计方面，可谓豪华露天剧场以奇幻特效带来视听奇迹。为营造高山峡谷剧场独特的大气磅礴，舞台安装了 3000 余盏特效灯光，从山谷一直延伸到山顶，落差逾千米，为观众带来光影变幻的视觉享受。

为了达到最佳的听觉效果，剧组专门从美国 EAW 公司定制了 42 组具有户外防雨防潮功能的音响设备，演出时采用音乐分轨处理模式，不受天气影响，每一场都能营造出全球最豪华的露天音乐剧场效果。

演出还有很多“魔幻”设施，如“伸缩的飞桥、巨大的月亮、移动的房子、开花的枯木、飞动的棒槌、腾空的星星”等，为观众带来“漫天飞雪”“山崩地裂”“皓月当空”等震撼无比的视觉奇迹。

演出执行导演说：“我们为观众带来舞台机械设施中，大部分在国内乃至世界上绝无仅有的，跨度 60 米、高度近 40 米的伸缩飞桥就是世界首例。相对于国内的演出项目，我们的投资也非常大，单就用特制的灯光将整座天门山照亮的一分半钟，就投入了近 2600 万元，整台演出总投资达到 1.2 亿元。”

另外，在整个观演过程中，还设计穿插了演员与观众抛绣球、糖果等礼物的互动游戏，直接将现场的气氛带入了高潮。

（3）流程设计。与世界著名魔术师大卫·科波菲尔旗下顶级魔术团队合作，重金打造大型舞台魔幻秀。《天门狐仙》总制作人梅帅元透露，狐仙与刘海凭空升起约 300 米处飘浮在空中或自由飞行，最后呈现出在空中瞬间消失的奇幻场景。

《天门狐仙》首次引进顶级魔术团队创意和特效制作，颠覆传统的想象力，创造中国山水实景演出与大型幻术表演结合的新思维。通过科学的物理催眠手法和注意力转移，将电影中才有的幻术表达和特效设计完美呈现在《天门狐仙》实景演出中，让观众领略大大超出传统近景魔术的神奇和不可思议的视觉震撼。

（4）价值植入。《天门狐仙》山水实景演出作为一个大实体平台，集文化、科技、资本、企业于一体，经过团队多年的精心打造与淬炼，目前 5A 级天门山景区已形成“白游天门仙山，夜观天门狐仙”的“平台＋体验”式旅游格局。

《天门狐仙》作为一个大型实体平台，对张家界的文化资源、科技成果、市场偏好、产业发展进行整合，成为张家界旅游演艺业新经济增长点。自 2009 年 9 月开演以来，截至 2017 年 6 月，《天门狐仙》已累积演出 2072 场，接待海内外游客 316 万人次，除国内市场游客稳定外，以韩国、泰国、马来西亚、新加坡、我国港澳台地区为主的境外团已经占到了一半的市场，累计实现产值 5.2 亿元，为永定区文化旅游经济做出了显著贡献，成为张家界文化旅游的一张亮丽新名片，成为潇湘大地上旅游文化产业的新传奇。

"平台 + 体验"商业模式中的平台共享、体验营销已经成为人们消费转变的重要因素。《天门狐仙》未经问世之前，了解经典"刘海砍樵"只能通过购买书籍、观看影视资料的方式获取，缺乏一个很好的平台让消费者对这个故事有身临其境的体验，而《天门狐仙》山水实景演出的出现，满足了消费者的体验需求，《天门狐仙》剧中使用了大量机械、魔术及特效，营造出一幕幕令人惊异的奇幻场景，让观众瞠目结舌、匪夷所思，达到视觉、听觉、心灵的三重立体化享受，从而使得文化产品形成了体验式营销，推动了传统文化消费方式的转变。

就 5A 级天门山景区来说，通过《天门狐仙》的打造，更加突出天门仙山神秘感，游客在游览完天门仙山后还能从另一个层面感受仙山的魅力，增强了天门山景区的吸引力，延长了天门山景区游览时长，其中 2016 年天门山景区共接待旅游人数 376.85 万人次，公司收入达 8.04 亿元，上缴税费 2.1 亿元。《天门狐仙》项目的建成，促进了周边基础设施的提质升级，给当地老百姓带来了便捷，促进了当地第三产业的发展，服务业收入大幅提升，旅游扶贫成效显著。以旅游为主的第三产业已占永定区 GDP 比重的 61.3%，为当地财政收入做出了巨大贡献。

据统计，张家界的境外游客约 90% 观看过《天门狐仙》。在过去十年，来自世界 50 多个国家的 500 多万人与这部戏拥有奇妙的缘分。无数的观众，为之感动、落泪、惊叹，仿佛渐渐逝去的青春和激情瞬间重现——因为爱情，总是让人幸福和喜悦，好像一切都是年轻时。

《天门狐仙》在业内外赢得了众多赞誉，作为湖南省文化建设与旅游发展融合的"样本"，这部作品获得了国家文化和旅游部的高度评价。早在 2010 年首届中国国际文化旅游节上，《天门狐仙》便一举荣获国家"文化旅游贡献奖""影响中国文化旅游的一部旅游演出金奖"等荣誉。

2.《三亚千古情》：深情似大海

大型歌舞《三亚千古情》是宋城集团在三亚打造的"千古情"系列又一力作。这里能听到落笔洞的万年回声，这里有巾帼英雄冼夫人的荡气回肠，这里有海上丝路的异域风情，这里能看到鉴真东渡时的惊涛骇浪，这里还有鹿回头的美丽传说，在椰风、海韵、沙滩的醉人风景中，寻一段浪漫邂逅，一场视觉的盛宴，一趟震撼心灵的旅程！

（1）主题创意。

①主题线索：大型歌舞《三亚千古情》立足于三亚长达一万年的恢宏历史长卷，以其崭新的舞台设计使整场演出突破了传统空间与感觉的界限，呈现出诗画般令人目眩神迷的美学感受。360° 全景剧幕层出不穷，400 平方米的巨型悬空透明膜从天而降，让每一寸角落都满盈着演出怒放的张力，撼动着观众的视觉与听觉神经。

②符号体系：《三亚千古情》采风团用 4 年的时间，跑遍三亚的山山水水，走进每一个隐藏在深谷老林里的黎族、苗族古村落，虚心请教当地民俗专家，把原汁原味的三亚传统文化演绎成艺术作品，经过反复提炼和创作登上舞台。

从旅游业态的选择看，《三亚千古情》选择夜游市场实施差异化竞争；从夜游市场来看，《三亚千古情》高擎海南、三亚地方文化大旗，在实现文化与旅游深度融合上另辟蹊径。正因为成功实施了差异化竞争，项目才取得了巨大的成功。

③感人故事：序《落笔洞》——三亚，中国的热带滨海旅游城市，自古就是一片十分适合人类栖息、繁衍的乐土。早在一万年前，断发文身的先民们就在三亚大地上创造出灿烂的史前文明——“落笔洞文化”。第一幕《鹿回头》——“最爱凤凰临宝地，三亚难舍鹿回头”。三亚不仅有着悠久的历史，也流传着许多动人的爱情故事，鹿回头就是其中最美的传说。第二幕《冼夫人》——冼夫人是中国巾帼英雄第一人，她建立了三亚历史上的第一个政治机构——崖州，使孤悬海外 600 年的海南岛回到祖国的怀抱。历史总是充满着神奇和巧合，今天我们所在的大剧院正是建在当年冼夫人的封地之上！听，那穿越时空的鼓角声声……第三幕《海上丝路》——根据《崖州志》记载，三亚港在宋代已成为“海上丝绸之路”的中转站，中国的瓷器从这里运往海外，来自印度洋、波斯湾的香料也在这里汇集，“海上丝绸之路”也被称为“香瓷古道”。第四幕《鉴真东渡》——唐天宝年间，高僧鉴真为了弘扬佛法第五次东渡扶桑，在海上遭遇飓风，漂流至三亚。鉴真在三亚滞留期间，修建大云寺，在当地传播中原文化和农耕技术，深得当地黎族、苗族等民族的爱戴。但他一刻也没有忘记自己的使命，753 年，他又一次踏上了艰辛的旅程。尾声《美丽三亚》——时光荏苒，穿越千年，椰风海韵依旧。今天，三亚翻开了建设国际旅游岛的华彩篇章，每年数百万游客相聚在三亚千古情景区，感受黎苗文化的

独特魅力，体验三亚千古情的震撼与辉煌。

（2）感知诱导。在大幕拉开的那一刻，舞台化身为巨大的水池，宛若大海的一角，摩托艇在水面奔驰旋转，浪花四溅。这是世界最大的剧院之一，剧院入口高 23 米、宽 60 米的巨型主题雕塑墙，以冼夫人骑着大象完成岭南统一的传说为创作元素。剧院为《三亚千古情》量身定制世界先进的灯光、音响、舞美、特效以及上万套舞台机械，共同演绎《三亚千古情》的精美绝伦。

剧目动用了大量的高科技和舞台灯光效果等技术，色彩、舞台变化、服装、音乐效果在一定程度上满足了观众的视觉、感官所需要的刺激，情节的描写和演员动情的演绎也和观众定时产生了情感碰撞，表演形式主要以舞蹈、杂技为主，集音乐、美术、体育竞技、特技、电子科技于一体。

在剧中有一幕场景让每一个观众都惊呼，只见身穿比基尼的美女从天而降，在头顶的喷洒水膜的光滑透明天幕上滑行，宛若在天空游泳，观众有潜入水底观看美人鱼的奇妙感觉。

在场景营造方面，整个舞台集数字灯、摇头灯、结构投影、全息投影、高清 LED 显屏、移动车台、大型起落架、空中轨道等世界顶尖设备于一体，包括 12 块升降台和 300 平方米的巨大沙画。全剧服装套数超过 500 套，样式全部出自国际知名设计师之手。

为展现落笔洞先民与天斗的勇气，“蹦极跳鱼”的演员利用树藤从 3 米高的空中垂直扑入深水，又从水下如飞鱼般唰地飞向半空；为营造三亚的浪漫迷人，一张空降到观众头上的 400 平方米巨大透明膜，是目前世界上最大的，面积是百老汇剧院透明膜的 8 倍……随着剧情的展开，在高超的舞台技术支持下，观众时而置身于原始森林，时而游弋于惊涛骇浪，时而徜徉于花海瑶池，时而搏击于远古战场，时而漫步于椰风银滩。在剧场中还设计了多个游戏，演员与游客现场互动，观众很快被代入剧情之中。

（3）流程设计。景区还在空间布局方面结合服务环节，用心设计出一种流程与仪式感，例如观众购票后进入景区，要走过一段长长的古村落主题的商业街区，游客在商业街穿行购物、讨价还价，真有好似进入了村庄的感觉，这段游程很好地预热了观剧前的气氛。在剧场出口处的户外广场还设有一处大型的篝火晚会，演员们邀请观演结束的观众参与其中一起跳舞，在这种互动中大家兴致高涨，以致观演后意犹未尽、久久不愿离去。

（4）价值植入。

①价值链条：三亚千古情景区以“主题公园＋旅游演艺”的运营模式，再现了海南从古至今的盛况，将文化产业的本质和产业融合的综合发展做到了真正的实处，换句话说，就是在做真正的文化产业。《三亚千古情》不仅是一台节目，而且是一个景区。景区深挖本土黎苗文化元素，建设了南海女神广场、崖州古城、科技游乐馆、三亚千古情大剧院、黎村和苗寨六大主题游玩区，以及山上花黎、大象谷、鬼域惊魂、名人山四大探险游览区。不仅容纳了三亚有据可查的上万年历史，打造了最现代化的观剧模式，而且把海南非物质文化遗产手工作坊、海南特色工艺品集市、海南特色小吃等融入其中。

《三亚千古情》核心产品是千古情演艺，外围产品是景区游览游玩，如新建的水上乐园、冰雪世界、彩色动物园等。其核心产品千古情演出是三亚本土文化、民间传说、歌舞文化高度融合的掠影；是知识性、娱乐性、艺术性的混搭；是从人文方面调动人的视觉、听觉、触觉进行刺激体验的混搭体验活动；是旅游和文化相结合的混搭经济载体。总之，它是一台雅俗共赏、人人值得一看的惊世之作，是人人看了都说好的饕餮盛宴。

②运营特点：对海南本地的传统风俗及手工艺者的入园免费商铺支持；演出排期紧密结合海南旅游特色而量身定做16：00—晚间10：00；不间断的各类活动极大地增加了景区的可玩性和逗留时间：所有活动及商铺售卖均以游客的代入感为体验核心，极大地增强游客的体验感受；传统文化和现代科技的结合点很多，提升景区趣味性；在文化运营的挖掘上吸取素材，脱离了仅把握本地文化符号的束缚，做广义文化产业；结合地方宗教、民族文化等各类元素，提升景区内容的丰富度。

③价值变现：年演出2000余场，旺季经常每天演出9场，推出十余年来已累计演出19000余场，接待观众5700余万人次。在分销渠道网络方面，三亚千古情景区主要依托当地的各家旅行社，推广品牌及线路组合宣传，依托旅行社的辐射面和所属的广告媒体以及利用赞助等形式投放广告。此项措施使得宋城与旅行社形成双赢的同盟模式，使景点同旅行社形成一个利益共同体。三亚千古情景区还成立团队开展电子营销，宋城除了官网外，又成立了“独木桥网络科技有限公司”，使演出网络销售逐步占据市场一席之地。

（十）旅游交通体验

“快旅慢游”曾经是旅行服务所推崇的铁律，但在体验经济时代，旅行过程本身也可以成为一种体验吸引物，所谓“慢旅自有慢的道理”！

在旅游交通体验设计中，我们一定要转换角度思考，旅游交通已经并非是简单地提供实现空间移动的交通工具了，在旅游交通过程中，关键是要让旅游者从旅程的时间编排（白天与黑夜切换）、交通方式组合（水、陆、空）、特色交通工具（机械动力、人力、畜力）、交通的文化差异（中外之别）等多维度感受到一种难忘的别样体验。

1. 智游自在意大利

导游手册是游客来到一个陌生城市旅游的小帮手，可以帮助游客对旅游地的交通概况、景点分布等有一个大致的了解。现在最常见的导游手册通常是一页试卷纸大小折成的小册子，上面标注了一定区域的地图、景点、旅游厕所、交通站点等，然而随着信息技术的不断发展，这种小册子往往会被更加便捷的手机电子导览系统所替代，如何让交通导览图最大限度地发挥它的作用？如何提升游客的旅游体验感？如何让游客主动地融入对目的地的探索中去？意大利首都罗马给出了他的答案：ROMA PASS 和 WHAIWHAI。

（1）创意主题——与众不同。

①你的罗马钥匙——ROMA PASS（罗马城市通票）。ROMA PASS 是在意大利首都罗马所使用最多的一本有关旅游和文化的册子，它吸引了外来的游客和感兴趣的当地居民。不同于普通的旅游手册仅仅提供旅游信息，ROMA PASS 更加侧重为游客提供便捷的旅游体验这一主题。使用时间为 48/72 小时，不仅包含基本的旅游信息，如交通线路、景点介绍、购物导览等，还带有 NFC 磁卡，可以免费通行两个景点以及乘坐交通工具，更有随上随下观光巴士附赠，可畅享绿色通道直接参观热门景点，除此之外，更有多种当地活动的折扣，包括电影、歌剧、剧院门票、主题乐园、自行车或单车租赁等。在受益于多样的折扣和服务的机会中，它可以让游客用更简单和便宜的方式领略绚丽多姿的罗马。

②古城寻宝——WHAIWHAI（城市探索游戏）。WHAIWHAI 是一款带领游客以游戏的方式来旅游的旅行指南，它让游客在一个游戏的场景中探索这个城市，以寻宝为主题线索，去发现基于景点的最原始的故事和解决不同的谜

题，在游戏的过程中揭开罗马这座古城的神秘面纱。一座城市就是一场冒险的场景，而你就是主角。它不是传统的旅游指南，包含加密的故事，在游客逐步阅读书内讲述的故事并解开奥秘后，用手机发送谜题答案的短信至客户端，完成以后它会将你带领到书的下一页继续探索。每个城市都有自己的特色，每一本指南都会通过讲述一组这些地方的故事，让游客进入城市的氛围。有了WHAIWHAI，可以避开通常的旅程，到城市最真实、最未知的地方去。可以在任何时候开始体验，无论是在城中还是在家里，都可以单独或集体地玩，独自旅行的人可以充分沉浸在游戏过程中，享受一个人的旅途，结伴而行的用户多为情侣和好友，一起协作解开谜题增加团队间的信任度和默契度。

（2）感知诱导——引人入胜。ROMA PASS 和 WHAIWHAI 在视觉设计和场景营造方面均有自己的特色，尤其是 WHAIWHAI 通过游戏代入的方法全方位调动游客的感知，让其主动、积极地参与到罗马城的探索中去。

在视觉设计方面，ROMA PASS 的网站风格很简约，比较符合它以功能为主的需求，罗马斗兽场、国家博物馆、考古遗址等图片在首页不断切换，极具画面感，页面下方是关于 ROMA PASS 的介绍以及购买入口，画面简洁明快，强调“PASS”文字部分，示意其绿色通道和免费通行的功能性。ROMA PASS 卡片以红、黄、白为主，与罗马公交和地铁读卡机上的黄色完美结合，仿佛天生一对。底部衬有素描风格的景点绘图，简约美观（见图 5-84）。

图 5-84　ROMA PASS 卡刷卡位置及样式

WHAIWHAI 网站首页以灰白色调为主，展示的是线下产品——GUIDE BOOK 的封面以及手绘板游戏指南，同时还设有游戏、城市、游戏期刊、博客的链接，人们可以很方便地通过相应的链接了解游戏设置、城市介绍等，还可以加入博客讨论，在还未到达城市时，就已经与其产生连接、开始游戏预热。线下产品——GUIDE BOOK 的封面非常契合其游戏的主题，运用旅游地图作为封面背景增加情境和故事感，加上复古的色调运用，比较容易让用户形成良好的画面感，进入寻宝游戏的状态中。

在场景营造和游戏代入方面，ROMA PASS 给人以“一册在手，罗马任我游”的感觉。ROMA PASS 的基本功能模块包括景点通行、交通、地图、景点介绍、新闻广告五个部分，外地游客来到一个陌生的城市，处处不便，然而这一个手册可以给来到罗马的游客带来极大的便利，就像回到自己熟悉的城市一样，营造出家的场景。同时，将罗马比较著名的景点以简笔画的方式印在卡片底部，让游客在拿到卡片时更加想要前往该景点，若是游客选择图片上的景点作为此次游玩的免费景点，则切切实实地获得了该场景的体验，可以亲眼看看古废墟的断壁残垣、听听罗马大教堂的钟声、品一品推荐的美味意大利面，游客得了真实的旅游体验，对卡片上简笔画的场景印象会更深。

WHAIWHAI 通过场景营造，将游客对整个城市的探索与发掘营造成游戏中类似于闯关的场景，调动游客的全身心，以游戏的方式参与到罗马的旅游过程中，大大提升了旅游的趣味性。它由线上网站和线下游戏两块组成，其游戏过程主要为故事线引导、部分地图和短信互动反馈。作为引导的故事线，通常根据罗马的民间故事改编，而游客也就会成为这个故事中的主角，或许是一位骑士，或许是一个皮匠，跟着故事线的引导，在罗马城中开始自己的寻宝活动；GUIDE BOOK 小册子采用的是仿羊皮纸材质（见图 5-85），地图展开后，更具古老的真实感，像真的回到了古罗马时期一样，具有复古场景。短信反馈产生了旅游互动，有时回答错误则闯关失败，具有真实的游戏感，当找到正确答案并最终一步步揭开谜团寻到城市宝藏后，游戏的成就感油然而生，城市宝藏或许是一处小众但不凡的景点，或许是一家众口皆碑的当地餐厅，或许是一场即将开演的歌剧。

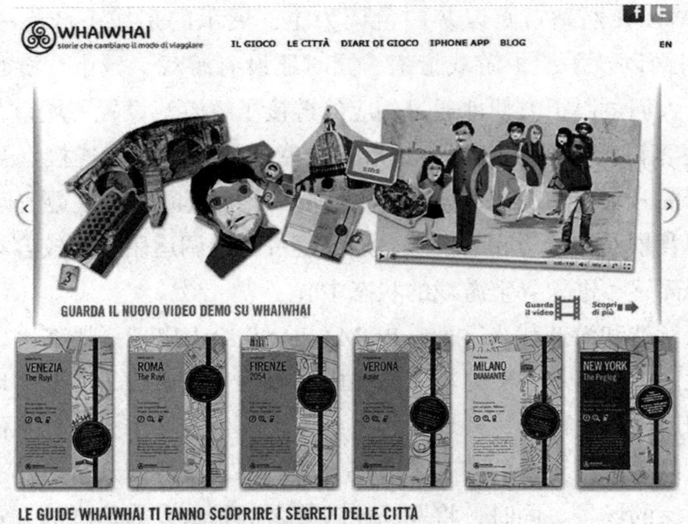

图 5–85　GUIDE BOOK

（3）流程设计——各有侧重。ROMA PASS 始终以方便游客为主，“你的罗马钥匙”是官网上给出的简介，因此在游客的旅行流程设计上并没有做太多的干预，凭着这一本小册子，游客就可以在罗马畅快游玩，体现了流程设计的人情化。罗马作为意大利的首都也是本国旅游人数最集中的地方，每年夏季游客络绎不绝，著名景点如梵蒂冈、斗兽场等需要排队半小时到一小时，ROMA PASS 的通行卡里包含多处景点绿色通道的服务，给家有年长行动不便的老人或带着小孩的家庭群体带来便利，这一方面也体现了流程设计的人文情怀。

WHAIWHAI 则通过游戏化的设计吸引着爱好新奇事物和冒险的年轻人，每一次的行动流程经过精心设计，让游客能够获得参与游戏的真实感与仪式感。首先会通过一条短信或故事书的提示获得线索，根据故事书的指引，参看羊皮纸地图，在城市中探索，故事书的内容是加密的，只有在探索的过程中找到正确答案才可以进行到下一步，一张局部的地图帮助你进一步接近找出揭开谜题线索的具体位置，短信的发送和接收功能保证你在游戏中及时保持和 WHAIWHAI 的联系，并通过你发送正确的答案给你下一步的提示直到把你引向最终的目的地，每一次的行动都像是在逐步解开罗马这个古老国度的神圣仪式。

（4）商业价值——源远流长。ROMA PASS 48 小时售价为 32 欧元，72 小时的为52欧元，比分开购买各景点的门票及交通费用要略微便宜，且加上持有该卡所带来的便捷服务，成为意大利现销量最大的大众性的旅游产品。ROMA PASS与各大景点均有协议价格，游客通过购买ROMA PASS取得优惠和便利，景点增加了客流量，ROMA PASS发行方增加了销量，实现罗马旅游三方的共赢。同时，加上广告收入可观，ROMA PASS带来的价值远不止32/52欧元。WHAIWHAI的售价为27欧元/本，不再包含其他景点的费用。故事场景多发生在城市的各大街小巷和免费游览区域。此游戏服务中无明显广告植入，资金来源较单一，主要消耗为平台维护和游戏开发。

除了直观的收入，两种不同类型的导览图均刺激了人们对罗马更深入的探索，从而带动多方面的旅游消费。同时，让游客旅游更便捷、赋予旅行过程游戏化，提升了旅游体验，游客满意度增加，有利于罗马和意大利旅游形象的塑造。

2. 乘气球飞越天际

乘热气球旅行对很多人来说是一种以上帝视角看人间的新奇之旅，世界上最著名的热气球旅行地是土耳其的卡帕多西亚，而中国的则是云南腾冲的乘热气球飞越火山口之旅。

横跨亚欧大陆的土耳其汇聚了东西方文化的精粹，而被称为“精灵的世界”的卡帕多西亚则是世界上最好的热气球旅行地之一。在这里，自然的伟大力量锻造出了世上独一无二的喀斯特神奇地貌，让人有种进入外星球的感觉。卡帕多西亚由于火山喷发后形成的熔岩，在自然风蚀后形成的千奇百怪的地形，山谷的衍生，山脉的褶皱，弯曲的河流，散落的集镇，一切尽在鸟瞰中。这里曾被美国《国家地理》杂志社评选为十大地球美景之一，其地貌酷似月球表面，《星球大战》的外景拍摄地就是这里。山峦起伏，沟壑纵横，峡谷蜿蜒，童话般五彩斑斓的斑点层岩，神话般壮美的神奇“烟囱”……乘着热气球一路飞行，将自然奇迹与人文经典组合的完美景致尽收眼底，经验老到的飞行员控制着方向和飞行高度，忽高忽低，平稳地穿梭在一个又一个峡谷之中，好像在与岩石烟囱捉迷藏。有的时候热气球会飞得离岩壁很近很近，好像伸手就能触碰到一样。有的时候热气球会飘到高空，在地面上看起来很高的山峦，现在就好像石子路一样，层层起伏，令人心潮澎湃。

卡帕多西亚景点和游玩项目丰富，热气球起飞也需要考虑天气因素，因此在卡帕多西亚至少需要停留2天，可以参考以下行程安排。

DAY 1：4：00 乘坐热气球；8：00 红线徒步 /ATV 游览格雷梅露天博物馆、仙人烟囱等标志性景点；13：00 午餐休息；15：00 格雷梅小镇购物；18：00 晚餐品尝瓦罐牛肉，观看旋转舞表演。

DAY2：6：00 在酒店露台观看漫天升起的热气球；9：00 出发绿线一日游或图兹湖一日游；18：00 在格雷梅镇的观景点欣赏日落。

中国云南的腾冲火山地质公园也是一处可以乘坐热气球从空中观赏的奇特火山景观。腾冲火山地质公园是中国四大火山群之一，共有 97 座新生代火山堆。公园比较大，拥有奇异的火山地貌，火山锥、熔岩石地、火山湖、堰塞瀑布、柱状节理规模宏大，分布集中，类型多样，保存完整，被誉为“火山地质博物馆”。空山是腾冲必看的火山景观，大空山、小空山、黑空山火山群自北向南一字排开，山体四周布满了绿油油的松林，这就更使得三座绿色的无头山充满了神秘感。而更惹人关注的是看似景色优美、松涛阵阵的绿色空山，不一定何时就会从沉睡中苏醒，带给人们以震撼的景观。

这个火山公园非常适合乘坐热气球游览，从空中俯瞰密集的火山堆，蓝天白云就在身边，非常壮观。独特的地质风貌、壮观的火山口、秀丽的山水尽收眼底。游客可以在空中远眺极为壮观的火山群以及地面上一字排开的三大火山：大空山、小空山和黑空山。在蓝天白云之间，欣赏三座火山串为一串的奇特景象，五彩的气球配以碧蓝的天，景色宜人。在高空观看火山，又是不同的一番景象，整个火山的外貌形状以及远近的景色一目了然。

从旅游体验 TPPV 模式来分析，两地的热气球之旅体验均具有以下特色：

（1）主题创意——上帝视角看人间。无论是动画电影中还是现实生活中，人们总是在不停地探索着关于天空的梦想要一睹上帝视角的世界，从《小王子》里的飞行员到宫崎骏笔下的《红猪》，人类一直做着关于云端的梦，直到法国孟格菲兄弟发明了世界上第一只热气球，人类在飞行中将绝美风景私藏才终于被写进现实。见过都市的繁华锦簇，见到过田园中的极致风景，而浪漫又新奇的体验方式——乘坐热气球飞行，坐上色彩缤纷的热气球在半空中，让心情沉醉于飞翔，从地面起飞，越过远山，飞上天空，是何等的诗意与远方。从上帝视角俯瞰自然的鬼斧神工，俯瞰一望无际的至美景色，俯瞰大地以及大地上行走的一切，在空中、在和风中、在清丽中、在畅然中，品出属于你的浪漫，品出属于你的人生哲学（见图 5-86）。

图 5–86　上帝视角看人间

（2）感知诱导——俯瞰大地的极致之美。清晨热气球数量众多，各种颜色的巨型气球漫天飞舞，就如童话世界一般奇妙。如果还没有乘坐热气球，但是又正巧住在这些放飞地点的旁边，那么可以趁早起来拍一些照片，几乎每一张都可以充当明信片。日出日落时分，金色的光洒在土地之上，一眼看不尽的旖旎景象！一边是五颜六色错落有致的热气球，一边是无尽的群山峡谷洞穴，不由令人感叹大自然的鬼斧神工。等待着热气球升起的那一刻，当旭日冉冉渲染了这片黄土之后，脚下这片壮观神奇的景色越来越美艳动人。随着高度的攀升，一边是耀眼的日出、群山和晨雾，另一边是峡谷、洞穴和一大群五颜六色的热气球。置身于高空，在日出柔和的阳光下俯瞰拥有神奇月球地貌的卡帕多西亚，为大自然的鬼斧神工而惊叹。

许多人都是为了漫天热气球的浪漫景观来到卡帕多西亚，不止于此，在石柱丘壑遍布的山谷之中徒步 / 摩托车越野 / 骑马也是非常热门的项目，洞穴酒店是卡帕多西亚的一大特色，不仅仅是因为它们开凿于嶙峋的山壁上，各个酒店更是在装修上下足功夫，以天然的石壁为基础，红色的安纳托利亚地毯配上奥斯曼风格的庭帐，加上空中漫天飘浮的热气球，在这里任意一个角度都可以拍出无与伦比的照片。加上烧制独特的瓦罐牛肉、旋转舞表演，从视觉、味觉、触觉、听觉等多方面感受卡帕多西亚的特色。

（3）流程设计——新奇浪漫的仪式感。

①起飞前。热气球的飞行属于空管部门，各大热气球公司会在夜间根据天气判断第二天的热气球飞行计划能否正常进行，如果计划没取消，热气球公司会在早上四五点到酒店接人，在车上发给每人一张坐热气球的票和一个小盒，

里面有饮料和面包、糕点，这是热气球公司的精心照顾，怕游客坐热气球时饥饿口渴。游客吃过早餐便会被送到热气球起飞的地方，天蒙蒙亮，伴随阵阵轰隆声，工作人员在为热气球做准备（见图 5-87），全心助力游客的飞行梦想。准备完毕的热气球，伴着天边的鱼肚白等待你的到来，之后便会陆陆续续升起。七点左右便能看到满天的繁花似锦的热气球，仿佛进入童话世界一样。

图 5-87　起飞前的准备

②飞行中。热气球的吊篮一个大的吊篮共由四个小篮组成，每一个小篮子乘坐五人，飞行过程中，飞行员站在最中间，飞行员会不停旋转热气球，以便每个吊篮中的乘客都能看到四周的风景。整个飞行时间大概在 1 小时，热气球可以上升的高度最高大概在 1000 米。没有人知道淘气的热气球会在哪里着陆，有时候你可能觉得你就要着陆了，可调皮的热气球却偏偏又翻过了一个山头。地面上的后勤人员追逐着热气球，热气球却追逐着风。

③飞行后。降落的时候，飞行员会特别说明一下降落时的注意事项和安全降落姿势。临近地面，会抛下几根绳子，在地面上的工作人员紧紧拉住这些绳子来控制热气球的方位与高度。在接触地面的瞬间，这些小伙们一扑而上，死死地压在吊篮边缘，让热气球不再飞起。之后会开过来一辆拖车，飞行员再次点火，热气球腾空一点，飞到拖车上再次停稳。这样才算着陆。热气球落到地上的时候，飞行员还有工作人员会叫大家一起去给气球放气，大朋友、小朋友都可开心地在那里推气球，踩着气球把里面的气给推出来。

着陆后所有的人都要负责一起将热气球折叠起来。之后将会举行一个小型的仪式，热气球公司会开香槟、准备些水果庆祝。每人还会发一张证明书，上面印有游客的名字、飞行员的名字和飞行日期（见图5-88），非常有意义，游客也可以趁这个时候与飞行员合影留念。

图 5-88　热气球飞行证明书

在热气球旅游体验的流程设计中，充分考虑到了设计的审美、情怀、个性化等，使得流程的设计具有了仪式感。在飞行的前一天，如果当地空管部门没有给出第二天的准飞许可，游客也很少会扫兴而归，因为航空公司会灵活机动地对游客的旅行进行安排，多数会延迟到后一天补飞，即使仍然飞不了，也会全额退款，同时还会给出当地的其他游玩建议，让游客不虚此行，给予游客人文关怀。在飞行过程中，飞行员会不断地转动热气球的方向，这样就能够让每一名游客都能感受到奇幻的美景，同时，飞行员还会全程摄像，游客的美好瞬间得以记录，追求浪漫的情怀得到满足。降落后，乘坐热气球的游客一起给热气球放气，在气球上推啊、踩啊，乐趣无穷，开香槟庆祝与颁发证书更是为这项活动增添了仪式感。

（4）价值植入——天地整合、全产业链。热气球游览由各家热气球公司分别运营，价格通常由公司知名度、篮筐容纳人数、起飞时间、淡旺季这几个因素来决定，飞行时长与篮筐大小相关，主要分60分钟和90分钟两种。一般游客的选择是信誉度高的大公司，16~20人篮筐（即大筐，另有8~12人的小筐可选），并在早上6点左右第一班起飞，这样可以相对划算的价格乘坐热气球看到日出。热气球价格通常包括了接送机和飞行当天早上的餐点。一般来说，除了最热门的公司，热气球淡旺季价格波动较大，通过不同渠道预订也会有所区别。

热气球之旅极具吸引力，无论是在卡帕多西亚还是在腾冲火山地质公园，每年都会吸引大量的游客来到此处，成为带动当地旅游发展的主力项目。热气球的游览通常在清晨，伴随着太阳一起上升，大约一小时后结束天空之旅，降落到地面时多为上午 9 点左右，之后的时间便需要其他的旅游活动来丰富游客的行程。通过热气球这一项目，带动当地其他旅游景点的发展，例如前往卡帕多西亚体验热气球的游客，通常都会去到红线徒步 /ATV 游览格雷梅露天博物馆、仙人烟囱等，奔着腾冲热气球而去的游客，当然也不会放过热海温泉、银杏路与和顺古镇。热气球为当地带来的不仅是直观的体验费用，也更加突出了当地的旅游形象，正如《带你去旅行》中唱道："我想要带你去浪漫的土耳其"，人们为了浪漫，而来到土耳其卡帕多西亚体验热气球之旅，体验之后，发现浪漫的土耳其，比想象中还要浪漫。

（十一）会展节庆体验

人类是群居动物，每个人内心深处渴望社会交往的动机与生俱来的。因此在服务与体验经济时代，以面对面人际交往和信息交流为目的的各类会展节庆便如雨后春笋般发展起来。

在各类花样翻新、主题令人眼花缭乱的会展节庆中，来自世界各地的人们，暂时忘记了各自身份背景的差异，为一个共同的主题而汇聚。在交流、展示、狂欢的过程中，大家彼此实现了现实利益交换与精神体验价值的最大化。因此，会展节庆体验设计的关键在于：主题的选择与强化、活动流程的设计、参与者的体验收益。

1. 龙船漂移赛狂欢季 ①

在每年的那几个固定日子，世界上总有许多国家都会以自己特有的方式庆祝狂欢节。例如，每年 3 月 3 日，意大利伊夫里亚小镇会用橙子"大战"的独特形式，举行一年一度的传统狂欢节。每年 8 月的最后一个星期三，西班牙尼奥尔小镇的人们互投熟透的西红柿，这就是在全球规模和影响力最大、最经典的"番茄狂欢节"。这个招牌节日给这个仅有 1 万人口的小镇带来了数以万计的游客。而每年 7 月 6 日至 14 日，在西班牙旁普罗纳镇，人群与公牛在狭窄的"奔牛之路"上一路狂奔，这就是闻名天下的西班牙奔牛节……称西班牙为"欧洲最会过节的国家"，也许一点都不为过！

中国人由于长期受儒教传统的影响，相对内敛而含蓄，一般情况下不会在

① 本案例改自"南海旅游"网。

大庭广众之下展示真性情，但中国传统的“端午节”却为国人创造了这样一个难得的机会，尤其是端午龙舟大赛更是让大家在团队协作中尽情释放自我。

目前，端午龙舟赛在各地已经成了一项声势浩大的隆重传统节日，但如何将“端午龙舟赛”设计组织成一场真正具有创意、全民体验参与的地方特色节庆？广东佛山南海区的“叠滘龙船漂移赛”无疑是创出了新意！

据资料介绍，叠滘龙船从明代兴起，到清代兴盛。龙船漂移这种速度与技巧相结合的比赛至今已有500多年的历史。2017年年底，叠滘龙船成功入选了佛山市级非物质文化遗产项目名录。龙船的材料从柚木和坤甸木逐渐演变成为今天更轻的杉木。在农历五月初五来到佛山的人，都有机会重新认识一下端午节。南海区的叠滘人民会用实际行动告诉你，漂移才是龙船的正确玩法。

这里的龙舟赛不同于常规的直线竞速，赛场上全是长达25米以上的龙船，在平均宽度6米的河里保持超高速过弯。叠滘的龙船漂移邀请赛设置为计时赛，48人一条龙舟，以来回一次的时间计算成绩。赛区分为东胜、圣堂、潭头、茶基四个，包含S形、L形、C形以及直道四种赛道（见图5–89）。全部赛程一共4天，颁奖时会当场评选出当年的新任“漂移龙王”。

图5–89　叠滘龙舟赛四种赛道

根植于岭南文化的彪悍，也许是叠滘人民嫌还不够难，在圣堂杯的L形弯道转角处又垒了一块大石头，称为“考石角”。在足够狭窄的区域内，龙船行进的路线必须是最大的一条弧线，不然就会翻船。而当看到有人能把龙船划成潜水艇的时候，自然就能更好理解叠滘人敢为天下先的精神风貌。在叠滘的语境中，翻船叫作“沉”，撞龙船叫作“煲”。每当“煲”龙船出现时，观众的欢呼往往比祝贺选手夺冠还要热烈，也许这才是最具戏剧性色彩的高潮部分。

在叠滘看龙船赛，当地人都是要提前占座的。如果你不提前到场，到真正观赛时，可能层层叠叠的人墙会堵得你连河水都看不见（见图5-90）。每年都会有从世界各地赶来的几万人到这里朝圣漂移的龙船，其中不少是当地人的海外侨胞后裔，其盛况比过春节还要热闹。尽管下午才开始比赛，但早上就有人在河边等着，即使是电视台想要转播也必须提前占座，不然根本就没地方摆设摄像机位。尤其是在大赛的起点、折返点、转弯点这些热点位置，更是往往在上一年比赛刚结束时就被提前预订了。在河边摆上椅子并绑绳子就是当地人预订位置的约定俗成方法（见图5-91），曾经就有位大爷在河边种盆栽来占位，最后为了防止别人抢位之虞，干脆在最佳位置自己掏钱修了一套石桌石凳。由于很多第一次来看热闹的外地游客因为不了解“龙船漂移”盛会的观赛规则，以至于临时找不到观看位置最终不得不选择上树观赛。

图5-90　观赛现场热闹场面

图5-91　占位工具

外地游客看到在水巷里横着快进的龙船后，都不禁要怀疑这里的龙船是不是被龙王加持过了？在叠滘，不漂移都不好意思叫龙船赛，叠滘龙船漂移讲究的是“一鼓转三弯，击鼓论英雄”。在弯道水巷飞驰的每条龙船上，将近有四十多位选手，整条船在即将进入弯道时提前变向，需要船上全体人员紧密协作。与开车漂移不同，龙船漂移不是一个人所能控制的，它需要舵手、鼓手和扒仔共同协作才能完成。

观看过大赛的游客这样评价：龙船漂移大赛已经成为一种全民体验的狂欢，堪称中国版水巷奔牛节！赛道沿线的水果店主曾对媒体表示，在比赛期间，一天光冰镇西瓜就能卖出上百个，再算上各种冷饮，一天顶得上几个月的收益。当地也有商家开始推出 VR 龙舟漂移的体验服务。如今龙船漂移赛上早已布满了赞助商的广告，越来越高的曝光度甚至直接推动了当地政府改善水质。

【体验设计启示】

1. 中外狂欢节在体验上存在本质区别

中国龙船漂移与欧美狂欢赛事的比较

竞赛体验项目	体验的内涵
美国飙车	工业文明（机车）的速度与激情，骨子里是暴力，主要在陆地上硬着陆、硬碰硬，拼的是硬实力
西班牙奔牛节	体现的是个人英雄主义，游戏人生、享乐至上，追求的是人对动物（牛）的征服、全民互动的大狂欢
中国龙船漂移赛	有文化渊源（纪念屈原），体现的是农耕文化，人与自然和谐，骨子里是协作、非接触对抗，主要比的是水上竞技水平高下，追求的是上善若水、刚柔相济的软实力

2. 节庆仍需在仪式感上再深化体验

例如西班牙旁普罗纳镇奔牛节期间，整个城市的人都会不约而同地穿上了白衣白裤，配上红腰带、红领巾，三五成群陆陆续续步入老城，路边的免费红葡萄汁等着每个人领取……整个城市都弥漫着一种浓浓的节日氛围，给人直观的感觉就是“奔牛节开始啦”！如果佛山南海叠滘龙船漂移赛期间，地方政府与行业协会能够倡导当地人和外来游客穿上特色的服装，并在龙船入水、选手登船、龙王巡游等环节精心设计相应的仪式，将会为“叠滘龙船漂移赛”这一特殊节庆营造出一种让人记忆深刻的地方印象，最终提升其品牌价值感知。

3. 节庆体验可以适当进行价值延伸

西班牙奔牛节开发的可由人推着奔跑的带轮奔牛模型很值得借鉴，当地青少年可从小学习斗牛、戏牛与躲闪奔牛的技巧。

开发可由人扛着的陆上龙船（旱龙船）等衍生品，可帮助训练青少年对龙船的兴趣与体力协调性，同时还可斗舟、斗趣、斗乐。节庆服装、小龙船模型、具有 5D 体感的“叠滘龙船漂移赛”VR 游戏等也可进一步开发。

2. 新西兰会展不一样

人们开会的目的主要是精神与思想的交流，通过有效设计的旅游会展也可以成为一种值得回忆的美好体验。一位游学于新西兰的学者，通过参加多个旅游主题会展的体验，提出了自己的思考。

（1）主题创意。会议的组织者要关注交流主题而非会议硬件的搭建，甚至有专家建议会展活动没必要在搭建上太费心思。

（2）感知诱导。在多个会议活动的中，新西兰人总能让我们感觉到特轻松。无论是组织者还是参展商，在展览等活动现场，他们都很惬意或悠闲，都特别享受展会的场景。无论是国际热气球节还是 Waikato Show，处处是欢乐的海洋、愉悦的氛围。

相对国内会展的特装搭建而言，新西兰人并不去追求“奇特炫”效果，但很注重展台的互动性。在他们看来，展台的"超级搭建"是一种无谓的浪费行为，和可持续发展理念格格不入。因而，在新西兰的会场中，他们允许在中间走路不铺地毯，尽管这在国内看来不可缺少。然而，即便是一个很小的展台，它们却动足脑筋提高沟通的有效性，会想尽办法提高观众的参与度。所以，在国内会议布展时，我们工作的不轻松是源于我们思维的复杂化，搭建时我们给了自己太多的包袱，总觉得只有奇特炫才能从众多竞争者中脱颖而出。其实，在花费了巨大成本进行竞争比拼的展会结束后留下了一大堆无法循环处理的垃圾，造成了浪费与污染。

①创设充分体验之场景。相对而言，新西兰人较为懂得享受生活，它们崇尚各类休闲活动，这为他们在展会中积极创设互动环节提供了灵感源泉。新西兰人工作时相对悠闲，下班后更是生活气息浓厚，平时喜欢开车拖帆船，冬天里赤脚跑步，去海边冲浪，并习以为常，充满了十足的体验感。

因此，在各种展会活动中，经常见到新西兰人一家三五口一起逛展会（见图 5-92），推上儿童车，还抱上一个、背上一个。在他们看来，展会就是感知新奇世界的最好体验。加之，在新西兰，很多活动免门票，很多景点也免门票，自然就吸引了更多的观众，而且是满怀愉悦和欢乐的观众。在展会上，新西兰人都很尽兴，三岁的孩子能独手驾驶碰碰车，也就见怪不怪了。

图 5-92 一家人一起参加第 20 届新西兰怀卡托国际热气球节

②会场充满游戏化互动。全社会的休闲生活节奏推动了新西兰展会活动体验特色的不断提升。一个很普通的贷款洽谈区，免费提供咖啡、面包、各类饮

料，人气爆棚；一个牛奶展厅，设计一只可爱的玩具奶牛，来展会互动的家庭中，小孩们更是玩得不亦乐乎；一位议员在嘉年华场合通过一块 KT 板调查民意，现场人头攒动；一台机械用车，由于上下坡的巧妙设计，让围观的观众来了一波又一波；宏大的拖拉机动力及其系统的对接表演，更是人山人海、热闹非凡……

互动场景在这里足够丰富，也正是丰富的互动体验场景让新西兰的会展活动总是很吸引人。一个看起来简单的展会，逛上五六小时，感觉并不太过瘾。

一个简单的毕业典礼，在文化的充实下显得很有仪式感，即使买门票进去看也会感觉很值得。一个看起来再简单不过的 Open Day，主办方竟然在校园里增加了很多的娱乐设施，让前来咨询的学子们游性无穷；一个纪念民族英雄的传统节日，在这里却可以很有纪念特色，早晨六点的活动却能让民众都早早起身，哪怕是两三岁的孩子们，因而也可以接受足够的爱国教育（见图 5-93）；一个嘉年华活动，竟然有大量的羊驼展示（见图 5-94）和伐木比赛……

图 5-93 纽澳军团日庆祝场景（凌晨六点）

图 5-94 羊驼展示

新西兰活动的内容与场景创设值得国内做一些借鉴。如何在活动主题的整体设计中，让更好的展会内容更多地出现在国内会展活动中，这是今后需要逐步并争取尽早努力的方向。在这方面，杭州的淘宝造物节与 ADM 展呈现了相对的特色，当然也还有很大提升空间。

（3）流程设计——嫁接地方文化设计仪式感。会展可以与旅游融合，也可以更多在博物馆方面有所展示。那么，假设我们在这方面增加更多的文化元素，显然我们策划与执行的会展活动就充满了更多新意与特色，也就更能让参与者流连忘返、兴致盎然。在多次观摩中，新西兰会展活动具有明显的文化内涵，也让作品始终充满更多的层次性与可观性。

毛利文化，在新西兰具有很重要的地位，在很多的场景与场合中都有足够体现。校园中，专门开设有这样的专业与学院，并且校园中时不时会出现相关的图腾，即便在毕业典礼上也会拥有很多原生态的欢迎词及歌声；公园里，各类雕塑不时出现，尽管原始，却体现了当地人对于毛利族的足够尊重；在惠灵顿的蒂帕帕博物馆，毛利人的居住场景、战时工具及其早期的交通设施都有很好的呈现（见图 5–95）；在毛利寨的观光旅游中，毛利文化更是应有尽有，毛利人居住地、毛利会堂、毛利歌舞、毛利篝火、毛利生活用具等，甚是丰富，让人大开眼界；派希亚的怀唐伊博物馆，相应内容自然也丰富多彩，富有深厚的文化底蕴……

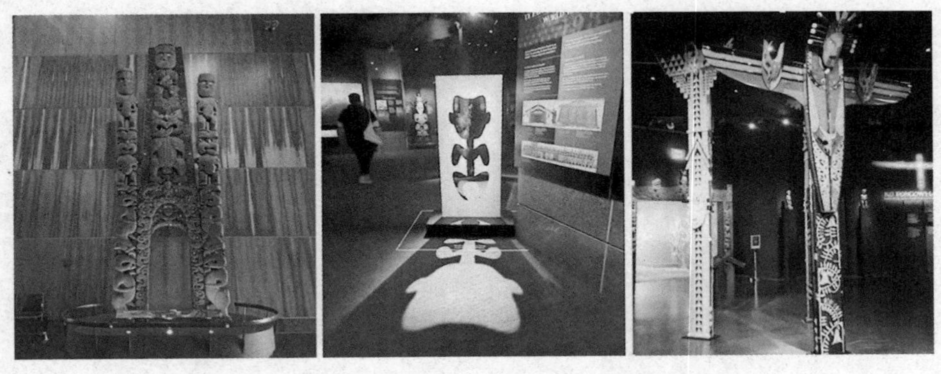

图 5–95 惠灵顿蒂帕帕博物馆中的毛利文化展示

（4）价值植入。如果说，这些内容都仅仅是陈列，那就没什么特色，最关键的是要设法融入其中，体现会展活动中的文化元素。有文化的元素，旅游及其会展会更能得到观众的喜欢甚至追捧，因而自然也能走得更远。这并不是说，国内的会展活动不注重这些内容，也并不是说国内的会展策划者没有这样的水准，但必须指出的是，我们对于这样的意识还不够，对于这方面内容的挖掘与创设还远远不够充分，因而也就更有发展与想象空间。

新西兰会展人对会展活动的经济效益不会刻意直接去追求，而是特别善于创设足够的互动体验环节；注重活动内容本身的精彩，而不会花太多的精力于领导接待与烦琐的沟通细节；注重在活动中充实文化元素，几乎是所有的活动，他们都努力介入；不太在乎搭建环节的攀比，最在乎的却是沟通与互动环节怎样才能更有效，哪怕是葡萄酒的品尝环节，他们也会积极引导，认真沟通[①]。

① 改编自张晓明的微信公众号。

参考文献

[1][希]柏拉图.理想国[M].长沙：岳麓书社，2018.

[2][美]迪安·麦克·康奈尔（Dean Mac Cannell）.旅游者：休闲阶层新论[M].桂林：广西师范大学出版社，2008.

[3][美]约瑟夫·派恩（Joseph Pine），詹姆斯·吉尔摩（James Gilmore）.体验经济（珍藏版）[M].北京：机械工业出版社，2016.

[4][美]约瑟夫·派恩（Joseph Pine），基姆·科恩（Kim Korn）.湿经济[M].北京：机械工业出版社，2012.

[5][美]贝恩特·施密特（Bernd H. Schmitt）.顾客体验管理[M].北京：机械工业出版社，1999.

[6][美]肖恩·史密斯（Shaun Smith），乔·惠勒（Joe Wheeler）.顾客体验品牌化：体验经济在营销中的应用[M].北京：机械工业出版社，2004.

[7][美]特里·A.布里顿（Terry A. Britton），戴安娜·拉萨利（Diana LaSalle）.体验：从平凡到卓越的产品策略[M].北京：中信出版社，2003.

[8][英]约翰·厄里（John Urry），乔纳斯·拉森（Jonas Larsen）.游客的凝视[M].上海：格致出版社，2016.

[9][美]欧文·戈夫曼（Erving Goffman）.日常生活中的自我呈现[M].北京：北京大学出版社，2008.

[10][加]查尔斯·泰勒（Charles Taylor）.本真性的伦理[M].上海：上海三联书店，2012.

[11][美]瓦伦·L·史密斯（Valene L. Smith）.东道主与游客：旅游人类学研究[M].昆明：云南大学出版社，2007.

[12][美]霍华德·舒尔茨（Howard Schultz），莉·琼斯·扬（Dori Jones Yang）.将心注入：一杯咖啡成就星巴克传奇[M].北京：中信出版社，

2015.

[13] 保继刚，等.主题公园研究[M].北京：科学出版社，2018.

[14] 保继刚，楚义芳.旅游地理学（第3版）[M].北京：高等教育出版社，2012.

[15] 保继刚，马波，王宁，肖洪根，谢彦君.旅游学纵横：学界五人对话录[M].北京：旅游教育出版社，2013.

[16] 肖洪根，谢彦君，保继刚，马波，王宁."旅游学纵横：学界五人对话录"[J].旅游论坛，2019，12（1）：1–8.

[17] 王宁.消费社会学（第二版）[M].北京：社会科学文献出版社，2011.

[18] 谢彦君.旅游体验研究：一种现象学的视角[M].北京：中国旅游出版社，2018.

[19] 谢彦君.旅游体验研究：走向实证科学[M].北京：中国旅游出版社，2018.

[20] 谢彦君.旅游世界探源[M].北京：旅游教育出版社，2013.

[21] [英]理查德·沙普利.旅游社会学[M].北京：商务印书馆，2016.

[22] [英]戴维·弗里斯比（David Frisby）.现代性的碎片[M].北京：商务印书馆，2013.

[23] 孙九霞，陈钢华.旅游消费者行为学[M].大连：东北财经大学出版社，2015.

[24] 孙九霞.传承与变迁——旅游中的族群与文化[M].北京：商务印书馆，2012.

[25] 邹统钎，等.旅游学术思想流派（第二版）[M].天津：南开大学出版社，2013.

[26] 曹诗图.旅游哲学引论[M].天津：南开大学出版社，1999.

[27] 曹诗图，孙天胜，王衍用，等.一方水土养一方人：地理环境对人类的影响[M].武汉：武汉大学出版社，2016.

[28] 林焕杰.主题公园创新前沿[M].北京：科学出版社，2019.

[29] [美]米哈里·契克森米哈赖（Mihaly Csikszentmihalyi）.心流：最

优体验心理学［M］. 北京：中信出版社，2017.

［30］［美］米哈里·契克森米哈赖（Mihaly Csikszentmihalyi）. 发现心流：日常生活中的最优体验［M］. 北京：中信出版社，2018.

［31］［美］米哈里·契克森米哈赖（Mihaly Csikszentmihalyi）. 创造力：心流与创新心理学［M］. 杭州：浙江人民出版社，2014.

［32］［美］托德 . 卡什丹（Todd Kashd）. 好奇心［M］. 杭州：浙江人民出版社，2014.

［33］［美］乔治·H. 米德（George Herbert Mead）. 心灵、自我与社会［M］. 上海：上海译文出版社，2018.

［34］［奥］西格蒙德·弗洛伊德（Sigmund Freud）. 自我与本我［M］. 上海：上海译文出版社，2019.

［35］［美］奇普·希思（Chip Heath），丹·希思（Dan Heath）. 瞬变［M］. 北京：中信出版社，2013.

［36］［美］奇普·希思（Chip Heath），丹·希思（Dan Heath）. 行为设计学：打造峰值体验［M］. 北京：中信出版社，2018.

［37］［美］奇普·希思（Chip Heath），丹·希思（Dan Heath）. 行为设计学：让创意更有黏性［M］. 北京：中信出版社，2018.

［38］［美］奇普·希思（Chip Heath），丹·希思（Dan Heath）. 行为设计学：零成本改变［M］. 北京：中信出版社，2018.

［39］［美］奇普·希思（Chip Heath），丹·希思（Dan Heath）. 行为设计学：掌控关键决策［M］. 北京：中信出版社，2018.

［40］［美］唐纳·A·诺曼（Donald Arthur Norman）. 设计心理学 3——情感化设计［M］. 北京：中信出版社，2015.

［41］刘津，李月 . 破茧成蝶——用户体验设计师的成长之路［M］. 北京：人民邮电出版社，2014.

［42］［英］罗曼·克兹纳里奇（Roman Krznaric）. 同理心：高同理心人士的六个习惯［M］. 北京：中信出版社，2018.

［43］［美］克莱·舍基（Clay Shirky）. 认知盈余：自由时间的力量［M］. 北京：北京联合出版公司，2018.

［44］［美］克莱·舍基（Clay Shirky）. 人人时代：无组织的组织力量

[M]. 杭州：浙江人民出版社，2015.

[45] 周陟. 设计的思考：用户体验设计核心问答[M]. 北京：清华大学出版社，2019.

[46] 途牛用户体验中心. 设计驱动力：途牛旅游用户体验设计之旅[M]. 北京：人民邮电出版社，2019.

[47] 黄蔚. 服务设计驱动的革命：引发用户追随的秘密[M]. 北京：机械工业出版社，2019.

[48] [英] 爱德华·德博诺（Edward de Bono）. 严肃的创造力：水平思考的工具与技巧[M]. 北京：化学工业出版社，2017.

[49] [英] 爱德华·德博诺（Edward de Bono）. 水平思考：如何开启创造力[M]. 北京：中国人民大学出版社，2018.

[50] 杨旸. 创新简史：从石斧到爆品[M]. 北京：九州出版社，2017.

[51] [美] 詹妮弗·杜尔斯基（Jennifer Dulski）. 互动[M]. 北京：中信出版社，2018.

[52] [美] 埃米·乔·金（Amy Jo Kim）. 产品游戏化[M]. 北京：中信出版社，2018.

[53] [美] 凯文·韦巴赫（Kevin Werbach），丹·亨特（Dan Hunter）. 游戏化思维：改变未来商业的新力量[M]. 杭州：浙江人民出版社，2014.

[54] [美] 简. 麦戈尼格尔（Jane McGonigal）. 游戏改变世界[M]. 北京：北京联合出版公司，2016.

[55] [美] 凯瑟琳·伊斯比斯特（Katherine Isbister）. 游戏情感设计：如何触动玩家的心灵[M]. 北京：电子工业出版社，2017.

[56] 张立辉. 和古人一起玩游戏[M]. 北京：中国戏剧出版社，2010.

[57] 脑力 & 创意工作室. 古人比你还会玩[M]. 北京：中信出版社，2010.

[58] 陈禹安. 玩具思维：改变未来行业的新思维[M]. 北京：机械工业出版社，2015.

[59] [美] 斯科特·麦克凯恩（Scott Mckain）. 一切行业都是娱乐业[M]. 北京：中信出版社，2018.

[60] [日] 增田宗昭. 茑屋经营哲学[M]. 北京：中信出版社，2018.

［61］［美］唐纳德·A. 诺曼（Donald Arthur Norman）. 情感化设计［M］. 北京：电子工业出版，2005.

［62］［日］原研哉 . 设计中的设计［M］. 济南：山东人民出版社，2010.

［63］ZCOOL 站酷 . 设计中的逻辑［M］. 北京：电子工业出版社，2017.

［64］俞昌斌 . 体验设计唤醒乡土中国——莫干山乡村民宿实践范本［M］. 北京：机械工业出版社，2017.

［65］［日］日本电通公司体验设计工作室 . 体验设计——创意就为改变世界［M］. 北京：中国传媒大学出版社，2015.

［66］［英］维特利·奎瑟贝利（Whitney Quesenbery），［美］凯文·布鲁克斯（Kevin Brooks）. 用户体验设计：讲故事的艺术［M］. 北京：清华大学出版社，2014.

［67］李万军 . 用户体验设计［M］. 北京：人民邮电出版社，2018.

［68］韩挺 . 用户研究与体验设计［M］. 上海：上海交通大学出版社，2016.

［69］［美］凯·雷德菲尔德·杰米森（Kay Redfield Jamison）. 天才向左，疯子向右［M］. 杭州：浙江人民出版社，2013.

［70］余扬，夏佳 . 艺术设计思维与创造系列——体验设计［M］. 沈阳：辽宁美术出版社，2014.

［71］魏慎初 . 如何成为优秀的用户体验设计师［M］. 北京：机械工业出版社，2017.

［72］ThinkArchit 工作室 . 美丽驿馆：创意酒店外观设计［M］. 武汉：华中科技大学出版社，2013.

［73］詹娜·赛德拉奇科娃（Jenna Sedrachkova）. 时尚简史（绘本版）：陪孩子穿越美的时空［M］. 北京：北京日报出版社，2018.

［74］姜松 . 博物馆里的活色生香［M］. 北京：中国青年出版社，2018.

［75］［美］罗伯特·斯考伯（Robert Scoble），谢尔·伊斯雷尔（Shel Israel）. 即将到来的场景时代［M］. 北京：北京联合出版公司，2014.

［76］［加］尼尔·亚伦·西尔（Daniel Aaron Silver），［美］特里·尼科尔斯·克拉克（Terry Nichols Clark）. 场景：空间品质如何塑造社会生活［M］. 北京：社会科学文献出版社，2019.

［77］吴声．场景革命：重构人与商业的连接［M］．北京：机械工业出版社，2015.

［78］孙炜．场景体验设计思维［M］．北京：北京邮电大学出版社，2017.

［79］张凌燕．设计思维——右脑时代必备创新思考力［M］．北京：人民邮电出版社，2015.

［80］［德］克里斯托夫·迈内尔（Christoph Meinel），乌尔里希·温伯格（Ulrich Weinberg）．设计思维改变世界［M］．北京：机械工业出版社，2017.

［81］［美］凯文·艾伦（Kevin Allen）．故事思维：如何解读人心，说出动人故事［M］．刘盈君，后浪，译．南昌：江西人民出版社，2017.

［82］［美］吉姆西诺雷利（Jim Signorelli）．认同感：用故事包装事实的艺术［M］．北京：九州出版社，2016.

［83］海尔．故事力［M］．北京：中国画报出版社，2010.

［84］［美］安妮特·西蒙斯．你的团队需要一个会讲故事的人［M］．南京：江苏文艺出版社，2016.

［85］房铭．讲故事：说出销售力［M］．北京：中国商业出版社，2015.

［86］［美］乔纳·萨克斯（Jonah Sachs）．故事模型 2.0［M］．杭州：浙江人民出版社，2019.

［87］黎万强．参与感：小米口碑营销内部手册［M］．北京：中信出版社，2018.

［88］马楠．尖叫感：互联网文案创意思维与写作技巧［M］．北京：北京理工大学出版社，2016.

［89］金错刀．爆品战略：39 个超级爆品案例的故事、逻辑与方法［M］．北京：北京联合出版公司，2016.

［90］［挪］阿维德维肯（Arvid Viken），布伦希尔德格拉纳（Brynhind Granas）．旅游胜地吸客密码：旅游目的地开发的主题性、文化性、政治性［M］．北京：中信出版社，2016.

［91］黄巧灵．凡事总关风月［M］．北京：中国戏剧出版社，2013.

［92］黄巧灵．狂歌走天涯［M］．北京：中国戏剧出版社，2014.

［93］黄巧灵．一个王朝的故事：宋城千古情［M］．北京：中国戏剧出版社，2017.

［94］黄巧灵．寻找香格里拉［M］．北京：中国戏剧出版社，2015.

［95］黄巧灵．设计是爱的艺术［M］．北京：中国戏剧出版社，2013.

［96］车建新，钱莊．成长：体验的智慧［M］．北京：中国友谊出版公司，2016.

［97］车建新，钱莊．生活：体验的智慧［M］．北京：中国友谊出版公司，2017.

［98］小鹏．我们为什么旅行［M］．北京：中信出版社，2012.

［99］小鹏．我的职业是旅行［M］．北京：中信出版社，2010.

［100］小鹏．只要不忘了回家的路［M］．北京：中信出版社，2015.

［101］洪清华．老洪睡遍世界［M］．北京：中国旅游出版社，2017.

［102］洪清华．旅游，得 IP 者得天下［M］．北京：中国旅游出版社，2018.

［103］风同学．我从遥远的地方来看你［M］．西安：陕西人民出版社，2014.

［104］风同学，七色地图．左右瑞士［M］．北京：北京出版社，2012.

［105］廖桂贤．遇见好城市［M］．杭州：浙江大学出版社，2011.

［106］钟蕾，李杨．文化创意与旅游产品设计［M］．北京：中国建筑工业出版社，2015.

［107］乔鲁京文，呼啊呦图．带你看故宫［M］．北京：天天出版社，2018.

［108］舒伯阳，等．文旅时代的 IP 智造［M］．北京：旅游教育出版社，2021.

［109］沈婷，郭大泽．文创品牌的秘密——从创意、设计到营销［M］．南宁：广西美术出版社，2017.

［110］［美］亚当·托波雷克（Adam Toporek）．魔力服务：创造非凡顾客体验的 82 个技巧［M］．北京：中国人民大学出版社，2017.

［111］［美］马丁·林斯特龙（Martin Lindstrom）．感官品牌：隐藏在购买背后的感官秘密［M］．北京：中国财政经济出版社，2016.

［112］林语堂．生活的艺术［M］．长沙：湖南文艺出版社，2018.

［113］沈复．浮生六记［M］．北京：人民文学出版社，2017.

[114] 罗敷 . 这么慢，那么美 [M] . 北京：中国友谊出版公司，2015.

[115] 吴钩 . 风雅宋：看得见的大宋文明 [M] . 桂林：广西师范大学出版社，2018.

[116] 巅峰智业 . 智绘峰景：巅峰智业十年核心技术集 [M] . 北京：旅游教育出版社，2012.

[117] 巅峰智业 . 智点山河：巅峰智业十年经典案例集 [M] . 北京：旅游教育出版社，2012.

[118] 刘锋 . 刘锋讲旅游 [M] . 北京：旅游教育出版社，2013.

[119] 刘锋 . 旅游景区营销 [M] . 北京：中国旅游出版社，2012.

[120] 魏小安，吴国平，等 . 创造未来文化遗产 [M] . 北京：旅游教育出版社，2015.

[121] 魏小安，贾云峰 . 山川入划：中国旅游专家对谈录 [M] . 北京：中国旅游出版社，2010.

[122] 魏小安 . 旅游与人生：好玩玩好 [M] . 北京：旅游教育出版社，2016.

[123] [美] 安迪 · 斯坦因（Andi Stein）. 迪斯尼如何把欢乐变成财富 [M] . 福州：福建人民出版社，2014.

[124] 董观志，李立志 . 盈利与成长——迪斯尼的关键策略 [M] . 北京：清华大学出版社，2006.

[125] [美] 布鲁斯 · 莱夫勒（Bruce Loeffler），布赖恩 · T. 丘奇（Brian T. Church）. 绝佳体验：迪士尼打造卓越服务的五大原则 [M] . 北京：中信出版社，2018.

[126] 迪士尼学院 . 迪士尼体验：米奇王国的魔法服务之道 [M] . 北京：北京大学出版社，2016.

[127] [美] 马蒂 · 斯克拉（Marty Sklar）. 造梦者——迪士尼如何点亮神奇的创意 [M] . 杭州：浙江人民出版社，2016.

[128] 陈觉 . 服务产品设计 [M] . 沈阳：辽宁科学技术出版社，2003.

[129] [美] 伊丽莎白 · 古德曼（Elizabeth Goodman），迈克 · 库（Mike Kuniavsky），等 . 洞察用户体验：方法与实践（第 2 版）. [M] . 刘吉昆，等，译 . 北京：清华大学出版社，2015.

[130][美]布瑞恩·索利斯（Brian Solis）. 完美用户体验：产品设计思维与案例[M]. 北京：电子工业出版社，2018.

[131][美]詹姆斯·卡尔巴赫（James Kalbach）. 用户体验可视化指南[M]. 北京：人民邮电出版社，2018.

[132][美]约翰·费拉拉（John Ferrara）. 好玩的设计：游戏化思维与用户体验设计[M]. 北京：清华大学出版社，2017.

[133][美]乔纳·莱勒（Jonah Lehrer）. 想象：创造力的艺术与科学[M]. 杭州：浙江人民出版社，2014.

[134][英]伊恩·莱斯利（Ian Leslie）. 好奇心：保持对未知世界永不停息的热情[M]. 北京：中国人民大学出版社，2017.

[135][美]辛迪·戴尔（Cyndi Dale）. 同理心：做个让人舒服的共情高手[M]. 北京：台海出版社，2018.

[136][美]亚瑟·乔拉米卡利（Arthur Ciaramicoli），凯瑟琳·柯茜（Katherine Ketcham）. 共情的力量：情商高的人，如何抚慰受伤的灵魂[M]. 北京：中国致公出版社，2019.

[137][美]丹尼尔·戈尔曼（Daniel Goleman）. 情商：为什么情商比智商更重要[M]. 北京：中信出版社，2018.

[138]流火，等. 最具想象力的中国童话——时间是挤出来的[M]. 沈阳：辽宁少年儿童出版社，2015.

[139][荷]约翰·赫伊津哈（Johan Huizinga）. 游戏的人——文化的游戏要素研究[M]. 北京：北京大学出版社，2014.

[140][法]古斯塔夫·勒庞（Gustave Le Bon）. 乌合之众：大众心理研究[M]. 北京：民主与建设出版社，2018.

[141][美]尼尔·波兹曼（Neil Postman）. 童年的消逝[M]. 北京：中信出版社，2015.

[142][美]尼尔·波兹曼（Neil Postman）. 娱乐至死[M]. 北京：中信出版社，2015.

[143][美]保罗·福塞尔（Paul Fussell）. 格调：社会等级与生活品味[M]. 北京：北京联合出版公司，2017.

[144][美]戴维·布鲁克斯（David Brooks）. 品格之路[M]. 北京：中

信出版社，2016.

［145］张凌云，乔向杰，等.光荣与梦想：华特迪士尼产业帝国［M］.北京：旅游教育出版社，2015.

［146］秦阳，秋叶.如何打造超级 IP［M］.北京：机械工业出版社，2016.

［147］王世颖.引爆 IP 影游漫文超级 IP 打造之道［M］.北京：人民邮电出版社，2016.

［148］［法］阿诺尔德·范热内普（Arnold van Gennep）.过渡礼仪［M］.北京：商务印书馆，2012.

［149］［美］兰德尔·柯林斯（Randall Collins）.互动仪式链［M］.北京：商务印书馆，2012.

［150］［英］简·艾伦·哈里森（Jane Ellen Harrison）.古代艺术与仪式［M］.上海：生活·读书·新知三联书店，2016.

［151］李思圆.生活需要仪式感［M］.济南：山东文艺出版社，2017.

［152］高瑞沣.仪式感：把将就的日子过成讲究的生活［M］.北京：北京理工大学出版社，2018.

［153］释心田.图解佛教生死书——破解生命轮回的真相［M］.南昌：百花洲文艺出版社，2009.

［154］邓美玲.中国禅宗游——禅宗溯源之旅［M］.北京：九州出版社，2005.

［155］［美］休斯顿·史密斯（Huston Smith）.人的宗教——世界七大宗教的历史与智慧［M］.海口：海南出版社，2013.

［156］［美］维克多·弗兰克尔（Viktor Emil Frankl）.活出生命的意义［M］.北京：华夏出版社，2018.

［157］［美］玛琳娜·布雷西（Marlena de Blasi）.威尼斯·美食、祈祷与爱［M］.武汉：长江文艺出版社，2014.

［158］［美］玛琳娜·布雷西（Marlena de Blasi）.托斯卡纳乡村生活［M］.武汉：长江文艺出版社，2014.

［159］赵珂僮.极致服务指导手册：给顾客一个选择你的理由［M］.北京：中信出版社，2018.

［160］刘欣欣 . 人性与灵魂［M］. 成都：天地出版社，2016.

［161］［英］阿兰 · 德波顿（Alain de Botton）. 旅行的艺术［M］. 上海：上海译文出版社，2015.

［162］倪方六 . 风水三千［M］. 上海：文汇出版社，2011.

［163］艺美生活 . 寻茶记：中国茶叶地理［M］. 北京：中国轻工业出版社，2018.

［164］范亚昆 . 地道风物——黔东南［M］. 北京：中信出版社，2016.

［165］蔡亚兰 . 中国美食地理与美食传说［M］. 北京：石油工业出版社，2007.

［166］笑江南 . 中国名城漫画：六大古都［M］. 北京：中国少年儿童出版社，2018.

［167］《去旅行》（中国版）编委会 . 去旅行系列（中国版）［M］. 南宁：广西科学技术出版社，2018.

［168］同程心阅读与旅行研究院 . 跟着书本去旅行［M］. 北京：中国旅游出版社，2017.

［169］任乐乐 . 带着孩子，跟着唐诗、宋词去旅行［M］. 北京：中国妇女出版社，2014.

［170］《梦想之旅》编委会 . 跟着电影去旅行［M］. 北京：北京联合出版公司，2012.

［171］姜振英 . 跟着邮票去旅行［M］. 南昌：21 世纪出版社，2014.

［172］张沁森 . 建筑师带你去旅行——激情西班牙［M］. 沈阳：辽宁科学技术出版社，2009.

［173］戴凡，保继刚 . 美加十万里行记［M］. 北京：商务印书馆 .1998.

［174］简媜，张曼娟，等 . 余生须尽欢［M］. 南京：江苏凤凰文艺出版社，2019.

［175］蒋勋，龙应台，林清玄，等 . 山川岁月长［M］. 南京：江苏凤凰文艺出版社，2018.

［176］余光中，梁实秋，林海音，等 . 就这样走到了故乡［M］. 南京：江苏凤凰文艺出版社，2018.

［177］大蕃茄传媒机构 . 虚度好时光：中国好旅馆（云南卷）［M］. 北京：

机械工业出版社，2013.

[178] 景域旅游智慧经济研究院官网中“文旅专题研究”系列.

[179] 杨振之，周坤.旅游策划理论与实务[M].武汉：华中科技大学出版社，2019.

[180] 巅峰智业.旅游创新开发：巅峰案例[M].北京：旅游教育出版社，2017.

[181] 巅峰智业.旅游文化创意与规划[M].北京：旅游教育出版社，2017.

[182] 北京大学旅游研究与规划中心.旅游规划与设计——创意农业[M].北京：中国建筑工业出版社，2013.

[183] 北京大学旅游研究与规划中心.旅游规划与设计——绿道·风景道·游径[M].北京：中国建筑工业出版社，2014.

[184] 北京大学旅游研究与规划中心.旅游规划与设计——儿童及亲子旅游[M].北京：中国建筑工业出版社，2016.

[185] 北京大学旅游研究与规划中心.旅游规划与设计——遗产旅游：呈现与活化[M].北京：中国建筑工业出版社，2017.

[186] 北京大学旅游研究与规划中心.旅游规划与设计——旅游演艺·影视旅游[M].北京：中国建筑工业出版社，2013.

[187] 微信公众号：旅思马记.

[188] 微信公众号：阿尤文旅.